Die Bonus-Seite

Ihr Vorteil als Käufer dieses Buches

Auf der Bonus-Webseite zu diesem Buch finden Sie zusätzliche Informationen und Services. Dazu gehört auch ein kostenloser **Testzugang** zur Online-Fassung Ihres Buches. Und der besondere Vorteil: Wenn Sie Ihr **Online-Buch** auch weiterhin nutzen wollen, erhalten Sie den vollen Zugang zum **Vorzugspreis**.

So nutzen Sie Ihren Vorteil

Halten Sie den unten abgedruckten Zugangscode bereit und gehen Sie auf **www.galileocomputing.de**. Dort finden Sie den Kasten **Die Bonus-Seite für Buchkäufer**. Klicken Sie auf **Zur Bonus-Seite/Buch registrieren**, und geben Sie Ihren **Zugangscode** ein. Schon stehen Ihnen die Bonus-Angebote zur Verfügung.

Ihr persönlicher **Zugangscode**: 2en8-u3cs-fjd7-6qih

Thomas Theis

Einstieg in Visual C# 2013

Galileo Press

Liebe Leserin, lieber Leser,

Sie möchten Visual C# lernen? Eine gute Wahl, denn aufgrund ihrer großen Vielseitigkeit und Leistungsfähigkeit ist C# eine der wichtigsten Programmiersprachen unserer Zeit. Wenn Sie auf schnelle und praktische Weise lernen möchten, eigene Windows-Programme mit C# zu entwickeln, ist dieses Buch genau das Richtige für Sie!

Unser Autor Thomas Theis vermittelt Ihnen anhand zahlreicher, kleiner Beispielprogramme zunächst die Grundlagen der C#-Programmierung. Schritt für Schritt und jederzeit verständlich lernen Sie alles, was Sie für Ihre weitere Arbeit wissen müssen. Vorkenntnisse sind hierfür nicht erforderlich, so dass Sie bereits nach kurzer Zeit Ihr erstes Programm entwickeln werden, auch wenn Sie Programmieranfänger sein sollten. Nach und nach werden Sie dann mit fortgeschritteneren Themen wie der objektorientierten Programmierung oder der Entwicklung von Datenbank- und Internetanwendungen vertraut gemacht. Am Ende beherrschen Sie Visual C# so gut, dass Sie mühelos auch größere Windows-Programme wie z. B. einen Taschenrechner oder das Spiel Tetris entwickeln werden.

Damit Sie Ihr neu gewonnenes Wissen direkt austesten können, beinhaltet dieses Buch zahlreiche Übungsaufgaben. Die zugehörigen Musterlösungen befinden sich zusammen mit den Codedateien der Beispiele auf dem beiliegenden Datenträger bzw. im Downloadpaket, das den elektronischen Ausgaben dieses Buchs beigegeben ist. Auf dem Datenträger finden Sie außerdem die Entwicklungsumgebung Visual Studio Express 2013.

Dieses Buch wurde mit großer Sorgfalt geschrieben, geprüft und produziert. Sollte dennoch einmal etwas nicht so funktionieren, wie Sie es erwarten, freue ich mich, wenn Sie sich mit mir in Verbindung setzen. Ihre Kritik und konstruktiven Anregungen sind uns jederzeit herzlich willkommen!

Viel Freude beim Lesen und Programmieren wünscht

Ihre Anne Scheibe
Lektorat Galileo Computing

anne.scheibe@galileo-press.de
www.galileocomputing.de
Galileo Press · Rheinwerkallee 4 · 53227 Bonn

Auf einen Blick

1	Einführung	17
2	Grundlagen	41
3	Fehlerbehandlung	115
4	Erweiterte Grundlagen	129
5	Objektorientierte Programmierung	191
6	Wichtige Klassen in .NET	237
7	Weitere Elemente eines Windows-Programms	305
8	Datenbankanwendungen mit ADO.NET	361
9	Internetanwendungen mit ASP.NET	417
10	Zeichnen mit GDI+	445
11	Beispielprojekte	461
12	Windows Presentation Foundation	489
13	Windows Store-Apps für Windows 8.1	515

Impressum

Wir hoffen sehr, dass Ihnen dieses Buch gefallen hat. Bitte teilen Sie uns doch Ihre Meinung mit. Eine E-Mail mit Ihrem Lob oder Tadel senden Sie direkt an die Lektorin des Buches: *anne.scheibe@galileo-press.de*. Im Falle einer Reklamation steht Ihnen gerne unser Leserservice zur Verfügung: *service@galileo-press.de*. Informationen über Rezensions- und Schulungsexemplare erhalten Sie von: *britta.behrens@galileo-press.de*.

Informationen zum Verlag und weitere Kontaktmöglichkeiten finden Sie auf unserer Verlagswebsite *www.galileo-press.de*. Dort können Sie sich auch umfassend und aus erster Hand über unser aktuelles Verlagsprogramm informieren und alle unsere Bücher versandkostenfrei bestellen.

An diesem Buch haben viele mitgewirkt, insbesondere:

Lektorat Anne Scheibe
Korrektorat Sibylle Feldmann, Düsseldorf
Herstellung Kamelia Brendel
Einbandgestaltung Barbara Thoben, Köln
Titelbild Johannes Kretzschmar, Jena
Typografie und Layout Vera Brauner
Satz SatzPro, Krefeld
Druck und Bindung Beltz, Bad Langensalza

Dieses Buch wurde gesetzt aus der TheAntiquaB (9,35/13,25 pt) in FrameMaker. Gedruckt wurde es auf chlorfrei gebleichtem Offsetpapier (90 g/m²).

Der Name Galileo Press geht auf den italienischen Mathematiker und Philosophen Galileo Galilei (1564–1642) zurück. Er gilt als Gründungsfigur der neuzeitlichen Wissenschaft und wurde berühmt als Verfechter des modernen, heliozentrischen Weltbilds. Legendär ist sein Ausspruch *Eppur si muove* (Und sie bewegt sich doch). Das Emblem von Galileo Press ist der Jupiter, umkreist von den vier Galileischen Monden. Galilei entdeckte die nach ihm benannten Monde 1610.

Bibliografische Information der Deutschen Nationalbibliothek
Die Deutsche Nationalbibliothek verzeichnet diese Publikation in der Deutschen Nationalbibliografie; detaillierte bibliografische Daten sind im Internet über *http://dnb.d-nb.de* abrufbar.

ISBN 978-3-8362-2814-5
3., aktualisierte Auflage 2014
© Galileo Press, Bonn 2014

Das vorliegende Werk ist in all seinen Teilen urheberrechtlich geschützt. Alle Rechte vorbehalten, insbesondere das Recht der Übersetzung, des Vortrags, der Reproduktion, der Vervielfältigung auf fotomechanischem oder anderen Wegen und der Speicherung in elektronischen Medien.

Ungeachtet der Sorgfalt, die auf die Erstellung von Text, Abbildungen und Programmen verwendet wurde, können weder Verlag noch Autor, Herausgeber oder Übersetzer für mögliche Fehler und deren Folgen eine juristische Verantwortung oder irgendeine Haftung übernehmen.

Die in diesem Werk wiedergegebenen Gebrauchsnamen, Handelsnamen, Warenbezeichnungen usw. können auch ohne besondere Kennzeichnung Marken sein und als solche den gesetzlichen Bestimmungen unterliegen.

Inhalt

1 Einführung 17

1.1	**Aufbau dieses Buchs**	17
1.2	**Visual Studio 2013**	18
1.3	**Mein erstes Windows-Programm**	19
1.4	**Visual C#-Entwicklungsumgebung**	19
1.4.1	Ein neues Projekt	19
1.4.2	Einfügen von Steuerelementen	22
1.4.3	Arbeiten mit dem Eigenschaften-Fenster	23
1.4.4	Speichern eines Projekts	25
1.4.5	Das Codefenster	25
1.4.6	Schreiben von Programmcode	28
1.4.7	Kommentare	29
1.4.8	Starten, Ausführen und Beenden des Programms	30
1.4.9	Ausführbares Programm	31
1.4.10	Schließen und Öffnen eines Projekts	31
1.4.11	Übung	32
1.4.12	Empfehlungen für Zeilenumbrüche	32
1.5	**Arbeiten mit Steuerelementen**	33
1.5.1	Steuerelemente formatieren	33
1.5.2	Steuerelemente kopieren	34
1.5.3	Eigenschaften zur Laufzeit ändern	35
1.5.4	Vergabe und Verwendung von Namen	38
1.5.5	Verknüpfung von Texten, mehrzeilige Texte	38
1.5.6	Eigenschaft BackColor, Farben allgemein	39

2 Grundlagen 41

2.1	**Variablen und Datentypen**	41
2.1.1	Namen, Werte	41
2.1.2	Deklarationen	42
2.1.3	Datentypen	42

2.1.4	Gültigkeitsbereich		45
2.1.5	Konstanten		48
2.1.6	Enumerationen		49

2.2 Operatoren 51

2.2.1	Rechenoperatoren	52
2.2.2	Vergleichsoperatoren	54
2.2.3	Logische Operatoren	55
2.2.4	Verkettungsoperator	56
2.2.5	Zuweisungsoperatoren	57
2.2.6	Rangfolge der Operatoren	58

2.3 Einfache Steuerelemente 59

2.3.1	Panel	60
2.3.2	Zeitgeber	62
2.3.3	Textfelder	65
2.3.4	Zahlenauswahlfeld	68

2.4 Verzweigungen 70

2.4.1	if...else	70
2.4.2	switch...case	77
2.4.3	Übungen	80

2.5 Verzweigungen und Steuerelemente 81

2.5.1	Kontrollkästchen	81
2.5.2	Optionsschaltflächen	83
2.5.3	Mehrere Ereignisse in einer Methode behandeln	86
2.5.4	Mehrere Gruppen von Optionsschaltflächen	88
2.5.5	Methode ohne Ereignis, Modularisierung	91

2.6 Schleifen 92

2.6.1	for-Schleife	93
2.6.2	while- und do...while-Schleife	96
2.6.3	Übungen	99

2.7 Schleifen und Steuerelemente 101

2.7.1	Listenfeld	102
2.7.2	Listenfeld füllen	102
2.7.3	Wichtige Eigenschaften	103
2.7.4	Wechsel der Auswahl	105
2.7.5	Wichtige Methoden	106
2.7.6	Mehrfachauswahl	109
2.7.7	Kombinationsfelder	111

3 Fehlerbehandlung 115

3.1	Entwicklung eines Programms	115
3.2	Fehlerarten	116
3.3	Syntaxfehler und IntelliSense	117
3.4	Laufzeitfehler und Exception Handling	119
3.4.1	Programm mit Laufzeitfehlern	119
3.4.2	Einfaches Exception Handling	121
3.4.3	Erweitertes Exception Handling	123
3.5	Logische Fehler und Debugging	124
3.5.1	Einzelschrittverfahren	125
3.5.2	Haltepunkte	126
3.5.3	Überwachungsfenster	127

4 Erweiterte Grundlagen 129

4.1	Steuerelemente aktivieren	129
4.1.1	Ereignis Enter	129
4.1.2	Eigenschaften Enabled und Visible	132
4.2	Bedienung per Tastatur	135
4.2.1	Eigenschaften TabIndex und TabStop	135
4.2.2	Tastenkombination für Steuerelemente	137
4.3	Ereignisgesteuerte Programmierung	138
4.3.1	Eine Ereigniskette	138
4.3.2	Endlose Ereignisketten	139
4.3.3	Textfelder koppeln	141
4.4	Datenfelder	143
4.4.1	Eindimensionale Datenfelder	143
4.4.2	Ein Feld durchsuchen	145
4.4.3	Weitere Feldoperationen	148
4.4.4	Mehrdimensionale Datenfelder	149
4.4.5	Datenfelder initialisieren	154
4.4.6	Verzweigte Datenfelder	155
4.4.7	Datenfelder sind dynamisch	157

4.5	Datenstruktur ArrayList	160
4.6	foreach-Schleife	163
4.7	Methoden	165
	4.7.1 Einfache Methoden	165
	4.7.2 Übergabe per Referenz	167
	4.7.3 Methoden mit Rückgabewerten	172
	4.7.4 Optionale Argumente	173
	4.7.5 Benannte Argumente	175
	4.7.6 Beliebig viele Argumente	176
	4.7.7 Rekursiver Aufruf	178
	4.7.8 Übungen zu Methoden	181
4.8	Konsolenanwendung	181
	4.8.1 Anwendung erzeugen	181
	4.8.2 Ein- und Ausgabe von Text	182
	4.8.3 Eingabe einer Zahl	184
	4.8.4 Erfolgreiche Eingabe einer Zahl	185
	4.8.5 Ausgabe formatieren	187
	4.8.6 Aufruf von der Kommandozeile	188

5 Objektorientierte Programmierung   191

5.1	Was ist Objektorientierung?	191
5.2	Klasse, Eigenschaft, Methode, Objekt	192
5.3	Eigenschaftsmethode	196
5.4	Konstruktor	198
5.5	Referenzen, Vergleiche und Typen	202
	5.5.1 Objekte vergleichen	204
	5.5.2 Typ eines Objekts ermitteln	205
	5.5.3 Typ eines Objekts durch Vergleich ermitteln	206
5.6	Delegates	207
5.7	Statische Elemente	209
5.8	Vererbung	213
5.9	Konstruktoren bei Vererbung	217

5.10 Polymorphie		219
5.11 Schnittstellen		223
5.12 Strukturen		227
5.13 Mehrere Formulare		231

6 Wichtige Klassen in .NET 237

6.1	**Klasse String für Zeichenketten**		237
	6.1.1	Eigenschaften der Klasse String	238
	6.1.2	Trimmen	240
	6.1.3	Splitten	241
	6.1.4	Suchen	243
	6.1.5	Einfügen	246
	6.1.6	Löschen	248
	6.1.7	Teilzeichenkette ermitteln	250
	6.1.8	Zeichen ersetzen	251
	6.1.9	Ausgabe formatieren	252
6.2	**Datum und Uhrzeit**		254
	6.2.1	Eigenschaften von DateTime	254
	6.2.2	Rechnen mit Datum und Uhrzeit	257
	6.2.3	DateTimePicker	260
6.3	**Dateien und Verzeichnisse**		263
	6.3.1	Lesen aus einer Textdatei	263
	6.3.2	Schreiben in eine Textdatei	265
	6.3.3	Sicheres Lesen aus einer Textdatei	267
	6.3.4	Sicheres Schreiben in eine Textdatei	270
	6.3.5	Die Klassen File und Directory	271
	6.3.6	Das aktuelle Verzeichnis	272
	6.3.7	Eine Liste der Dateien	273
	6.3.8	Eine Liste der Dateien und Verzeichnisse	274
	6.3.9	Informationen über Dateien und Verzeichnisse	275
	6.3.10	Bewegen in der Verzeichnishierarchie	276
6.4	**XML-Dateien**		278
	6.4.1	Aufbau von XML-Dateien	279
	6.4.2	Schreiben in eine XML-Datei	280

6.4.3	Lesen aus einer XML-Datei	281
6.4.4	Schreiben von Objekten	283
6.4.5	Lesen von Objekten	285

6.5 Rechnen mit der Klasse Math 288

6.6 Zugriff auf MS Office 294

| 6.6.1 | MS Word-Datei erstellen | 296 |
| 6.6.2 | MS Excel-Datei erstellen | 299 |

6.7 Formular drucken 300

| 6.7.1 | Druck und Seitenvorschau | 301 |
| 6.7.2 | Druckeinstellungen | 302 |

7 Weitere Elemente eines Windows-Programms   305

7.1 Hauptmenü 305

7.1.1	Erstellung des Hauptmenüs	305
7.1.2	Code des Hauptmenüs	308
7.1.3	Klasse Font	310
7.1.4	Schriftart	310
7.1.5	Schriftgröße	312
7.1.6	Schriftstil	313

7.2 Kontextmenü 314

| 7.2.1 | Erstellung des Kontextmenüs | 314 |
| 7.2.2 | Code des Kontextmenüs | 315 |

7.3 Symbolleiste 317

| 7.3.1 | Erstellung der Symbolleiste | 317 |
| 7.3.2 | Code der Symbolleiste | 318 |

7.4 Statusleiste 322

| 7.4.1 | Erstellung der Statusleiste | 322 |
| 7.4.2 | Code der Statusleiste | 322 |

7.5 Eingabedialogfeld 324

7.6 Ausgabedialogfeld 328

7.7	**Standarddialogfelder**	334
	7.7.1 Datei öffnen	335
	7.7.2 Datei speichern unter	337
	7.7.3 Verzeichnis auswählen	339
	7.7.4 Farbe auswählen	340
	7.7.5 Schrifteigenschaften auswählen	341
7.8	**Steuerelement ListView**	343
7.9	**Steuerelement Chart**	346
7.10	**Steuerelement DataGridView**	350
7.11	**Lokalisierung**	355

8   Datenbankanwendungen mit ADO.NET   361

8.1	**Was sind relationale Datenbanken?**	361
	8.1.1 Beispiel »Lager«	361
	8.1.2 Indizes	365
	8.1.3 Relationen	366
	8.1.4 Übungen	371
8.2	**Anlegen einer Datenbank in Microsoft Access**	372
	8.2.1 Aufbau von Access	372
	8.2.2 Datenbankentwurf in Access 2013	374
	8.2.3 Übungen	378
8.3	**Datenbankzugriff mit Visual C#**	379
	8.3.1 Beispieldatenbank	379
	8.3.2 Ablauf eines Zugriffs	380
	8.3.3 Verbindung	380
	8.3.4 SQL-Befehl	381
	8.3.5 OleDb	381
	8.3.6 Auswahlabfrage	382
	8.3.7 Aktionsabfrage	384
8.4	**SQL-Befehle**	386
	8.4.1 Auswahl mit select	386
	8.4.2 Ändern mit update	391

8.4.3	Löschen mit delete	392
8.4.4	Einfügen mit insert	392
8.4.5	Typische Fehler in SQL	393

8.5 Ein Verwaltungsprogramm 394

8.5.1	Initialisierung	395
8.5.2	Alle Datensätze sehen	396
8.5.3	Datensatz einfügen	398
8.5.4	Datensatz ändern	400
8.5.5	Datensatz löschen	404
8.5.6	Datensatz suchen	406

8.6 Abfragen über mehrere Tabellen 408

8.7 Verbindung zu MySQL 413

| 8.7.1 | .NET-Treiber | 414 |

9   Internetanwendungen mit ASP.NET

417

9.1 Grundlagen von Internetanwendungen 417

9.1.1	Statische Internetanwendungen	417
9.1.2	Dynamische Internetanwendungen	418
9.1.3	Vorteile von ASP.NET	419

9.2 Ein lokaler Webserver 419

| 9.2.1 | Eine erste Internetanwendung | 420 |

9.3 Eine erste ASP.NET-Anwendung 422

| 9.3.1 | Fehlerhafte Programmierung | 424 |

9.4 Formatierung von Internetseiten 425

9.5 Senden und Auswerten von Formulardaten 427

9.6 Weitere Formularelemente 430

9.7 Ein Kalenderelement 433

9.8 ASP.NET und ADO.NET 435

9.9 Datenbank im Internet ändern 438

10 Zeichnen mit GDI+ 445

10.1 Grundlagen von GDI+ 445

10.2 Linie, Rechteck, Polygon und Ellipse zeichnen 445
10.2.1 Grundeinstellungen 446
10.2.2 Linie 447
10.2.3 Rechteck 448
10.2.4 Polygon 449
10.2.5 Ellipse 450
10.2.6 Dicke und Farbe ändern, Zeichnung löschen 450

10.3 Text schreiben 451

10.4 Bilder darstellen 454

10.5 Dauerhaft zeichnen 456

10.6 Zeichnen einer Funktion 458

11 Beispielprojekte 461

11.1 Spielprogramm Tetris 461
11.1.1 Spielablauf 461
11.1.2 Programmbeschreibung 462
11.1.3 Steuerelemente 463
11.1.4 Initialisierung des Programms 464
11.1.5 Erzeugen eines neuen Panels 467
11.1.6 Der Zeitgeber 468
11.1.7 Panels löschen 469
11.1.8 Panels seitlich bewegen 474
11.1.9 Panels nach unten bewegen 474
11.1.10 Pause 475

11.2 Lernprogramm Vokabeln 476
11.2.1 Benutzung des Programms 476
11.2.2 Erweiterung des Programms 478
11.2.3 Initialisierung des Programms 478
11.2.4 Ein Test beginnt 480

11.2.5	Zwei Hilfsmethoden	482
11.2.6	Die Antwort prüfen	483
11.2.7	Das Benutzermenü	485

12 Windows Presentation Foundation   489

12.1	**Layout**	490
12.2	**Steuerelemente**	493
12.3	**Frame-Anwendung**	496
12.4	**Zweidimensionale Grafik**	499
12.5	**Dreidimensionale Grafik**	502
12.6	**Animation**	506
12.7	**WPF und Windows Forms**	509
12.7.1	Windows Forms in WPF	510
12.7.2	WPF in Windows Forms	511

13 Windows Store-Apps für Windows 8.1   515

13.1	**Projektvorlagen für Windows Store-Apps**	515
13.2	**Projektvorlage Blank**	517
13.3	**Steuerelemente**	519
13.4	**Seitenvorlagen für Windows Store-Apps**	521
13.5	**Eine Reihe von Seiten**	522
13.6	**Eine geteilte Seite**	526
13.7	**Seitenvorlage Standardseite**	528
13.8	**Projektvorlage Grid**	530
13.9	**Projektvorlage Split**	533
13.10	**Prüfen einer App**	534

A Installation und technische Hinweise 537

A.1 Inhalt des Datenträgers zu diesem Buch 537

A.2 Installation der Express-Versionen von Visual Studio 2013 537

A.3 Arbeiten mit einer Formularvorlage 538

A.4 Arbeiten mit einer Projektvorlage 540

A.5 Weitergabe eigener Windows-Programme 540

A.6 Konfigurationsdaten 542

A.7 Datenbankzugriff unter der Vista-64-Bit-Version 544

B Lösungen der Übungsaufgaben 545

B.1 Lösung der Übungsaufgabe aus Kapitel 1 545

B.2 Lösungen der Übungsaufgaben aus Kapitel 2 546

B.3 Lösungen der Übungsaufgaben aus Kapitel 4 560

B.4 Lösungen der Übungsaufgaben aus Kapitel 8 564

Index 567

Kapitel 1
Einführung

In diesem Kapitel erlernen Sie anhand eines ersten Projekts den Umgang mit der Entwicklungsumgebung und den Steuerelementen. Anschließend werden Sie in der Lage sein, Ihr erstes eigenes Windows-Programm zu erstellen.

C# ist eine objektorientierte Programmiersprache, die von Microsoft im Zusammenhang mit dem .NET Framework eingeführt wurde. Mithilfe der Entwicklungsumgebung Visual Studio 2013 können Sie unter anderem in der Sprache C# programmieren. Visual Studio 2013 ist der Nachfolger von Visual Studio 2012. Innerhalb von Visual Studio stehen Ihnen noch weitere Sprachen zur Programmentwicklung zur Verfügung.

C#

1.1 Aufbau dieses Buchs

Dieses Buch vermittelt Ihnen zunächst einen einfachen Einstieg in die Programmierung mit Visual C# und dem Visual Studio 2013. Die Bearbeitung der Beispiele und das selbstständige Lösen der vorliegenden Übungsaufgaben helfen dabei. Dadurch werden Sie schnell erste Erfolgserlebnisse haben, die Sie zum Weitermachen motivieren. In späteren Kapiteln werden Ihnen auch die komplexen Themen vermittelt.

Beispiele

Von Anfang an wird mit anschaulichen Windows-Anwendungen gearbeitet. Die Grundlagen der Programmiersprache und die Standardelemente einer Windows-Anwendung, wie Sie sie schon von anderen Windows-Programmen her kennen, werden gemeinsam vermittelt. Die Anschaulichkeit einer Windows-Anwendung hilft dabei, den eher theoretischen Hintergrund der Programmiersprache leichter zu verstehen.

Grundlagen

1.2 Visual Studio 2013

Express Edition Es werden mehrere Express-Versionen von Visual Studio 2013 eingesetzt. Sie können sie unter Windows 7 und Windows 8 bzw. Windows 8.1 nutzen. Diese freien Versionen von Visual Studio 2013 liegen dem Buch bei, Sie können sie aber auch bei Microsoft herunterladen. Die Projekte in diesem Buch wurden unter Windows 8.1 bearbeitet. Auch die Screenshots sind unter dieser Windows-Version entstanden.

Die Express-Versionen von Visual Studio 2013 bieten jeweils eine komfortable Entwicklungsumgebung. Sie umfassen einen Editor zur Erstellung des Programmcodes, einen Compiler zur Erstellung der ausführbaren Programme, einen Debugger zur Fehlersuche und vieles mehr.

Auf dem Datenträger zum Buch finden Sie für unterschiedliche Einsatzbereiche die folgenden Express-Versionen von Visual Studio 2013:

- *Visual Studio Express 2013 für Desktop* zur Programmierung der Windows Forms-Anwendungen sowie der Konsolenanwendungen, die Sie in Kapitel 1 bis 8 sowie 10 und 11 sehen werden. Außerdem dient diese Version zur Umsetzung der WPF-Anwendungen in Kapitel 12. Mit der Desktopversion werden wir beginnen. Diese Version kann unter Windows 7, Windows 8 und Windows 8.1 genutzt werden, wenn mindestens der Internet Explorer 10 installiert ist.

- *Visual Studio Express 2013 für das Web* zur Programmierung der Internetanwendungen mit C# in Kapitel 9. Diese Version kann ebenfalls unter den drei genannten Windows-Versionen genutzt werden, wenn mindestens der Internet Explorer 10 installiert ist.

- *Visual Studio Express 2013 für Windows* zur Programmierung der Windows Store-Apps für Windows 8.1. Sie können nur unter Windows 8.1 entwickelt werden. Sie werden sie in Kapitel 13 kennenlernen.

Zur Installation der Express-Versionen verweise ich auf den Anhang.

Noch eine Anmerkung in eigener Sache: Für die Hilfe bei der Erstellung dieses Buchs bedanke ich mich beim Team von Galileo Press, besonders bei Anne Scheibe.

Thomas Theis

1.3 Mein erstes Windows-Programm

Anhand eines ersten Projekts werden Sie die Schritte durchlaufen, die zur Erstellung eines einfachen Programms mithilfe von Visual C# notwendig sind. Das Programm soll nach dem Aufruf zunächst aussehen wie das in Abbildung 1.1 gezeigte.

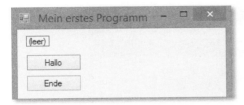

Abbildung 1.1 Erstes Programm nach dem Aufruf

Nach Betätigung des Buttons HALLO soll sich der Text in der obersten Zeile verändern (siehe Abbildung 1.2).

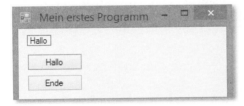

Abbildung 1.2 Nach einem Klick auf den Button »Hallo«

1.4 Visual C#-Entwicklungsumgebung

Während der Projekterstellung lernen Sie Schritt für Schritt die Visual Studio 2013-Entwicklungsumgebung kennen.

1.4.1 Ein neues Projekt

Nach dem Aufruf des Programms Visual Studio Express 2013 für Windows Desktop müssen Sie zur Erstellung eines neuen C#-Projekts den Menüpunkt DATEI • NEUES PROJEKT • INSTALLIERT • VORLAGEN • VISUAL C# • WINDOWS FORMS-ANWENDUNG auswählen. Als Projektname bietet die Entwicklungsumgebung den Namen *WindowsFormsApplication1* an, dieser sollte geändert werden, zum Beispiel in *MeinErstes*.

Es erscheinen nun einige Elemente der Entwicklungsumgebung. Folgende sind besonders wichtig:

Form
- Das Benutzerformular (engl. *Form*) enthält die Oberfläche für den Benutzer des Programms (siehe Abbildung 1.3).

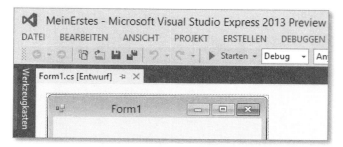

Abbildung 1.3 Benutzerformular

Toolbox
- Der WERKZEUGKASTEN (engl. *Toolbox*) enthält die Steuerelemente für den Benutzer, mit denen er den Ablauf des Programms steuern kann. Sie werden vom Programmentwickler in das Formular eingefügt (siehe Abbildung 1.4).

Abbildung 1.4 Der »Werkzeugkasten« mit verschiedenen Kategorien von Steuerelementen

Eigenschaften-Fenster
- Das EIGENSCHAFTEN-Fenster (engl. *Properties Window*) dient dem Anzeigen und Ändern der Eigenschaften von Steuerelementen innerhalb des Formulars durch den Programmentwickler (siehe Abbildung 1.5). Ich empfehle Ihnen, sich die Eigenschaften in alphabetischer Reihenfolge anzeigen zu lassen. Betätigen Sie dazu einfach unter FORM1 das zweite Symbol von links.

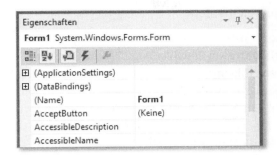

Abbildung 1.5 Eigenschaften-Fenster

▶ Der PROJEKTMAPPEN-EXPLORER (engl. *Solution Explorer*) zeigt das geöffnete Projekt und die darin vorhandenen Elemente (siehe Abbildung 1.6).

Projektmappen-Explorer

Abbildung 1.6 Projektmappen-Explorer

Sollte der WERKZEUGKASTEN, das EIGENSCHAFTEN-Fenster oder der PROJEKTMAPPEN-EXPLORER einmal nicht sichtbar sein, können Sie das betreffende Element über das Menü ANSICHT einblenden. Ist das Formular nicht sichtbar, blenden Sie es über einen Doppelklick auf den Namen (*Form1.cs*) im PROJEKTMAPPEN-EXPLORER ein.

Anfangs schreiben Sie nur einfache Programme mit wenigen Elementen, daher benötigen Sie den PROJEKTMAPPEN-EXPLORER noch nicht. Es empfiehlt sich, das EIGENSCHAFTEN-Fenster nach oben zu vergrößern.

1.4.2 Einfügen von Steuerelementen

Label, Button Zunächst sollen drei Steuerelemente in das Formular eingefügt werden: ein Bezeichnungsfeld (Label) und zwei Befehlsschaltflächen (Buttons). Ein Bezeichnungsfeld dient im Allgemeinen dazu, feste oder veränderliche Texte auf der Benutzeroberfläche anzuzeigen. In diesem Programm soll das Label einen Text anzeigen. Ein Button dient zum Starten bestimmter Programmteile oder, allgemeiner ausgedrückt, zum Auslösen von Ereignissen. In diesem Programm sollen die Buttons dazu dienen, den Text anzuzeigen bzw. das Programm zu beenden.

Allgemeine Steuerelemente Um ein Steuerelement einzufügen, ziehen Sie es mithilfe der Maus aus dem WERKZEUGKASTEN an die gewünschte Stelle im Formular. Alle Steuerelemente finden sich im WERKZEUGKASTEN unter ALLE WINDOWS FORMS. Übersichtlicher ist der Zugriff über ALLGEMEINE STEUERELEMENTE (engl. *Common Controls*), siehe Abbildung 1.7.

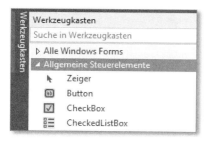

Abbildung 1.7 »Allgemeine Steuerelemente« im »Werkzeugkasten«

Steuerelement auswählen Ein Doppelklick auf ein Steuerelement im WERKZEUGKASTEN fügt es ebenfalls in die Form ein. Anschließend können Ort und Größe noch verändert werden. Dazu wählen Sie das betreffende Steuerelement vorher durch Anklicken aus (siehe Abbildung 1.8). Ein überflüssiges Steuerelement können Sie durch Auswählen und Drücken der Taste [Entf] entfernen.

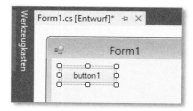

Abbildung 1.8 Ausgewählter Button

Die Größe und andere Eigenschaften des Formulars selbst können Sie ebenfalls verändern. Dazu wählen Sie es vorher durch Anklicken auf einer freien Stelle aus.

1.4.3 Arbeiten mit dem Eigenschaften-Fenster

Die eingefügten Steuerelemente haben zunächst einheitliche Namen und Aufschriften, diese sollten Sie allerdings zur einfacheren Programmentwicklung ändern. Es haben sich bestimmte Namenskonventionen eingebürgert, die die Lesbarkeit erleichtern. Diese Namen beinhalten den Typ (mit drei Buchstaben abgekürzt) und die Aufgabe des Steuerelements (mit großem Anfangsbuchstaben).

Ein Button (eigentlich *Command Button*), der die Anzeige der Zeit auslösen soll, wird beispielsweise mit `cmdZeit` bezeichnet. Weitere Vorsilben sind `txt` (Textfeld/TextBox), `lbl` (Bezeichnungsfeld/Label), `opt` (Optionsschaltfläche/RadioButton), `frm` (Formular/Form) und `chk` (Kontrollkästchen/CheckBox).

cmd, txt, lbl, ...

Zur Änderung des Namens eines Steuerelements muss es zunächst ausgewählt werden. Das können Sie entweder durch Anklicken des Steuerelements auf dem Formular oder durch Auswahl aus der Liste am oberen Ende des EIGENSCHAFTEN-Fensters tun.

Im EIGENSCHAFTEN-Fenster werden alle Eigenschaften des ausgewählten Steuerelements angezeigt. Die Liste ist zweispaltig: In der linken Spalte steht der Name der Eigenschaft, in der rechten ihr aktueller Wert. Die Eigenschaft (NAME) steht am Anfang der Liste der Eigenschaften. Die betreffende Zeile wählen Sie durch Anklicken aus und geben hier den neuen Namen ein. Nach Bestätigung mit der Taste ⏎ ist die Eigenschaft geändert (siehe Abbildung 1.9).

Eigenschaften-Fenster

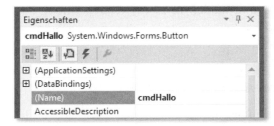

Abbildung 1.9 Button nach der Namensänderung

1 Einführung

Text
: Die Aufschrift von Buttons, Labels und Formularen ist in der Eigenschaft Text angegeben. Sobald diese Eigenschaft verändert wird, erscheint die veränderte Aufschrift in dem betreffenden Steuerelement. Auch der Name und die Aufschrift des Formulars sollten geändert werden. Im Folgenden sind die gewünschten Eigenschaften für die Steuerelemente dieses Programms in Tabellenform angegeben, siehe Tabelle 1.1.

Typ	Eigenschaft	Einstellung
Formular	Text	Mein erstes Programm
Button	Name	cmdHallo
	Text	Hallo
Button	Name	cmdEnde
	Text	Ende
Label	Name	lblAnzeige
	Text	(leer)
	BorderStyle	FixedSingle

Tabelle 1.1 Steuerelemente mit Eigenschaften

Startzustand
: Zu diesem Zeitpunkt legen Sie den Startzustand fest, also die Eigenschaften, die die Steuerelemente zu Beginn des Programms bzw. eventuell während des gesamten Programms haben sollen. Viele Eigenschaften können Sie auch während der Laufzeit des Programms durch den Programmcode verändern.

Bei einem Label ergibt die Einstellung der Eigenschaft BorderStyle auf FixedSingle einen Rahmen. Zur Änderung auf FixedSingle klappen Sie die Liste bei der Eigenschaft auf und wählen den betreffenden Eintrag aus, siehe Abbildung 1.10. Zur Änderung einiger Eigenschaften müssen Sie gegebenenfalls ein Dialogfeld aufrufen.

Im Label soll zunächst der Text *(leer)* erscheinen. Hierzu wählen Sie den vorhandenen Text durch Anklicken aus und ändern ihn.

Liste der Steuerelemente
: Sie finden alle in diesem Formular vorhandenen Steuerelemente in der Liste, die sich am oberen Ende des EIGENSCHAFTEN-Fensters öffnen lässt.

24

Abbildung 1.10 Label nach der Änderung von Name und BorderStyle

Dabei zeigt sich ein Vorteil der einheitlichen Namensvergabe: Die Steuerelemente des gleichen Typs stehen direkt untereinander.

1.4.4 Speichern eines Projekts

Die Daten eines Visual C#-Projekts werden in verschiedenen Dateien gespeichert. Zum Speichern des gesamten Projekts verwenden Sie den Menüpunkt DATEI • ALLE SPEICHERN. Diesen Vorgang sollten Sie in regelmäßigen Abständen durchführen, damit keine Änderungen verloren gehen können.

Alles speichern

Die in diesem Skript angegebenen Namen dienen als Empfehlung, um die eindeutige Orientierung und das spätere Auffinden von alten Programmen zu erleichtern.

1.4.5 Das Codefenster

Der Ablauf eines Windows-Programms wird im Wesentlichen durch das Auslösen von Ereignissen durch den Benutzer gesteuert. Er löst z. B. die Anzeige des Texts *Hallo* aus, indem er auf den Button HALLO klickt. Der Entwickler muss dafür sorgen, dass aufgrund dieses Ereignisses der gewünschte Text angezeigt wird. Zu diesem Zweck schreibt er Programmcode und ordnet diesen Code dem Ereignis zu. Der Code wird in einer *Ereignismethode* abgelegt.

Ereignis

Ereignismethode Zum Schreiben einer Ereignismethode führen Sie am besten einen Doppelklick auf dem betreffenden Steuerelement aus. Es erscheint das Codefenster. Zwischen der Formularansicht und der Codeansicht können Sie anschließend über die Menüpunkte ANSICHT • CODE bzw. ANSICHT • DESIGNER hin- und herschalten. Das ist auch über die Registerkarten oberhalb des Formulars bzw. des Codefensters möglich (siehe Abbildung 1.11).

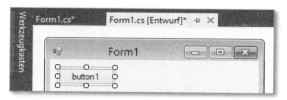

Abbildung 1.11 Registerkarten

Nach erfolgtem Doppelklick auf den Button HALLO erscheinen im Codefenster folgende Einträge:

```
using System;
using System.Drawing;
using System.Windows.Forms;

namespace MeinErstes
{
    public partial class Form1 : Form
    {
        public Form1()
        {
            InitializeComponent();
        }

        private void cmdHallo_Click(
            object sender, EventArgs e)
        {

        }
    }
}
```

Listing 1.1 Projekt »MeinErstes«, Button »Hallo«, ohne Code

1.4 Visual C#-Entwicklungsumgebung

Zur Erläuterung:

▸ Sie sollten sich nicht von der Vielzahl der automatisch erzeugten Zeilen und den noch unbekannten Inhalten verwirren lassen.

▸ Zunächst das Wichtigste: Innerhalb der geschweiften Klammern { } der Ereignismethode cmdHallo_Click() wird später Ihr eigener Programmcode hinzugefügt.

Zu den anderen Bestandteilen (die erst später für das eigene Programmieren wichtig sind):

▸ C# ist eine objektorientierte Sprache. Ein wichtiges Element objektorientierter Sprachen sind Klassen. Klassen eröffnen weitere Programmiermöglichkeiten. Namensräume beinhalten zusammengehörige Klassen.

Namensraum

▸ In obigem Listing können Sie erkennen, dass einige Programmzeilen, die mit using beginnen, bereits entfernt wurden. Das Schlüsselwort using dient zum Einbinden von Namensräumen in das aktuelle Projekt. Da wir die Klassen in diesen Namensräumen nicht benötigen, wurden die betreffenden Zeilen entfernt.

using

▸ Dieses erste Projekt verfügt über einen eigenen Namensraum (engl. *Namespace*), daher namespace MeinErstes.

namespace

▸ Alle Elemente des aktuellen Formulars Form1 stehen innerhalb der öffentlich zugänglichen Klasse Form1, daher public class Form1. Ein Teil der Elemente steht in dieser Datei, ein anderer Teil, der ebenfalls automatisch erzeugt wurde, steht in einer anderen, hier nicht sichtbaren Datei, daher der Zusatz partial (dt. teilweise).

public partial class

▸ Die Methode InitializeComponent() beinhaltet Programmzeilen, die für das Aussehen und Verhalten der Steuerelemente des Programms sorgen.

▸ Der Zusatz private bedeutet, dass die Ereignismethode cmdHallo-Click() nur in dieser Klasse bekannt ist. Mit void wird gekennzeichnet, dass diese Methode lediglich etwas ausführt, aber kein Ergebnis zurückliefert.

private void

▸ Auf weitere Einzelheiten dieser automatisch erzeugten Bestandteile wird zu einem späteren Zeitpunkt eingegangen, da es hier noch nicht notwendig ist und eher verwirren würde.

Wie bereits erwähnt: Die Ereignismethode für den Klick auf den Button HALLO heißt cmdHallo_Click(). Der Kopf der Methode ist sehr lang, daher wurde er für den Druck in diesem Buch auf mehrere Zeilen verteilt, wodurch auch die Lesbarkeit von Programmen erhöht wird:

```
private void cmdHallo_Click(
    object sender, EventArgs e)
```

Der anfänglich ausgeführte Doppelklick führt immer zu dem Ereignis, das am häufigsten mit dem betreffenden Steuerelement verbunden wird.

Click   Das ist beim Button natürlich das Ereignis Click. Zu einem Steuerelement gibt es aber auch noch andere mögliche Ereignisse.

Bei den nachfolgenden Programmen werden nicht mehr alle Teile des Programmcodes im Buch abgebildet, sondern nur noch

- ▶ die Teile, die vom Entwickler per Codeeingabe erzeugt werden,
- ▶ und die Teile des automatisch erzeugten Codes, die wichtig für das Verständnis sind.

Den vollständigen Programmcode können Sie jederzeit betrachten, wenn Sie die Beispielprojekte laden bzw. ausprobieren.

1.4.6   Schreiben von Programmcode

In der Methode cmdHallo_Click() soll eine Befehlszeile eingefügt werden, sodass sie anschließend wie folgt aussieht:

```
private void cmdHallo_Click(
    object sender, EventArgs e)
{
    lblAnzeige.Text = "Hallo";
}
```

Listing 1.2 Projekt »MeinErstes«, Button »Hallo«, mit Code

Der Text muss in Anführungszeichen gesetzt werden, da C# sonst annimmt, dass es sich um eine Variable mit dem Namen Hallo handelt.

Anweisung   Der Inhalt einer Methode setzt sich aus einzelnen Anweisungen zusammen, die nacheinander ausgeführt werden. Die vorliegende Methode enthält nur eine Anweisung; in ihr wird mithilfe des Gleichheitszeichens eine Zuweisung durchgeführt.

1.4 Visual C#-Entwicklungsumgebung

Bei einer Zuweisung wird der Ausdruck rechts vom Gleichheitszeichen aus- **Zuweisung**
gewertet und der Variablen, der Objekteigenschaft oder der Steuerelement-
eigenschaft links vom Gleichheitszeichen zugewiesen. Die Zeichenkette
Hallo wird der Eigenschaft Text des Steuerelements lblAnzeige mithilfe der
Schreibweise Steuerelement.Eigenschaft = Wert zugewiesen. Das führt zur
Anzeige des Werts.

Nach dem Wechsel auf die Formularansicht können Sie das nächste Steuerelement auswählen, für das eine Ereignismethode geschrieben werden soll.

Innerhalb des Codefensters kann Text mit den gängigen Methoden der **Code editieren**
Textverarbeitung editiert, kopiert, verschoben und gelöscht werden.

In der Ereignismethode cmdEnde_Click() soll der folgende Code stehen:

```
private void cmdEnde_Click(
    object sender, EventArgs e)
{
    Close();
}
```

Listing 1.3 Projekt »MeinErstes«, Button »Ende«

Die Methode Close() dient dem Schließen eines Formulars. Da es sich um **Close()**
das einzige Formular dieses Projekts handelt, wird dadurch das Programm
beendet und die gesamte Windows-Anwendung geschlossen.

Das waren Beispiele zur Änderung der Eigenschaften eines Steuerelements
zur Laufzeit des Programms durch Programmcode. Sie erinnern sich: Zu
Beginn hatten wir die Starteigenschaften der Steuerelemente im Eigenschaften-Fenster eingestellt.

1.4.7 Kommentare

Bei längeren Programmen mit vielen Anweisungen gehört es zum guten
Programmierstil, Kommentarzeilen zu schreiben. In diesen Zeilen werden
einzelne Anweisungen oder auch längere Blöcke von Anweisungen erläutert, damit Sie selbst oder auch ein anderer Programmierer sie später leichter verstehen. Alle Zeichen innerhalb eines Kommentars werden nicht
übersetzt oder ausgeführt.

29

/* Kommentar */   Ein Kommentar beginnt mit der Zeichenkombination /*, endet mit der Zeichenkombination */ und kann sich über mehrere Zeilen erstrecken.

// Kommentar   Eine andere Möglichkeit ergibt sich durch die Zeichenkombination //. Ein solcher Kommentar erstreckt sich nur bis zum Ende der Zeile.

Der folgende Programmcode wurde um einen Kommentar ergänzt:

```
private void cmdEnde_Click(
    object sender, EventArgs e)
{
    /* Diese Anweisung beendet
       das Programm */
    Close();
}
```

Listing 1.4 Projekt »MeinErstes«, Button »Ende«, mit Kommentar

Code auskommentieren   Ein kleiner Trick: Sollen bestimmte Programmzeilen für einen Test des Programms kurzfristig nicht ausgeführt werden, können Sie sie *auskommentieren*, indem Sie die Zeichenkombination // vor die betreffenden Zeilen setzen. Das geht sehr schnell, indem Sie die betreffende(n) Zeile(n) markieren und anschließend das entsprechende Symbol im linken Bereich der Symbolleiste anklicken, siehe Abbildung 1.12. Rechts daneben befindet sich das Symbol, das die Auskommentierung nach dem Test wieder rückgängig macht.

Abbildung 1.12 Kommentar ein/aus

1.4.8 Starten, Ausführen und Beenden des Programms

Programm starten   Nach dem Einfügen der Steuerelemente und dem Erstellen der Ereignismethoden ist das Programm fertig und kann gestartet werden. Dazu betätigen Sie den Start-Button in der Symbolleiste (dreieckiger grüner Pfeil nach rechts). Alternativ starten Sie das Programm über die Funktionstaste [F5] oder den Menüpunkt Debuggen • Debugging Starten. Das Formular erscheint, das Betätigen der Buttons führt zum programmierten Ergebnis.

Programm beenden   Zur regulären Beendigung eines Programms ist der Button mit der Aufschrift Ende vorgesehen. Möchten Sie ein Programm während des Verlaufs

1.4 Visual C#-Entwicklungsumgebung

abbrechen, können Sie auch den Ende-Button in der Symbolleiste (rotes Quadrat) betätigen.

Tritt während der Ausführung eines Programms ein Fehler auf, werden Sie hierauf hingewiesen, und das Codefenster zeigt die entsprechende Ereignismethode sowie die fehlerhafte Zeile an. In diesem Fall beenden Sie das Programm, korrigieren den Code und starten das Programm wieder.

Fehler

Es ist empfehlenswert, das Programm bereits während der Entwicklung mehrmals durch einen Aufruf zu testen und nicht erst, wenn das Programm vollständig erstellt worden ist. Ein geeigneter Zeitpunkt dazu ergibt sich zum Beispiel

Programm testen

▶ nach dem Einfügen der Steuerelemente und dem Zuweisen der Eigenschaften, die Sie zu Programmbeginn benötigen, oder

▶ nach dem Erstellen jeder Ereignismethode.

1.4.9 Ausführbares Programm

Nach erfolgreichem Test des Programms können Sie die ausführbare Datei (_.exe_-Datei) auch außerhalb der Entwicklungsumgebung aufrufen. Haben Sie an den Grundeinstellungen nichts verändert und die vorgeschlagenen Namen verwendet, findet sich die zugehörige _.exe_-Datei des aktuellen Projekts im Verzeichnis _Dokumente\Visual Studio 2013\Projects\MeinErstes\MeinErstes\bin\Debug_. Das Programm kann also im Windows-Explorer direkt über Doppelklick gestartet werden.

.exe-Datei

Die Weitergabe eines eigenen Windows-Programms auf einen anderen PC ist etwas aufwendiger. Der Vorgang wird in Abschnitt A.5 beschrieben.

1.4.10 Schließen und Öffnen eines Projekts

Sie können ein Projekt schließen über den Menüpunkt DATEI • PROJEKTMAPPE SCHLIESSEN. Falls Sie Veränderungen vorgenommen haben, werden Sie gefragt, ob Sie diese Änderungen speichern möchten.

Projekt schließen

Wollen Sie die Projektdaten sicherheitshalber zwischendurch speichern, ist das über den Menüpunkt DATEI • ALLES SPEICHERN möglich. Das ist bei längeren Entwicklungsphasen sehr zu empfehlen.

Projekt öffnen Zum Öffnen eines vorhandenen Projekts wählen Sie den Menüpunkt DATEI • PROJEKT ÖFFNEN. Im darauffolgenden Dialogfeld PROJEKT ÖFFNEN wählen Sie zunächst das gewünschte Projektverzeichnis aus und anschließend die gleichnamige Datei mit der Endung *.sln*.

Alle Beispielprojekte finden Sie auch auf dem Datenträger zum Buch. Sie können diese Projekte auf Ihre Festplatte kopieren. Sollte eines der Projekte einmal nicht gestartet werden können, sollten Sie es über den Menüpunkt ERSTELLEN • PROJEKTMAPPE NEU ERSTELLEN neu erstellen.

1.4.11 Übung

Übung ÜName Erzeugen Sie ein Windows-Programm mit einem Formular, das zwei Buttons und ein Label beinhaltet (siehe Abbildung 1.13). Bei Betätigung des ersten Buttons erscheint im Label Ihr Name. Bei Betätigung des zweiten Buttons wird das Programm beendet. Namensvorschläge: Projektname *ÜName*, Buttons *cmdMyName* und *cmdEnde*, Label *lblMyName*.

Abbildung 1.13 Übung ÜName

1.4.12 Empfehlungen für Zeilenumbrüche

Zeilenumbruch Zeilenumbrüche erhöhen die Lesbarkeit des Programmcodes. Sie können nicht an jeder Stelle innerhalb einer Anweisung durchgeführt werden. Nachfolgend werden einige Stellen empfohlen:

- nach einer öffnenden Klammer, wie bereits gezeigt
- vor einer schließenden Klammer
- nach einem Komma
- nach den meisten Operatoren, also auch nach dem Zuweisungsoperator (=) hinter `lblAnzeige.Text`, siehe Abschnitt 2.2, »Operatoren«
- nach einem Punkt hinter einem Objektnamen, also auch nach dem Punkt hinter dem Objektnamen `lblAnzeige`

Auf keinen Fall dürfen Sie einen Zeilenumbruch innerhalb einer Zeichenkette durchführen.

1.5 Arbeiten mit Steuerelementen

1.5.1 Steuerelemente formatieren

Zur besseren Anordnung der Steuerelemente auf dem Formular können Sie sie mithilfe der Maus nach Augenmaß verschieben. Dabei erscheinen automatisch Hilfslinien, falls das aktuelle Element horizontal oder vertikal parallel zu einem anderen Element steht.

Hilfslinien

Weitere Möglichkeiten bieten die Menüpunkte im Menü FORMAT. In vielen Fällen müssen vorher mehrere Steuerelemente auf einmal markiert werden (siehe Abbildung 1.14).

Mehrere Steuerelemente markieren

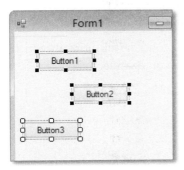

Abbildung 1.14 Mehrere markierte Elemente

Das geschieht entweder

- durch Umrahmung der Elemente mit einem Rechteck, nachdem Sie zuvor das Steuerelement Zeiger ausgewählt haben, oder
- durch Mehrfachauswahl, indem Sie ab dem zweiten auszuwählenden Steuerelement die ⇧-Taste (wie für Großbuchstaben) oder die Strg-Taste gedrückt halten.

Über das Menü FORMAT haben Sie anschließend folgende Möglichkeiten zur Anpassung der Steuerelemente:

Menü »Format«

- Die ausgewählten Steuerelemente können horizontal oder vertikal zueinander ausgerichtet werden (Menü FORMAT • AUSRICHTEN).
- Die horizontalen und/oder vertikalen Dimensionen der ausgewählten Steuerelemente können angeglichen werden (Menü FORMAT • GRÖSSE ANGLEICHEN).

1 Einführung

Einheitliche Abstände

- Die horizontalen und vertikalen Abstände zwischen den ausgewählten Steuerelementen können angeglichen, vergrößert, verkleinert oder entfernt werden (Menü FORMAT • HORIZONTALER ABSTAND/VERTIKALER ABSTAND).
- Die Steuerelemente können horizontal oder vertikal innerhalb des Formulars zentriert werden (Menü FORMAT • AUF FORMULAR ZENTRIEREN).
- Sollten sich die Steuerelemente teilweise überlappen, können Sie einzelne Steuerelemente in den Vorder- bzw. Hintergrund schieben (Menü FORMAT • REIHENFOLGE).
- Sie können alle Steuerelemente gleichzeitig gegen versehentliches Verschieben absichern (Menü FORMAT • STEUERELEMENTE SPERREN). Diese Sperrung gilt nur während der Entwicklung des Programms.

Abbildung 1.15 zeigt ein Formular mit drei Buttons, die alle links ausgerichtet sind und den gleichen vertikalen Abstand voneinander haben.

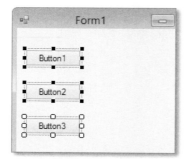

Abbildung 1.15 Mehrere markierte Elemente

Übung

Laden Sie das Projekt *MeinErstes* aus Abschnitt 1.3, »Mein erstes Windows-Programm«, markieren Sie darin mehrere Steuerelemente, und testen Sie die einzelnen Möglichkeiten des FORMAT-Menüs.

1.5.2 Steuerelemente kopieren

Steuerelemente kopieren

Zur schnelleren Erzeugung eines Projekts können vorhandene Steuerelemente einschließlich aller ihrer Eigenschaften kopiert werden. Markieren Sie hierzu die gewünschten Steuerelemente, und kopieren Sie sie entweder

- über das Menü Bearbeiten • Kopieren und das Menü Bearbeiten • Einfügen oder
- mit den Tastenkombinationen [Strg] + [C] und [Strg] + [V].

Anschließend sollten Sie die neu erzeugten Steuerelemente direkt umbenennen und an der gewünschten Stelle anordnen.

Übung

Laden Sie das Projekt *MeinErstes* aus Abschnitt 1.3, »Mein erstes Windows-Programm«, und kopieren Sie einzelne Steuerelemente. Kontrollieren Sie anschließend die Liste der vorhandenen Steuerelemente im Eigenschaften-Fenster auf einheitliche Namensgebung.

1.5.3 Eigenschaften zur Laufzeit ändern

Steuerelemente haben die Eigenschaften Size (mit den Komponenten Width und Height) und Location (mit den Komponenten X und Y) zur Angabe von Größe und Position. X und Y geben die Koordinaten der oberen linken Ecke des Steuerelements an, gemessen von der oberen linken Ecke des umgebenden Elements (meist das Formular). Sämtliche Werte werden in Pixeln gemessen.

Size, Location

Alle diese Eigenschaften können sowohl während der Entwicklungszeit als auch während der Laufzeit eines Projekts verändert werden. Zur Änderung während der Entwicklungszeit können Sie die Eigenschaftswerte wie gewohnt im Eigenschaften-Fenster eingeben. Als Beispiel für Änderungen während der Laufzeit soll das folgende Programm (Projekt *Steuerelemente*) dienen (siehe Abbildung 1.16).

Abbildung 1.16 Position und Größe bestimmen

Es wird nachfolgend generell nur der Teil des Programmcodes angezeigt, der verändert wurde:

```
private void cmdPositionRel_Click(...)
{
    cmdTest.Location = new Point(
        cmdTest.Location.X + 20,
        cmdTest.Location.Y);
}

private void cmdPositionAbs_Click(...)
{
    cmdTest.Location = new Point(100, 200);
}

private void cmdGrößeRel_Click(...)
{
    cmdTest.Size = new Size(
        cmdTest.Size.Width + 20,
        cmdTest.Size.Height);
}

private void cmdGrößeAbs_Click(...)
{
    cmdTest.Size = new Size(50, 100);
}
```

Listing 1.5 Projekt »Steuerelemente«

Zur Erläuterung:

Verkürzte Darstellung

▶ Der Kopf der einzelnen Methoden wurde aus Gründen der Übersichtlichkeit jeweils in verkürzter Form abgebildet. Das wird bei den meisten nachfolgenden Beispielen ebenfalls so sein, außer wenn es genau auf die Inhalte des Methodenkopfs ankommt.

▶ Das Formular enthält fünf Buttons. Die oberen vier Buttons dienen der Veränderung von Position und Größe des fünften Buttons.

▶ Die Position eines Elements kann relativ zur aktuellen Position oder auf absolute Werte eingestellt werden. Das Gleiche gilt für die Größe eines Elements.

- Bei beiden Angaben handelt es sich um Wertepaare (X/Y bzw. Breite/Höhe).
- Zur Einstellung der Position dient die Struktur Point. Ein Objekt dieser Struktur liefert ein Wertepaar. In diesem Programm wird mit new jeweils ein neues Objekt der Struktur Point erzeugt, um das Wertepaar bereitzustellen.
  new Point
- Bei Betätigung des Buttons POSITION ABS wird die Position des fünften Buttons auf die Werte X=100 und Y=200 gestellt, gemessen von der linken oberen Ecke des Formulars.
  X, Y
- Bei Betätigung des Buttons POSITION REL wird die Position des fünften Buttons auf die Werte X = cmdTest.Location.X + 20 und Y = cmdTest.Location.Y gestellt. Bei X wird also der alte Wert der Komponente X um 20 erhöht, das Element bewegt sich nach rechts. Bei Y wird der alte Wert der Komponente Y nicht verändert, das Element bewegt sich nicht nach oben oder unten.
- Zur Einstellung der Größe dient die Struktur Size.
  Size
- Bei Betätigung des Buttons GRÖSSE ABS wird die Größe des fünften Buttons auf die Werte Width = 50 und Height = 100 gestellt.
  Width, Height
- Bei Betätigung des Buttons GRÖSSE REL wird die Größe des fünften Buttons auf die Werte Width = cmdTest.Size.Width + 20 und Height = cmdTest.Size.Height gestellt. Bei Width wird also der alte Wert der Komponente Width um 20 erhöht, das Element wird breiter. Bei Height wird der alte Wert der Komponente Height nicht verändert, das Element verändert seine Höhe nicht.

Nach einigen Klicks sieht das Formular aus wie das in Abbildung 1.17.

Abbildung 1.17 Veränderung von Eigenschaften zur Laufzeit

1.5.4 Vergabe und Verwendung von Namen

Beachten Sie in allen Programmen, dass jedes Steuerelement seinen eigenen, eindeutigen Namen hat und immer mit diesem Namen angesprochen werden muss. Es passiert erfahrungsgemäß besonders am Anfang häufig, dass ein Programm nicht zum gewünschten Erfolg führt, weil ein nicht vorhandener Name verwendet wurde. In diesem Zusammenhang weise ich noch einmal auf die Namenskonventionen hin:

- Buttons sollten Namen wie z. B. `cmdEnde`, `cmdAnzeigen`, `cmdBerechnen` usw. haben.
- Labels sollten Namen wie z. B. `lblAnzeige`, `lblName`, `lblUhrzeit`, `lblBeginnDatum` haben.

Diese Namen liefern eine eindeutige Information über Typ und Funktion des Steuerelements. Falls Sie beim Schreiben von Programmcode anschließend diese Namen z. B. vollständig in Kleinbuchstaben eingeben, werden Sie nach Verlassen der Zeile darauf aufmerksam gemacht. Sie können schnell erkennen, ob Sie tatsächlich ein vorhandenes Steuerelement verwendet haben.

1.5.5 Verknüpfung von Texten, mehrzeilige Texte

+ und \n Es können mehrere Texte in einer Ausgabe mithilfe des Zeichens + miteinander verknüpft werden. Falls Sie eine mehrzeilige Ausgabe wünschen, können Sie einen Zeilenvorschub mithilfe der Zeichenfolge "\n" (für *new line*) erzeugen.

Nachfolgend wird das Projekt *Steuerelemente* um ein Label ergänzt, in dem die aktuelle Position und Größe des Buttons angezeigt werden. Das soll nach Betätigung des Buttons Anzeige geschehen:

```
private void cmdAnzeige_Click(...)
{
    lblAnzeige.Text =
        "Position: X: " + cmdTest.Location.X +
        ", Y: " + cmdTest.Location.Y + "\n" +
        "Größe: Breite: " + cmdTest.Size.Width +
        ", Höhe: " + cmdTest.Size.Height;
}
```

Listing 1.6 Projekt »Steuerelemente«, mit Anzeige

Nach einigen Klicks und der Betätigung des Buttons ANZEIGE sieht das Formular aus wie das in Abbildung 1.18.

Abbildung 1.18 Anzeige der Eigenschaften

1.5.6 Eigenschaft BackColor, Farben allgemein

Die Hintergrundfarbe eines Steuerelements wird mit der Eigenschaft Back-Color festgelegt. Dabei können Sie die Farbe zur Entwicklungszeit leicht mithilfe einer Farbpalette oder aus Systemfarben auswählen.

BackColor

Hintergrundfarben und andere Farben können Sie auch zur Laufzeit einstellen. Dabei bedienen Sie sich der Farbwerte, die Sie über die Struktur Color auswählen.

Color

Ein Beispiel, ebenfalls im Projekt *Steuerelemente*:

```
private void cmdFarbe_Click(...)
{
    BackColor = Color.Yellow;
    lblAnzeige.BackColor =
        Color.FromArgb(192, 255, 0);
}
```

Listing 1.7 Projekt »Steuerelemente«, mit Farben

Zur Erläuterung:

▸ Diese Struktur bietet vordefinierte Farbnamen als Eigenschaften, z. B. Yellow. Der Wert kann der Eigenschaft BackColor des Steuerelements zugewiesen werden, hier ist es das Formular selbst.

▸ Außerdem bietet die Struktur die Methode FromArgb(). Diese können Sie auf verschiedene Arten aufrufen. Eine dieser Arten erwartet genau drei Parameter, nämlich die Werte für Rot, Grün und Blau jeweils zwischen 0 und 255.

FromArgb()

Das Formular sieht nach der Änderung der Eigenschaft Farbe aus wie das in Abbildung 1.19.

Abbildung 1.19 Nach Änderung der Eigenschaft »Farbe«

Kapitel 2
Grundlagen

In diesem Kapitel erlernen Sie auf anschauliche Weise die Sprachgrundlagen von C# in Verbindung mit den gängigen Steuerelementen von Windows-Programmen.

In den folgenden Abschnitten lernen Sie wichtige Elemente der Programmierung, wie Variablen, Operatoren, Verzweigungen und Schleifen, gemeinsam mit wohlbekannten, häufig verwendeten Steuerelementen kennen.

2.1 Variablen und Datentypen

Variablen dienen der vorübergehenden Speicherung von Daten, die sich zur Laufzeit eines Programms ändern können. Eine Variable besitzt einen eindeutigen Namen, unter dem sie angesprochen werden kann.

2.1.1 Namen, Werte

Für die Namen von Variablen gelten in C# die folgenden Regeln:

Namensregeln

- ▶ Sie beginnen mit einem Buchstaben.
- ▶ Sie können nur aus Buchstaben, Zahlen und einigen wenigen Sonderzeichen (z. B. dem Unterstrich _) bestehen.
- ▶ Innerhalb eines Gültigkeitsbereichs darf es keine zwei Variablen mit dem gleichen Namen geben (siehe Abschnitt 2.1.4, »Gültigkeitsbereich«).

Variablen erhalten ihre Werte durch Zuweisung per Gleichheitszeichen. Falls eine Variable als Erstes auf der rechten Seite des Gleichheitszeichens genutzt wird, muss ihr vorher ein Wert zugewiesen werden. Anderenfalls wird ein Fehler gemeldet.

2 Grundlagen

2.1.2 Deklarationen

Neben dem Namen besitzt jede Variable einen Datentyp, der die Art der Information bestimmt, die gespeichert werden kann. Der Entwickler wählt den Datentyp danach aus, ob er Texte, Zahlen ohne Nachkommastellen, Zahlen mit Nachkommastellen oder z. B. logische Werte speichern möchte.

Auswahl des Datentyps

Außerdem muss er sich noch Gedanken über die Größe des Bereichs machen, den die Zahl oder der Text annehmen könnte, und über die gewünschte Genauigkeit bei Zahlen. Im folgenden Abschnitt finden Sie eine Liste der Datentypen.

Variablen müssen in C# immer mit einem Datentyp deklariert werden. Das beugt Fehlern vor, die aufgrund einer falschen Verwendung der Variablen entstehen könnten.

2.1.3 Datentypen

Die folgende Liste enthält die wichtigsten von C# unterstützten Datentypen mit ihrem jeweiligen Wertebereich:

- Datentyp `bool`, Werte `true` oder `false` (*wahr* oder *falsch*)
- Datentyp `byte`, ganze Zahlen von 0 bis 255
- Datentyp `char`, einzelne Zeichen
- Datentyp `decimal`, Gleitkommazahl mit einer Genauigkeit von 28 bis 29 Stellen, Werte von $-7,9$ mal 10 hoch 28 bis 7,9 mal 10 hoch 28

double

- Datentyp `double`, Gleitkommazahl mit einer Genauigkeit von 15 bis 16 Stellen, Werte von ± 5 mal 10 hoch -324 bis $\pm 1,7$ mal 10 hoch 308
- Datentyp `float`, Gleitkommazahl mit einer Genauigkeit von sieben Stellen, Werte von $-3,4$ mal 10 hoch 38 bis 3,4 mal 10 hoch 38

int

- Datentyp `int`, ganze Zahlen von $-2.147.483.648$ bis 2.147.483.647
- Datentyp `long`, ganze Zahlen von $-9.223.372.036.854.775.808$ bis 9.223.372.036.854.775.807
- Datentyp `object`, beliebige Werte
- Datentyp `short`, ganze Zahlen von -32768 bis 32767

string

- Datentyp `string`, Zeichenkette
- benutzerdefinierte Struktur, jedes Element hat seinen eigenen Datentyp und damit seinen eigenen Wertebereich

2.1 Variablen und Datentypen

Im folgenden Beispiel werden Variablen der wichtigsten Typen deklariert, mit Werten versehen und in einem Label angezeigt (Projekt *Datentypen*):

```
private void cmdAnzeige_Click(...)
{
    /* ganze Zahlen */
    byte By;
    short Sh;
    int It;
    long Lg;

    /* Zahlen mit Nachkommastellen */
    double Db1, Db2;
    float Fl;
    decimal De;

    /* Boolesche Variable, Zeichen, Zeichenkette */
    bool Bo;
    char Ch;
    string St;

    By = 200;
    Sh = 30000;
    It = 2000000000;
    Lg = 3000000000;

    Db1 = 1 / 7;
    Db2 = 1.0 / 7;
    Fl = 1.0f / 7;
    De = 1.0m / 7;

    Bo = true;
    Ch = 'a';
    St = "Zeichenkette";

    lblAnzeige.Text =
        "byte: " + By + "\n" +
        "short: " + Sh + "\n" +
        "int: " + It + "\n" +
        "long: " + Lg + "\n" +
```

```
            "double 1: " + Db1 + "\n" +
            "double 2: " + Db2 + "\n" +
            "float: " + Fl + "\n" +
            "decimal: " + De + "\n" +
            "bool: " + Bo + "\n" +
            "char: " + Ch + "\n" +
            "string: " + St;
}
```

Listing 2.1 Projekt »Datentypen«

Das Programm hat nach Betätigung des Buttons die in Abbildung 2.1 dargestellte Ausgabe.

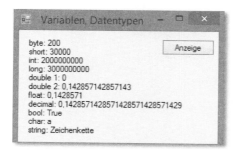

Abbildung 2.1 Wichtige Datentypen

Zur Erläuterung:

- Variablen werden mithilfe von `Datentyp Variable` deklariert.

Wertebereich
- Bei den Zahlen-Datentypen führt eine Über- oder Unterschreitung des Wertebereichs zu einer Fehlermeldung.

Genauigkeit
- Die Datentypen `float`, `double` und `decimal` für Zahlen mit Nachkommastellen unterscheiden sich in ihrer Genauigkeit.

- Bei der Division einer ganzen Zahl durch eine andere ganze Zahl werden die Nachkommastellen abgeschnitten. Zur mathematisch korrekten Division muss einer der beiden Werte als `double`-Zahl gekennzeichnet werden, hier mit 1.0 statt mit 1.

- `float`-Werte müssen mit einem `f` gekennzeichnet werden, `decimal`-Werte mit einem `m`. Damit bekommt die gesamte Division einen `float`- bzw. `decimal`-Wert.

- Werte für den Datentyp `bool` werden mit `true` bzw. `false` zugewiesen, aber mit `True` und `False` ausgegeben.
- Werte für einzelne Zeichen müssen mit einfachen Anführungszeichen, Werte für Zeichenketten mit doppelten Anführungszeichen angegeben werden.

Mehrere Variablen des gleichen Typs können, durch Kommata getrennt, in einer Zeile deklariert werden (z. B. `double Db1, Db2`).

Übung

Schreiben Sie ein Programm, in dem Ihr Nachname, Ihr Vorname, Ihre Adresse, Ihr Alter und Ihr Gehalt jeweils in Variablen eines geeigneten Datentyps gespeichert und anschließend wie in Abbildung 2.2 ausgegeben werden.

Übung ÜDatentypen

Abbildung 2.2 Übung ÜDatentypen

2.1.4 Gültigkeitsbereich

Variablen, die innerhalb einer Methode vereinbart wurden, haben ihre Gültigkeit nur in der Methode. Außerhalb der Methode sind sowohl Name als auch Wert unbekannt. Solche Variablen bezeichnet man auch als lokale Variablen. Sobald die Methode abgearbeitet wurde, steht der Wert auch nicht mehr zur Verfügung. Beim nächsten Aufruf der gleichen Methode werden diese Variablen neu deklariert und erhalten neue Werte.

Lokal

Variablen, die außerhalb von Methoden vereinbart werden, sind innerhalb der gesamten Klasse gültig, hier also innerhalb der Klasse des Formulars. Ihr Wert kann in jeder Methode gesetzt oder abgerufen werden und bleibt erhalten, solange das Formular im laufenden Programm existiert.

Klassenweit gültig

Sie können Variablen auch mit dem Schlüsselwort `private` deklarieren: `private int Mx`. Weitere Einzelheiten zu klassenweit gültigen Variablen finden Sie in Kapitel 5, »Objektorientierte Programmierung«.

private

2 Grundlagen

public
Variablen, die mit dem Schlüsselwort `public` vereinbart werden, sind *öffentlich*. Damit sind sie auch außerhalb der jeweiligen Klasse, also z. B. in anderen Formularen, gültig. Mehr dazu in Abschnitt 5.2, »Klasse, Eigenschaft, Methode, Objekt«.

Gibt es in einem Programmabschnitt mehrere Variablen mit dem gleichen Namen, gelten folgende Regeln:

▶ Lokale Variablen mit gleichem Namen in der gleichen Methode sind nicht zulässig.

Ausblenden
▶ Eine klassenweit gültige Variable wird innerhalb einer Methode von einer lokalen Variablen mit dem gleichen Namen ausgeblendet.

Im folgenden Beispiel werden Variablen unterschiedlicher Gültigkeitsbereiche deklariert, an verschiedenen Stellen verändert und ausgegeben (Projekt *Gültigkeitsbereich*):

```
public partial class Form1 : Form
{
    ...
    int Mx = 0;

    private void cmdAnzeigen1_Click(...)
    {
        int x = 0;
        Mx = Mx + 1;
        x = x + 1;
        lblAnzeige.Text = "x: " + x + "  Mx: " + Mx;
    }

    private void cmdAnzeigen2_Click(...)
    {
        int Mx = 0;
        Mx = Mx + 1;
        lblAnzeige.Text = "Mx: " + Mx;
    }
}
```

Listing 2.2 Projekt »Gültigkeitsbereich«

Zur Erläuterung:

- In der ersten Methode wird der Wert der klassenweit gültigen Variablen Mx bei jedem Aufruf erhöht. Die lokale Variable x wird immer wieder auf 1 gesetzt (siehe Abbildung 2.3).

Abbildung 2.3 Lokale und klassenweit gültige Variable

- In der zweiten Methode blendet die lokale Variable Mx die gleichnamige klassenweit gültige Variable aus. Die lokale Variable wird immer wieder auf 1 gesetzt (siehe Abbildung 2.4).

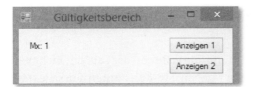

Abbildung 2.4 Lokale Variable

Hinweis: Die Variablen wurden vor ihrer ersten Benutzung initialisiert, d. h., sie wurden mit einem Startwert besetzt.

Startwert setzen

Übung

Erstellen Sie ein Programm, in dem zwei Buttons, ein Label und drei Variablen eines geeigneten Datentyps eingesetzt werden:

Übung ÜGültigkeitsbereich

- die klassenweit gültige Variable x
- die Variable y, die nur lokal in der Methode zum Click-Ereignis des ersten Buttons gültig ist
- die Variable z, die nur lokal in der Methode zum Click-Ereignis des zweiten Buttons gültig ist

In der ersten Methode werden x und y jeweils um 0,1 erhöht und angezeigt (siehe Abbildung 2.5).

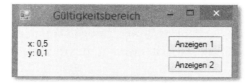

Abbildung 2.5 Ausgabe der ersten Methode nach einigen Klicks

In der zweiten Methode werden x und z jeweils um 0,1 erhöht und angezeigt (siehe Abbildung 2.6).

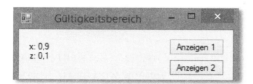

Abbildung 2.6 Ausgabe der zweiten Methode nach weiteren Klicks

2.1.5 Konstanten

Konstanten repräsentieren Werte

Konstanten sind vordefinierte Werte, die während der Laufzeit nicht verändert werden können. Am besten geben Sie Konstanten aussagekräftige Namen, damit sie leichter zu behalten sind als die Werte, die sie repräsentieren. Konstanten werden an einer zentralen Stelle definiert und können an verschiedenen Stellen des Programms genutzt werden. Somit muss eine eventuelle Änderung einer Konstanten zur Entwurfszeit nur an einer Stelle erfolgen. Der Gültigkeitsbereich von Konstanten ist analog zum Gültigkeitsbereich von Variablen.

Integrierte Konstanten

Zu den Konstanten zählen auch die integrierten Konstanten. Auch sie repräsentieren Zahlen, die aber nicht so einprägsam sind wie die Namen der Konstanten.

Im folgenden Beispiel werden mehrere Konstanten vereinbart und genutzt (Projekt *Konstanten*):

```
public partial class Form1 : Form
{
    ...
    const int MaxWert = 75;
    const string Eintrag = "Picture";
```

```
    private void cmdKonstanten_Click(...)
    {
        const int MaxWert = 55;
        const int MinWert = 5;
        lblAnzeige.Text = (MaxWert - MinWert) / 2 +
            "\n" + Eintrag;
    }
}
```

Listing 2.3 Projekt »Konstanten«, Teil 1

Zur Erläuterung:

▶ Die Konstanten `MaxWert` und `Eintrag` werden mit klassenweiter Gültigkeit festgelegt.

▶ Innerhalb der Methode werden die beiden lokalen Konstanten `MaxWert` und `MinWert` festgelegt. `MaxWert` blendet die Klassenkonstante gleichen Namens aus, wie Sie in Abbildung 2.7 sehen können.

Abbildung 2.7 Konstanten

2.1.6 Enumerationen

Enumerationen sind Aufzählungen von Konstanten, die thematisch zusammengehören. Alle Enumerationen haben den gleichen Datentyp, der ganzzahlig sein muss. Bei der Deklaration werden ihnen Werte zugewiesen, am besten explizit. Innerhalb von Visual Studio gibt es für C# zahlreiche vordefinierte Enumerationen. Ähnlich wie bei den integrierten Konstanten sind die Namen der Enumerationen und deren Elemente besser lesbar als die durch sie repräsentierten Zahlen.

Konstanten aufzählen

Ein Beispiel: Die Enumeration `DialogResult` ermöglicht dem Programmierer, die zahlreichen möglichen Antworten des Benutzers beim Einsatz von

2 Grundlagen

Windows-Standarddialogfeldern (JA, NEIN, ABBRECHEN, WIEDERHOLEN, IGNORIEREN, ...) anschaulich einzusetzen.

Im folgenden Programm wird mit einer eigenen und einer vordefinierten Enumeration gearbeitet (ebenfalls im Projekt *Konstanten*):

```
public partial class Form1 : Form
{
    ...
    enum Farbe : int
    {
        Rot = 1,
        Gelb = 2,
        Blau = 3
    }

    ...
    private void cmdEnumeration1_Click(...)
    {
        lblAnzeige.Text = "Farbe: " + Farbe.Gelb +
            " " + (int) Farbe.Gelb;
    }

    private void cmdEnumeration2_Click(...)
    {
        lblAnzeige.Text = "Sonntag: " +
            DayOfWeek.Sunday + " " +
            (int) DayOfWeek.Sunday + "\n" +
            "Samstag: " +
            DayOfWeek.Saturday + " " +
            (int) DayOfWeek.Saturday;
    }
}
```

Listing 2.4 Projekt »Konstanten«, Teil 2

Zur Erläuterung:

Klassenweit gültig
▶ Es wird die Enumeration Farbe vom Datentyp int vereinbart. Da es sich um einen Typ handelt und nicht um eine Variable oder Konstante, muss sie außerhalb von Methoden vereinbart werden. Damit ist sie automatisch für die gesamte Klasse gültig.

50

▶ In der ersten Ereignismethode wird ein Element der eigenen Enumeration `Farbe` verwendet. Zunächst wird der Name des Elements ausgegeben: `Gelb`. Die Zahl, die das Element repräsentiert, kann erst nach einer Umwandlung in den entsprechenden Datentyp ausgegeben werden. Diese Umwandlung wird mithilfe eines Casts vorgenommen: `(int)` (siehe Abbildung 2.8).

Cast (int)

Abbildung 2.8 Erste Enumeration

▶ In der zweiten Ereignismethode werden zwei Elemente der vordefinierten Enumeration `DayOfWeek` verwendet, siehe Abbildung 2.9. Sie können sie zur Ermittlung des Wochentags eines gegebenen Datums verwenden.

DayOfWeek

Abbildung 2.9 Zweite Enumeration

2.2 Operatoren

Zum Zusammensetzen von Ausdrücken werden in C#, wie in jeder anderen Programmiersprache auch, Operatoren verwendet. In diesem Buch wurden schon die Operatoren = für Zuweisungen und + für Verkettungen genutzt.

Es gibt verschiedene Kategorien von Operatoren. Vorrangregeln (Prioritäten) sind für die Reihenfolge der Abarbeitung zuständig, falls mehrere Operatoren innerhalb eines Ausdrucks verwendet werden. Diese Vorrangregeln finden Sie weiter unten in diesem Abschnitt. Falls Sie sich bei der Verwendung dieser Regeln nicht sicher sind, empfiehlt es sich, durch eigene Klammersetzung die Reihenfolge explizit festzulegen.

Priorität

2.2.1 Rechenoperatoren

Rechenoperatoren

Rechenoperatoren dienen der Durchführung von Berechnungen, siehe Tabelle 2.1.

Operator	Beschreibung
+	Addition
-	Subtraktion oder Negation
*	Multiplikation
/	Division
%	Modulo
++	Erhöhung um 1
--	Verminderung um 1

Tabelle 2.1 Rechenoperatoren

Ganzzahldivision

Bei der Division von zwei ganzen Zahlen sollten Sie beachten, dass die Nachkommastellen abgeschnitten werden. Möchten Sie das nicht, müssen Sie zumindest eine der beiden Zahlen als Zahl mit Nachkommastellen kennzeichnen, z. B. durch Anhängen von .0: Statt 5 schreiben Sie 5.0.

Modulo

Der Modulo-Operator % berechnet den Rest einer Division. Einige Beispiele sehen Sie in Tabelle 2.2.

Ausdruck	Ergebnis	Erklärung
19 % 4	3	19 durch 4 ist 4 Rest 3
19.5 % 4.2	2.7	19,5 durch 4,2 ist 4 Rest 2,7

Tabelle 2.2 Modulo-Operator

++, --

Die Operatoren ++ und -- dienen als Schreibabkürzung und sollen mithilfe des Projekts *Rechenoperatoren* erläutert werden:

```
private void cmdAnzeigen1_Click(...)
{
    int x = 5;
```

```
    x++;
    ++x;
    x = x + 1;
    lblA.Text = "Ergebnis: " + x;
}

private void cmdAnzeigen2_Click(...)
{
    int x = 5;
    lblA.Text = "Ergebnis: " + x++;
}

private void cmdAnzeigen3_Click(...)
{
    int x = 5;
    lblA.Text = "Ergebnis: " + ++x;
}
```

Listing 2.5 Projekt »Rechenoperatoren«

Zur Erläuterung:

▶ In der ersten Methode hat x zunächst den Wert 5. Der Wert kann mit ++x oder mit x++ oder mit x = x + 1 jeweils um 1 erhöht werden. Anschließend hat x den Wert 8.

▶ In der zweiten Methode wird x zunächst ausgegeben und anschließend um 1 erhöht. Das liegt daran, dass der Operator ++ hinter x steht. In der Ausgabe sehen Sie den alten Wert 5, x hat nach der Anweisungszeile den Wert 6.

x++

▶ In der dritten Methode wird x zunächst um 1 erhöht und anschließend ausgegeben. Das liegt daran, dass der Operator ++ vor x steht. In der Ausgabe sehen Sie den neuen Wert 6, x hat nach der Anweisungszeile ebenfalls den Wert 6.

++x

▶ Die Schreibweise x = x + 1; als eigene Anweisungszeile schafft hier Klarheit.

x=x+1

▶ Für den Operator -- gilt sinngemäß das Gleiche.

Multiplikation und Division innerhalb eines Ausdrucks sind gleichrangig und werden von links nach rechts in der Reihenfolge ihres Auftretens ausgewertet. Dasselbe gilt für Additionen und Subtraktionen, die zusammen

Von links nach rechts

2 Grundlagen

in einem Ausdruck auftreten. Multiplikation und Division werden vor Addition und Subtraktion ausgeführt.

Klammern

Mit Klammern kann diese Rangfolge außer Kraft gesetzt werden, damit bestimmte Teilausdrücke vor anderen Teilausdrücken ausgewertet werden. In Klammern gesetzte Operationen haben grundsätzlich Vorrang. Innerhalb der Klammern gilt jedoch wieder die normale Rangfolge der Operatoren.

Projekt

Im Projekt *Rechenoperatoren* können Sie auch die beiden Berechnungen mit dem Operator % nachvollziehen.

Übung

Übung ÜRechenoperatoren

Berechnen Sie die beiden folgenden Ausdrücke, speichern Sie das Ergebnis in einer Variablen eines geeigneten Datentyps, und zeigen Sie es an:

► 1. Ausdruck: 3 * −2.5 + 4 * 2
► 2. Ausdruck: 3 * (-2.5 + 4) * 2

2.2.2 Vergleichsoperatoren

Vergleich

Vergleichsoperatoren (siehe Tabelle 2.3) dienen dazu, festzustellen, ob bestimmte Bedingungen zutreffen oder nicht. Das Ergebnis nutzt man u. a. zur Ablaufsteuerung von Programmen. In Abschnitt 2.4, »Verzweigungen«, wird hierauf genauer eingegangen.

Operator	Beschreibung
<	kleiner als
<=	kleiner als oder gleich
>	größer als
>=	größer als oder gleich
==	gleich
!=	ungleich

Tabelle 2.3 Vergleichsoperatoren

Einige Beispiele sehen Sie in Tabelle 2.4.

Ausdruck	Ergebnis
5 > 3	true
3 == 3.2	false
5 + 3 * 2 >= 12	false
"Maier" == "Mayer"	false

Tabelle 2.4 Nutzung von Vergleichsoperatoren

Alle Vergleiche innerhalb dieses Abschnitts können Sie auch mithilfe des Codes im Projekt *Vergleichsoperatoren* nachvollziehen.

Projekt

Übung

Ermitteln Sie das Ergebnis der beiden folgenden Ausdrücke, speichern Sie es in einer Variablen eines geeigneten Datentyps, und zeigen Sie es an:

Übung ÜVergleichs-operatoren

▶ 1. Ausdruck: 12 − 3 >= 4 * 2.5

▶ 2. Ausdruck: "Maier" != "Mayer"

2.2.3 Logische Operatoren

Logische Operatoren dienen dazu, mehrere Bedingungen zusammenzufassen. Das Ergebnis nutzt man ebenfalls u. a. zur Ablaufsteuerung von Programmen (siehe hierzu auch Abschnitt 2.2.4, »Verkettungsoperator«). Die logischen Operatoren sehen Sie in Tabelle 2.5.

Logik

Operator	Beschreibung	Das Ergebnis ist true, wenn ...
!	Nicht	... der Ausdruck false ist.
&&	Und	... beide Ausdrücke true sind.
||	inklusives Oder	... mindestens ein Ausdruck true ist.
^	exklusives Oder	... genau ein Ausdruck true ist.

Tabelle 2.5 Logische Operatoren

2 Grundlagen

! && || ^

Es seien die Variablen A = 1, B = 3 und C = 5 gesetzt. Die Ausdrücke in der ersten Spalte von Tabelle 2.6 ergeben dann jeweils die Ergebnisse in der zweiten Spalte.

Ausdruck	Ergebnis
!(A < B)	false
(B > A) && (C > B)	true
(B < A) || (C < B)	false
(B < A) ^ (C > B)	true

Tabelle 2.6 Ausdrücke mit logischen Operatoren

Projekt

Alle Berechnungen innerhalb dieses Abschnitts können Sie auch mithilfe des Codes im Projekt *LogischeOperatoren* nachvollziehen.

Übung

Übung ÜLogische-Operatoren

Ermitteln Sie das Ergebnis der beiden folgenden Ausdrücke, speichern Sie es in einer Variablen eines geeigneten Datentyps, und zeigen Sie es an:

- ▶ 1. Ausdruck: 4 > 3 && −4 > −3
- ▶ 2. Ausdruck: 4 > 3 || −4 > −3

&, |

Sie können auch die logischen Operatoren & (statt &&) und | (statt ||) verwenden. Hierbei werden alle Teile des Vergleichsausdrucks ausgewertet. Im Gegensatz dazu wird bei den Operatoren && und || die Auswertung abgebrochen, sobald sich der Wert des Ausdrucks nicht mehr verändern kann. Die Ergebnisse unterscheiden sich allerdings nur dann, wenn innerhalb des Vergleichsausdrucks Werte verändert werden, z. B. mit den Operatoren ++ oder --.

2.2.4 Verkettungsoperator

Umwandlung in String

Der Operator + dient der Verkettung von Zeichenfolgen. Ist einer der Ausdrücke keine Zeichenfolge, sondern eine Zahl, wird er (wenn möglich) in eine Zeichenfolge verwandelt. Das Gesamtergebnis ist dann wiederum eine Zeichenfolge. Beispiel:

```
private void cmdAnzeige_Click(...)
{
    string a, b;
    double d;
    int x;
    b = "Hallo";
    d = 4.6;
    x = -5;
    a = b + " Welt " + d + " " + x + " " + 12;
    lblAnzeige.Text = a;
    // lblAnzeige.Text = x;
}
```

Listing 2.6 Projekt »Verkettungsoperator«

Zur Erläuterung:

▶ Die Zeichenkette a wird aus Variablen und Werten unterschiedlichen Datentyps zusammengesetzt.

▶ Die letzte Anweisung wurde auskommentiert, weil sie zu einem Fehler führt. Die int-Variable x kann nicht direkt als Wert für die Eigenschaft Text verwendet werden. Sie muss zunächst umgewandelt werden.

▶ Das Ergebnis ist in Abbildung 2.10 zu sehen.

▶ Ein weiteres Beispiel stand bereits in Abschnitt 1.4.5, »Das Codefenster«.

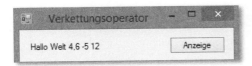

Abbildung 2.10 Verkettung

2.2.5 Zuweisungsoperatoren

Den einfachsten Zuweisungsoperator, das Gleichheitszeichen, haben Sie bereits genutzt. Es gibt zur Verkürzung von Anweisungen noch weitere Zuweisungsoperatoren. Eine Auswahl sehen Sie in Tabelle 2.7.

Zeichen =

Operator	Beispiel	Ergebnis
=	x = 7	x erhält den Wert 7.
+=	x += 5	Der Wert von x wird um 5 erhöht.
-=	x -= 5	Der Wert von x wird um 5 verringert.
*=	x *= 3	Der Wert von x wird auf das Dreifache erhöht.
/=	x /= 3	Der Wert von x wird auf ein Drittel verringert.
%=	x %= 3	x wird durch 3 geteilt, der Rest der Division wird x zugewiesen.
+=	z += "abc"	Die Zeichenkette z wird um den Text abc verlängert.

Tabelle 2.7 Zuweisungsoperatoren

2.2.6 Rangfolge der Operatoren

Priorität

Enthält ein Ausdruck mehrere Operationen, werden die einzelnen Teilausdrücke in einer bestimmten Rangfolge ausgewertet und aufgelöst, die als Rangfolge bzw. Priorität der Operatoren bezeichnet wird. Es gilt die Rangfolge in Tabelle 2.8.

Operator	Beschreibung
- !	negatives Vorzeichen, logisches Nicht
* / %	Multiplikation, Division, Modulo
+ -	Addition, Subtraktion
< > <= >=	Vergleichsoperatoren für kleiner und größer
== !=	Vergleichsoperatoren für gleich und ungleich
&&	logisches Und
||	logisches Oder

Tabelle 2.8 Rangfolge der Operatoren

Je weiter oben die Operatoren in der Tabelle stehen, desto höher ist ihre Priorität.

Wie schon bei den Rechenoperatoren erwähnt: Mit Klammern kann diese Rangfolge außer Kraft gesetzt werden, damit bestimmte Teilausdrücke vor anderen Teilausdrücken ausgewertet werden. In Klammern gesetzte Operationen haben grundsätzlich Vorrang. Innerhalb der Klammern gilt jedoch wieder die normale Rangfolge der Operatoren.

Klammern

Übung

Sind die Bedingungen in Tabelle 2.9 wahr oder falsch? Lösen Sie die Aufgabe möglichst ohne PC.

Übung ÜOperatoren

Nr.	Werte	Bedingung
1	a=5 b=10	a>0 && b!=10
2	a=5 b=10	a>0 || b!=10
3	z=10 w=100	z!=0 || z>w || w-z==90
4	z=10 w=100	z==11 && z>w || w-z==90
5	x=1.0 y=5.7	x>=.9 && y<=5.8
6	x=1.0 y=5.7	x>=.9 && !(y<=5.8)
7	n1=1 n2=17	n1>0 && n2>0 || n1>n2 && n2!=17
8	n1=1 n2=17	n1>0 && (n2>0 || n1>n2) && n2!=17

Tabelle 2.9 Übung ÜOperatoren

2.3 Einfache Steuerelemente

Windows-Programmierung mit Visual C# besteht aus zwei Teilen: der Arbeit mit visuellen Steuerelementen und der Programmierung mit der Sprache. Beides soll in diesem Buch parallel vermittelt werden, damit die eher theoretischen Abschnitte zur Programmiersprache durch eine anschauliche Praxis vertieft werden können.

Daher wird in diesem Abschnitt mit vier weiteren Steuerelementen gearbeitet, bevor im nächsten Abschnitt die Verzweigungen zur Programmsteuerung vorgestellt werden: den Steuerelementen Panel, Zeitgeber, Textfeld und Zahlenauswahlfeld.

2.3.1 Panel

Container Ein Panel dient normalerweise als Container für andere Steuerelemente. In diesem Abschnitt wird es zur visuellen Darstellung eines Rechtecks und für eine kleine Animation genutzt.

Die Eigenschaften `BackColor` (Hintergrundfarbe), `Location` (Position) und `Size` (Größe) sind Ihnen schon von anderen Steuerelementen bekannt.

Mithilfe des nachfolgenden Programms im Projekt *Panel* wird ein Panel durch Betätigung von vier Buttons um 10 Pixel nach oben, unten, links oder rechts verschoben. Es hat die Größe 100 × 100 Pixel, die Startposition X=145 und Y=80 sowie eine eigene Hintergrundfarbe. Die Bewegung wird mithilfe der Struktur `Point` durchgeführt.

In Abbildung 2.11 und Abbildung 2.12 ist das Panel im Startzustand bzw. nach einigen Klicks zu sehen.

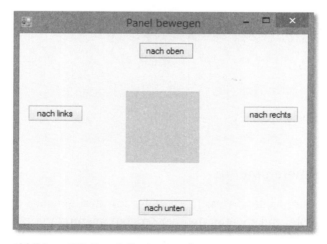

Abbildung 2.11 Panel, Startzustand

2.3 Einfache Steuerelemente

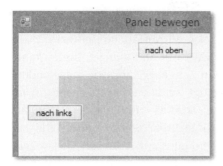

Abbildung 2.12 Panel, nach ein paar Klicks

Der Programmcode:

```
private void cmdOben_Click(...)
{
    p.Location = new Point(
        p.Location.X, p.Location.Y - 10);
}

private void cmdLinks_Click(...)
{
    p.Location = new Point(
        p.Location.X - 10, p.Location.Y);
}

private void cmdRechts_Click(...)
{
    p.Location = new Point(
        p.Location.X + 10, p.Location.Y);
}

private void cmdUnten_Click(...)
{
    p.Location = new Point(
        p.Location.X, p.Location.Y + 10);
}
```
Listing 2.7 Projekt »Panel«

2.3.2 Zeitgeber

**Timer-Intervall
Enabled**

Ein Zeitgeber (Timer) erzeugt in festgelegten Abständen Zeittakte. Diese Zeittakte sind Ereignisse, die der Entwickler mit Aktionen verbinden kann. Das zugehörige Ereignis heißt Tick. Ein Zeitgeber kann wie jedes andere Steuerelement zum Formular hinzugefügt werden. Da es sich aber um ein nicht sichtbares Steuerelement handelt, wird er unterhalb des Formulars angezeigt. Auch zur Laufzeit ist er nicht sichtbar. Seine wichtigste Eigenschaft ist das Zeitintervall, in dem das Ereignis auftreten soll. Dieses Zeitintervall wird in Millisekunden angegeben. Die Eigenschaft Enabled dient der Aktivierung bzw. Deaktivierung des Zeitgebers. Sie können sie zur Entwicklungszeit oder zur Laufzeit auf true oder false stellen.

Im nachfolgenden Programm im Projekt *Zeitgeber* erscheint zunächst ein Formular mit zwei Buttons. Betätigen Sie den START-Button, erscheint ein *x* in einem Bezeichnungsfeld. Alle 0,5 Sekunden erscheint automatisch ein weiteres *x*, siehe Abbildung 2.13. Das wird durch den Timer gesteuert, bei dem der Wert für die Eigenschaft Interval auf 500 gesetzt wurde. Nach Betätigung des STOP-Buttons kommt kein weiteres *x* hinzu.

Abbildung 2.13 Nach einigen Sekunden

Der zugehörige Code:

```
private void cmdStart_Click(...)
{
    timAnzeige.Enabled = true;
}

private void cmdStop_Click(...)
{
    timAnzeige.Enabled = false;
}
```

```
private void timAnzeige_Tick(...)
{
    lblAnzeige.Text += "x";
}
```
Listing 2.8 Projekt »Zeitgeber«

Übung

Erstellen Sie eine Windows-Anwendung. In der Mitte eines Formulars sollen zu Beginn vier Panels verschiedener Farbe der Größe 20 × 20 Pixel platziert werden, siehe Abbildung 2.14.

Übung ÜPanel-Zeitgeber

Abbildung 2.14 Startzustand

Sobald ein START-Button betätigt wird, sollen sich diese vier Panels diagonal in ca. fünf bis zehn Sekunden zu den Ecken des Formulars bewegen, jedes Panel in eine andere Ecke (siehe Abbildung 2.15).

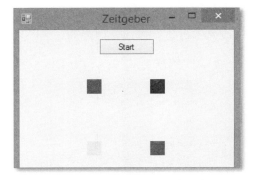

Abbildung 2.15 Nach einigen Sekunden

Übung

Übung ÜKran

Diese Übung gehört nicht zum Pflichtprogramm. Sie ist etwas umfangreicher, verdeutlicht aber die Möglichkeiten einer schnellen Visualisierung von Prozessen durch Visual C# mit wenigen Programmzeilen.

Konstruieren Sie aus mehreren Panels einen Kran (Fundament, senkrechtes Hauptelement, waagerechter Ausleger, senkrechter Haken am Ausleger). Der Benutzer soll die Möglichkeit haben, über insgesamt acht Buttons die folgenden Aktionen auszulösen:

- Haken um 10 Pixel ausfahren bzw. einfahren
- Ausleger um 10 Pixel ausfahren bzw. einfahren
- Kran um 10 Pixel nach rechts bzw. links fahren
- Kran um 10 Pixel in der Höhe ausfahren bzw. einfahren

Denken Sie daran, dass bei vielen Bewegungen mehrere Steuerelemente bewegt werden müssen, da der Kran sonst seinen Zusammenhalt verliert. Manche Aktionen resultieren nur aus Größenveränderungen (Eigenschaften `Width` und `Height`), andere nur aus Ortsveränderungen (`Location`), wieder andere aus beidem. In Abbildung 2.16 und Abbildung 2.17 sehen Sie den Kran im Startzustand bzw. nach einigen Klicks.

Es können natürlich immer noch widersprüchliche Bewegungen auftreten. Mit zunehmendem Programmierwissen können Sie diesen Problemen später noch abhelfen.

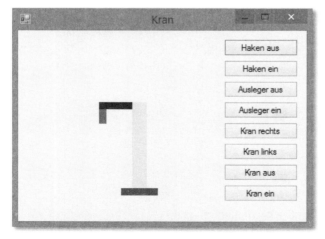

Abbildung 2.16 Startzustand

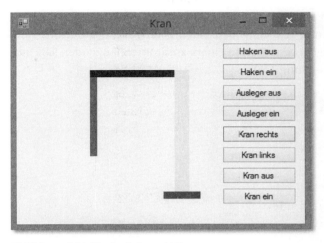

Abbildung 2.17 Nach einigen Aktionen

2.3.3 Textfelder

Ein Textfeld dient in erster Linie dazu, die Eingabe von Text oder Zahlen vom Benutzer entgegenzunehmen. Diese Eingaben werden in der Eigenschaft Text des Textfelds gespeichert. Das Aussehen und das Verhalten eines Textfelds werden u. a. durch folgende Eigenschaften gekennzeichnet:

Eingabefeld

- MultiLine: Steht MultiLine auf true, können Sie bei der Eingabe und bei der Anzeige mit mehreren Textzeilen arbeiten.
- ScrollBars: Sie können ein Textfeld mit vertikalen und/oder horizontalen Bildlaufleisten zur Eingabe und Anzeige längerer Texte versehen.
- MaxLength: Mit dieser Eigenschaft können Sie die Anzahl der Zeichen des Textfelds beschränken. Ist keine Beschränkung vorgesehen, kann das Textfeld 32768 Zeichen aufnehmen.
- PasswordChar: Falls Sie für diese Eigenschaft im Entwurfsmodus ein Platzhalterzeichen eingegeben haben, wird während der Laufzeit für jedes eingegebene Zeichen nur dieser Platzhalter angezeigt. Diese Eigenschaft wird vor allem bei Passwortabfragen verwendet.

Passwort

Der Inhalt eines Textfelds kann mit den gewohnten Mitteln (z. B. Strg + C und Strg + V) in die Zwischenablage kopiert bzw. aus der Zwischenablage eingefügt werden.

Im nachfolgenden Programm im Projekt *Textfelder* kann der Benutzer in einem Textfeld einen Text eingeben. Nach Betätigung des Buttons AUSGABE wird der eingegebene Text in einem zusammenhängenden Satz ausgegeben (siehe Abbildung 2.18).

Abbildung 2.18 Eingabe in Textfeld

Der Code lautet wie folgt:

```
private void cmdAusgabe_Click(...)
{
    lblAusgabe.Text = "Sie haben '" +
        txtEingabe.Text + "' eingegeben";
}
```

Listing 2.9 Projekt »Textfelder«

Zur Erläuterung:

- In der Eigenschaft Text des Textfelds wird die Eingabe gespeichert. Die Eigenschaft wird in einen längeren Ausgabetext eingebettet.

Zahlen eingeben

Bei der Eingabe und Auswertung von Zahlen sind einige Besonderheiten zu beachten. Im nachfolgenden Programm, ebenfalls im Projekt *Textfelder*, kann der Benutzer in einem Textfeld eine Zahl eingeben. Nach Betätigung des Buttons RECHNEN wird der Wert dieser Zahl verdoppelt, das Ergebnis wird in einem Label darunter ausgegeben:

```
private void cmdRechnen_Click(...)
{
    double wert;
    wert = Convert.ToDouble(txtEingabe.Text);
    wert = wert * 2;
    lblAusgabe.Text = "Ergebnis: " + wert;
}
```

Listing 2.10 Projekt »Textfelder«, Zahleneingabe

Zur Erläuterung:

Es muss dafür gesorgt werden, dass der Inhalt des Textfelds explizit in eine Zahl (mit möglichen Nachkommastellen) umgewandelt wird. Das erreichen Sie mithilfe der Methode ToDouble() aus der Klasse Convert. Die Klasse Convert bietet eine Reihe von Methoden für die Umwandlung (= Konvertierung) in andere Datentypen.

ToDouble()

- Wenn eine Zeichenkette eingegeben wurde, die eine Zahl darstellt, wird sie auf die oben angegebene Weise in eine Zahl umgewandelt, mit der dann gerechnet werden kann.
- Stellt die eingegebene Zeichenkette keine Zahl dar, kommt es zu einem Laufzeitfehler. Diese Situation sollten Sie natürlich vermeiden:
  – Sie können vorher überprüfen, ob es sich bei der Zeichenkette um eine gültige Zahl handelt, und entsprechend reagieren. Das wird Ihnen möglich sein, sobald Sie Verzweigungen zur Programmsteuerung beherrschen.
  – Allgemein können Sie Programme so schreiben, dass ein Programmabbruch abgefangen werden kann. Das wird Ihnen möglich sein, sobald Sie die Ausnahmebehandlung (siehe hierzu Kapitel 3, »Fehlerbehandlung«) beherrschen.

Ausnahmebehandlung

Einige Beispiele:

Abbildung 2.19 zeigt die Eingabe einer Zahl mit Nachkommastellen.

Abbildung 2.19 Eingabe einer Zahl mit Nachkommastellen

Die Eingabe einer Zeichenkette, z. B. »abc«, führt zur Anzeige einer nicht behandelten Ausnahme. Die Zeile, in der der Fehler auftritt, wird im Code markiert, damit der Fehler beseitigt werden kann (siehe Abbildung 2.20). Es wird ein zusätzliches Dialogfeld angezeigt. Wenn man darin den Button WEITER betätigt, wird das Programm beendet. Wählt man den Button UNTERBRECHEN, wird das Programm unterbrochen. Bei einem unterbro-

Debugging beenden

chenen Programm können Sie die aktuellen Werte von Variablen kontrollieren, indem Sie die Maus über dieser Variablen platzieren. Anschließend muss das Programm über den Menüpunkt DEBUGGEN • DEBUGGING BEENDEN beendet werden, bevor es neu gestartet werden kann.

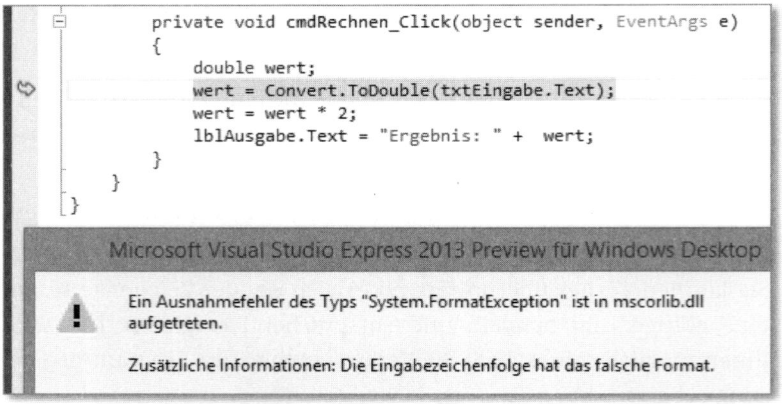

private void cmdRechnen_Click(object sender, EventArgs e)
{
double wert;
wert = Convert.ToDouble(txtEingabe.Text);
wert = wert * 2;
lblAusgabe.Text = "Ergebnis: " + wert;
}
}
}
Microsoft Visual Studio Express 2013 Preview für Windows Desktop
Ein Ausnahmefehler des Typs "System.FormatException" ist in mscorlib.dll aufgetreten.
Zusätzliche Informationen: Die Eingabezeichenfolge hat das falsche Format.

Abbildung 2.20 Markierung der Fehlerzeile

Die Eingabe einer Zahl, bei der ein Punkt statt eines Kommas zur Abtrennung von Nachkommastellen eingegeben wird, führt zu einem ganz anderen Rechenergebnis, siehe Abbildung 2.21. Der Punkt wird ignoriert, die Zahl wird als 352 angesehen und führt so zu dem Ergebnis 704.

Textfelder
3.52
Ausgabe
Rechnen
Ergebnis: 704

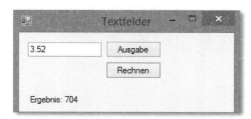

Abbildung 2.21 Punkt vor den Nachkommastellen

2.3.4 Zahlenauswahlfeld

NumericUpDown

Das Steuerelement *Zahlenauswahlfeld* (`NumericUpDown`) bietet eine andere Möglichkeit, Zahlenwerte an ein Programm zu übermitteln. Die Zahlenwerte können innerhalb selbst gewählter Grenzen und in selbst definierten Schritten über zwei kleine Pfeiltasten ausgewählt werden. Sie können aber auch weiterhin wie bei einem Textfeld eingegeben werden.

Wichtige Eigenschaften des Steuerelements sind:

- `Value`: bezeichnet zur Entwicklungszeit den Startwert und zur Laufzeit den vom Benutzer aktuell eingestellten Wert.
- `Maximum`, `Minimum`: bestimmen den größtmöglichen Wert und den kleinstmöglichen Wert der Eigenschaft `Value`. Es handelt sich also um die Werte, die durch die Auswahl mit den Pfeiltasten ganz oben und ganz unten erreicht werden können.
- `Increment`: Mit `Increment` wird die Schrittweite eingestellt, mit der sich der Wert (Eigenschaft `Value`) ändert, wenn der Benutzer eine der kleinen Pfeiltasten betätigt.
- `DecimalPlaces`: bestimmt die Anzahl der Nachkommastellen in der Anzeige des Zahlenauswahlfelds.

Das wichtigste Ereignis dieses Steuerelements ist `ValueChanged`. Es tritt bei der Veränderung der Eigenschaft `Value` ein und sollte anschließend zur Programmsteuerung verwendet werden.

Im nachfolgenden Programm im Projekt *Zahlenauswahlfeld* werden alle diese Eigenschaften und das genannte Ereignis genutzt. Der Benutzer kann Zahlenwerte zwischen −5,0 und +5,0 in Schritten von 0,1 über ein Zahlenauswahlfeld einstellen. Der ausgewählte Wert wird unmittelbar in einem Label angezeigt (siehe Abbildung 2.22).

Abbildung 2.22 Zahlenauswahlfeld

Die Eigenschaften wurden zur Entwicklungszeit wie folgt eingestellt:

- `Value`: Wert 2, die Anwendung startet also bei dem Wert 2,0 für das Zahlenauswahlfeld
- `Maximum`, `Minimum`: Werte −5 und +5
- `Increment`: Wert 0,1
- `DecimalPlaces`: Wert 1 zur Anzeige einer einzelnen Nachkommastelle

Der Code lautet:

```
private void numEingabe_ValueChanged(...)
{
    lblAusgabe.Text = "Wert: " + numEingabe.Value;
}
```

Listing 2.11 Projekt »Zahlenauswahlfeld«

2.4   Verzweigungen

Der Programmcode wurde bisher rein sequenziell abgearbeitet, d. h. eine Anweisung nach der anderen. Kontrollstrukturen ermöglichen eine Steuerung dieser Reihenfolge. Die Kontrollstrukturen unterteilen sich in Verzweigungen und Schleifen. Verzweigungen gestatten dem Programm, in verschiedene alternative Anweisungsblöcke zu verzweigen.

Es gibt die beiden Verzweigungsstrukturen if...else und switch...case. Diese Auswahlmöglichkeiten übergeben aufgrund von Bedingungen die Programmausführung an einen bestimmten Anweisungsblock. Bedingungen werden mithilfe der bereits vorgestellten Vergleichsoperatoren erstellt.

2.4.1   if...else

Eine Verzweigung mit if...else hat folgenden Aufbau:

```
if (Bedingung)
{
    Anweisungen1
}
[ else
{
    Anweisungen2
} ]
```

if...else   Die Bedingung wird ausgewertet, sie ist entweder wahr oder falsch (true oder false). Ist die Bedingung wahr, wird der erste Teil (Anweisungen1) ausgeführt. Ist die Bedingung nicht wahr und gibt es einen else-Teil, wird dieser Teil (Anweisungen2) ausgeführt. Der else-Teil ist optional.

Falls es sich bei AnweisungenX nur um eine einzelne Anweisung handelt, können in diesem Teil der Verzweigung die geschweiften Klammern weggelassen werden.

Ohne Klammern

Verzweigungen können auch ineinander verschachtelt werden, falls es mehr als zwei Möglichkeiten für den weiteren Programmverlauf gibt.

Geschachtelt

Eine Bedingung kann aus einem einfachen Ausdruck mit Vergleichsoperatoren bestehen oder aus mehreren Vergleichsausdrücken.

Mehrere Vergleiche

Es folgen einige Beispiele im Projekt *IfElse*, siehe Abbildung 2.23. Die untersuchten Zahlenwerte können über Zahlenauswahlfelder eingestellt werden. Testen Sie die Möglichkeiten durch unterschiedliche Einstellungen der Zahlenauswahlfelder, bevor Sie einen der Buttons betätigen.

Abbildung 2.23 Projekt »IfElse«

Zunächst ein `if` ohne `else`:

```
private void cmdAnzeige1_Click(...)
{
    int x = (int) numX.Value;
    lblAnzeige.Text = "";

    if (x > 0)
    {
        lblAnzeige.Text = "x ist größer als 0";
        numX.BackColor = Color.LightGreen;
    }
}
```
Listing 2.12 Projekt »IfElse«, Teil 1

Zur Erläuterung:

- Die `int`-Variable x erhält den Wert, der im Zahlenauswahlfeld `numX` eingestellt wurde. Da dieses Feld eine Variable vom Typ `decimal` liefert, muss der Wert zunächst mithilfe des Casts (`int`) umgewandelt werden.
- Das Label wird geleert.
- Nun zur eigentlichen Verzweigung: Falls der Wert von x größer als 0 ist, wird ein entsprechender Text ausgegeben. Außerdem wird das Zahlenauswahlfeld hellgrün eingefärbt (siehe Abbildung 2.24).
- Da es sich um zwei Anweisungen handelt, müssen sie in geschweifte Klammern gesetzt werden.
- Falls der Wert von x kleiner oder gleich 0 ist, passiert nichts. Das Label bleibt leer. Es gibt keinen `else`-Teil, in dem etwas ausgeführt werden könnte.

Einrückung
- Die Anweisungen innerhalb des `if`-Blocks werden eingerückt. Das Programm ist dadurch leichter lesbar. Das ist eine empfehlenswerte Vorgehensweise, insbesondere bei weiteren Verschachtelungen innerhalb des Programms.

Abbildung 2.24 Bedingung trifft zu

Nun folgt ein `if` mit `else`. Es wird also in jedem Fall etwas ausgeführt:

```
private void cmdAnzeige2_Click(...)
{
    int x = (int) numX.Value;

    if (x > 0)
    {
        lblAnzeige.Text = "x ist größer als 0";
        numX.BackColor = Color.LightGreen;
    }
    else
```

```
    {
        lblAnzeige.Text =
            "x ist kleiner als 0 oder gleich 0";
        numX.BackColor = Color.LightBlue;
    }
}
```

Listing 2.13 Projekt »IfElse«, Teil 2

Zur Erläuterung:

- Falls der Wert von x jetzt kleiner oder gleich 0 ist, wird auch etwas ausgegeben. Außerdem wird das Zahlenauswahlfeld nunmehr hellblau eingefärbt (siehe Abbildung 2.25).
- Da es sich auch im else-Teil um zwei Anweisungen handelt, müssen sie ebenfalls in geschweifte Klammern gesetzt werden.

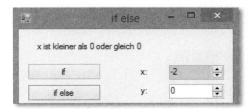

Abbildung 2.25 Zweig mit else

Es folgt ein Beispiel mit drei möglichen Ausführungswegen:

```
private void cmdAnzeige3_Click(...)
{
    int x = (int) numX.Value;
    if (x > 0)
    {
        lblAnzeige.Text = "x ist größer als 0";
        numX.BackColor = Color.LightGreen;
    }
    else
    {
        numX.BackColor = Color.LightBlue;

        if (x < 0)
            lblAnzeige.Text = "x ist kleiner als 0";
```

```
        else
            lblAnzeige.Text = "x ist gleich 0";
    }
}
```
Listing 2.14 Projekt »IfElse«, Teil 3

Zur Erläuterung:

Geschachtelt
- Falls der Wert von x jetzt kleiner oder gleich 0 ist, wird zunächst das Zahlenauswahlfeld hellblau eingefärbt. Außerdem wird eine weitere Untersuchung durchgeführt, da es noch zwei Möglichkeiten gibt.
- Falls der Wert kleiner als 0 ist, erscheint die entsprechende Meldung.
- Falls das nicht der Fall ist, kann der Wert nur noch gleich 0 sein, da vorher alle anderen Fälle ausgeschlossen wurden (siehe Abbildung 2.26).
- Da im sogenannten inneren if...else jeweils nur eine Anweisung ausgeführt wird, können hier die geschweiften Klammern weggelassen werden.

Abbildung 2.26 Drei Möglichkeiten

Es folgt ein Beispiel mit dem logischen Und-Operator &&:

```
private void cmdAnzeige4_Click(...)
{
    int x = (int) numX.Value;
    int y = (int) numY.Value;
    numX.BackColor = Color.White;

    if (x > 0 && y > 0)
        lblAnzeige.Text = "x und y sind größer als 0";
    else
```

```
        lblAnzeige.Text = "Mind. eine der beiden" +
            " Zahlen ist nicht größer als 0";
}
```
Listing 2.15 Projekt »IfElse«, Teil 4

Zur Erläuterung:

- Nun werden beide Zahlenauswahlfelder ausgewertet.
- Falls beide Werte größer als 0 sind, wird der erste Text angezeigt.   **Logisches Und**
- Falls einer der beiden Werte kleiner oder gleich 0 ist, wird der zweite Text angezeigt (siehe Abbildung 2.27).
- Es wird jeweils nur eine Anweisung ausgeführt, also können die geschweiften Klammern weggelassen werden.

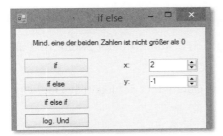

Abbildung 2.27 Logisches Und

Der logische Oder-Operator || liefert ein anderes Ergebnis:

```
private void cmdAnzeige5_Click(...)
{
    int x = (int)numX.Value;
    int y = (int)numY.Value;
    numX.BackColor = Color.White;

    if (x > 0 || y > 0)
        lblAnzeige.Text = "x oder y oder beide" +
            " sind größer als 0";
    else
        lblAnzeige.Text = "Keine der beiden" +
            " Zahlen ist größer als 0";
}
```
Listing 2.16 Projekt »IfElse«, Teil 5

Zur Erläuterung:

Logisches Oder
- Falls einer der Werte oder beide Werte größer als 0 sind, wird der erste Text angezeigt (siehe Abbildung 2.28).

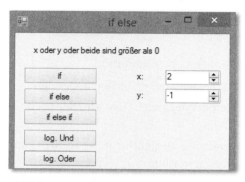

Abbildung 2.28 Logisches Oder

- Falls beide Werte kleiner oder gleich 0 sind, wird der zweite Text angezeigt.

Einen Unterschied zum »normalen« Oder bildet der Exklusiv-Oder-Operator ^:

```
private void cmdAnzeige6_Click(...)
{
    int x = (int)numX.Value;
    int y = (int)numY.Value;
    numX.BackColor = Color.White;
    lblAnzeige.Text = "";
    if (x > 0 ^ y > 0)
        lblAnzeige.Text = "Nur x oder nur y" +
            " ist größer als 0";
}
```

Listing 2.17 Projekt »IfElse«, Teil 6

Zur Erläuterung:

Logisches Exklusiv-Oder
- Es wird etwas angezeigt, falls nur x oder nur y größer als 0 ist (siehe Abbildung 2.29).
- Falls beide Werte kleiner oder gleich 0 sind oder beide Werte größer als 0 sind, wird nichts angezeigt.

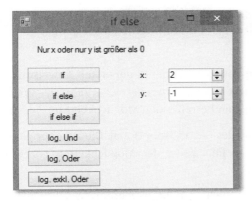

Abbildung 2.29 Logisches Exklusiv-Oder

2.4.2 switch...case

Eine Verzweigung kann in bestimmten Fällen auch mit switch...case gebildet werden. Diese Struktur vereinfacht eine Mehrfachauswahl, wenn nur ein Wert untersucht werden muss, und ist wie folgt aufgebaut:

Mehrfachauswahl

```
switch (Testausdruck)
{
   [ case Möglichkeit1:
      Anweisungen1
      [break | goto case MöglichkeitX] ]
   [ case Möglichkeit2:
      Anweisungen2
      [break | goto case MöglichkeitX] ]
   ...
   [ default:
      Anweisungen
      break | goto case MöglichkeitX]
}
```

Die Struktur switch...case verwendet einen Testausdruck, der am Beginn des Blocks ausgewertet wird. Sein Wert wird anschließend der Reihe nach mit den gegebenen Möglichkeiten verglichen. Der Testausdruck kann z. B. eine ganze Zahl, ein einzelnes Zeichen oder eine Zeichenkette sein, aber keine Zahl mit Nachkommastellen.

Testausdruck

2 Grundlagen

Alle Anweisungen

Bei der ersten Übereinstimmung einer Möglichkeit mit dem Testausdruck werden die zugehörigen Anweisungen bis zum nächsten break oder goto case ausgeführt.

break, goto case

Beim Erreichen eines break fährt das Programm mit der ersten Anweisung nach dem switch-Block fort. Beim Erreichen eines goto case fährt das Programm mit der ersten Anweisung der betreffenden Möglichkeit fort.

default

Die default-Möglichkeit am Ende des Blocks ist optional. Die zugehörigen Anweisungen werden ausgeführt, falls keine der Möglichkeiten vorher zutraf.

Im nachfolgenden Programm im Projekt *SwitchCase* werden zwei verschiedene Einsatzmöglichkeiten gezeigt. Im ersten Teil wird eine ganze Zahl, die aus einem Zahlenauswahlfeld stammt, untersucht. Es wird festgestellt, ob sie einstellig ungerade, einstellig gerade oder zweistellig ist:

```csharp
private void cmdAnzeigen1_Click_1(...)
{
    int x = (int) numX.Value;

    switch (x)
    {
        case 1:
        case 3:
        case 5:
        case 7:
        case 9:
            lblA.Text = "einstellig, ungerade";
            break;
        case 2:
        case 4:
        case 6:
        case 8:
            lblA.Text = "einstellig, gerade";
            break;
        default:
            lblA.Text = "zweistellig";
            break;
    }
}
```

Listing 2.18 Projekt »SwitchCase«, Teil 1

2.4 Verzweigungen

Zur Erläuterung:

▶ Wurde eine der Zahlen 1, 3, 5, 7, 9 ausgewählt, trifft eine der ersten fünf Möglichkeiten zu, und es wird *einstellig*, *ungerade* ausgegeben. Erst dann beendet ein break den Ablauf innerhalb des switch-Blocks.

▶ Die Zahlen 2, 4, 6 oder 8 führen zur Ausgabe von *einstellig*, *gerade*. Dann folgt ebenfalls ein break.

▶ Es gibt einen default-Fall. Falls keine einstellige Zahl ausgewählt wurde, wird *zweistellig* ausgegeben.

▶ Auf diese Weise führt eine Reihe zusammengehöriger Fälle zu einem gemeinsamen Ausführungsweg.

Im zweiten Teil wird eine gegebene Zeichenkette untersucht:

```
private void cmdAnzeigen2_Click(...)
{
    string s = "Nizza";
    lblA.Text = "";

    switch (s)
    {
        case "France":
            lblA.Text += "Frankreich\n";
            break;
        case "Bordeaux":
            lblA.Text += "Atlantik\n";
            goto case "France";
        case "Nizza":
            lblA.Text += "Cote d'Azur\n";
            goto case "France";
        default:
            lblA.Text += "restliche Fälle\n";
            break;
    }
}
```

Listing 2.19 Projekt »SwitchCase«, Teil 2

79

Zur Erläuterung:

- Der gegebene Wert der Zeichenkette ist Nizza. Es wird *Cote d'Azur* und *Frankreich* ausgegeben, da es nach der ersten Anweisung mit einem goto case zum Fall France weitergeht.
- Falls der gegebene Wert France ist, wird nur *Frankreich* ausgegeben.
- Falls der gegebene Wert Bordeaux ist, wird *Atlantik* und *Frankreich* ausgegeben, wiederum wegen eines goto case.
- Bei anderen Werten wird der Text *restliche Fälle* ausgegeben.
- Auch auf diese Weise lassen sich Fälle teilweise zusammenführen.

2.4.3 Übungen

Übung ÜSteuerbetrag

Schreiben Sie ein Programm, das zu einem eingegebenen Gehalt den Steuerbetrag berechnet und ausgibt, siehe Abbildung 2.30. In Tabelle 2.10 sind die Steuersätze angegeben. Es wird davon ausgegangen, dass das gesamte Gehalt zum angegebenen Satz versteuert wird.

Gehalt	Steuersatz
bis einschl. 12.000 €	12 %
von 12.000 bis einschl. 20.000 €	15 %
von 20.000 bis einschl. 30.000 €	20 %
über 30.000 €	25 %

Tabelle 2.10 Übung ÜSteuerbetrag

Abbildung 2.30 Übung ÜSteuerbetrag

Übung ÜKranVerzweigung

Erweitern Sie die Übung *ÜKran* aus Abschnitt 2.3.2, »Zeitgeber«. Die Bewegung des Krans soll kontrolliert werden. Kein Teil des Krans darf zu groß oder zu klein werden. Der Kran darf sich nicht über die sinnvollen Begrenzungen hinaus bewegen. Nutzen Sie Bedingungen und Verzweigungen, um das zu verhindern.

Übung ÜKran-
Verzweigung

2.5 Verzweigungen und Steuerelemente

In diesem Abschnitt werden Kontrollkästchen und Optionsschaltflächen bzw. Gruppen von Optionsschaltflächen eingeführt. Damit können Zustände unterschieden bzw. Eigenschaften eingestellt werden. Dazu werden Verzweigungen benötigt, die Gegenstand des vorigen Abschnitts 2.4, »Verzweigungen«, waren.

2.5.1 Kontrollkästchen

Das Kontrollkästchen (CheckBox) bietet dem Benutzer die Möglichkeit, zwischen zwei Zuständen zu wählen, z. B. *an* oder *aus*, wie bei einem Schalter. Man kann damit auch kennzeichnen, ob man eine bestimmte optionale Erweiterung wünscht oder nicht. Der Benutzer bedient ein Kontrollkästchen, indem er ein Häkchen setzt oder entfernt.

CheckBox

Das wichtigste Ereignis ist beim Kontrollkästchen nicht der Click, sondern das Ereignis CheckedChanged. Dieses Ereignis zeigt nicht nur an, dass das Kontrollkästchen vom Benutzer bedient wurde, sondern auch, dass es seinen Zustand geändert hat. Das kann beispielsweise auch durch Programmcode geschehen. Eine Ereignismethode zu CheckedChanged löst in jedem Fall etwas aus, sobald das Kontrollkästchen (vom Benutzer oder vom Programmcode) geändert wurde.

CheckedChanged

Allerdings wird der Programmablauf meist so gestaltet, dass bei einem anderen Ereignis der aktuelle Zustand des Kontrollkästchens (an/aus) abgefragt und anschließend entsprechend reagiert wird.

An/Aus

Die wichtigen Eigenschaften des Kontrollkästchens sind:

▶ Checked: der Zustand der CheckBox mit den Werten true und false

Checked

▶ Text: die Beschriftung neben dem Kontrollkästchen

Im Projekt *Kontrollkästchen* werden alle oben genannten Möglichkeiten genutzt (siehe Abbildung 2.31).

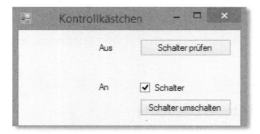

Abbildung 2.31 Zustand nach Klick auf das Kontrollkästchen

Der Programmcode:

```
private void cmdPrüfen_Click(...)
{
    if (chkSchalter.Checked)
        lblTest1.Text = "An";
    else
        lblTest1.Text = "Aus";
}

private void chkSchalter_CheckedChanged(...)
{
    if (chkSchalter.Checked)
        lblTest2.Text = "An";
    else
        lblTest2.Text = "Aus";
}

private void cmdUmschalten_Click(...)
{
    chkSchalter.Checked = !chkSchalter.Checked;
}
```

Listing 2.20 Projekt »Kontrollkästchen«

Zur Erläuterung:

▶ Der Zustand eines Kontrollkästchens (Häkchen gesetzt oder nicht) kann im Programm mithilfe einer einfachen Verzweigung ausgewertet werden.

2.5 Verzweigungen und Steuerelemente

▸ Normalerweise werden bei einer Bedingung in einer Verzweigung zwei Werte durch Vergleichsoperatoren miteinander verglichen, und eines der beiden Ergebnisse `true` oder `false` wird ermittelt. Da die Eigenschaft `Checked` aber bereits einem solchen Wahrheitswert entspricht, kann die Bedingung auch verkürzt formuliert werden. `if (chkSchalter.Checked == true)` hätte also das gleiche Ergebnis erzeugt.

Wahrheitswert

▸ Die Methode `cmdPrüfen_Click()` wird aufgerufen, wenn der Benutzer den Button SCHALTER PRÜFEN betätigt. Erst in diesem Moment wird der Zustand des Kontrollkästchens (Eigenschaft `Checked` gleich `true` oder `false`) abgefragt und im ersten Label ausgegeben. Es kann also sein, dass das Kontrollkästchen vor längerer Zeit oder noch nie benutzt wurde.

▸ Dagegen wird die Methode `chkSchalter_CheckedChanged()` sofort aufgerufen, wenn der Benutzer das Kontrollkästchen betätigt, also ein Häkchen setzt oder entfernt. Die Methode wird auch dann aufgerufen, wenn der Benutzer den Zustand des Kontrollkästchens durch Programmcode ändert. Hier wird der Zustand des Kontrollkästchens also unmittelbar nach der Änderung ausgegeben (im zweiten Label).

▸ Die Methode `cmdUmschalten_Click()` dient dem Umschalten des Kontrollkästchens per Programmcode. Das kommt in Windows-Anwendungen häufig vor, wenn es logische Zusammenhänge zwischen mehreren Steuerelementen gibt. Die Eigenschaft `Checked` wird mithilfe des logischen Operators `!` auf `true` bzw. auf `false` gesetzt. Das führt wiederum zum Ereignis `chkSchalter_CheckedChanged` und dem Ablauf der zugehörigen, oben erläuterten Ereignismethode.

Umschalten mit !

2.5.2 Optionsschaltflächen

Optionsschaltflächen (RadioButtons) treten immer in Gruppen auf und bieten dem Benutzer zwei oder auch mehrere Möglichkeiten zu wählen, etwa zwischen den Farben Rot, Grün und Blau. Bei zusammengehörigen Optionsschaltflächen kann der Benutzer genau eine per Klick auswählen. Alle anderen werden dann unmittelbar als *Nicht ausgewählt* gekennzeichnet.

RadioButton

Analog zum Kontrollkästchen ist das wichtigste Ereignis bei einer Optionsschaltfläche `CheckedChanged`. Dieses Ereignis zeigt an, dass die betreffende Optionsschaltfläche ihren Zustand geändert hat. Das kann auch durch Programmcode geschehen.

CheckedChanged

83

Der Programmablauf wird hier meist so gestaltet, dass bei einem anderen Ereignis die aktuelle Auswahl innerhalb der Gruppe abgefragt und anschließend je nach Zustand unterschiedlich reagiert wird.

Standardwert Es ist guter Programmierstil und verringert Folgefehler, wenn Sie eine der Optionsschaltflächen der Gruppe bereits zur Entwicklungszeit auf `true` setzen. Das muss nicht notwendigerweise die erste Optionsschaltfläche der Gruppe sein.

Checked Die wichtigen Eigenschaften der Optionsschaltflächen sind `Checked` (mit den Werten `true` und `false`) und `Text` (zur Beschriftung). Im nachfolgenden Programm im Projekt *Optionen* werden alle genannten Möglichkeiten genutzt. Es wird der Zustand angezeigt, nachdem der Benutzer

- Blau gewählt,
- den Button PRÜFEN betätigt und
- Grün gewählt hat (siehe Abbildung 2.32).

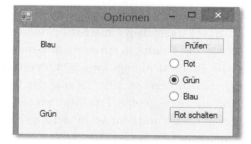

Abbildung 2.32 Zustand nach den genannten Aktionen

Der Programmcode:

```
private void cmdPrüfen_Click(...)
{
    if (optFarbeRot.Checked)
        lblAnzeige1.Text = "Rot";
    else if (optFarbeGrün.Checked)
        lblAnzeige1.Text = "Grün";
    else
        lblAnzeige1.Text = "Blau";
}
```

```
private void optFarbeRot_CheckedChanged(...)
{
    if (optFarbeRot.Checked)
        lblAnzeige2.Text = "Rot";
}

private void optFarbeGrün_CheckedChanged(...)
{
    if (optFarbeGrün.Checked)
        lblAnzeige2.Text = "Grün";
}

private void optFarbeBlau_CheckedChanged(...)
{
    if (optFarbeBlau.Checked)
        lblAnzeige2.Text = "Blau";
}

private void cmdSchalter_Click(...)
{
    optFarbeRot.Checked = true;
}
```

Listing 2.21 Projekt »Optionen«

Zur Erläuterung:

▶ Der Zustand einer einzelnen Optionsschaltfläche kann im Programm mithilfe einer einfachen Verzweigung ausgewertet werden. Es muss festgestellt werden, ob diese Optionsschaltfläche ausgewählt oder abgewählt wurde. In beiden Fällen tritt das Ereignis CheckedChanged auf.

Auswahl oder Abwahl

▶ Der Zustand einer Gruppe von Optionsschaltflächen kann im Programm mithilfe einer mehrfachen Verzweigung ausgewertet werden.

Mehrfache Verzweigung

▶ Die Methode cmdPrüfen_Click() wird aufgerufen, wenn der Benutzer den Button PRÜFEN betätigt. Erst in diesem Moment wird der Zustand der Gruppe abgefragt und im ersten Label ausgegeben.

▶ Dagegen wird eine der Methoden optFarbeRot_CheckedChanged() (bzw. ...Grün... oder ...Blau...) aufgerufen, wenn der Benutzer eine der Optionsschaltflächen auswählt. Diese Methoden werden auch dann aufgerufen, wenn der Benutzer den Zustand der zugehörigen Optionsschaltfläche durch Programmcode ändert. Hier wird der Zustand der Gruppe also unmittelbar nach der Änderung ausgegeben (im zweiten Label).

▶ Die Methode `cmdSchalter_Click()` dient der Auswahl einer bestimmten Optionsschaltfläche per Programmcode. Das kommt in Windows-Anwendungen häufig vor, wenn es logische Zusammenhänge zwischen mehreren Steuerelementen gibt. Die Eigenschaft `Checked` wird auf `true` gesetzt. Das führt wiederum zum Ereignis `CheckedChanged` der jeweiligen Optionsschaltfläche und zum Ablauf der zugehörigen, oben erläuterten Ereignismethode.

Innerhalb eines Formulars oder einer GroupBox (siehe Abschnitt 2.5.4, »Mehrere Gruppen von Optionsschaltflächen«) kann immer nur bei einer Optionsschaltfläche die Eigenschaft `Checked` den Wert `true` haben. Sobald eine andere Optionsschaltfläche angeklickt wird, ändert sich der Wert der Eigenschaft bei der bisher gültigen Optionsschaltfläche.

2.5.3 Mehrere Ereignisse in einer Methode behandeln

Im folgenden Projekt *MehrereEreignisse* wird eine häufig verwendete Technik vorgestellt. Gibt es mehrere Ereignisse, die auf die gleiche oder auf ähnliche Weise behandelt werden sollen, ist es vorteilhaft, diese Ereignisse mit einer gemeinsamen Ereignismethode aufzurufen.

Dazu gibt es zwei Möglichkeiten:

Methode erzeugen

▶ Erste Möglichkeit, Teil 1: Sie erzeugen zunächst eine Ereignismethode für das erste Steuerelement auf die gewohnte Art und Weise, nämlich per Doppelklick auf das Steuerelement. Diese Ereignismethode beinhaltet dann namentlich das erste Steuerelement.

Methode zweimal nutzen

▶ Erste Möglichkeit, Teil 2: Sie markieren das zweite Steuerelement und schalten im EIGENSCHAFTEN-Fenster auf die Ansicht EREIGNISSE (Blitzsymbol) um. Sie gehen in die Zeile mit dem betreffenden Ereignis, klappen auf der rechten Seite eine Liste auf und wählen darin die soeben erzeugte Ereignismethode aus (siehe Abbildung 2.33). Für alle weiteren Steuerelemente, denen dieselbe Ereignismethode zugeordnet werden soll, gehen Sie analog vor.

Neuer Methodenname

▶ Zweite Möglichkeit, Teil 1: Sie markieren das erste Steuerelement und schalten im EIGENSCHAFTEN-Fenster auf die Ansicht EREIGNISSE um.

Sie gehen in die Zeile mit dem betreffenden Ereignis, tragen darin einen *neutralen* Methodennamen ein (siehe Abbildung 2.33), der für alle betroffenen Steuerelemente passend ist, und betätigen die ⏎-Taste. Im Codefenster erscheint die Methode mit dem neutralen Namen.

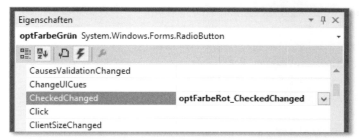

Abbildung 2.33 Auswahl einer vorhandenen Ereignisprozedur

▶ Zweite Möglichkeit, Teil 2: Für das zweite Steuerelement (und alle weiteren) gehen Sie genau so vor wie bei der ersten Möglichkeit.

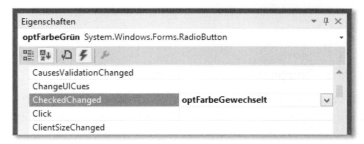

Abbildung 2.34 Eintrag eines eigenen Methodennamens

Unterhalb der Ereignisliste steht eine Erläuterung zu dem jeweiligen Ereignis (siehe Abbildung 2.35).

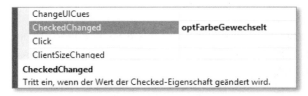

Abbildung 2.35 Erläuterung zum Ereignis

Im nachfolgenden Programm wurde die zweite Möglichkeit mit dem neutralen Namen optFarbeGewechselt() verwendet. Der Zustand einer Gruppe von Optionsschaltflächen wird sofort angezeigt, wenn der Benutzer eine davon auswählt:

```
private void optFarbeGewechselt(...)
{
    if (optFarbeRot.Checked)
        lblAnzeige.Text = "Rot";
    else if (optFarbeGrün.Checked)
        lblAnzeige.Text = "Grün";
    else
        lblAnzeige.Text = "Blau";
}
```

Listing 2.22 Projekt »MehrereEreignisse«

Zur Erläuterung:

▶ Die Methode optFarbeGewechselt() wird durch alle drei CheckedChanged-Ereignisse aufgerufen.

2.5.4 Mehrere Gruppen von Optionsschaltflächen

Falls in den beiden letzten Programmen weitere Optionsschaltflächen hinzugefügt wurden, gilt nach wie vor: Nur eine der Optionsschaltflächen ist ausgewählt.

Container

Benötigen Sie aber innerhalb eines Formulars mehrere voneinander unabhängige Gruppen von Optionsschaltflächen, wobei in jeder der Gruppen jeweils nur eine Optionsschaltfläche ausgewählt sein soll, müssen Sie jede Gruppe einzeln in einen Container packen. Ein Formular ist bereits ein Container, wir benötigen also einen weiteren Container.

GroupBox

Als ein solcher Container kann beispielsweise das Steuerelement Gruppe (GroupBox) dienen. Mit der Zuweisung der Eigenschaft Text der GroupBox geben Sie eine Beschriftung an.

Zuordnung

Falls eine GroupBox markiert ist, wird eine neu erzeugte Optionsschaltfläche dieser GroupBox zugeordnet und reagiert gemeinsam mit den anderen Optionsschaltflächen in dieser GroupBox. Anderenfalls wird sie dem Formular zugeordnet und reagiert gemeinsam mit den anderen Options-

2.5 Verzweigungen und Steuerelemente

schaltflächen, die im Formular außerhalb von GroupBoxen stehen. Sie können eine bereits erzeugte Optionsschaltfläche auch im Nachhinein ausschneiden, das Ziel markieren und sie wieder einfügen, um die Zuordnung zu ändern.

Im Projekt *Optionsgruppen* werden zwei voneinander unabhängige Gruppen von Optionen verwendet (siehe Abbildung 2.36).

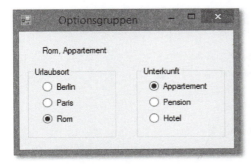

Abbildung 2.36 Zwei Gruppen von RadioButtons

Der Programmcode:

```
public partial class Form1 : Form
{
    ...
    string AusgabeUrlaubsort = "Berlin";
    string AusgabeUnterkunft = "Pension";

    private void optUrlaubsort_CheckedChanged(...)
    {
        // Urlaubsort
        if (optBerlin.Checked)
            AusgabeUrlaubsort = "Berlin";
        else if (optParis.Checked)
            AusgabeUrlaubsort = "Paris";
        else
            AusgabeUrlaubsort = "Rom";

        lblAnzeige.Text = AusgabeUrlaubsort +
            ", " + AusgabeUnterkunft;
    }
```

```
private void optUnterkunft_CheckedChanged(...)
{
    // Unterkunft
    if (optAppartement.Checked)
        AusgabeUnterkunft = "Appartement";
    else if (optPension.Checked)
        AusgabeUnterkunft = "Pension";
    else
        AusgabeUnterkunft = "Hotel";

    lblAnzeige.Text = AusgabeUrlaubsort +
        ", " + AusgabeUnterkunft;
}
}
```

Listing 2.23 Projekt »Optionsgruppen«

Zur Erläuterung:

▶ Bei einer Urlaubsbuchung können Zielort und Art der Unterkunft unabhängig voneinander gewählt werden. Es gibt also zwei Gruppen von Optionsschaltflächen, jede in einer eigenen GroupBox.

▶ Bei Auswahl einer der drei Optionsschaltflächen in einer Gruppe wird jeweils die gleiche Methode aufgerufen. In den Methoden wird den klassenweit gültigen Variablen AusgabeUrlaubsort und AusgabeUnterkunft ein Wert zugewiesen. Anschließend werden die beiden Variablen ausgegeben.

▶ Die Variablen mussten klassenweit gültig deklariert werden, damit sie in der jeweils anderen Methode zur Verfügung stehen.

Übung

Übung
ÜKranOptionen

Erweitern Sie die Übung *ÜKranVerzweigung* aus Abschnitt 2.4, »Verzweigungen«. Die Bewegung des Krans soll per Zeitgeber (Timer) gesteuert werden. Der Benutzer wählt zunächst über eine Gruppe von Optionsschaltflächen aus, welche Bewegung der Kran ausführen soll. Anschließend betätigt er den START-Button (siehe Abbildung 2.37). Die Bewegung wird so lange ausgeführt, bis er den STOP-Button drückt oder eine Begrenzung erreicht wurde.

2.5 Verzweigungen und Steuerelemente

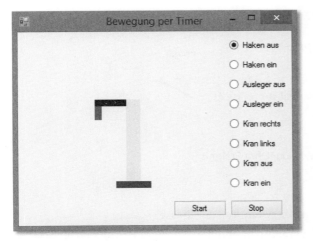

Abbildung 2.37 Übung ÜKranOptionen

2.5.5 Methode ohne Ereignis, Modularisierung

Bisher wurden nur Methoden behandelt, die mit einem Ereignis zusammenhingen. Darüber hinaus können Sie aber auch unabhängige, allgemeine Methoden schreiben, die von anderen Stellen des Programms aus aufgerufen werden. Diese Methoden können Sie direkt im Codefenster eingeben.

Allgemeine Methode

Nachfolgend das Programm im Projekt *MethodeOhneEreignis*, es handelt sich dabei um eine geänderte Version des Programms im Projekt *Optionsgruppen*:

```
public partial class Form1 : Form
{
    ...
    private void optUnterkunft(...)
    {
        // Unterkunft
        if (optAppartement.Checked)
            AusgabeUnterkunft = "Appartement";
        else if (optPension.Checked)
            AusgabeUnterkunft = "Pension";
        else
            AusgabeUnterkunft = "Hotel";

        Anzeigen();
```

```
    }

    private void Anzeigen()
    {
        lblAnzeige.Text = AusgabeUrlaubsort +
            ", " + AusgabeUnterkunft;
    }
}
```

Listing 2.24 Projekt »MethodeOhneEreignis«

Zur Erläuterung:

▶ Abgebildet wird nur der zweite Teil der Klasse.

▶ Am Ende der beiden Ereignismethoden optUnterkunft_CheckedChanged() und optUrlaubsort_CheckedChanged() steht jeweils die Anweisung Anzeigen(). Dabei handelt es sich um einen Aufruf der Methode Anzeigen().

▶ Diese Methode steht weiter unten. Sie ist nicht direkt an ein Ereignis gekoppelt.

Modularisierung   Vorteil dieser Vorgehensweise: Gemeinsam genutzte Programmteile können ausgelagert und müssen nur einmal geschrieben werden. Man nennt diesen Vorgang bei der Programmierung auch Modularisierung. In Abschnitt 4.7, »Methoden«, wird dieses Thema noch genauer behandelt.

2.6   Schleifen

Schleifen werden in Programmen häufig benötigt. Sie ermöglichen den mehrfachen Durchlauf von Anweisungen. Darin liegt eine besondere Stärke der Programmierung allgemein: die schnelle wiederholte Bearbeitung ähnlicher Vorgänge.

Es gibt die Schleifenstrukturen for, while, do...while und foreach...in. Mithilfe der Strukturen steuern Sie die Wiederholungen eines Anweisungsblocks (die Anzahl der Schleifendurchläufe). Dabei wird der Wahrheitswert eines Ausdrucks (der Schleifenbedingung) oder der Wert eines numerischen Ausdrucks (Wert des Schleifenzählers) benötigt.

Collection   Die Schleife foreach...in wird meist bei Feldern oder Collections (Auflistungen) eingesetzt, siehe Abschnitt 4.6, »foreach-Schleife«.

2.6.1 for-Schleife

Falls die Anzahl der Schleifendurchläufe bekannt oder vor Beginn der Schleife berechenbar ist, sollten Sie die `for`-Schleife verwenden. Ihr Aufbau sieht wie folgt aus:

for

```
for (Startausdruck; Laufbedingung; Änderung)
{
    Anweisungen
    [ break ]
    [ continue ]
}
```

Zur Erläuterung:

- Es wird eine *Schleifenvariable* benutzt, die den Ablauf der Schleife steuert.
- Im *Startausdruck* wird der Startwert der Schleifenvariablen gesetzt.
- Die Schleife läuft, solange die *Laufbedingung* wahr ist. Sie wird im Allgemeinen mit einem Vergleichsoperator gebildet.
- Nach jedem Durchlauf der Schleife wird die Schleifenvariable geändert.

Das Schlüsselwort `break` kann eingesetzt werden, um die Schleife aufgrund einer speziellen Bedingung sofort zu verlassen. Das Schlüsselwort `continue` kann eingesetzt werden, um den nächsten Durchlauf der Schleife unmittelbar zu beginnen, ohne den aktuellen Durchlauf zu beenden.

break, continue

Falls es sich bei `Anweisungen` nur um eine einzelne Anweisung handelt, können die geschweiften Klammern weggelassen werden.

Ohne Klammern

In dem folgenden Programm im Projekt *ForSchleife* werden durch Aufruf von fünf Buttons fünf unterschiedliche Schleifen durchlaufen (siehe Abbildung 2.38).

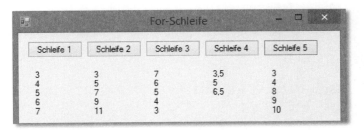

Abbildung 2.38 Verschiedene for-Schleifen

2 Grundlagen

Der Programmcode:

```
private void cmdSchleife1_Click(...)
{
    int i;
    lblA1.Text = "";

    for (i = 3; i <= 7; i++)
    {
        lblA1.Text += i + "\n";
    }
}

private void cmdSchleife2_Click(...)
{
    int i;
    lblA2.Text = "";

    for (i = 3; i <= 11; i = i + 2)
        lblA2.Text += i + "\n";
}

private void cmdSchleife3_Click(...)
{
    int i;
    lblA3.Text = "";

    for (i = 7; i >= 3; i--)
        lblA3.Text += i + "\n";
}

private void cmdSchleife4_Click(...)
{
    double d;
    lblA4.Text = "";

    for (d = 3.5; d <= 7.5; d = d + 1.5)
        lblA4.Text += d + "\n";
}
```

2.6   Schleifen

```
private void cmdSchleife5_Click(...)
{
    int i;
    lblA5.Text = "";

    for (i = 3; i <= 20; i++)
    {
        if (i >= 5 && i <= 7)
            continue;
        if (i >= 11)
            break;
        lblA5.Text += i + "\n";
    }
}
```

Listing 2.25 Projekt »ForSchleife«

Zur Erläuterung der ersten Schleife:

- ▶ Als Schleifenvariable dient i.
- ▶ Die Schleife wird erstmalig mit i = 3 und letztmalig mit i = 7 durchlaufen.
- ▶ Nach jedem Durchlauf wird i um 1 erhöht.

Zur Erläuterung der restlichen Schleifen:

- ▶ Die zweite, dritte und vierte Schleife beinhalten jeweils nur eine Anweisung, daher konnten die geschweiften Klammern weggelassen werden. Allerdings ist diese Anweisung zur besseren Lesbarkeit eingerückt.
- ▶ Bei der zweiten Schleife wurde die Schrittweite 2 gewählt.
- ▶ Die dritte Schleife läuft abwärts, daher muss die Schleifenvariable vermindert werden.
- ▶ In der vierten Schleife wird gezeigt, dass eine Schleife auch nicht ganzzahlige Werte durchlaufen kann.
- ▶ In der fünften Schleife werden die Werte 5 bis 7 nicht ausgegeben. Das   **continue**
  Schlüsselwort continue sorgt dafür, dass der Rest der Anweisungen in der Schleife übersprungen und direkt mit dem nächsten Durchlauf fortgefahren wird.
- ▶ Eigentlich läuft diese fünfte Schleife bis 20. Aufgrund des Schlüsselworts   **break**
  break wird sie allerdings vorzeitig beendet.

Endlos-Schleife

Sie sollten darauf achten, dass *Startausdruck*, *Laufbedingung* und *Änderung* so gestaltet werden, dass keine Endlos-Schleife konstruiert wird. Die Schleife `for(i=5; i<=10; i--)` läuft endlos, da i kleiner wird und daher die Laufbedingung immer wahr ist.

Eine reine Schleifenvariable kann auch innerhalb des Kopfs der `for`-Schleife deklariert werden. So kann die erste Schleife in diesem Projekt auch wie folgt geschrieben werden:

```
for (int i = 3; i <= 7; i++) { ... }
```

2.6.2   while- und do...while-Schleife

Steuerung über Bedingung

Ist die Anzahl der Schleifendurchläufe nicht bekannt bzw. vor Beginn der Schleife nicht berechenbar, sollten Sie die `while`-Schleife oder die `do...while`-Schleife verwenden.

Das ist der Aufbau der `while`-Schleife:

```
while (Laufbedingung)
{
    Anweisungen
    [ break ]
    [ continue ]
}
```

Es folgt der Aufbau der `do...while`-Schleife:

```
do
{
    Anweisungen
    [ break ]
    [ continue ]
}
while (Laufbedingung)
```

Zur Erläuterung:

▸ Die Schleifen werden durchlaufen, solange die Laufbedingung wahr ist.

▸ Der Unterschied: Die `do...while`-Schleife wird mindestens einmal durchlaufen, da die Laufbedingung erst am Ende geprüft wird.

2.6 Schleifen

Falls es sich bei Anweisungen nur um eine einzelne Anweisung handelt, können Sie die geschweiften Klammern weglassen.

Ohne Klammern

Die Schlüsselwörter break und continue haben die gleiche Wirkung wie bei der for-Schleife.

Im folgenden Programm im Projekt *WhileDoWhileSchleifen* werden Zahlen addiert, solange die Summe der Zahlen kleiner als 20 ist, siehe Abbildung 2.39. Da die Zahlen durch einen Zufallsgenerator erzeugt werden, ist die Anzahl der Schleifendurchläufe nicht vorhersagbar.

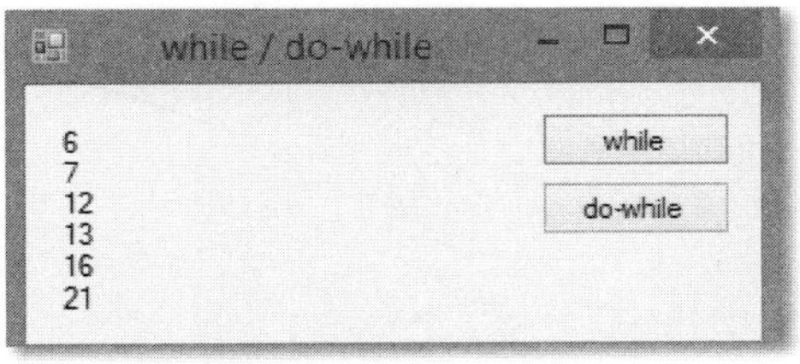

Zufallsgenerator

Abbildung 2.39 Bedingungsgesteuerte Schleife

Der Zufallszahlengenerator wird mithilfe eines Objekts der Klasse Random realisiert, das klassenweit gültig deklariert wird. Die Methode Next() der Klasse Random liefert quasi-zufällige ganze Zahlen. An die Methode Next() werden zwei Zahlen in Klammern übergeben. Die erste Zahl steht für die kleinste mögliche Zufallszahl, die zweite Zahl minus 1 kennzeichnet die größte mögliche Zufallszahl.

Random, Next()

```
public partial class Form1 : Form
{
    ...
    Random r = new Random();

    private void cmdWhile_Click(...)
    {
        int summe = 0, z;
        lblA.Text = "";

        while (summe < 20)
        {
            z = r.Next(1, 7);
            summe = summe + z;
```

97

```
            lblA.Text += summe + "\n";
        }
    }

    private void cmdDoWhile_Click(...)
    {
        int summe = 0, z;
        lblA.Text = "";

        do
        {
            z = r.Next(1, 7);
            summe = summe + z;
            lblA.Text += summe + "\n";
        }
        while (summe < 20);
    }
}
```

Listing 2.26 Projekt »WhileDoWhileSchleifen«

while   Zur Erläuterung der while-Schleife:

▶ Die Variable summe wird zunächst mit dem Wert 0 initialisiert.

▶ Zu Beginn der Schleife (kopfgesteuerte Schleife) wird geprüft, ob die Summe der Zahlen kleiner als 20 ist. Trifft das zu, kann die Schleife durchlaufen werden.

Summe berechnen   ▶ Der Wert der Variablen summe wird um eine Zufallszahl zwischen 1 und 6 erhöht.

▶ Der Inhalt des Labels wird um den aktuellen Wert der summe und einen Zeilenumbruch verlängert.

▶ Nach Durchlauf einer Schleife wird das Programm wieder am Beginn der Schleife fortgesetzt. Es wird wiederum geprüft, ob die Summe der Zahlen kleiner als 20 ist.

do...while   Zur Erläuterung der do...while-Schleife:

▶ Die Schleife wird mindestens einmal durchlaufen, selbst wenn die Summe der Zahlen größer oder gleich 20 ist. Für diesen Fall ist also die do...while-Schleife nicht so gut geeignet.

▶ Erst am Ende (fußgesteuerte Schleife) wird geprüft, ob die Summe der Zahlen kleiner als 20 ist. Trifft das zu, wird das Programm wieder am Beginn der Schleife fortgesetzt.

Hinweis: Bei einer `while`-Schleife könnte es vorkommen, dass sie niemals durchlaufen wird.

Sie sollten wie bei der `for`-Schleife darauf achten, dass keine Endlos-Schleife konstruiert wird. Falls in einer der beiden oben genannten Schleifen die Variable `summe` ihren Wert nicht ändern würde, wäre das eine solche Endlos-Schleife.

Endlos-Schleife

2.6.3 Übungen

Anhand einer Reihe von Übungsaufgaben zu Schleifen (und Verzweigungen) trainieren Sie im Folgenden einige typische Probleme der Programmierung in Visual C#. Der visuelle Teil der Lösung enthält in der Regel nur ein einfaches Textfeld zur Eingabe, einen oder zwei Buttons zum Durchführen der Aufgabe und ein einfaches Label zur Ausgabe.

Übung ÜForSchleife, Teil 1

`for`-Schleife: Schreiben Sie ein Programm mit einer einfachen Schleife, das nacheinander die folgenden Zahlen ausgibt: 35; 32,5; 30; 27,5; 25; 22,5; 20.

Übung ÜForSchleife, Teil 1

Übung ÜForSchleife, Teil 2

`for`-Schleife: Erweitern Sie die vorige Aufgabe. Am Ende der Zeile sollen Summe und Mittelwert aller Zahlen angezeigt werden (siehe Abbildung 2.40).

Übung ÜForSchleife, Teil 2

Abbildung 2.40 Übung ÜForSchleife

Übung ÜHalbierung

while- oder do...while-Schleife: Schreiben Sie ein Programm, mit dessen Hilfe eine eingegebene Zahl wiederholt halbiert und ausgegeben wird. Das Programm soll beendet werden, wenn das Ergebnis der Halbierung kleiner als 0,001 ist (siehe Abbildung 2.41). Falls die Zahl schon zu Beginn kleiner als 0,001 ist, soll sie nicht halbiert werden.

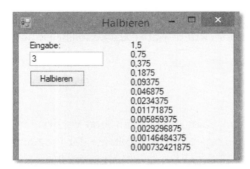

Abbildung 2.41 Übung ÜHalbierung

Übung ÜZahlenraten

if...else: Schreiben Sie ein Programm, mit dem das Spiel *Zahlenraten* gespielt werden kann: Per Zufallsgenerator wird eine Zahl zwischen 1 und 100 erzeugt, aber nicht angezeigt. Der Benutzer soll so lange Zahlen eingeben, bis er die Zahl erraten hat. Als Hilfestellung soll jedes Mal ausgegeben werden, ob die eingegebene Zahl größer oder kleiner als die zu ratende Zahl ist (siehe Abbildung 2.42).

Abbildung 2.42 Übung ÜZahlenraten

Übung ÜSteuertabelle

for-Schleife und if...else: Erweitern Sie das Programm aus der Übung *ÜSteuerbetrag* aus Abschnitt 2.4, »Verzweigungen«. Schreiben Sie ein Programm, das zu einer Reihe von Gehältern u. a. den Steuerbetrag berechnet und ausgibt. In Tabelle 2.11 sind die Steuersätze angegeben.

Gehalt	Steuersatz
bis einschl. 12.000 €	12 %
von 12.000 bis einschl. 20.000 €	15 %
von 20.000 bis einschl. 30.000 €	20 %
über 30.000 €	25 %

Tabelle 2.11 Übung ÜSteuertabelle

Es sollen für jedes Gehalt von 5.000 € bis 35.000 € in Schritten von 3.000 € folgende vier Werte ausgegeben werden: Gehalt, Steuersatz, Steuerbetrag, Gehalt abzüglich Steuerbetrag. Jedes Gehalt soll mit den zugehörigen Werten in einer eigenen Zeile ausgegeben werden (siehe Abbildung 2.43). Auch hier wird davon ausgegangen, dass das gesamte Gehalt zum angegebenen Satz versteuert wird.

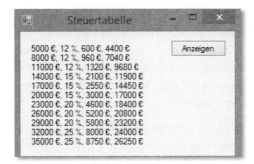

Abbildung 2.43 Übung ÜSteuertabelle

2.7 Schleifen und Steuerelemente

In diesem Abschnitt werden die beiden Steuerelemente *Listenfeld* und *Kombinationsfeld* eingeführt. Damit kann eine einfache oder mehrfache Auswahl aus mehreren Möglichkeiten getroffen werden. Im Zusammenhang mit diesen Steuerelementen werden häufig Schleifen benötigt, wie sie im vorigen Abschnitt behandelt wurden.

2.7.1 Listenfeld

ListBox Ein Listenfeld (ListBox) zeigt eine Liste mit Einträgen an, aus denen der Benutzer einen oder mehrere auswählen kann. Enthält das Listenfeld mehr Einträge, als gleichzeitig angezeigt werden können, erhält es automatisch einen Scrollbalken.

Items Die wichtigste Eigenschaft des Steuerelements ListBox ist die Collection Items. Sie enthält die einzelnen Listeneinträge. Listenfelder können Sie zur Entwurfszeit füllen, indem Sie der Eigenschaft Items in einem eigenen kleinen Dialogfeld die Einträge hinzufügen. In der Regel werden Sie ein Listenfeld aber zur Laufzeit füllen.

2.7.2 Listenfeld füllen

Items.Add() Bisher wurden die Eigenschaften und Ereignisse von Steuerelementen behandelt. Darüber hinaus gibt es jedoch auch spezifische Methoden, die auf diese Steuerelemente bzw. auf deren Eigenschaften angewendet werden können. Beim Listenfeld ist das u. a. die Methode Add() der Eigenschaft Items.

Diese Methode nutzen Sie am sinnvollsten einmalig zum Zeitpunkt des Ladens des Formulars. Dieser Zeitpunkt wird durch das Ereignis Load gekennzeichnet. Sie erstellen den Rahmen der zugehörigen Ereignismethode, indem Sie einen Doppelklick auf einer freien Stelle des Formulars ausführen. Die Klasse des Formulars heißt, falls Sie das nicht verändern, Form1, die Methode hat demnach den Namen Form1_Load().

Im nachfolgenden Programm im Projekt *ListenfeldFüllen* wird ein Listenfeld für italienische Speisen zu Beginn des Programms mit den folgenden Werten gefüllt: *Spaghetti, Grüne Nudeln, Tortellini, Pizza, Lasagne* (siehe Abbildung 2.44).

Abbildung 2.44 Listenfeld mit Scrollbalken

2.7 Schleifen und Steuerelemente

Der Programmcode:

```
private void Form1_Load(...)
{
    lstSpeisen.Items.Add("Spaghetti");
    lstSpeisen.Items.Add("Grüne Nudeln");
    lstSpeisen.Items.Add("Tortellini");
    lstSpeisen.Items.Add("Pizza");
    lstSpeisen.Items.Add("Lasagne");
}
```

Listing 2.27 Projekt »ListenfeldFüllen«

Zur Erläuterung:

▶ Das Ereignis Load wird ausgelöst, wenn das Formular geladen wird.

▶ Die einzelnen Speisen werden der Reihe nach dem Listenfeld hinzugefügt. *Lasagne* steht anschließend ganz unten.

2.7.3 Wichtige Eigenschaften

Die folgenden Eigenschaften eines Listenfelds bzw. der Collection Items werden in der Praxis häufig benötigt:

▶ Items.Count gibt die Anzahl der Elemente in der Liste an.

▶ SelectedItem beinhaltet das aktuell vom Benutzer ausgewählte Element der Liste. Wurde kein Element ausgewählt, ergibt SelectedItem nichts.

        SelectedItem

▶ SelectedIndex gibt die laufende Nummer des aktuell vom Benutzer ausgewählten Elements an, beginnend bei 0 für das oberste Element. Wurde kein Element ausgewählt, ergibt SelectedIndex den Wert −1.

▶ Über Items(Index) können Sie die einzelnen Elemente ansprechen, das oberste Element ist Items(0).

        Items[i]

Das folgende Programm im Projekt *ListenfeldEigenschaften* veranschaulicht alle diese Eigenschaften (siehe Abbildung 2.45).

Der Programmcode:

```
private void cmdAnzeige_Click(...)
{
    int i;
```

103

```
            lblAnzeige1.Text =
                "Anzahl: " + lstSpeisen.Items.Count;
            lblAnzeige2.Text = "Ausgewählter Eintrag: " +
                lstSpeisen.SelectedItem;
            lblAnzeige3.Text = "Nummer des ausgewählten" +
                " Eintrags: " + lstSpeisen.SelectedIndex;

            lblAnzeige4.Text = "Alle Einträge:" + "\n";
            for (i = 0; i < lstSpeisen.Items.Count; i++)
                lblAnzeige4.Text +=
                    lstSpeisen.Items[i] + "\n";
        }
```

Listing 2.28 Projekt »ListenfeldEigenschaften«

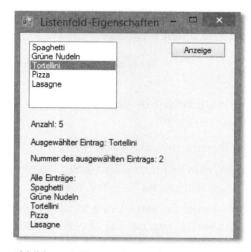

Abbildung 2.45 Anzeige nach Auswahl eines Elements

Zur Erläuterung:

- Das Listenfeld ist bereits gefüllt, siehe Projekt *ListenfeldFüllen*.

Count
- Die Anzahl der Elemente wird über lstSpeisen.Items.Count ausgegeben, in diesem Fall sind es fünf.

- Der ausgewählte Eintrag steht in lstSpeisen.SelectedItem, seine Nummer in lstSpeisen.SelectedIndex.

- Eine for-Schleife dient zur Ausgabe aller Elemente. Sie läuft von 0 bis lstSpeisen.Items.Count − 1. Das liegt daran, dass bei einer Liste mit fünf Elementen die Elemente mit 0 bis 4 nummeriert sind.
- Die einzelnen Elemente werden mit lstSpeisen.Items[i] angesprochen. Die Variable i beinhaltet bei der Schleife die aktuelle laufende Nummer.

Items[i]

2.7.4 Wechsel der Auswahl

Ähnlich wie beim Kontrollkästchen oder bei der Optionsschaltfläche ist das wichtigste Ereignis einer ListBox nicht der Click, sondern das Ereignis SelectedIndexChanged. Dieses Ereignis zeigt nicht nur an, dass die ListBox vom Benutzer bedient wurde, sondern auch, dass sie ihren Zustand geändert hat. Das kann z. B. auch durch Programmcode geschehen. Eine Ereignismethode zu SelectedIndexChanged wird in jedem Fall durchlaufen, sobald die ListBox (vom Benutzer oder vom Programmcode) geändert wurde.

SelectedIndex-Changed

Allerdings wird der Programmablauf meist so gestaltet, dass bei einem anderen Ereignis die aktuelle Auswahl der ListBox abgefragt wird und anschließend je nach Zustand unterschiedlich reagiert wird. Das nachfolgende Programm im Projekt *ListenfeldEreignis* veranschaulicht diesen Zusammenhang (siehe Abbildung 2.46).

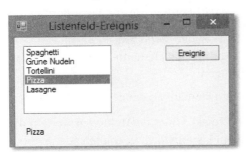

Abbildung 2.46 Anzeige nach dem Ereignis

Der Programmcode:

```
private void cmdEreignis_Click(...)
{
    lstSpeisen.SelectedIndex = 3;
}
```

```
private void lstSpeisen_SelectedIndexChanged(...)
{
    lblAnzeige.Text =
        "Auswahl: " + lstSpeisen.SelectedItem;
}
```

Listing 2.29 Projekt »ListenfeldEreignis«

Zur Erläuterung:

▶ Das Listenfeld ist bereits gefüllt, siehe Projekt *ListenfeldFüllen*.

▶ In der Ereignismethode cmdEreignis_Click() wird die Nummer des ausgewählten Elements auf 3 gesetzt. Dadurch wird in der ListBox *Pizza* ausgewählt. Im Label wird die geänderte Auswahl sofort angezeigt, da das Ereignis lstSpeisen_SelectedIndexChanged ausgelöst wurde.

▶ In der zugehörigen Ereignismethode lstSpeisen_SelectedIndexChanged() wird die Anzeige des ausgewählten Elements ausgelöst. Dieses wird unmittelbar nach der Auswahl angezeigt. Die Auswahl kann durch einen Klick des Benutzers in der Liste oder auch durch Programmcode ausgelöst werden.

2.7.5 Wichtige Methoden

Die Methoden Insert() und RemoveAt() können Sie zur Veränderung der Inhalte des Listenfelds nutzen:

Insert()
▶ Mithilfe der Methode Insert() können Sie Elemente zum Listenfeld an einer gewünschten Stelle hinzufügen.

RemoveAt()
▶ Die Methode RemoveAt() löscht ein Element an der gewünschten Stelle.

Im nachfolgenden Programm im Projekt *ListenfeldMethoden* werden die beiden Methoden eingesetzt, um ein Listenfeld zu verwalten (siehe Abbildung 2.47).

Sie können Elemente einfügen, löschen und ändern. Um sicherzustellen, dass es sich hierbei um sinnvolle Operationen handelt, sollten Sie jeweils bestimmte Bedingungen beachten:

```
private void cmdLöschen_Click(...)
{
    int x = lstSpeisen.SelectedIndex;
    if (x != -1)
```

2.7 Schleifen und Steuerelemente

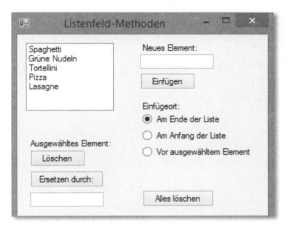

Abbildung 2.47 Verwaltung eines Listenfelds

```
        lstSpeisen.Items.RemoveAt(x);
}

private void cmdEinfügen_Click(...)
{
    if (txtNeu.Text == "")
        return;

    if (optAnfang.Checked)
        lstSpeisen.Items.Insert(0, txtNeu.Text);
    else if (optAuswahl.Checked &&
            lstSpeisen.SelectedIndex != -1)
        lstSpeisen.Items.Insert(
            lstSpeisen.SelectedIndex,
            txtNeu.Text);
    else
        lstSpeisen.Items.Add(txtNeu.Text);
    txtNeu.Text = "";
}

private void cmdErsetzen_Click(...)
{
    int x;

    if (txtErsetzen.Text != "" &&
```

```
                        lstSpeisen.SelectedIndex != -1)
    {
        x = lstSpeisen.SelectedIndex;
        lstSpeisen.Items.RemoveAt(x);
        lstSpeisen.Items.Insert(
            x, txtErsetzen.Text);
        txtErsetzen.Text = "";
    }
}

private void cmdAllesLöschen_Click(...)
{
    lstSpeisen.Items.Clear();
}
```

Listing 2.30 Projekt »ListenfeldMethoden«

Zur Erläuterung:

▶ Das Listenfeld ist bereits gefüllt, siehe Projekt *ListenfeldFüllen*.

▶ In der Methode cmdLöschen_Click() wird der Wert von SelectedIndex in der Variablen x gespeichert. Anschließend wird untersucht, ob ein Element ausgewählt wurde, ob also der Wert von x ungleich –1 ist. Ist das der Fall, wird dieses Element mit der Methode RemoveAt() gelöscht. Wurde kein Element ausgewählt, geschieht nichts.

return ▶ In der Methode cmdEinfügen_Click() wird zunächst die TextBox untersucht. Falls diese leer ist, wird die Methode mit dem Schlüsselwort return unmittelbar verlassen. Steht etwas in der TextBox, wird untersucht, welcher Einfügeort über die Optionsschaltflächen ausgesucht wurde:

Add() – Wurde als Einfügeort das Ende der Liste gewählt, wird der Inhalt der TextBox mit der bekannten Methode Add() am Ende der Liste angefügt.

Insert() – In den beiden anderen Fällen wird die Methode Insert() zum Einfügen des Inhalts der TextBox vor einem vorhandenen Listeneintrag genutzt. Diese Methode benötigt den Index des Elements, vor dem eingefügt werden soll. Das ist entweder der Wert 0, falls am Anfang der Liste eingefügt werden soll, oder der Wert von SelectedIndex, falls vor dem ausgewählten Element eingefügt werden soll.

▸ Anschließend wird die TextBox gelöscht, damit nicht versehentlich zweimal das gleiche Element eingefügt wird.

▸ In der Methode `cmdErsetzen_Click()` wird untersucht, ob in der TextBox etwas zum Ersetzen steht und ob ein Element zum Ersetzen ausgewählt wurde. Ist das der Fall, wird

- der Wert von `SelectedIndex` in der Variablen `x` gespeichert,
- das zugehörige Element mit der Methode `RemoveAt()` gelöscht,

RemoveAt()

- der neue Text an der gleichen Stelle mit der Methode `Insert()` eingefügt und
- die TextBox gelöscht, damit nicht versehentlich zweimal das gleiche Element eingefügt wird.

▸ In der Methode `cmdAllesLöschen_Click()` dient die Methode `Clear()` zum Leeren der ListBox.

Nach einigen Änderungen sieht das Listenfeld wie das in Abbildung 2.48 aus.

Hinweis: Das Schlüsselwort `return` dient nicht nur dem unmittelbaren Beenden einer Methode, sondern auch dem Liefern des Rückgabewerts einer Methode, siehe Abschnitt 4.7.3, »Methoden mit Rückgabewerten«.

return

```
Spaghetti
Grüne Nudeln
Gnocchi
Tortellini
Lasagne
Maccaroni
```

Abbildung 2.48 Nach einigen Änderungen

2.7.6 Mehrfachauswahl

Sie können dem Benutzer ermöglichen, gleichzeitig mehrere Einträge aus einer Liste auszuwählen, wie er es auch aus anderen Windows-Programmen kennt. Dazu wird zur Entwicklungszeit die Eigenschaft `SelectionMode` auf den Wert `MultiExtended` gesetzt. Der Benutzer kann anschließend mithilfe der ⌈Strg⌉-Taste mehrere einzelne Elemente auswählen oder mithilfe der ⌈⇧⌉-Taste (wie für Großbuchstaben) einen zusammenhängenden Bereich von Elementen markieren.

SelectionMode

Hinweis: Nach dem Einfügen einer neuen ListBox in ein Formular steht die Eigenschaft SelectionMode zunächst auf dem Standardwert One, was bedeutet, dass nur ein Element ausgewählt werden kann.

SelectedIndices Die Eigenschaften SelectedIndices und SelectedItems beinhalten die Nummern bzw. die Einträge der ausgewählten Elemente. Sie ähneln in ihrem Verhalten der Eigenschaft Items. Das nachfolgende Programm im Projekt *ListenfeldMehrfachauswahl* verdeutlicht das (siehe Abbildung 2.49).

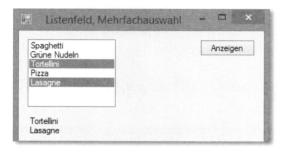

Abbildung 2.49 Mehrere ausgewählte Elemente

Der Programmcode:

```
private void cmdAnzeigen_Click(...)
{
    int i;
    lblAnzeige.Text = "";

    for (i=0; i<lstSpeisen.SelectedItems.Count; i++)
        lblAnzeige.Text +=
            lstSpeisen.SelectedItems[i] + "\n";
}
```

Listing 2.31 Projekt »ListenfeldMehrfachauswahl«

Zur Erläuterung:

SelectedItems[i]
- Das Listenfeld ist bereits gefüllt, siehe Projekt *ListenfeldFüllen*.
- In der Methode cmdAnzeigen_Click() werden alle ausgewählten Elemente mithilfe einer Schleife durchlaufen. Diese Schleife läuft von 0 bis SelectedItems.Count − 1. Die ausgewählten Elemente selbst werden über SelectedItems[i] angesprochen.

2.7.7 Kombinationsfelder

Das Steuerelement *Kombinationsfeld* (ComboBox) vereinigt die Merkmale eines Listenfelds mit denen eines Textfelds. Der Benutzer kann einen Eintrag aus dem Listenfeldbereich auswählen oder ihn in den Textfeldbereich eingeben. Das Kombinationsfeld hat im Wesentlichen die Eigenschaften und Methoden des Listenfelds.

Sie können mithilfe der Eigenschaft `DropDownStyle` zwischen drei Typen von Kombinationsfeldern wählen:

DropDownStyle

- `DropDown`: Das ist die Standardauswahl aus einer Liste (Aufklappen der Liste mit der Pfeiltaste) oder die Eingabe in das Textfeld. Das Kombinationsfeld hat die Größe einer TextBox.
- `DropDownList`: Die Auswahl ist begrenzt auf die Einträge der aufklappbaren Liste, also ohne eigene Eingabemöglichkeit. Dieser Typ Kombinationsfeld verhält sich demnach wie ein Listenfeld, ist allerdings so klein wie eine TextBox. Ein Listenfeld könnte zwar auch auf diese Größe verkleinert werden, aber die Scrollpfeile sind dann sehr klein.
- `Simple`: Die Liste ist immer geöffnet und wird bei Bedarf mit einer Bildlaufleiste versehen. Wie beim Typ `DropDown` ist die Auswahl aus der Liste oder die Eingabe in das Textfeld möglich. Beim Erstellen eines solchen Kombinationsfelds kann die Höhe wie bei einer ListBox eingestellt werden.

Die Eigenschaft `SelectionMode` gibt es bei Kombinationsfeldern nicht. Das folgende Programm im Projekt *Kombinationsfeld* führt alle drei Typen von Kombinationsfeldern vor (siehe Abbildung 2.50).

Abbildung 2.50 Drei verschiedene Kombinationsfelder

Der Programmcode:

```
private void Form1_Load(...)
{
    cmbWerkzeug1.Items.Add("Zange");
    cmbWerkzeug1.Items.Add("Hammer");
    cmbWerkzeug1.Items.Add("Bohrer");
    cmbWerkzeug1.Items.Add("Schraubendreher");
```

[... das Gleiche für die beiden anderen Kombinationsfelder ...]

```
}

private void cmdAnzeigen1_Click(...)
{
    lblAnzeige1.Text =
        "Auswahl: " + cmbWerkzeug1.Text;
}

private void cmdAnzeigen2_Click(...)
{
    lblAnzeige2.Text =
        "Auswahl: " + cmbWerkzeug2.SelectedItem;
}
private void cmdAnzeigen3_Click(...)
{
    lblAnzeige3.Text =
        "Auswahl: " + cmbWerkzeug3.Text;
}
```

Listing 2.32 Projekt »Kombinationsfeld«

Zur Erläuterung:

▶ Das erste Kombinationsfeld hat den DropDownStyle DropDown. Hat der Benutzer einen Eintrag ausgewählt, erscheint dieser in der TextBox des Kombinationsfelds. Falls er selbst einen Eintrag eingibt, wird dieser ebenfalls dort angezeigt. Die Eigenschaft Text enthält den Inhalt dieser TextBox, also immer den Wert des Kombinationsfelds.

▶ Das zweite Kombinationsfeld hat den DropDownStyle DropDownList. Es gibt also keine TextBox. Wie beim Listenfeld ermitteln Sie die Auswahl des Benutzers über die Eigenschaft SelectedItem.

- Das dritte Kombinationsfeld hat den DropDownStyle Simple. Im Programm kann es genauso wie das erste Kombinationsfeld behandelt werden. Die Eigenschaft Text beinhaltet also immer den Wert des Kombinationsfelds.

Übung

Schreiben Sie ein Programm, das zwei Listenfelder beinhaltet, in denen jeweils mehrere Elemente markiert werden können. Zwischen den beiden Listenfeldern befinden sich zwei Buttons, jeweils mit einem Pfeil nach rechts bzw. nach links (siehe Abbildung 2.51). Bei Betätigung eines der beiden Buttons sollen die ausgewählten Elemente in Pfeilrichtung aus der einen Liste in die andere Liste verschoben werden (siehe Abbildung 2.52).

Übung ÜListenfeld

Abbildung 2.51 Liste vor dem Verschieben

Abbildung 2.52 Liste nach dem Verschieben

Bei der Lösung kann neben der Eigenschaft SelectedItems z. B. auch die Eigenschaft SelectedIndices genutzt werden. Eine solche Collection beinhaltet dann nicht die ausgewählten Einträge, sondern deren Indizes. Mit dem Löschen mehrerer Einträge aus einem Listenfeld sollten Sie vom Ende der Liste her beginnen. Der Grund hierfür ist: Löschen Sie eines der vorderen Elemente zuerst, stimmen die Indizes in der Collection SelectedIndices nicht mehr.

SelectedIndices

Kapitel 3
Fehlerbehandlung

Vieles lernt man nur aus Fehlern, so auch das Programmieren. In diesem Kapitel werden die verschiedenen Arten von Fehlern und ihre Behandlung vorgestellt.

In den folgenden Abschnitten lernen Sie verschiedene Arten von Programmierfehlern kennen. Visual C# bietet Ihnen zahlreiche Hilfsmittel, Fehler möglichst zu vermeiden, aufgetretene Fehler zu erkennen und die Folgen der Fehler zu verhindern.

3.1 Entwicklung eines Programms

Bei der Entwicklung Ihrer eigenen Programme sollten Sie Schritt für Schritt vorgehen. Stellen Sie zuerst einige Überlegungen darüber an, wie das gesamte Programm und seine Benutzeroberfläche aufgebaut sein sollten, und zwar auf Papier. Welche Aufgabe soll das Programm erfüllen? Welche Steuerelemente können eingesetzt werden? Was soll passieren, wenn eines davon genutzt wird? Versuchen Sie dann nicht, das gesamte Programm mit all seinen komplexen Bestandteilen auf einmal zu entwickeln! Das ist der größte Fehler, den Einsteiger (und manchmal auch Fortgeschrittene) machen können.

Entwickeln Sie zunächst eine einfache Version mit nur wenigen Steuerelementen und wenigen Codezeilen. Anschließend testen Sie diese Version. Erst nach einem erfolgreichen Test fügen Sie weitere Steuerelemente und weiteren Code hinzu. Nach jeder Änderung wird wiederum getestet. Sollte sich ein Fehler zeigen, wissen Sie, dass er aufgrund der letzten Änderung aufgetreten ist. Nach dem letzten Hinzufügen haben Sie eine einfache Version Ihres gesamten Programms.

Nun ändern Sie den Code für ein Steuerelement in eine komplexere Version ab. Auf diese Weise machen Sie Ihr Programm Schritt für Schritt komplexer, bis Sie schließlich das gesamte Programm so erstellt haben, dass es Ihren anfänglichen Überlegungen auf Papier entspricht.

Manchmal ergibt sich während der praktischen Entwicklung noch die eine oder andere Änderung gegenüber Ihrem Entwurf. Das ist kein Problem, solange sich nicht der gesamte Aufbau ändert. Sollte das allerdings der Fall sein, kehren Sie noch einmal kurz zum Papier zurück und überdenken den Aufbau. Das bedeutet nicht, dass Sie die bisherigen Programmbestandteile löschen müssen, möglicherweise brauchen Sie sie lediglich ein wenig zu ändern und anders anzuordnen.

Schreiben Sie Ihre Programme übersichtlich. Sollten Sie gerade überlegen, wie Sie drei oder vier bestimmte Schritte Ihres Programms auf einmal machen können: Machen Sie daraus einfach einzelne Anweisungen, die der Reihe nach ausgeführt werden. Das vereinfacht eine eventuelle Fehlersuche. Falls Sie (oder eine andere Person) Ihr Programm später einmal ändern oder erweitern möchten, gelingt der Einstieg in den Aufbau des Programms wesentlich schneller.

Sie können Bildschirmausgaben zur Kontrolle von Werten und zur Suche von logischen Fehlern einsetzen. Sie können zusätzlich einzelne Teile Ihres Programms in Kommentarklammern setzen, um festzustellen, welcher Teil des Programms fehlerfrei läuft und welcher Teil demnach fehlerbehaftet ist. In diesem Kapitel werden Sie weitere Methoden zum Finden von Fehlern kennenlernen.

3.2   Fehlerarten

Während man ein Programm entwickelt und testet, treten normalerweise erst mal häufig Fehler auf. Diese Fehler lassen sich in drei Gruppen untergliedern: Syntaxfehler, Laufzeitfehler und logische Fehler.

Exceptions   Syntaxfehler können mithilfe des Editors und der Entwicklerunterstützung IntelliSense vermieden werden. Laufzeitfehler, also Fehler zur Laufzeit des Programms, die einen Programmabsturz zur Folge haben, gibt es streng genommen in C# nicht. Stattdessen werden Ausnahmen (*Exceptions*) erzeugt, die mit einer Ausnahmebehandlung (*Exception Handling*) umgangen werden sollten. Logische Fehler sind erfahrungsgemäß am schwersten zu finden. Hier bietet das Debugging eine gute Hilfestellung.

3.3   Syntaxfehler und IntelliSense

Syntaxfehler treten zur Entwicklungszeit des Programms auf und haben ihre Ursache in falsch oder unvollständig geschriebenem Programmcode. Bereits beim Schreiben des Codes werden Sie von Visual C# auf Syntaxfehler aufmerksam gemacht. Ein nicht korrekt geschriebenes Schlüsselwort, ein `else` ohne `if` oder andere Fehler werden sofort erkannt und markiert.

Fehler werden markiert

Der Programmierer erhält häufig bereits eine Information mit Hilfestellung zur Fehlerkorrektur. Wird der Fehler nicht behoben, wird eine Übersetzung und Ausführung des Programms abgelehnt.

Die Entwicklerunterstützung IntelliSense trägt in hohem Maße dazu bei, solche Syntaxfehler erst gar nicht auftreten zu lassen. Während des Schreibens einer Anweisung werden zahlreiche Hilfestellungen angeboten.

IntelliSense

Einige Beispiele:

▶ Sobald Sie den Punkt hinter den Namen eines Objekts, z. B. eines Steuerelements, gesetzt haben, erscheinen die Eigenschaften und Methoden dieses Elements zur Auswahl. Das ausgewählte Listenelement wird in den Code eingefügt, wenn Sie die ⇆ -Taste betätigen.

▶ Beginnen Sie, einen beliebigen Namen zu schreiben, wird sofort eine Hilfsliste mit Anweisungen oder Objekten angeboten, die im Zusammenhang mit der aktuellen Anwendung stehen und die gleichen Anfangsbuchstaben haben.

Hilfsliste

▶ Zu dem aktuell verwendeten Programmierelement (Klasse, Objekt, Eigenschaft, Methode usw.) wird eine QuickInfo eingeblendet, die den Entwickler über die Einsatzmöglichkeiten des jeweiligen Elements informiert.

▶ Sobald Sie den Cursor auf eine öffnende Klammer setzen, wird sie zusammen mit der zugehörigen schließenden Klammer hervorgehoben und umgekehrt.

Klammern

▶ Setzen Sie den Cursor auf ein Objekt oder eine Variable, werden alle Vorkommen des Objekts bzw. der Variablen in der gleichen Methode hervorgehoben.

Variable

▶ Kontrollstrukturen, also z. B. Verzweigungen und Schleifen, werden bei einem Zeilenwechsel automatisch richtig eingerückt. Der Entwickler kann sie dadurch leichter erkennen und Fehler vermeiden.

Einrückung

Haben Sie sich einmal an dieses Verhalten gewöhnt, bietet IntelliSense eine wertvolle Hilfe zur Codierung und Fehlervermeidung.

Syntaxfehler und IntelliSense sollen mithilfe des nachfolgenden Programms im Projekt *Syntaxfehler* verdeutlicht werden. Das Programm soll eigentlich zur Überprüfung dienen, ob eine eingegebene Zahl positiv, negativ oder gleich 0 ist. In den Programmcode wurde allerdings eine Reihe von typischen Fehlern eingebaut. Diese werden zum Teil bereits während der Codierung automatisch kenntlich gemacht, zu sehen in Abbildung 3.1.

```
private void cmdAnzeige_Click(object sender, EventArgs e)
{
    int i;
    if (txtEingabe.Txt = "")
        return;

    i = Convert.ToInt(txtEingabe.Text);

    if (i > 0)
        lblAnzeige.Text = "positiv";
    else if i < 0
        lblAnzeige.Text = "negativ"
    else
        lblAnzeige = "gleich 0";
}
```

Abbildung 3.1 Programmcode mit Fehlern

Zur Erläuterung:

▶ In der zweiten Zeile wurde die Eigenschaft `Text` der TextBox falsch geschrieben.

▶ Die Methode zur Konvertierung heißt korrekt `ToInt32()` und nicht `ToInt()`.

▶ Die Bedingung i < 0 wurde nicht in Klammern gesetzt.

▶ Nach dem Text `"negativ"` fehlt das Semikolon.

▶ In der letzten Zeile wird der Text `"gleich 0"` markiert, da er einem Objekt (`lblAnzeige`) und nicht der Eigenschaft des Objekts (`Text`) zugewiesen werden soll.

QuickInfo

Bewegen Sie den Cursor über eine der Fehlerstellen im Code, erscheint eine QuickInfo mit einer Fehlermeldung. Nach einer Korrektur der oben genannten Fehler wird ein weiterer Fehler erkannt, siehe Abbildung 3.2:

▶ In der zweiten Zeile wurde der Vergleichsoperator `==` falsch geschrieben.

Erst nach der Beseitigung des letzten Fehlers kann das Programm übersetzt und ausgeführt werden. Die Eingabe eines Texts statt einer Zahl führt allerdings immer noch zu einem Laufzeitfehler. Dessen Behandlung ist Thema des nächsten Abschnitts.

```csharp
private void cmdAnzeige_Click(object sender, EventArgs e)
{
    int i;
    if (txtEingabe.txt = "")
        return;

    i = Convert.ToInt32(txtEingabe.Text);

    if (i > 0)
        lblAnzeige.Text = "positiv";
    else if (i < 0)
        lblAnzeige.Text = "negativ";
    else
        lblAnzeige.Text = "gleich 0";
}
```

Abbildung 3.2 Weiterer Fehler

3.4 Laufzeitfehler und Exception Handling

Das Exception Handling dient dem Abfangen von Laufzeitfehlern und dem Behandeln von Ausnahmen. Diese treten auf, wenn das Programm versucht, eine unzulässige Operation durchzuführen, beispielsweise eine Division durch null oder das Öffnen einer nicht vorhandenen Datei.

Ausnahmen

Es ist natürlich besser, Laufzeitfehler von Anfang an zu unterbinden. Das ist allerdings unmöglich, da es Vorgänge gibt, auf die der Programmentwickler keinen Einfluss hat, etwa die fehlerhafte Eingabe eines Benutzers oder einen beim Druckvorgang ausgeschalteten Drucker.

3.4.1 Programm mit Laufzeitfehlern

Im nachfolgenden Beispiel im Projekt *Laufzeitfehler* werden verschiedene Arten von Exceptions hervorgerufen und mit dem Exception Handling von C# behandelt.

Der Benutzer soll zwei Zahlen eingeben. Nach Betätigen des Buttons RECHNEN wird die erste Zahl durch die zweite geteilt und das Ergebnis der Division in einem Label ausgegeben.

119

```csharp
private void cmdRechnen_Click(...)
{
    int x, y, z;
    x = Convert.ToInt32(txtEingabe1.Text);
    y = Convert.ToInt32(txtEingabe2.Text);
    z = x / y;
    lblAusgabe.Text = "Ergebnis: " + z;
}
```

Listing 3.1 Projekt »Laufzeitfehler«

DivideByZero-Exception Gibt der Benutzer die Zahlen 12 und 3 ein, erscheint als Ergebnis erwartungsgemäß die Zahl 4 (siehe Abbildung 3.3). Wenn er dagegen die Zahlen 12 und 0 eingibt, tritt eine unbehandelte Ausnahme des Typs *DivideByZeroException* auf. In Abbildung 3.4 ist die Zeile zu sehen, in der der Fehler auftritt.

Abbildung 3.3 Eingabe korrekter Zahlen

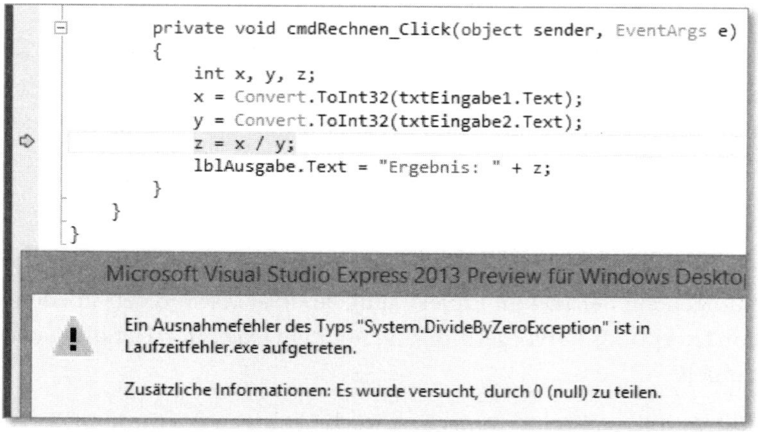

Abbildung 3.4 DivideByZeroException in der markierten Zeile

3.4 Laufzeitfehler und Exception Handling

Gibt der Benutzer eine der beiden Zahlen gar nicht ein, tritt eine unbehandelte Ausnahme des Typs *FormatException* auf. In Abbildung 3.5 ist wiederum die Zeile zu sehen, in der der Fehler auftritt. Das Gleiche passiert, wenn er eine Zeichenkette eingibt, die nicht in eine ganze Zahl umgewandelt werden kann.

FormatException

Nach der Anzeige einer unbehandelten Ausnahme muss das Programm mithilfe des Menüpunkts DEBUGGEN • DEBUGGING BEENDEN beendet werden, bevor es erneut gestartet werden kann.

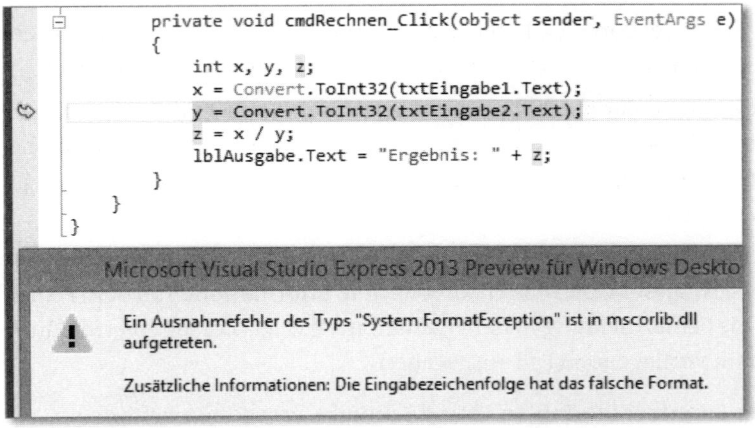

Debuggen beenden

```
private void cmdRechnen_Click(object sender, EventArgs e)
{
    int x, y, z;
    x = Convert.ToInt32(txtEingabe1.Text);
    y = Convert.ToInt32(txtEingabe2.Text);
    z = x / y;
    lblAusgabe.Text = "Ergebnis: " + z;
}
}
```

Microsoft Visual Studio Express 2013 Preview für Windows Deskto

⚠ Ein Ausnahmefehler des Typs "System.FormatException" ist in mscorlib.dll
aufgetreten.

Zusätzliche Informationen: Die Eingabezeichenfolge hat das falsche Format.

Abbildung 3.5 FormatException in der markierten Zeile

3.4.2 Einfaches Exception Handling

Es folgt im Projekt *ExceptionHandling* eine verbesserte Version des Projekts *Laufzeitfehler*.

```
private void cmdRechnen_Click(...)
{
    int x, y, z;

    try
    {
        x = Convert.ToInt32(txtEingabe1.Text);
        y = Convert.ToInt32(txtEingabe2.Text);
        z = x / y;
        lblAusgabe.Text = "Ergebnis: " + z;
    }
```

```
        catch (Exception ex)
        {
            lblAusgabe.Text =
                "Fehler: " + ex.Message;
        }
    }
```

Listing 3.2 Projekt »ExceptionHandling«

Zur Erläuterung:

try
- Das Schlüsselwort try leitet das Exception Handling ein. Ab diesem Punkt versucht das Programm, einen Anweisungsblock auszuführen.

catch
- Tritt während der nachfolgenden Anweisungen eine Exception auf, wird sie mithilfe von catch abgefangen: Das Programm wechselt sofort bei Auftreten der Exception in einen catch-Block und führt die dort angegebenen Anweisungen aus.

- Im catch-Block steht ein Objekt der Klasse Exception zur Verfügung, hier ist das ex. Dieses Objekt beinhaltet weitere Informationen zu dem Fehler, u. a. die Fehlermeldung in der Eigenschaft Message. Diese Fehlermeldung wird im vorliegenden Fall ausgegeben.

Falls der Benutzer die Zahlen 12 und 3 eingibt, erscheint nach wie vor die Zahl 4. Im try-Block ist keine Exception aufgetreten. Bei Eingabe der Zahlen 12 und 0 erscheint die folgende Fehlermeldung im Label (siehe Abbildung 3.6).

Abbildung 3.6 Division durch null abgefangen

Gibt der Benutzer eine der beiden Zahlen gar nicht ein, erscheint die andere Fehlermeldung im Label (siehe Abbildung 3.7).

Anders als in der ersten Version kann das Programm trotz der Fehlermeldungen weiterlaufen.

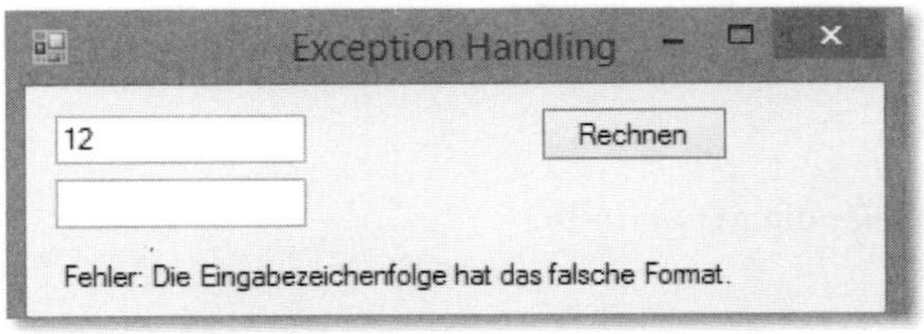

3.4 Laufzeitfehler und Exception Handling

Abbildung 3.7 Formatfehler abgefangen

3.4.3 Erweitertes Exception Handling

Die Klasse Exception ist die Basis mehrerer Exception-Klassen. Das bedeu-   **Exception-Klassen**
tet, dass ein Fehler wesentlich spezifischer abgefangen und behandelt wer-
den kann. Eine weitere Verbesserung des Programms folgt im Projekt
ExceptionHandlingErweitert:

```
private void cmdRechnen_Click(...)
{
    int x, y, z;

    try
    {
        x = Convert.ToInt32(txtEingabe1.Text);
        y = Convert.ToInt32(txtEingabe2.Text);
        z = x / y;
        lblAusgabe.Text = "Ergebnis: " + z;
    }
    catch (FormatException ex)
    {
        lblAusgabe.Text =
            "Fehler: falsches Eingabeformat";
    }
    catch (DivideByZeroException ex)
    {
        lblAusgabe.Text =
            "Fehler: Division durch 0";
    }
    catch (Exception ex)
    {
```

123

3 Fehlerbehandlung

```
        lblAusgabe.Text = "Fehler: allgemein";
    }
}
```

Listing 3.3 Projekt »ExceptionHandlingErweitert«

Zur Erläuterung:

▶ Es gibt nunmehr drei catch-Blöcke, die in der Lage sind, drei verschiedene Fehler durch unterschiedliche Anweisungen zu behandeln.

▶ Im ersten catch-Block wird der Konvertierungsfehler mit Unterstützung eines Objekts der Klasse FormatException abgefangen.

▶ Im zweiten catch-Block wird die Division durch 0 mit Unterstützung eines Objekts der Klasse DivideByZeroException abgefangen.

Exception   ▶ Im dritten catch-Block werden alle nicht spezifisch abgefangenen Fehler mit Unterstützung eines Objekts der allgemeinen Klasse Exception behandelt.

Die Reihenfolge der catch-Blöcke ist wichtig, da die Blöcke bei Auftreten eines Fehlers der Reihe nach durchlaufen werden. Der erste zutreffende catch-Block wird genutzt. Hätten Sie also den dritten Block mit der allgemeinen Klasse Exception nach vorne gesetzt, wäre in jedem Fehlerfall die Meldung *Fehler: allgemeine Exception* erschienen.

IntelliSense   Die Entwicklerunterstützung IntelliSense bemerkt und markiert eine falsche Reihenfolge der catch-Blöcke aber bereits zur Entwicklungszeit und ermöglicht so die rechtzeitige Korrektur.

3.5 Logische Fehler und Debugging

Logische Fehler treten auf, wenn eine Anwendung zwar ohne Syntaxfehler übersetzt und ohne Laufzeitfehler ausgeführt wird, aber nicht das geplante Ergebnis liefert. Das liegt daran, dass die Programmlogik falsch aufgebaut wurde.

Debugging   Die Ursache logischer Fehler zu finden, ist oft schwierig und kann nur durch intensives Testen und Analysieren der Abläufe und Ergebnisse durchgeführt werden. Visual C# stellt im Zusammenhang mit dem Debugging einige wertvolle Hilfen zur Verfügung.

3.5.1 Einzelschrittverfahren

Sie können ein Programm im Einzelschrittverfahren ablaufen lassen, um sich dann bei jedem einzelnen Schritt die aktuellen Inhalte von Variablen und Steuerelementen anzuschauen. Dabei beginnen Sie mit dem Menüpunkt Debuggen · Einzelschritt (Funktionstaste F11).

Taste F11

Als Beispiel dient wiederum das Programm im Projekt *Laufzeitfehler* zur Division zweier Zahlen. Nach dem Start des Einzelschrittverfahrens startet die Anwendung zunächst mit einigen automatisch erzeugten Teilen des Programmcodes.

Es geht los mit der Methode Main(), mit der jedes C#-Programm beginnt. Ein gelber Pfeil vor einer gelb markierten Zeile kennzeichnet den Punkt, an dem das Programm gerade angehalten wurde und auf die Reaktion des Entwicklers wartet.

Nach einigen weiteren Einzelschritten (Funktionstaste F11) wechselt das Programm in die Klasse Form1 des Formulars. Es durchläuft dort u. a. die Methode InitializeComponent(), in der die Eigenschaften und das Verhalten der Steuerelemente festgelegt werden.

Es erscheint das Formular, in dem die zwei Zahlen (hier 12 und 3) eingegeben werden können. Betätigen Sie den Button, wird nun die Ereignismethode angezeigt. Nach zwei weiteren Einzelschritten steht das Programm in der Zeile mit y = Convert.ToInt32(... (siehe Abbildung 3.8).

```
private void cmdRechnen_Click(object sender, EventArgs e)
{
    int x, y, z;
    x = Convert.ToInt32(txtEingabe1.Text);
    y = Convert.ToInt32(txtEingabe2.Text);
    z = x / y;
    lblAusgabe.Text = "Ergebnis: " + z;
}
```

Abbildung 3.8 Debuggen

Platzieren Sie den Cursor über einer Variablen oder einer Steuerelementeigenschaft (z. B. über der Variablen x), sehen Sie den aktuellen Wert. Sie können auch erkennen, dass die Variable y noch den Wert 0 hat, da die aktuell markierte Anweisung noch nicht ausgeführt wurde.

Wert anzeigen

125

3 Fehlerbehandlung

Bereits nach dem nächsten Einzelschritt hat die Variable y den Wert 3. Nach Durchführung aller Einzelschritte erscheint das Ergebnis des Programms wie gewohnt in der Anwendung.

Debugging beenden Nach der regulären Beendigung des Programms werden noch einige Programmzeilen »zum Aufräumen« durchlaufen. Sie können den Ablauf auch vorzeitig über den Menüpunkt DEBUGGEN • DEBUGGING BEENDEN abbrechen.

Dieses einfache Beispiel zeigt, dass Sie mit dem Einzelschrittverfahren bereits den Ablauf eines Programms stückweise verfolgen und so den Ursprung eines logischen Fehlers leichter lokalisieren können.

Allerdings würden Sie möglicherweise gern die automatisch erzeugten Teile des Programmcodes auslassen. Wie das geht, wird im nächsten Abschnitt erläutert.

3.5.2 Haltepunkte

Dauert das Einzelschrittverfahren bei einem bestimmten Programm zu lang, können Sie auch mit Haltepunkten (Breakpoints) arbeiten. Das Programm durchläuft dann alle Anweisungen bis zu einem solchen Haltepunkt. Sie setzen einen Haltepunkt in die Nähe der Stelle, an der Sie den Ursprung eines Fehlers vermuten.

Taste F9 Das Setzen eines Haltepunkts geschieht mithilfe des Menüpunkts DEBUGGEN • HALTEPUNKT UMSCHALTEN (Funktionstaste F9). Es wird ein Haltepunkt in der Zeile gesetzt, in der sich der Cursor befindet. Im Beispiel bietet sich hierfür die Zeile x = Convert.ToInt32(... an, in der x eingelesen und umgerechnet wird (siehe Abbildung 3.9).

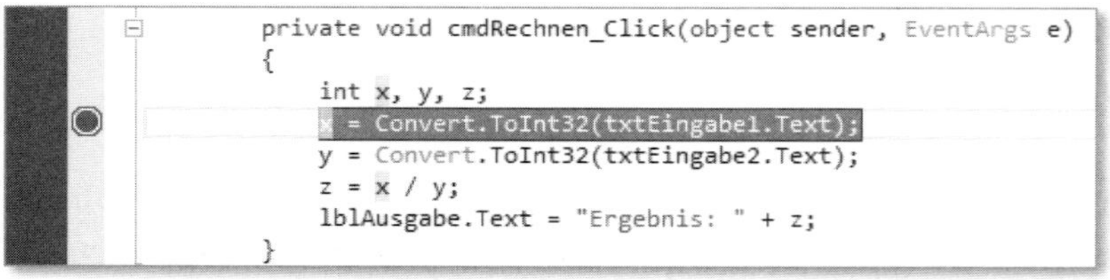

```
        private void cmdRechnen_Click(object sender, EventArgs e)
        {
            int x, y, z;
            x = Convert.ToInt32(txtEingabe1.Text);
            y = Convert.ToInt32(txtEingabe2.Text);
            z = x / y;
            lblAusgabe.Text = "Ergebnis: " + z;
        }
```

Abbildung 3.9 Haltepunkt gesetzt

Das Programm starten Sie nun über die Funktionstaste F5 . Es unterbricht vor der Ausführung der Zeile mit dem Haltepunkt. Ab diesem Punkt kön-

126

nen Sie das Programm wiederum im Einzelschrittverfahren ablaufen lassen und die Werte der Variablen wie oben beschrieben kontrollieren.

Sie können auch mehrere Haltepunkte setzen. Einen Haltepunkt entfernen Sie wieder, indem Sie den Cursor in die betreffende Zeile setzen und wiederum die Funktionstaste [F9] betätigen.

3.5.3 Überwachungsfenster

Das Überwachungsfenster bietet während des Debuggens eine weitere komfortable Lösung zur Variablenkontrolle. Sie können es während des Debuggens über den Menüpunkt DEBUGGEN • FENSTER • ÜBERWACHEN einblenden.

Dort können Sie die Namen von Variablen oder von Steuerelementeigenschaften in der Spalte NAME eingeben. In der Spalte WERT erscheint dann jeweils der aktuelle Wert beim Ablauf der Einzelschritte, siehe Abbildung 3.10. Auf diese Weise lässt sich die Entwicklung mehrerer Werte gleichzeitig komfortabel verfolgen.

Werte anzeigen

Abbildung 3.10 Überwachung von Werten

Kapitel 4
Erweiterte Grundlagen

Dieses Kapitel widmet sich einigen fortgeschrittenen Themen: dem
Umgang mit Ereignissen und Feldern sowie der Modularisierung von
Programmen.

Bei der Bedienung von Windows-Programmen finden immer wieder Er-
eignisse statt, deren Erkennung, Behandlung und Steuerung Thema dieses
Kapitels ist. Hinzu kommen wichtige Programmierelemente wie Felder,
Strukturen, Prozeduren und Funktionen.

4.1 Steuerelemente aktivieren

Neben so offensichtlichen Eigenschaften und Ereignissen wie Text oder
Click gibt es weitere Eigenschaften, Methoden und Ereignisse von Steuerelementen, die den Ablauf und die Benutzerführung innerhalb eines
Windows-Programms verbessern können. Einige von ihnen sollen im Folgenden vorgestellt werden.

Benutzerführung

4.1.1 Ereignis Enter

Das Ereignis Enter eines Steuerelements tritt immer dann auf, wenn der
Benutzer das betreffende Steuerelement angewählt hat, also zum aktuellen
Steuerelement gemacht hat.

Steuerelemente können per Maus oder per Tastatur angewählt werden.
Wird z. B. ein Kontrollkästchen per Maus angewählt, ändert sich auch sein
Zustand (Häkchen an/aus). Wird es jedoch per Tastatur angewählt, so
ändert sich der Zustand nicht. In beiden Fällen wurde es aber zum aktuellen
Steuerelement, es ist also das Ereignis Enter eingetreten.

Enter

Im nachfolgenden Programm im Projekt *EreignisEnter* soll mithilfe des Ereignisses Enter zu einzelnen Elementen eines Eingabeformulars jeweils eine passende Hilfestellung erscheinen (siehe Abbildung 4.1).

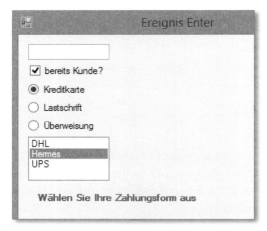

Abbildung 4.1 Ereignis Enter

Der Programmcode:

```
private void Form1_Load(...)
{
    lstPaketdienst.Items.Add("DHL");
    lstPaketdienst.Items.Add("Hermes");
    lstPaketdienst.Items.Add("UPS");
}

private void Form1_Activated(...)
{
    lblHilfe.Text = "";
}

private void txtName_Enter(...)
{
    lblHilfe.Text =
        "Bitte geben Sie Nachname, Vorname ein";
}
```

```
private void chkKunde_Enter(...)
{
    lblHilfe.Text = "Kreuzen Sie hier an," +
        " ob Sie bereits Kunde sind";
}

private void lstPaketdienst_Enter(...)
{
    lblHilfe.Text = "Wählen Sie Ihren" +
        " bevorzugten Paketdienst aus";
}

private void optZahlungsform_CheckedChanged(...)
{
    lblHilfe.Text =
        "Wählen Sie Ihre Zahlungsform aus";
}
```

Listing 4.1 Projekt »EreignisEnter«

Zur Erläuterung:

▶ Das Listenfeld wird wie gewohnt beim Ereignis `Form1_Load` gefüllt.

▶ Das Ereignis `Activated` des Formulars tritt kurze Zeit darauf ein, wenn das Formular zur Benutzung bereitsteht. In diesem Moment wird das Label mit dem Hilfetext geleert. Dadurch wird gewährleistet, dass es leer ist, unabhängig davon, welches Steuerelement zu Beginn das aktuelle ist.

Activated

▶ Die Methode zum Ereignis `Activated` wurde per Doppelklick in der betreffenden Zeile derjenigen Liste erzeugt, die Sie im EIGENSCHAFTEN-Fenster nach Auswahl der Ansicht EREIGNISSE sehen, siehe Abbildung 4.2 und Abschnitt 2.5.3, »Mehrere Ereignisse in einer Methode behandeln«.

▶ Zum Ereignis `Enter` der einzelnen Steuerelemente (Textfeld, Kontrollkästchen, Optionsschaltflächen und Listenfeld) gibt es jeweils eine eigene Ereignismethode. Sie sorgt dafür, dass der zugehörige Hilfetext angezeigt wird.

▶ Der Hilfetext zu den drei Optionsschaltflächen wird in einer gemeinsamen Ereignismethode erzeugt. Deren Name `optZahlungsform_Checked-Changed()` wurde per Hand in der betreffenden Zeile der Ereignisliste eingetragen (siehe Abbildung 4.3).

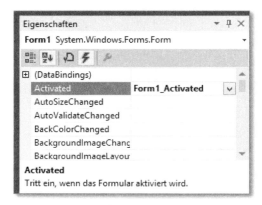

Abbildung 4.2 Ereignis »Formular aktiviert«

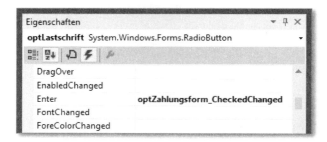

Abbildung 4.3 Gemeinsame Ereignismethode

4.1.2 Eigenschaften Enabled und Visible

Fast jedes Steuerelement verfügt über die Eigenschaften Enabled (= anwählbar, benutzbar) und Visible (= sichtbar). Weisen Sie der Eigenschaft Enabled eines Steuerelements zur Entwicklungszeit den Wert False bzw. zur Laufzeit den Wert false zu, wird es vorübergehend gesperrt, wenn seine Benutzung nicht sinnvoll oder riskant ist.

Benutzerführung — Ein gesperrtes Steuerelement ist nur noch abgeblendet sichtbar. Dadurch kann eine bessere Benutzerführung erreicht werden, da der Benutzer immer jeweils nur diejenigen Steuerelemente verwenden kann, die zu einem sinnvollen Ergebnis führen.

In diesem Zusammenhang wird auch, allerdings seltener, die Eigenschaft Visible auf den Wert false gesetzt, um ein Steuerelement ganz unsichtbar zu machen.

4.1 Steuerelemente aktivieren

Im nachfolgenden Programm im Projekt *EnabledVisible* hat der Benutzer die Möglichkeit, in zwei Textfelder jeweils eine Zahl einzugeben. Erst wenn beide Textfelder nicht mehr leer sind,

▶ wird der zuvor abgeblendete erste Button zum Addieren der beiden Zahlen aktiviert

▶ und der zuvor unsichtbare zweite Button zum Addieren der beiden Zahlen sichtbar gemacht.

```
private void txtEingabe_TextChanged(...)
{
    if (txtEingabe1.Text != "" &&
            txtEingabe2.Text != "")
    {
        cmdRechnen1.Enabled = true;
        cmdRechnen2.Visible = true;
    }
    else
    {
        cmdRechnen1.Enabled = false;
        cmdRechnen2.Visible = false;
    }
}

private void cmdRechnen_Click(...)
{
    try
    {
        lblAusgabe.Text = "Ergebnis: " +
            (Convert.ToInt32(txtEingabe1.Text) +
            Convert.ToInt32(txtEingabe2.Text));
    }
    catch
    {
        lblAusgabe.Text = "0";
    }
}
```

Listing 4.2 Projekt »EnabledVisible«

133

Zur Erläuterung:

▶ Zu Beginn ist nur ein deaktivierter Button sichtbar (siehe Abbildung 4.4).

Abbildung 4.4 »Enabled« und »Visible« vor der Eingabe

▶ Das Ereignis `TextChanged` eines Textfelds zeigt an, dass sich der Inhalt geändert hat. Da beide Textfelder zu Beginn leer sind, wird dieses Ereignis aufgerufen, sobald in einem der beiden Textfelder eine Eingabe vorgenommen wurde.

▶ Beide `TextChanged`-Ereignisse wurden der Methode `txtEingabe_TextChanged()` zugeordnet. Innerhalb der Methode wird der Inhalt beider Textfelder geprüft.

▶ Sind beide Textfelder gefüllt, werden die Eigenschaft `Enabled` des ersten Buttons und die Eigenschaft `Visible` des zweiten Buttons auf `true` gesetzt. Der erste Button wird also aktiviert und der zweite Button sichtbar gemacht (siehe Abbildung 4.5).

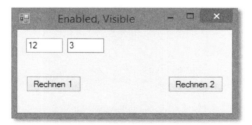

Abbildung 4.5 »Enabled« und »Visible« nach der Eingabe

▶ Der Vorgang wird wieder rückgängig gemacht, falls mindestens eines der beiden Textfelder leer ist.

▶ Die `Click`-Ereignisse beider Buttons wurden der Methode `cmdRechnen_Click()` zugeordnet.

Übung

Erstellen Sie eine Anwendung mit einem deaktivierten Button sowie einem Listenfeld, das mit einigen Elementen gefüllt ist (siehe Abbildung 4.6). Der Button soll nur aktiviert sein, wenn ein Element markiert ist (siehe Abbildung 4.7).

Übung ÜEnabled

Abbildung 4.6 Oberfläche vor dem Markieren

Abbildung 4.7 Oberfläche nach dem Markieren

Sobald der Benutzer den Button drückt, wird das aktuell markierte Element aus dem Listenfeld gelöscht. Ist die Liste leer, wird der Button deaktiviert. Er wird auch deaktiviert, wenn kein Element im Listenfeld markiert ist.

4.2 Bedienung per Tastatur

In manchen Situationen kann ein Windows-Programm schneller per Tastatur als per Maus bedient werden. Der Benutzer muss dann nicht immer zwischen Maus und Tastatur hin- und herwechseln.

4.2.1 Eigenschaften TabIndex und TabStop

Bei der Bedienung eines Windows-Programms mit der Tastatur ist die Aktivierungsreihenfolge wichtig. Das ist die Reihenfolge, in der Sie mit der ⇥-Taste von einem Steuerelement zum nächsten gelangen.

Tabulatortaste

4 Erweiterte Grundlagen

TabIndex

Die Eigenschaft `TabIndex` legt die Position eines Elements in der Aktivierungsreihenfolge fest, um das aktivierte Steuerelement unmittelbar über die Tastatur ansprechen zu können. Ein Button kann dann z. B. direkt durch die Taste ⏎ betätigt werden; in ein Textfeld kann unmittelbar eingegeben werden, ohne dass man es vorher anklicken muss. Den aktiven Button erkennen Sie am gestrichelten Rahmen, das aktive Textfeld am blinkenden Cursor.

Beim Einfügen in ein neues Formular erhalten die Steuerelemente zunächst automatisch die Nummern 0 bis n-1 für die Eigenschaft `TabIndex` (bei insgesamt n Steuerelementen). Der Entwickler kann die Eigenschaft `TabIndex` für Steuerelemente auf andere Werte setzen und dadurch die Aktivierungsreihenfolge ändern.

TabStop

Die Eigenschaft `TabStop` legt fest, ob ein Steuerelement überhaupt in die Aktivierungsreihenfolge eingebunden wird. Wird der Wert dieser Eigenschaft auf `false` gesetzt, wird das betreffende Steuerelement beim Betätigen der ⇆ -Taste übersprungen. Setzen Sie den Wert auf `true`, nimmt es wieder seine ursprüngliche Position in der Aktivierungsreihenfolge ein.

Im nachfolgenden Beispiel im Projekt *BedienungTastatur* wurden vier Textfelder eingeführt. Die Eigenschaften werden vom Entwickler eingestellt, wie in Tabelle 4.1 vorgegeben.

Name	TabIndex	TabStop
txtEingabe1	0	true
txtEingabe2	3	true
txtEingabe3	1	false
txtEingabe4	2	true

Tabelle 4.1 Eigenschaften TabIndex, TabStop

Wenn der Benutzer die ⇆ -Taste drückt, werden der Reihe nach aktiviert: `txtEingabe1`, `txtEingabe4`, `txtEingabe2`. Falls keine weiteren Elemente vorhanden sind, beginnt die Reihenfolge wieder bei `txtEingabe1`. Das Element `txtEingabe3` wird nie per [⇆]-Taste erreicht, kann jedoch mit der Maus angewählt werden.

4.2.2 Tastenkombination für Steuerelemente

Bei einem Steuerelement kann in der Eigenschaft `Text` vor einem beliebigen Buchstaben das Zeichen & gesetzt werden. Der Buchstabe, der diesem Zeichen folgt, wird unterstrichen. Nach Betätigung der [Alt]-Taste werden die anwählbaren Buchstaben sichtbar. Nach der Eingabe des betreffenden Buchstabens wird das `Click`-Ereignis dieses Steuerelements ausgeführt.

Taste [Alt]

Sie sollten vermeiden, dass auf einem Formular mehrere Steuerelemente den gleichen Auswahlbuchstaben haben. Sollte das dennoch der Fall sein, werden sie in der Aktivierungsreihenfolge ausgewählt.

Das Programm im Projekt *BedienungTastatur* wurde um einige Steuerelemente erweitert, die die Starteigenschaften aus Tabelle 4.2 haben.

Typ	(Name)	Checked	Text	Tasten-kombination
Button	cmdBestellen		&Bestellen	[Alt] + [B]
Optionsschalt-fläche	optBerlin	true	Berl&in	[Alt] + [I]
Optionsschalt-fläche	optParis	false	&Paris	[Alt] + [P]
Optionsschalt-fläche	optPrag	false	P&rag	[Alt] + [R]
Kontroll-kästchen	chkMietwagen	false	Miet&wagen	[Alt] + [W]

Tabelle 4.2 Beschriftung und Tastenkombination

Die Benutzeroberfläche nach Drücken der Taste [Alt] sehen Sie in Abbildung 4.8.

Abbildung 4.8 Mit unterstrichenen Buchstaben

4.3 Ereignisgesteuerte Programmierung

In diesem Abschnitt wird das Verständnis für die ereignisgesteuerte Programmierung vertieft. In Windows-Programmen löst der Benutzer Ereignisse aus, die der Entwickler mit Ereignismethoden besetzt hat. In diesen Ereignismethoden wird der Programmcode zu dem Ereignis ausgeführt.

4.3.1 Eine Ereigniskette

Ereignis simulieren

Es gibt auch die Möglichkeit, Ereignisse statt durch den Benutzer durch Programmcode auszulösen, indem die Ereignismethode mit ihrem Namen aufgerufen wird. Sie simulieren damit sozusagen die Tätigkeit des Benutzers. Das kann die Programmentwicklung vereinfachen, weil dadurch die Folgen mehrerer Ereignisse zusammengefasst werden können, die aber auch nach wie vor einzeln ausgelöst werden können.

Das Programm im nachfolgenden Projekt *Ereigniskette* beinhaltet drei Buttons und zwei Label. Bei Betätigung des Buttons EREIGNIS 1 erscheint ein Text in *Label 1*, bei Betätigung des Buttons EREIGNIS 2 erscheint ein Text in *Label 2*. Bei Betätigung des Buttons EREIGNIS 1+2 soll beides gleichzeitig passieren, siehe Abbildung 4.9. Ein weiterer Button soll zum Löschen der Label-Inhalte führen.

Der zugehörige Programmcode lautet:

```
private void cmdEreignis1_Click(
    object sender, EventArgs e)
{
    lblAnzeige1.Text = "Eins";
}
```

```
private void cmdEreignis2_Click(
    object sender, EventArgs e)
{
    lblAnzeige2.Text = "Zwei";
}

private void cmdEreignis3_Click(
    object sender, EventArgs e)
{
    cmdEreignis1_Click(sender, e);
    cmdEreignis2_Click(sender, e);
}

private void cmdLöschen_Click(...)
{
    lblAnzeige1.Text = "";
    lblAnzeige2.Text = "";
}
```

Listing 4.3 Projekt »Ereigniskette«

Abbildung 4.9 Zwei Ereignisse gleichzeitig auslösen

Zur Erläuterung:

- In der Methode cmdEreignis3_Click() werden die beiden Ereignisse cmdEreignis1_Click und cmdEreignis2_Click per Programmcode aufgerufen. Die beiden Parameter sender und e werden dabei vom Button EREIGNIS 1+2 übernommen. In beiden Labels wird anschließend Text angezeigt.

4.3.2 Endlose Ereignisketten

Sie können durch Aufrufe von Ereignismethoden allerdings auch (unbeabsichtigt) endlose Ereignisketten auslösen. Dabei stapeln sich die Methoden-

Keine Rückmeldung

aufrufe, und das Programm liefert keine Rückmeldung mehr an den Benutzer. Solche endlosen Ereignisketten sollten Sie natürlich vermeiden. Nachfolgend erhalten Sie dazu zwei Beispiele.

Beispiel im Projekt *ButtonEndlos*: Zwei Buttons rufen sich gegenseitig auf:

```
public partial class Form1 : Form
{
    ...
    int x = 0;

    private void cmdEreignis1_Click(...)
    {
        cmdEreignis2_Click(sender, e);
    }

    private void cmdEreignis2_Click(...)
    {
        x++;
        if (x < 1000)
            cmdEreignis1_Click(sender, e);
        else
            lblA.Text = ":" + x;
    }
}
```

Listing 4.4 Projekt »ButtonEndlos«

Zur Erläuterung:

▶ Die Betätigung eines der Buttons *simuliert* die Betätigung des jeweils anderen Buttons.

▶ In der Ereignismethode des zweiten Buttons steht eine Verzweigung, die zu einer Begrenzung der Anzahl der Methodenaufrufe führt.

▶ Ohne diese Verzweigung würde das Programm endlos laufen – ohne weitere Rückmeldung an den Benutzer.

Beispiel im Projekt *TextfeldEndlos*: Zwei Textfelder ändern sich gegenseitig:

4.3 Ereignisgesteuerte Programmierung

```
public partial class Form1 : Form
{
    ...
    int x;

    private void txtEingabe1_TextChanged(...)
    {
        txtEingabe2_TextChanged(sender, e);
    }

    private void txtEingabe2_TextChanged(...)
    {
        x++;
        if (x < 1000)
            txtEingabe1_TextChanged(sender, e);
        else
            lblA.Text = ":" + x;
    }
}
```

Listing 4.5 Projekt »TextfeldEndlos«

Zur Erläuterung:

▶ Die Eingabe in eines der Textfelder *simuliert* die Änderung des Inhalts des jeweils anderen Textfelds. Das *simuliert* wiederum die Änderung des Inhalts des ersten Textfelds usw.

▶ Wiederum sorgt nur eine Verzweigung dafür, dass das Programm nicht endlos läuft.

4.3.3 Textfelder koppeln

Eine nützliche Simulation eines Ereignisses ist dagegen das Kopieren von einem Textfeld in ein anderes Textfeld während der Eingabe. Sie können dieses Verhalten beobachten, wenn Sie in Visual Studio ein Projekt speichern.

Im Dialogfeld PROJEKT SPEICHERN ist das Textfeld PROJEKTMAPPENNAME zunächst an das Textfeld NAME gekoppelt. Geben Sie im Textfeld NAME etwas ein, wird der eingegebene Text parallel in das andere Textfeld übernommen. Dieses Verhalten ändert sich allerdings, sobald Sie den Cursor in

Textfelder simultan

141

das Textfeld PROJEKTMAPPENNAME setzen: Nun sind die beiden Textfelder wieder entkoppelt.

Das beschriebene Verhalten soll mithilfe des folgenden Programms im Projekt *TextfeldKoppeln* vorgeführt werden.

```
public partial class Form1 : Form
{
    ...
    bool Kopplung;
    private void Form1_Load(...)
    {
        txtName.SelectAll();
        Kopplung = true;
    }

    private void txtName_TextChanged(...)
    {
        if (Kopplung)
            txtProjektmappenname.Text = txtName.Text;
    }

    private void txtProjektmappenname_Click(...)
    {
        Kopplung = false;
    }
}
```

Listing 4.6 Projekt »TextfeldKoppeln«

Zur Erläuterung:

▶ Es wird eine klassenweit gültige Variable vom Typ bool deklariert. Diese Variable repräsentiert den Zustand der Kopplung. Sie wird beim Ereignis Form1_Load auf true gesetzt, da das dem Anfangszustand entspricht: Die beiden Textfelder sind gekoppelt (siehe Abbildung 4.10).

SelectAll()
▶ Außerdem wird mit der Methode SelectAll() der gesamte voreingetragene Inhalt des Textfelds (das Wort *Standardtext*) selektiert, also markiert. Dadurch erreichen Sie, dass der Inhalt durch eine Eingabe des Benutzers unmittelbar überschrieben werden kann.

Abbildung 4.10 Gekoppelte Textfelder

- Ändert sich der Inhalt des Textfelds NAME, wird in der Ereignismethode txtName_TextChanged() geprüft, ob die beiden Textfelder noch gekoppelt sind. Ist das der Fall, wird der Inhalt unmittelbar in das Textfeld PROJEKTMAPPENNAME kopiert.
- Klickt der Benutzer in das Textfeld PROJEKTMAPPENNAME, wird die Kopplung gelöst (siehe Abbildung 4.11). Die Variable Kopplung wird auf false gestellt.

Abbildung 4.11 Entkoppelte Textfelder

4.4 Datenfelder

Sie verwenden Datenfelder, um eine größere Menge zusammengehöriger Daten des gleichen Datentyps mit dem gleichen Variablennamen anzusprechen und zu speichern. Datenfelder können ein- oder mehrdimensional sein. Im Zusammenhang mit Feldern werden häufig Schleifen eingesetzt. Diese ermöglichen es, alle Elemente eines Felds anzusprechen.

Zusammengehörige Daten

4.4.1 Eindimensionale Datenfelder

Im nachfolgenden Beispiel im Projekt *DatenfeldEindimensional* werden sieben Werte aus einer Reihe von Temperaturmessungen in einem Datenfeld vom Typ int gespeichert und in einem Listenfeld ausgegeben (siehe Abbildung 4.12).

4 Erweiterte Grundlagen

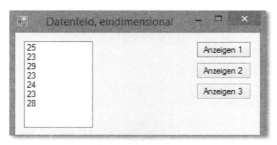

Abbildung 4.12 Eindimensionales Feld

Der Programmcode:

```
public partial class Form1 : Form
{
    ...
    Random r = new Random();

    private void cmdAnzeigen1_Click(...)
    {
        int i;

        int[] a;
        a = new int[7];

        lstFeld.Items.Clear();
        for (i = 0; i < 7; i++)
        {
            a[i] = r.Next(20, 31);
            lstFeld.Items.Add(a[i]);
        }
    }
}
```

Listing 4.7 Projekt »DatenfeldEindimensional«, Feld erzeugen

Zur Erläuterung:

Random
▶ Der Zufallszahlengenerator wird mithilfe eines Objekts der Klasse Random realisiert, das klassenweit gültig deklariert wird.

Verweis auf Feld
▶ Mit der Anweisung int[] a wird a zu einem Verweis auf ein eindimensionales Feld vom Typ int. Ein Verweis dient dazu, auf ein Objekt zu ver-

weisen, das die eigentlichen Daten beinhaltet. Mehr zu Verweisen und Objekten gibt es in Kapitel 5, »Objektorientierte Programmierung«.

▶ Die Anweisung a = new int[7] erzeugt ein neues eindimensionales Feld mit sieben Elementen und macht dieses Feld über den Verweis a zugreifbar. Jedes einzelne Element des Felds entspricht einer einzelnen int-Variablen.

Feld

▶ Die einzelnen Elemente werden durch eine laufende Nummer, den sogenannten Index, voneinander unterschieden. Der Index beginnt immer bei 0. Das erste Element des Felds hat die Bezeichnung a[0], das nächste a[1] usw. bis a[6].

Index

▶ Es können Felder aller bereits genannten Datentypen deklariert werden.

▶ Das Listenfeld wird zunächst gelöscht. Das ist sinnvoll, falls man den Button mehrmals hintereinander betätigt.

▶ Innerhalb einer for-Schleife wird jedem Element des Felds ein Wert zugewiesen. Innerhalb der Schleife wird das aktuelle Element mit a[i] angesprochen, da die Schleifenvariable i die Werte von 0 bis 6 durchläuft, die als Index benötigt werden.

▶ Die Methode Next() des Zufallsgenerators liefert mit den Parametern 20 und 31 zufällige ganze Zahlen zwischen 20 und 30.

Next()

▶ Mit der Methode Add() der Eigenschaft Items des Listenfelds werden diese Zahlen einem Listenfeld hinzugefügt, sodass nach dem Ablauf der Ereignismethode alle Elemente des Felds im Listenfeld angezeigt werden.

Hinweis: Ein typischer Laufzeitfehler im Zusammenhang mit Feldern ist die Benutzung eines Index, der außerhalb des Felds liegt. Es folgt dann eine Ausnahme vom Typ IndexOutOfRangeException.

Index außerhalb des Felds

4.4.2 Ein Feld durchsuchen

Im folgenden Beispiel geht es um eine typische Operation mit einem Feld: Sie möchten wissen, welches das größte und welches das kleinste Element des Felds ist (Maximum bzw. Minimum). Das soll mithilfe des nachfolgenden Programms (auch im Projekt *DatenfeldEindimensional*) ermittelt werden (siehe Abbildung 4.13).

145

4 Erweiterte Grundlagen

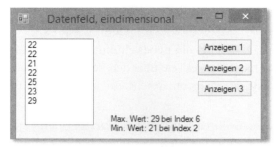

Abbildung 4.13 Maximum und Minimum

Der Programmcode:

```
private void cmdAnzeigen2_Click(...)
{
    int[] a = new int[7];
    int MaxWert, MinWert, i,
        MaxWertIndex, MinWertIndex;

    lstFeld.Items.Clear();
    for (i = 0; i < a.Length; i++)
    {
        a[i] = r.Next(20, 31);
        lstFeld.Items.Add(a[i]);
    }

    /* Max/Min initialisieren */
    MaxWert = a[0];
    MinWert = a[0];
    MaxWertIndex = 0;
    MinWertIndex = 0;

    /* Max/Min suchen */
    for (i = 1; i < a.Length; i++)
    {
        if (a[i] > MaxWert)
        {
            MaxWert = a[i];
            MaxWertIndex = i;
        }
```

```
        if (a[i] < MinWert)
        {
            MinWert = a[i];
            MinWertIndex = i;
        }
    }

    /* Max/Min ausgeben */
    lblAnzeige.Text = "Max. Wert: " + MaxWert +
        " bei Index " + MaxWertIndex + "\n" +
        "Min. Wert: " + MinWert +
        " bei Index " + MinWertIndex;
}
```

Listing 4.8 Projekt »DatenfeldEindimensional«, Maximum, Minimum

Zur Erläuterung:

▶ Das Datenfeld wird gemeinsam mit dem zugehörigen Verweis deklariert. Meist wird diese etwas kompaktere Form gewählt. **Verweis mit Feld**

▶ Es werden insgesamt vier Variablen vorgesehen, die den größten und den kleinsten Wert sowie deren Feldindizes speichern sollen.

▶ Die for-Schleifen im Programm verwenden die Eigenschaft Length des Felds. Diese Eigenschaft liefert die Anzahl der Elemente eines Felds. Der maximale Index ist Length – 1, da das erste Element den Index 0 hat. **Length**

▶ Nach dem Füllen und Anzeigen des Felds werden die oben angegebenen vier Variablen initialisiert. Die Werte des ersten Feldelements werden als größtes und als kleinstes Element vorbesetzt. Dessen Index (also 0) wird als Index des größten Elements und als Index des kleinsten Elements vorbesetzt.

▶ Anschließend wird das restliche Feld (ab Index 1) untersucht. Wenn eines der Elemente größer ist als das bisherige Maximum, haben wir ein neues Maximum. Wert und Index des neuen Maximums werden gespeichert. Die analoge Operation wird für das Minimum durchgeführt.

▶ Zum Abschluss werden die ermittelten Werte und ihre Indizes ausgegeben.

4.4.3 Weitere Feldoperationen

Array   C# stellt für Datenfelder automatisch eine Reihe von Möglichkeiten (über die Klasse `Array`) zur Verfügung. Diese werden teilweise über den Namen des Felds, teilweise auch über den Klassennamen selbst (`Array`) aufgerufen.

Als Beispiel für die zahlreichen Möglichkeiten soll im nachfolgenden Programm (ebenfalls im Projekt *DatenfeldEindimensional*) ein Feld geklont werden. Anschließend wird das geklonte Feld sortiert und nach einem bestimmten Wert durchsucht (siehe Abbildung 4.14).

Abbildung 4.14 Wert gesucht und gefunden

Der Programmcode:

```
private void cmdAnzeigen3_Click(...)
{
    int[] a = new int[7], b = new int[7];
    int SuchIndex, i;
    for (i = 0; i < a.Length; i++)
        a[i] = r.Next(20, 31);

    b = (int []) a.Clone();
    Array.Sort(b);

    lstFeld.Items.Clear();
    for (i = 0; i < a.Length; i++)
        lstFeld.Items.Add(b[i]);

    SuchIndex = Array.IndexOf(b, 25);
    lblAnzeige.Text = "Gesuchter Wert 25" +
        " bei Index: " + SuchIndex;
}
```

Listing 4.9 Projekt »DatenfeldEindimensional«, Feldoperationen

Zur Erläuterung:

- Es wird ein zweites Feld b mit der gleichen Größe wie das Originalfeld a deklariert.
- Die Methode Clone() dient dem Kopieren eines ganzen Felds. Sie liefert zunächst einen Verweis auf ein Objekt der allgemeinen Klasse object. Dieser Verweis wird mithilfe des Casts (int []) umgewandelt in einen Verweis auf ein eindimensionales Feld vom Typ int. Anschließend stehen im Feld b die gleichen Werte wie im Feld a zur Verfügung.   Clone()
- Hinweis: Die einfache Zuweisung b = a dient nicht dem Kopieren des Felds a. Stattdessen würde damit nur ein zweiter Verweis auf das Feld a zur Verfügung gestellt werden.
- Die Methode Sort() der Klasse Array wird zur aufsteigenden Sortierung des Felds b genutzt.   Sort()
- Die Elemente des sortierten Felds werden ausgegeben.
- Die Methode IndexOf() der Klasse Array liefert zu einem Suchwert (25) den ersten Index im Suchfeld b. Das ist die Position, an der der gesuchte Wert erstmalig im Feld gefunden wird. Falls der Wert nicht existiert, wird –1 zurückgegeben (siehe Abbildung 4.15).   IndexOf()

Abbildung 4.15 Wert gesucht und nicht gefunden

4.4.4 Mehrdimensionale Datenfelder

Haben Sie nicht nur sieben Temperaturwerte, die Sie speichern möchten, sondern wurden die Temperaturwerte darüber hinaus an drei verschiedenen Orten aufgenommen, bietet sich ein zweidimensionales Feld an. Die Elemente eines solchen Felds werden über zwei Indizes angesprochen. Der erste Index steht für die laufende Nummer der Messung, der zweite für den Ort, an dem die Messung durchgeführt wurde.

Das nachfolgende Programm im Projekt *DatenfeldMehrdimensional*, bei dem die Werte eines Orts jeweils in einem eigenen Listenfeld angezeigt werden, veranschaulicht das (siehe Abbildung 4.16).

Abbildung 4.16 Zweidimensionales Feld

Der Programmcode:

```
public partial class Form1 : Form
{
    ...
    Random r = new Random();

    private void cmdAnzeige_Click(...)
    {
        int[,] a;
        a = new int[7,3];
        int i, k;

        lstSpalte0.Items.Clear();
        lstSpalte1.Items.Clear();
        lstSpalte2.Items.Clear();

        for (i = 0; i <= a.GetUpperBound(0); i++)
        {
            for (k = 0; k <= a.GetUpperBound(1); k++)
                a[i,k] = r.Next(20, 31);

            lstSpalte0.Items.Add(a[i, 0]);
            lstSpalte1.Items.Add(a[i, 1]);
            lstSpalte2.Items.Add(a[i, 2]);
        }
    }
}
```

Listing 4.10 Projekt »DatenfeldMehrdimensional«, Feld erzeugen

4.4   Datenfelder

Zur Erläuterung:

▶ Mit der Anweisung int[,] a wird a zu einem Verweis auf ein zweidimensionales Feld vom Typ int.

Verweis auf Feld

▶ Die Anweisung a = new int[7,3] erzeugt ein neues zweidimensionales Feld mit sieben mal drei Elementen und macht dieses Feld über den Verweis a zugreifbar. Der Index beginnt in jeder Dimension bei 0.

Feld, zwei Indizes

▶ Die Eigenschaft Length des Felds liefert den Wert 21 für die Anzahl der Elemente.

Length

▶ Die drei Listenfelder werden zunächst gelöscht. Das ist sinnvoll, wenn man den Button mehrmals hintereinander betätigt.

▶ Es folgen zwei geschachtelte for-Schleifen. Geschachtelte Schleifen bestehen aus einer äußeren und einer inneren Schleife. Die äußere Schleife arbeitet hier mit der Schleifenvariablen i, die von 0 bis 6 läuft. Die innere Schleife arbeitet hier mit der Schleifenvariablen k, die von 0 bis 2 läuft.

Geschachtelte Schleife

▶ Die obere Grenze für den Index einer Felddimension lässt sich über die Methode GetUpperBound() ermitteln. Falls Sie als Parameter 0 angeben, wird die Grenze für die erste Dimension ermittelt, hier 6. Entsprechend wird für den Parameter 1 der Wert der zweiten Dimension geliefert, hier 2.

GetUpperBound()

▶ Die geschachtelte Schleife hat folgenden Ablauf: i erhält den Wert 0, k durchläuft dann die Werte 0 bis 2, dann erhält i den Wert 1, und k erhält wieder die Werte von 0 bis 2 usw.

▶ Auf diese Weise werden alle 21 Elemente des zweidimensionalen Felds erreicht. Das jeweils aktuelle Element a[i,k] erhält seinen Wert wieder über den Zufallsgenerator.

▶ Anschließend werden die drei neuen Werte ihren jeweiligen Listenfeldern mit Items.Add() hinzugefügt.

▶ Das Feld wird auf diese Weise vollständig erzeugt und angezeigt.

Wählt der Benutzer eines der Elemente per Mausklick an, werden dessen Indizes in einem Label angezeigt (siehe Abbildung 4.17).

151

4 Erweiterte Grundlagen

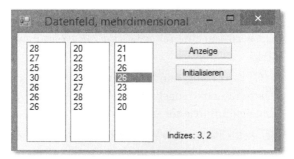

Abbildung 4.17 Indizes des ausgewählten Elements

Zur Anzeige der Indizes dienen die drei folgenden Methoden (ebenfalls im Projekt *DatenfeldMehrdimensional*):

```
private void lstSpalte0_Click(...)
{
    lstSpalte1.SelectedIndex = -1;
    lstSpalte2.SelectedIndex = -1;
    lblAnzeige.Text = "Indizes: " +
        lstSpalte0.SelectedIndex + ", 0";
}

private void lstSpalte1_Click(...)
{
    lstSpalte0.SelectedIndex = -1;
    lstSpalte2.SelectedIndex = -1;
    lblAnzeige.Text = "Indizes: " +
        lstSpalte1.SelectedIndex + ", 1";
}

private void lstSpalte2_Click(...)
{
    lstSpalte0.SelectedIndex = -1;
    lstSpalte1.SelectedIndex = -1;
    lblAnzeige.Text = "Indizes: " +
        lstSpalte2.SelectedIndex + ", 2";
}
```

Listing 4.11 Projekt »DatenfeldMehrdimensional«, Indizes anzeigen

4.4 Datenfelder

Zur Erläuterung:

▶ Bei einem Mausklick auf ein Element der ersten Liste werden zunächst eventuell vorhandene Markierungen in der zweiten oder dritten Liste entfernt, indem die Eigenschaft SelectedIndex der beiden Listen jeweils auf –1 gesetzt wird.

▶ Anschließend werden der Index des markierten Elements und der Index des Listenfelds (0, 1 oder 2) im Label angezeigt.

Weitere Möglichkeiten:

▶ Wie bereits erwähnt, können ein- oder mehrdimensionale Felder beliebiger Datentypen deklariert werden.

▶ Haben Sie nicht nur sieben Messungen an drei Orten, sondern auch noch Messungen an z. B. 31 Tagen, benötigen Sie eine dritte Dimension. Die Deklaration sähe dann wie folgt aus: int[, ,] a = new int[7, 3, 31]. Es ergeben sich also 7 × 3 × 31 Elemente. Length liefert 651.

Dreidimensional

▶ Dieses Beispiel lässt sich leicht erweitern: Wie bisher haben wir sieben Messungen an drei Orten an 31 Tagen. Es wird aber jeweils nicht nur die Temperatur, sondern auch die Windrichtung, die Windgeschwindigkeit und die Luftfeuchtigkeit gemessen. Dazu benötigen Sie ein vierdimensionales Feld, das wie folgt deklariert wird: double[, , ,] b = new double[7, 3, 31, 4]. In diesem Falle liefert Length den Wert 2604.

Vierdimensional

▶ Sie sehen, dass Datenfelder nahezu unbegrenzte Möglichkeiten zur Speicherung und Verarbeitung größerer Datenmengen bieten. Der Begriff *Speicherung* ist hier natürlich nur eingeschränkt zu verstehen, nämlich für die Speicherung während der Verarbeitung. Für eine dauerhafte Speicherung auf der Festplatte benötigen Sie Dateien (siehe Abschnitt 6.3, »Dateien und Verzeichnisse«) oder besser noch Datenbanken (siehe Kapitel 8, »Datenbankanwendungen mit ADO.NET«).

Übung ÜDatenfeldEindimensional

Schreiben Sie ein Programm, in dem den Elementen eines eindimensionalen Felds, das 10 int-Werte beinhaltet, zufällige Werte zugewiesen werden. Anschließend sollen alle Positionen des kleinsten Feldelements ermittelt und ausgegeben werden, wie in Abbildung 4.18 dargestellt.

Übung ÜDatenfeld-Eindimensional

153

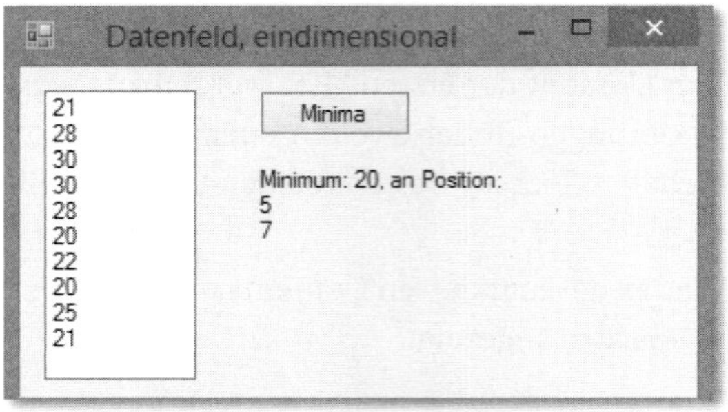

4 Erweiterte Grundlagen

Abbildung 4.18 Übung ÜDatenfeldEindimensional

Übung ÜDatenfeldMehrdimensional

Übung ÜDatenfeld-Mehrdimensional

Schreiben Sie ein Programm, in dem den Elementen eines dreidimensionalen Felds, das 6 × 3 × 4 `int`-Werte beinhaltet, zufällige Werte zugewiesen werden. Anschließend sollen alle Positionen des kleinsten Elements des Felds ermittelt und ausgegeben werden (siehe Abbildung 4.19).

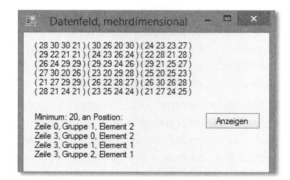

Abbildung 4.19 Übung ÜDatenfeldMehrdimensional

4.4.5 Datenfelder initialisieren

Geschweifte Klammern

Datenfelder können auch direkt bei ihrer Erzeugung mit Werten besetzt werden. Statt der Größe der einzelnen Dimensionen geben Sie die Elemente an. Für jede Dimension wird dabei ein Paar geschweifter Klammern { } benötigt. Hierzu gibt es das folgende Beispiel (ebenfalls im Projekt *DatenfeldMehrdimensional*):

```
private void cmdInit_Click(...)
{
    int[] a = {0, 5, -2, 7};

    double[,] b = {{6.2, 2.0, -1.8}, {9.3, 3.6, -2.3}};

    int[,,] c = {{{9, -3, 2}, {2, 1, -5}},
        {{3, 9, 8}, {6, 3, -8}}};

    lblAnzeige.Text =
        b[1, 2] + "    " + c[1, 1, 2];
}
```

Listing 4.12 Projekt »DatenfeldMehrdimensional«, Initialisierung

Zur Erläuterung:

▶ Das Feld a ist eindimensional und hat vier Elemente. Die einzelnen Elemente werden durch Kommata voneinander getrennt. Das gesamte Feld steht innerhalb eines Paars geschweifter Klammern. Das erste Element hat den Index 0 usw.

▶ Das Feld b ist zweidimensional und hat zwei Zeilen × drei Spalten mit insgesamt sechs Elementen. Die Elemente einer Zeile stehen in geschweiften Klammern. Die beiden Zeilen des Felds sind durch ein Komma voneinander getrennt. Das gesamte Feld steht wiederum in geschweiften Klammern. Angezeigt wird der letzte Wert der letzten Zeile: –2.3.

▶ Das Feld c ist dreidimensional und hat zwei Ebenen × zwei Zeilen × drei Spalten mit insgesamt zwölf Elementen. Pro Dimension kommen weitere Paare geschweifter Klammern hinzu. Mit der Anzahl an Dimensionen wird die Zuordnung der Werte zu den Feldelementen auf diese Weise zunehmend schwieriger. Empfehlenswert ist daher eher die explizite Zuordnung durch einzelne Zuweisungen. Angezeigt wird der letzte Wert der letzten Zeile der letzten Ebene: –8.

4.4.6 Verzweigte Datenfelder

Die bisher genutzten mehrdimensionalen Datenfelder waren rechteckig. Es gab also in jeder Zeile die gleiche Anzahl an Spalten bzw. in jeder Ebene die gleiche Anzahl an Zeilen usw.

4 Erweiterte Grundlagen

Feld mit Unterfeldern

Es gibt in C# aber auch die Möglichkeit, verzweigte Felder anzulegen. Dabei handelt es sich um Felder mit Unterfeldern. Die Unterfelder sind voneinander unabhängig und können unterschiedlich groß sein. Je nach Problemstellung eignen sich diese Felder besser zur Lösung als rechteckige Felder. Es folgt ein Beispiel im Projekt *DatenfeldVerzweigt*, siehe dazu auch Abbildung 4.20.

Abbildung 4.20 Verzweigtes Feld

Der Programmcode:

```
public partial class Form1 : Form
{
    ...
    Random r = new Random();

    private void cmdAnzeige_Click(...)
    {
        double[][] a = new double[5][];
        int i, k, anz = 0;

        a[0] = new double[2];
        a[1] = new double[4];
        a[2] = new double[2];
        a[3] = new double[3];
        a[4] = new double[1];
        lblA.Text = "";
        for (i = 0; i < a.Length; i++)
        {
            for (k = 0; k < a[i].Length; k++)
            {
                a[i][k] = Math.Round(r.NextDouble(), 3);
                lblA.Text += a[i][k] + "   ";
```

```
            }
        anz += a[i].Length;
        lblA.Text += "\n";
        }

        lblA.Text += "Anzahl: " + anz;
    }
}
```

Listing 4.13 Projekt »DatenfeldVerzweigt«

Zur Erläuterung:

▶ Zunächst wird mit `double[][] a` ein Verweis auf ein Hauptfeld mit Unter-   **Hauptfeld**
  feldern vom Datentyp `double` vereinbart. Dazu dienen zwei Paar eckige
  Klammern.

▶ Anschließend wird mit `new double[5][]` festgelegt, dass das Hauptfeld
  fünf Elemente hat. Jedes dieser Elemente ist ein Unterfeld vom Datentyp
  `double`. Die Unterfelder haben noch keine festgelegte Größe.

▶ Die Unterfelder werden einzeln dimensioniert. Die Angabe `a[1] = new`   **Unterfelder**
  `double[4]` bedeutet, dass das zweite Unterfeld vier Elemente hat. Jedes
  dieser Elemente ist vom Datentyp `double`.

▶ Die Eigenschaft `Length` des Hauptfelds a liefert die Anzahl der Unterfelder, nicht die Anzahl der Elemente des gesamten verzweigten Felds.

▶ Für jedes Unterfeld `a[i]` wird mit `Length` dessen spezifische Länge geliefert.

▶ Die Elemente bekommen mithilfe der Methode `NextDouble()` des Zu-   **NextDouble()**
  fallsgenerators Werte zwischen 0.0 und 1.0. Jedes Feldelement wird über
  `a[i][k]`, also mit zwei Paar eckigen Klammern angesprochen. Die Werte
  werden mithilfe der Methode `Math.Round` auf drei Nachkommastellen
  gerundet.

▶ Die Gesamtanzahl der Elemente des verzweigten Felds wird durch Sum-
  mierung in der Variablen anz ermittelt.

4.4.7 Datenfelder sind dynamisch

Steht zum Zeitpunkt des Programmstarts noch nicht fest, wie viele Variablen in einem Feld gespeichert werden sollen, können Sie die Größe auch zur
Laufzeit verändern.

Array.Resize() — Die Größenveränderung kann für ein eindimensionales Feld auf einfache Weise mithilfe der Methode `Resize()` der Klasse `Array` durchgeführt werden. Bereits vorhandene Werte bleiben bei einer Vergrößerung des Felds erhalten. Bei einer Verkleinerung des Felds gehen nur die überzähligen Werte verloren.

Im folgenden Beispiel wird ein Feldverweis mit klassenweiter Gültigkeit deklariert. Die Größe des Felds wird einmal festgelegt (siehe Abbildung 4.21) und anschließend zweimal verändert (Projekt *DatenfeldDynamisch*), siehe Abbildung 4.22 und Abbildung 4.23.

Abbildung 4.21 Feld in der ursprünglichen Größe

Abbildung 4.22 Vergrößerung auf sechs Elemente

Abbildung 4.23 Vergrößerung auf eingegebene Anzahl Elemente

4.4   Datenfelder

Der Programmcode:

```csharp
public partial class Form1 : Form
{
    ...
    Random r = new Random();
    int[] a;

    private void cmdOriginal_Click(...)
    {
        a = new int[4];
        int i;

        lstFeld.Items.Clear();
        for(i=0; i<a.Length; i++)
        {
            a[i] = r.Next(20, 31);
            lstFeld.Items.Add(a[i]);
        }
    }
    private void cmdNeu1_Click(...)
    {
        Array.Resize(ref a, 6);
        int i;

        lstFeld.Items.Clear();
        for (i = 0; i < a.Length; i++)
            lstFeld.Items.Add(a[i]);
    }

    private void cmdNeu2_Click(...)
    {
        Array.Resize(ref a, (int) numGröße.Value);
        int i;

        lstFeld.Items.Clear();
        for (i = 0; i < a.Length; i++)
            lstFeld.Items.Add(a[i]);
    }
}
```

Listing 4.14 Projekt »DatenfeldDynamisch«

Zur Erläuterung:

- Das Feld a wird zunächst mit einer Größe von vier Elementen deklariert und mit zufälligen Werten gefüllt.
- In der Methode cmdNeu1_Click() wird das Feld neu auf die Größe 6 dimensioniert. Dabei bleiben die ersten vier Werte erhalten. Die Methode Resize() bekommt mithilfe des Schlüsselworts ref eine Referenz auf das Feld zur Verfügung gestellt. Der zweite Parameter stellt die gewünschte neue Größe des Felds dar. Mehr zu ref in Abschnitt 4.7.2, »Übergabe per Referenz«.
- In der Methode cmdNeu2_Click() wird das Feld neu auf eine Größe dimensioniert, die der Benutzer zur Laufzeit des Programms festlegt. Da das Zahlenauswahlfeld einen Wert vom Datentyp decimal liefert, muss dieser mit dem Cast (int) umgewandelt werden.
- Die Anzahl der Elemente des Felds zur Steuerung der for-Schleife wird am besten mit der Eigenschaft Length ermittelt, da sie sich mehrmals ändert.

4.5 Datenstruktur ArrayList

Eine ArrayList ähnelt einem Datenfeld. Allerdings können Elemente leichter hinzugefügt, eingefügt oder entfernt werden. Außerdem kann eine ArrayList Elemente unterschiedlichen Typs enthalten. Die einzelnen Elemente haben einen Index.

Für die Arbeit mit ArrayLists müssen Sie mithilfe von using den Namensraum System.Collections einbinden. Im Projekt *DSArrayList* (siehe Abbildung 4.24) werden einige Operationen mit ArrayLists verdeutlicht.

Abbildung 4.24 Operationen mit einer ArrayList

4.5 Datenstruktur ArrayList

Der Programmcode:

```csharp
using System;
using System.Collections;
using System.Windows.Forms;

namespace DSArrayList
{
    public partial class Form1 : Form
    { ...
        ArrayList a = new ArrayList();

        private void cmdAnzeigen_Click(...)
        {
            lstA.Items.Clear();
            a.Clear();

            /* Elemente hinzufügen, ausgeben */
            a.Add(4);
            a.Add(7.5);
            a.Add("Hallo");
            a.Add(7.5);
            Ausgabe();

            /* Elemente einfügen */
            a.Insert(2, "Salut");
            Ausgabe();

            /* Elemente suchen */
            lstA.Items.Add("Position von 7.5: " +
                a.IndexOf(7.5));
            lstA.Items.Add("Position von 7.5: " +
                a.LastIndexOf(7.5));

            /* Element mit bestimmtem Wert entfernen */
            a.Remove(7.5);
            Ausgabe();

            /* Element an bestimmter Position entfernen */
            a.RemoveAt(1);
```

161

```csharp
            Ausgabe();
        }

        private void Ausgabe()
        {
            string aus;
            int i;

            aus = "Elemente: ";
            for (i = 0; i < a.Count; i++)
                aus += a[i] + " ";
            lstA.Items.Add(aus);
        }
    }
}
```

Listing 4.15 Projekt »DSArrayList«

Zur Erläuterung:

▶ Die ArrayList a wurde mit klassenweiter Gültigkeit deklariert. ArrayLists können aber auch innerhalb einer Methode deklariert werden.

Clear() ▶ Die ListBox zur Ausgabe und die ArrayList werden jeweils mithilfe der Methode Clear() geleert. Das ist nützlich, falls der Benutzer mehrmals den Button betätigt.

Add() ▶ Die Methode Add() dient dem Hinzufügen von Elementen an das Ende der ArrayList.

▶ In der allgemeinen Methode Ausgabe() wird die ArrayList mithilfe einer for-Schleife durchlaufen.

Insert() ▶ Mithilfe der Methode Insert() können Elemente an beliebiger Stelle mithilfe des Index eingefügt werden. Alle Elemente hinter dem eingefügten Element rücken nach hinten, der Index wird jeweils um 1 erhöht.

Remove() ▶ Die Methode Remove() dient dem Löschen des ersten Elements, das den angegebenen Wert hat. Alle Elemente hinter dem gelöschten Element rücken nach vorn, der Index wird jeweils um 1 vermindert.

RemoveAt() ▶ Durch die Methode RemoveAt() können Elemente mithilfe des Index gelöscht werden. Wie bei Remove() rücken alle Elemente hinter dem gelöschten Element nach vorne, der Index wird um 1 vermindert.

4.6 foreach-Schleife

Im Zusammenhang mit Datenfeldern, ArrayLists, ListBoxen und anderen Auflistungsobjekten können Sie auch die foreach-Schleife anwenden. Ein Beispiel im Projekt *ForEachSchleife*:

```
private void Form1_Load(...)
{
    lstLand.Items.Add("Ecuador");
    lstLand.Items.Add("Chile");
    lstLand.Items.Add("Brasilien");
    lstLand.Items.Add("Kolumbien");
}

private void cmdDatenfeld_Click(...)
{
    int[] a = {3, 7, -2, 12};

    lblA.Text = "";
    foreach (int x in a)
        lblA.Text += x + "\n";
}

private void cmdArrayList_Click(...)
{
    ArrayList a = new ArrayList();
    a.Add(5.6);
    a.Add(lstLand.Items[3]);
    a.Add(-6);
    a.Add("Hallo");

    lblA.Text = "";
    foreach (object x in a)
        lblA.Text += x + "\n";
}

private void cmdListBox_Click(...)
{
    lblA.Text = "";
```

163

```
        foreach (string x in lstLand.Items)
            lblA.Text += x + "\n";
}

private void cmdSteuerelemente_Click(...)
{
    ArrayList a = new ArrayList();
    a.Add(cmdDatenfeld);
    a.Add(cmdArrayList);
    a.Add(lstLand);
    a.Add(this);

    lblA.Text = "";
    foreach (Control x in a)
        lblA.Text += x.Size.Width + "\n";
}
```

Listing 4.16 Projekt »ForEachSchleife«

Zur Erläuterung:

▶ Beim Laden des Projekts wird die ListBox mit einigen Einträgen gefüllt.

Iterator ▶ Im Kopf der `foreach`-Schleife muss eine Variable des passenden Datentyps als sogenannter Iterator deklariert werden.

▶ Im Fall des Datenfelds ist das eine `int`-Variable. Bei jedem Durchlauf der Schleife wird ein Element des Datenfelds in diese Variable kopiert. Sie wird anschließend ausgegeben.

Datentyp object ▶ Eine `ArrayList` kann Objekte unterschiedlichen Typs enthalten. Daher hat der Iterator den allgemeinen Datentyp `object`.

▶ Im Fall der ListBox sind die Elemente vom Datentyp `string`. Das ist auch der geeignete Datentyp für den Iterator.

Klasse Control ▶ Die `ArrayList` in der letzten Methode beinhaltet Verweise auf Steuerelemente. Die Klassen dieser Objekte sind alle von der Klasse `Control` abgeleitet. Daher kann diese Klasse innerhalb der `foreach`-Schleife genutzt werden. Es wird jeweils der Wert der Eigenschaft `Size.Width` ermittelt, die alle Steuerelemente haben.

▶ Der Iteratorvariablen kann nichts zugewiesen werden, sie dient nur als Kopie eines einzelnen Elements.

4.7 Methoden

In C# hat der Entwickler die Möglichkeit, eigene Methoden zu schreiben. Das hat folgende Vorteile:

▶ Gleiche oder ähnliche Vorgänge müssen nur einmal beschrieben und können dann beliebig oft ausgeführt werden.

▶ Umfangreiche Programme werden modularisiert, d. h., sie werden in **Modularisierung** kleinere Bestandteile zerlegt, die übersichtlicher sind und einfacher gewartet werden können.

Methoden können auch einen Wert, beispielsweise das Ergebnis einer Berechnung, zurückliefern.

4.7.1 Einfache Methoden

In einer einfachen Methode sind Anweisungen zusammengefasst, die als logische Einheit zusammen ausgeführt werden sollen. Durch eine klare Aufgabenteilung zwischen verschiedenen Methoden wird der Programmcode übersichtlicher und kann einfacher gewartet werden.

Es können Argumente an eine Methode übergeben werden. Diese werden **Argumente** in Klammern hinter dem Methodennamen, durch Kommata voneinander getrennt, angegeben.

Das Schlüsselwort `return` können Sie einsetzen, um die Methode aufgrund **return** einer speziellen Bedingung sofort und nicht erst am Ende zu verlassen.

Hinweis: Statt des Begriffs *Argument* wird auch häufig der Begriff *Parame-* **Parameter** *ter* verwendet.

Im nachfolgenden Beispiel wird die Methode `ZeigeMaximum()` von zwei verschiedenen Stellen aus aufgerufen. Sie berechnet jeweils das Maximum der beiden übergebenen Argumente und gibt dieses aus (Projekt *Methoden*).

```
private void cmdAnzeige1_Click(...)
{
    double a, b;
    a = 4.5;
    b = 7.2;
    ZeigeMaximum(a, b);
}
```

165

4   Erweiterte Grundlagen

```
private void cmdAnzeige2_Click(...)
{
    double c, d;
    c = 23.9;
    d = 5.6;
    ZeigeMaximum(c, d);
}
private void ZeigeMaximum(double x, double y)
{
    if (x > y)
        lblAnzeige.Text = "Maximum: " + x;
    else
        lblAnzeige.Text = "Maximum: " + y;
    return;                // nicht notwendig
}
```

Listing 4.17 Projekt »Methoden«

Zur Erläuterung:

- ▶ Die Methode ZeigeMaximum() hat zwei Argumente, die beiden double-Variablen x und y. Folglich muss die Methode auch mit zwei double-Variablen aufgerufen werden, denn sie erwartet das.

- ▶ In der ersten Ereignismethode wird die Methode ZeigeMaximum() mit den Variablen a und b, in der zweiten Ereignismethode mit den Variablen c und d aufgerufen. Genauer gesagt werden der Methode ZeigeMaximum() nicht die Variablen selbst, sondern deren Werte übergeben.

- ▶ In beiden Fällen werden also zwei Zahlenwerte an x und y übergeben. Innerhalb der Methode wird mithilfe einer Verzweigung das Maximum dieser beiden Zahlen ermittelt und ausgegeben. Anschließend endet die Methode ZeigeMaximum(), und der Programmablauf kehrt zur aufrufenden Ereignismethode zurück.

return
- ▶ Das Schlüsselwort return kann zum vorzeitigen Beenden einer Methode genutzt werden. Das wäre hier eigentlich nicht notwendig gewesen.

- ▶ Die Variablen, mit denen eine Methode aufgerufen wird, müssen also nicht die gleichen Namen haben wie die Variablen, die zur Speicherung der übergebenen Werte bereitstehen. Methoden werden im Allgemeinen von beliebigen Stellen des Programms aus mit unterschiedlichen Argumenten wiederholt aufgerufen.

▶ Wichtig ist hierbei, dass Anzahl, Reihenfolge und Datentyp der Argumente übereinstimmen.

Anzahl, Reihenfolge und Datentyp

An dieser Stelle soll noch einmal das Thema *Gültigkeitsbereich von Variablen* verdeutlicht werden:

▶ Die beiden lokalen Variablen a und b sind nur innerhalb der ersten Ereignismethode bekannt und gültig. Bezogen auf die zweite Ereignismethode trifft das für die beiden lokalen Variablen c und d zu.

Lokal

▶ Ebenso gilt das für die beiden Parameter x und y, bezogen auf die allgemeine Methode ZeigeMaximum().

▶ Somit kann es nicht zu Verwechslungen kommen. Selbst wenn einzelne Variablennamen in mehr als einer Methode vorkommen, ist die Eindeutigkeit aufgrund des Gültigkeitsbereichs gegeben.

4.7.2 Übergabe per Referenz

Falls mithilfe der Argumentliste Variablen eines Basisdatentyps wie z. B. int, double oder bool an eine Methode übergeben werden, werden in der Methode Kopien der Variablen benutzt. Der Datentyp string zählt auch zu diesen sogenannten *Werttypen*. Eine Veränderung der Kopie hat keine Rückwirkung auf das Original.

Werttyp

Möchten Sie, dass Veränderungen der Variablen in der Methode eine Rückwirkung auf das Original haben sollen, müssen Sie sie per Referenz an die Methode übergeben. Das geschieht mit dem Schlüsselwort ref.

ref

Normalerweise muss eine Variable einen Wert besitzen, bevor sie an eine Methode übergeben werden kann. Es gibt eine Ausnahme: Falls sich der Wert der Variablen erst in der Methode ergibt, kann die Variable mit dem Parameter out an die Methode übergeben werden.

out

Datenfelder gehören zu den sogenannten *Verweistypen*. Variablen dieser Typen werden automatisch per Referenz übergeben. Veränderungen in der Methode wirken sich unmittelbar auf das Original aus.

Verweistyp

Im nachfolgenden Programm im Projekt *MethodenÜbergabe* werden die verschiedenen Möglichkeiten gezeigt, zunächst Teil 1:

4 Erweiterte Grundlagen

```csharp
private void cmdKopie_Click(...)
{
    int x, y;
    x = 5;
    y = 12;
    lblA.Text =
        "Vorher: x: " + x + ", y: " + y;
    TauscheKopie(x, y);
    lblA.Text +=
        "\nNachher: x: " + x + ", y: " + y;
}

private void cmdReferenz_Click(...)
{
    int x, y;
    x = 5;
    y = 12;
    lblA.Text =
        "Vorher: x: " + x + ", y: " + y;
    TauscheReferenz(ref x, ref y);
    lblA.Text +=
        "\nNachher: x: " + x + ", y: " + y;
}

private void TauscheKopie(int a, int b)
{
    int c;
    c = a;
    a = b;
    b = c;
}

private void TauscheReferenz(ref int a, ref int b)
{
    int c;
    c = a;
    a = b;
    b = c;
}
```

Listing 4.18 Projekt »MethodenÜbergabe«, Teil 1

Zur Erläuterung:

- In den beiden Ereignismethoden cmdKopie() und cmdReferenz() werden jeweils zwei int-Variablen mit Startwerten belegt. Anschließend wird jeweils eine Methode aufgerufen (TauscheKopie() bzw. TauscheReferenz()). Die Werte der beiden Variablen werden vor und nach dem Methodenaufruf ausgegeben.
- In den beiden aufgerufenen Methoden werden jeweils die beiden übergebenen Variablen mithilfe einer dritten Variablen vertauscht (Ringtausch).
- Im Fall der Methode TauscheKopie() wurden Kopien verwendet. Die Endwerte stimmen mit den Startwerten überein, denn der Tausch hat nur intern in der Methode TauscheKopie() stattgefunden, er hat keine Wirkung nach außen (siehe Abbildung 4.25).
- Im Kopf der Methode TauscheReferenz() und beim Aufruf dieser Methode wurde das Schlüsselwort ref verwendet. Die Endwerte stimmen nicht mehr mit den Startwerten überein, der Tausch hat eine dauerhafte Auswirkung auf die beiden Originalvariablen (siehe Abbildung 4.26).

Ringtausch

Abbildung 4.25 Übergabe per Kopie

Abbildung 4.26 Übergabe per Referenz

Es folgt Teil 2 des Programms im Projekt *MethodenÜbergabe*:

```
private void cmdEinDimFeld_Click(...)
{
   int[] p = { 6, 7, 2 };
   int i;
```

4 Erweiterte Grundlagen

```csharp
    Verdoppeln(p);
    lblA.Text = "";
    for (i = 0; i < p.Length; i++)
        lblA.Text += p[i] + " ";
}

private void Verdoppeln(int[] x)
{
    int i;
    for (i = 0; i < x.Length; i++)
        x[i] = x[i] * 2;
}

private void cmdDreiDimFeld_Click(...)
{
    Random r = new Random();
    double[, ,] x = new double[2, 5, 3];
    int i, j, k;
    for(i = 0; i <= x.GetUpperBound(0); i++)
        for(j = 0; j <= x.GetUpperBound(1); j++)
            for (k = 0; k <= x.GetUpperBound(2); k++)
                x[i, j, k] = r.NextDouble();

    Mittelwert(x) ;
}

private void Mittelwert(double[, ,] z)
{
    double summe = 0;
    int i, j, k;

    for (i = 0; i <= z.GetUpperBound(0); i++)
        for (j = 0; j <= z.GetUpperBound(1); j++)
            for (k = 0; k <= z.GetUpperBound(2); k++)
                summe += z[i, j, k];

    lblA.Text = "Mittelwert: " + summe / z.Length;
}
```

Listing 4.19 Projekt »MethodenÜbergabe«, Teil 2

4.7 Methoden

Zur Erläuterung:

▶ In der Ereignismethode cmdEinDimFeld() wird ein eindimensionales Feld von int-Variablen erzeugt, mit Werten gefüllt und an eine Methode übergeben.

Feld übergeben

▶ In der Methode Verdoppeln() wird jedes Element des Felds verdoppelt. Nach der Rückkehr in die Ereignismethode können Sie feststellen, dass sich diese Änderung auf die Originalwerte ausgewirkt hat. Der Parameter der Methode Verdoppeln() ist ein Verweis auf ein eindimensionales Feld.

▶ Die Ereignismethode DreiDimfeld() dient dem Füllen eines dreidimensionalen Felds von double-Variablen mit zufälligen Werten. Ein Verweis auf das Feld wird an die Methode Mittelwert() übergeben. In dieser Methode wird der Mittelwert der Elemente des Felds errechnet und ausgegeben.

Teil 3 des Programms im Projekt *MethodenÜbergabe* dient der Verdeutlichung eines Ausgabeparameters:

```
private void cmdOut_Click(...)
{
    int a, b, c;
    a = 12;
    b = 3;
    Addieren(a, b, out c);
    lblA.Text = "Ergebnis: " + c;
}

private void Addieren(int x, int y, out int z)
{
    z = x + y;
}
```

Listing 4.20 Projekt »MethodenÜbergabe«, Teil 3

Zur Erläuterung:

▶ In der Ereignismethode cmdOut_Click() werden zwei gefüllte int-Variablen an eine Methode übergeben. Außerdem wird eine leere int-Variable mit dem Schlüsselwort out übergeben.

▶ In der Methode Addieren() muss diese Variable einen Wert bekommen, bevor die Methode wieder verlassen wird.

171

4.7.3 Methoden mit Rückgabewerten

void Die bisher eingesetzten Methoden hatten den Datentyp void. Das bedeutet, dass sie keinen Methodenwert zurückliefern. Sie können höchstens *indirekt* Werte über die Parameterliste liefern.

Wert liefern Eine Methode kann aber auch wie eine Variable einen Datentyp haben. Sie muss dann auf jeden Fall in jedem möglichen Anweisungspfad einen Wert dieses Datentyps zurückliefern.

return Das Schlüsselwort return dient bei solchen Methoden dazu, den Methodenwert zu senden.

Im nachfolgenden Beispiel wird die Methode MaxWert() aufgerufen. Sie berechnet das Maximum der beiden übergebenen Argumente und gibt dieses an die aufrufende Stelle zurück (Projekt *MethodenRückgabe*, siehe Abbildung 4.27).

Abbildung 4.27 Darstellung des Rückgabewerts

```
private void cmdAnzeigen_Click(...)
{
    int a, b, c;
    a = 12;
    b = 17;
    c = MaxWert(a, b);
    lblA.Text = "Maximum: " + c;
}

private int MaxWert(int x, int y)
{
    if (x > y)
        return x;
    else
        return y;
}
```

Listing 4.21 Projekt »MethodenRückgabe«

Zur Erläuterung:

Durch die Anweisung `c = MaxWert(a, b)` passiert nacheinander Folgendes:

▶ Die Methode `MaxWert()` wird aufgerufen, dabei werden zwei Zahlenwerte an die Methode übergeben.

▶ Innerhalb der Methode wird mithilfe einer Verzweigung das Maximum dieser beiden Zahlen ermittelt. Mithilfe des Schlüsselworts `return` wird die Methode beendet und der Rückgabewert der Methode geliefert. Der Programmablauf kehrt zu der Zeile mit dem Aufruf zurück.

Rückgabewert

▶ Dort wird der ermittelte Wert über die Zuweisung der Variablen `c` übergeben. Diese Variable wird anschließend ausgegeben.

▶ Hätte die Anweisung nur `MaxWert(a, b)` gelautet, hätten alle diese Schritte stattgefunden mit Ausnahme der Übergabe an `c`. Der Methodenaufruf wäre in diesem Fall vergeblich gewesen – ein häufiger Fehler bei Programmiereinsteigern.

▶ Die Methode `MaxWert()` hat den Datentyp `int`, es muss also eine `int`-Variable zurückgeliefert werden.

4.7.4 Optionale Argumente

Normalerweise muss die Zahl der Argumente in Aufruf und Deklaration einer Methode übereinstimmen. Sie können allerdings auch optionale Argumente verwenden. Diese müssen beim Aufruf nicht angegeben werden.

Optional

Sie müssen immer am Ende der Argumentliste stehen. Außerdem müssen sie mit einem Wert initialisiert werden, dadurch werden sie erst als optionale Argumente gekennzeichnet.

Sinnvoll ist der Einsatz von optionalen Argumenten, wenn eine Methode viele häufig vorkommende Standardwerte hat.

Einsatz

Im nachfolgenden Beispiel wird die Methode `Addiere()` insgesamt dreimal aufgerufen, einmal mit zwei Argumenten, einmal mit drei Argumenten und einmal mit vier Argumenten. Sie berechnet jeweils die Summe der übergebenen Argumente und liefert diese zurück (Projekt *Argumente-Optional*).

```
private void cmdAnzeigen1_Click(...)
{
    double a = 4.5, c = 10.3;
```

4 Erweiterte Grundlagen

```
    int b = 7, d = 9;
    lblAnzeige.Text =
        "Ergebnis: " + Addiere(a, b, c, d);
}

private void cmdAnzeigen2_Click(...)
{
    double a = 4.5, c = 10.3;
    int b = 7;
    lblAnzeige.Text =
        "Ergebnis: " + Addiere(a, b, c);
}
private void cmdAnzeigen3_Click(...)
{
    double a = 4.5;
    int b = 7;
    lblAnzeige.Text =
        "Ergebnis: " + Addiere(a, b);
}

private double Addiere(double x, int y,
    double z = 0, int q = 0)
{
    return x + y + z + q;
}
```

Listing 4.22 Projekt »ArgumenteOptional«

Zur Erläuterung:

▶ Die Methode `Addiere()` erwartet insgesamt vier Parameter. Die beiden letzten Parameter sind optional und werden mit dem Wert 0 initialisiert.

Geeigneter
Standardwert
▶ Werden also die beiden letzten Parameter bei einem Aufruf der Methode nicht angegeben, haben sie den Wert 0. Da innerhalb der Methode eine Addition der vier Parameter stattfindet, ist das der geeignete Wert; das Ergebnis der Methode wird nicht verfälscht.

▶ Bei Methoden mit optionalen Argumenten, die andere Aufgaben zu erfüllen haben, können andere Werte zur Initialisierung sinnvoll sein.

▶ In den drei Ereignismethoden wird die Methode `Addiere()` mit vier, drei oder zwei Parametern aufgerufen. In allen Fällen führt das erfolgreich zur Addition und Ausgabe der Werte.

▶ Ein Aufruf mit nur einem Parameter hätte zu einer Fehlermeldung geführt, da der Parameter y nicht optional ist.

4.7.5 Benannte Argumente

Normalerweise muss die Reihenfolge der Argumente in Aufruf und Deklaration einer Methode übereinstimmen. Sie können allerdings Argumente auch mit ihrem Namen aufrufen. Dann muss die Reihenfolge nicht eingehalten werden. Diese benannten Argumente müssen am Ende des Aufrufs stehen.

Benannt

Sinnvoll ist der Einsatz von benannten Argumenten, falls eine Methode sehr viele Argumente hat, von denen pro Aufruf nur einzelne benötigt werden. Häufig werden benannte Argumente und optionale Argumente gemeinsam genutzt.

Einsatz

Im nachfolgenden Beispiel wird die Methode Rechteck() insgesamt viermal mit unterschiedlichen Argumenten aufgerufen. Sie stellt die Daten eines Rechtecks zusammen und gibt sie aus (Projekt *ArgumenteBenannt*).

```
private void cmdAnzeigen1_Click(...)
{
    Rechteck("rot", 4, 6, "Punkte");
}

private void cmdAnzeigen2_Click(...)
{
    Rechteck("rot", rand:"Striche", breite:2, laenge:5);
}

private void cmdAnzeigen3_Click(...)
{
    Rechteck("gelb", 7);
}

private void cmdAnzeigen4_Click(...)
{
    Rechteck("blau", rand: "Haarlinie");
}
```

4 Erweiterte Grundlagen

```
private void Rechteck(string farbe, int laenge = 1,
    int breite = 1, string rand = "Linie")
{
    lblAnzeige.Text = "Farbe: " + farbe +
        ", Länge: " + laenge +
        ", Breite: " + breite +
        ", Rand: " + rand;
}
```

Listing 4.23 Projekt »ArgumenteBenannt«

Zur Erläuterung:

▶ Die Methode Rechteck() erwartet maximal vier Parameter. Die drei letzten Parameter sind optional und werden mit den Standardwerten initialisiert.

▶ Es folgen die vier verschiedenen Aufrufe in den jeweiligen Ereignismethoden:

  – Normal, mit allen vier Parametern in der richtigen Reihenfolge.

  – Nur der erste Parameter steht an der richtigen Stelle, die anderen drei werden über ihren Namen gekennzeichnet.

  – Nur einer der drei optionalen Parameter wird an der korrekten Position geliefert.

  – Nur einer der drei optionalen Parameter wird mit Namen geliefert.

4.7.6 Beliebig viele Argumente

params Mithilfe des Schlüsselworts params können Sie eine Methode formulieren, an die beliebig viele Parameter übergeben werden können. Allerdings müssen diese den gleichen Datentyp haben. Sie müssen wie optionale Argumente am Ende der Argumentliste stehen.

Im nachfolgenden Beispiel wird die Methode Mittelwert() insgesamt dreimal aufgerufen. Sie berechnet jeweils den Mittelwert der übergebenen Argumente und liefert ihn zurück (Projekt *ArgumenteBeliebig*):

```
private void cmdAnzeigen1_Click(...)
{
    double a = 4.5, b = 7.2, c = 10.3, d = 9.2;
```

```
        lblAnzeige.Text =
            "Ergebnis: " + Mittelwert(a, b, c, d);
    }

    private void cmdAnzeigen2_Click(...)
    {
        double a = 4.5, b = 7.2;
        lblAnzeige.Text =
            "Ergebnis: " + Mittelwert(a, b);
    }

    private void cmdAnzeigen3_Click(...)
    {
        lblAnzeige.Text =
            "Ergebnis: " + Mittelwert();
    }

    private double Mittelwert(params double[] x)
    {
        int i;
        double summe = 0;
        if (x.Length == 0)
            return 0;

        for (i = 0; i < x.Length; i++)
            summe += x[i];

        return summe / x.Length;
    }
```

Listing 4.24 Projekt »ArgumenteBeliebig«

Zur Erläuterung:

▸ Die Methode `Mittelwert()` wird mit unterschiedlichen Anzahlen von Parametern aufgerufen (4, 2 und 0).

▸ Zur Aufnahme der Parameter steht das Parameter-Array `x` zur Verfügung. Dabei handelt es sich um ein Feld, dessen Größe nicht festgelegt ist.

Length
- Für den (eigentlich unrealistischen) Fall, dass die Methode ohne Argumente aufgerufen wird, wird als Ergebnis der Wert 0 zurückgesendet. Die Anzahl der Argumente wird mithilfe der Eigenschaft Length ermittelt.
- Innerhalb der Methode werden die Parameter mithilfe einer Schleife summiert. Die Anzahl der Durchläufe der Schleife entspricht der Anzahl der Argumente.
- Als Rückgabewert wird die ermittelte Summe geteilt durch die Anzahl der Argumente zurückgeliefert.

4.7.7 Rekursiver Aufruf

Methoden können jederzeit andere Methoden aufrufen. Man spricht hier von geschachtelten Aufrufen. Das Programm kehrt jeweils – aus einer beliebigen *Schachtelungstiefe* – zur aufrufenden Stelle zurück.

Rekursion

Methoden können sich auch selbst aufrufen. Dieser Vorgang wird als Rekursion bezeichnet. Eine rekursive Methode muss eine Verzweigung beinhalten, die die Rekursion wieder beendet, da es sonst zu einer endlosen Kette von Selbstaufrufen kommt, ähnlich wie bei einer endlosen Ereigniskette (siehe Abschnitt 4.3.2, »Endlose Ereignisketten«). Bestimmte Problemstellungen lösen Sie programmiertechnisch am elegantesten durch eine Rekursion.

Im nachfolgenden Programm (Projekt *RekursiverAufruf*) wird eine Zahl so lange halbiert, bis ein bestimmter Grenzwert erreicht oder unterschritten wird. Zur Verdeutlichung der unterschiedlichen Abläufe wird der Halbierungsvorgang einmal mithilfe einer Schleife (siehe Abbildung 4.28), einmal mithilfe einer Rekursion (siehe Abbildung 4.29) durchgeführt.

Abbildung 4.28 Halbierung per Schleife

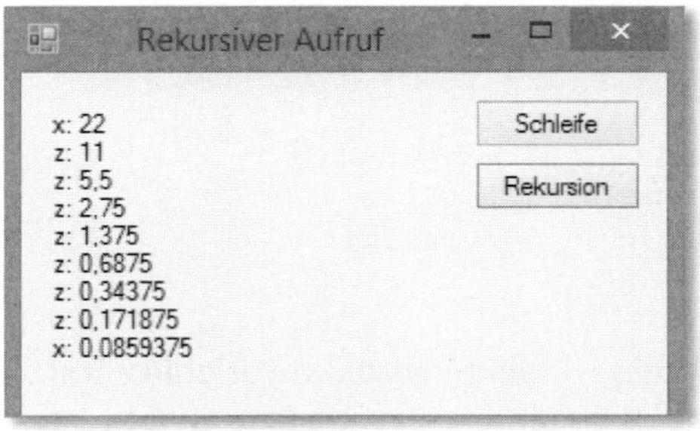

4.7   Methoden

Abbildung 4.29 Halbierung per Rekursion

Der Programmcode:

```
private void cmdSchleife_Click(...)
{
    double x = 22;
    lblAnzeige.Text = "x: " + x + "\n";

    while(x > 0.1)
    {
        x = x / 2;
        lblAnzeige.Text += "x: " + x + "\n";
    }
}

private void cmdRekursion_Click(...)
{
    double x = 22;
    lblAnzeige.Text = "x: " + x + "\n";
    Halbieren(ref x);
    lblAnzeige.Text += "x: " + x + "\n";
}

private void Halbieren(ref double z)
{
    z = z / 2;
    if (z > 0.1)
    {
        lblAnzeige.Text += "z: " + z + "\n";
```

```
        Halbieren(ref z);
    }
}
```

Listing 4.25 Projekt »RekursiverAufruf«

Zur Erläuterung der Schleife:

▶ In der Ereignismethode `cmdSchleife_Click()` wird die Variable x mit 22 initialisiert. Anschließend wird sie in einer `while`-Schleife so lange halbiert, bis sie den Wert 0,1 erreicht oder unterschritten hat. Bei jedem Durchlauf der Schleife wird der aktuelle Wert angezeigt, sodass Sie die fortlaufende Halbierung verfolgen können.

Zur Erläuterung der Rekursion:

▶ In der Ereignismethode `cmdRekursion_Click()` wird die Variable x ebenfalls mit 22 initialisiert. Dann wird allerdings die Methode `Halbieren()` aufgerufen. Diese führt eine Halbierung durch.

▶ Anschließend wird geprüft, ob der Grenzwert erreicht oder unterschritten wurde.

▶ Ist das der Fall, endet die Methode `Halbieren()`, und das Programm endet mit der letzten Anweisung in der Ereignismethode `cmdRekursion_Click()`.

▶ Ist der Grenzwert noch nicht erreicht, ruft sich die Methode `Halbieren()` selbst wieder auf. Dieser Vorgang kann sich mehrmals wiederholen.

▶ Ist der Grenzwert erreicht oder unterschritten, wird die Methode `Halbieren()` beendet, gegebenenfalls mehrmals nacheinander, und das Programm endet mit der letzten Anweisung in der Ereignismethode `cmdRekursion_Click()`.

▶ Hätte sich der rekursive Aufruf nicht innerhalb einer Verzweigung befunden, hätte sich die Methode endlos aufgerufen.

▶ Die Variable x (in der Methode heißt sie z) wurde jeweils per Referenz übergeben, daher wurde immer die Originalvariable x halbiert. Das können Sie auch an der letzten Ausgabe erkennen.

4.7.8 Übungen zu Methoden

Übung ÜMethoden, Teil 1

Schreiben Sie eine Methode, die den Mittelwert der Werte eines eindimensionalen Felds von `double`-Variablen berechnet und als Rückgabewert zurückliefert. Testen Sie die Methode durch zwei Aufrufe mit unterschiedlich großen Feldern.

Übung ÜMethoden, Teil 1

Übung ÜMethoden, Teil 2

Schreiben Sie eine Methode, die zwei eindimensionale Felder von `double`-Variablen in einem dritten Feld vereinigt. In dem neuen Feld sollen also alle Werte des ersten Felds, gefolgt von allen Werten des zweiten Felds stehen. An die Methode sollen die Verweise auf die ersten beiden Felder und (als Ausgabeparameter) ein Verweis auf das dritte Feld übergeben werden. Das dritte Feld wird erst in der Methode erschaffen. Testen Sie die Methode durch zwei unterschiedliche Aufrufe.

Übung ÜMethoden, Teil 2

4.8 Konsolenanwendung

Bisher wurden in diesem Buch ausschließlich Windows-Anwendungen entwickelt, also Programme mit der gewohnten und komfortabel bedienbaren Benutzeroberfläche. Je nach Einsatzzweck kann aber auch eine sogenannte Konsolenanwendung genügen, bei der nur einfache Eingaben und Ausgaben in Textform vorkommen. Konsolenanwendungen benötigen wesentlich weniger Programmcode und Speicher.

Einfache Ein- und Ausgabe

Den Konsolenanwendungen stehen natürlich auch alle Möglichkeiten der Sprache C# und des .NET Framework zur Verfügung, so z. B. der Zugriff auf Dateien oder Datenbanken.

4.8.1 Anwendung erzeugen

Zur Erzeugung einer Konsolenanwendung gehen Sie zunächst wie gewohnt vor, also über das Menü DATEI, Menüpunkt NEUES PROJEKT. Im Dialogfeld NEUES PROJEKT wählen Sie allerdings statt der Vorlage WINDOWS FORMS-ANWENDUNG die Vorlage KONSOLEN-ANWENDUNG aus. Im Feld NAME tragen Sie einen Projektnamen ein, z. B. *KonsoleEinAus*.

Andere Vorlage

181

4 Erweiterte Grundlagen

Program.cs Im Codefenster erscheint die Datei *Program.cs* mit folgendem Code:

```
using System;
namespace KonsoleEinAus
{
    class Program
    {
        static void Main(string[] args)
        {
        }
    }
}
```

Listing 4.26 Projekt »KonsoleEinAus« noch ohne eigenen Code

Zur Erläuterung:

▶ Die nicht notwendigen using-Anweisungen wurden gelöscht. In diesem Projekt wird nur der Namensraum System benötigt.

Main() ▶ In der Klasse Program findet sich eine einzige statische Methode mit dem Namen Main(). Mit dem Code in dieser Methode startet jedes C#-Projekt. Bei Windows-Anwendungen wird der Code in dieser Datei automatisch erzeugt und normalerweise von uns nicht verändert.

▶ Die Methode Main() hat einen Parameter: einen Verweis auf ein Feld von Zeichenketten. Damit ist es möglich, eine Anwendung von der Kommandozeile aus mit Startparametern zu versorgen, siehe Abschnitt 4.8.6, »Aufruf von der Kommandozeile«.

4.8.2 Ein- und Ausgabe von Text

Die Methode Main() des Projekts *KonsoleEinAus* wird jetzt mit eigenem Code gefüllt:

```
using System;
namespace KonsoleEinAus
{
    class Program
    {
        static void Main(string[] args)
        {
```

```
        string s;
        Console.Write("Bitte einen Text eingeben: ");
        s = Console.ReadLine();
        Console.WriteLine("Es wurde der Text "
            + s + " eingegeben");
      }
    }
}
```

Listing 4.27 Projekt »KonsoleEinAus«, Ein- und Ausgabe

Zur Erläuterung:

▶ Im Namensraum System gibt es die Klasse Console zur Ein- und Ausgabe auf einen Textbildschirm.

Console

▶ Die statische Methode Write() schreibt einen Text auf den Bildschirm.

Write()

▶ Die statische Methode ReadLine() führt dazu, dass das Programm anhält und auf eine Eingabe wartet. Nach der Eingabe betätigt der Benutzer die Taste ⏎. Die Methode liefert als Rückgabewert die eingegebene Zeichenkette. Diese kann z. B. in einer Variablen vom Datentyp string gespeichert werden.

ReadLine()

▶ Auch die Methode WriteLine() schreibt einen Text auf den Bildschirm, diesmal gefolgt von einem Zeilenumbruch.

WriteLine()

Die Bedienung des Programms:

▶ Nach dem Start des Programms, wie gewohnt mit der Taste F5, öffnen Sie ein Konsolenfenster.

Konsolenfenster

▶ Nach der Eingabe des Texts ist die anschließende Ausgabe allerdings nur sehr kurz zu sehen, bevor sich das Konsolenfenster wieder von selbst schließt.

▶ Es empfiehlt sich daher, das Programm mit der Tastenkombination Strg + F5 zu starten. Das führt dazu, dass das Programm nach Ablauf auf einen Tastendruck wartet, wie nachfolgend zu sehen:

Taste Strg + F5

```
Bitte einen Text eingeben: Hallo
Es wurde der Text Hallo eingegeben
Drücken Sie eine beliebige Taste ...
```

4   Erweiterte Grundlagen

4.8.3   Eingabe einer Zahl

Zur Verdeutlichung der besonderen Problematik bei der Eingabe von Zahlen wird die Methode `Main()` des Projekts *KonsoleEinAus* um weiteren Code ergänzt:

```
using System;
namespace KonsoleEinAus
{
    class Program
    {
        static void Main(string[] args)
        {
            double x;
            ...

            try
            {
                Console.Write(
                    "Bitte eine Zahl eingeben: ");
                x = Convert.ToDouble(Console.ReadLine());
                Console.WriteLine("Es wurde die Zahl "
                    + x + " eingegeben");
            }
            catch
            {
                Console.WriteLine(
                    "Es wurde keine Zahl eingegeben");
            }
        }
    }
}
```

Listing 4.28 Projekt »KonsoleEinAus«, Eingabe einer Zahl

Zur Erläuterung:

try-catch   ▶ Es soll eine Zahl eingegeben werden. Bei der Umwandlung der eingegebenen Zeichenkette in eine Zahl kann eine Ausnahme auftreten, daher wird mit einer Ausnahmebehandlung gearbeitet.

> 4.8 Konsolenanwendung

▶ Der Rückgabewert der Methode `ReadLine()` wird mithilfe der Methode `ToDouble()` der Klasse `Convert` in eine `double`-Zahl verwandelt. Falls das nicht gelingt, erscheint eine entsprechende Fehlermeldung.

ToDouble()

▶ Soll es sich um eine ganze Zahl handeln, muss die Methode `ToInt32()` statt der Methode `ToDouble()` genutzt werden.

ToInt32()

Nachfolgend die Ausgabe nach einer richtigen Eingabe:

```
...
Bitte eine Zahl eingeben: 2,4
Es wurde die Zahl 2,4 eingegeben
Drücken Sie eine beliebige Taste ...
```

Es folgt die Ausgabe nach einer falschen Eingabe:

```
...
Bitte eine Zahl eingeben: 123abc
Es wurde keine Zahl eingegeben
Drücken Sie eine beliebige Taste ...
```

4.8.4 Erfolgreiche Eingabe einer Zahl

Im nachfolgenden Programmteil wird der Benutzer so lange aufgefordert, eine ganze Zahl einzugeben, bis das erfolgreich war. Die Methode `Main()` des Projekts *KonsoleEinAus* wird um weiteren Code ergänzt:

Wiederholte Eingabe

```
using System;
namespace KonsoleEinAus
{
    class Program
    {
        static void Main(string[] args)
        {
            int a;
            ...

            do
            {
                try
                {
                    Console.Write(
                        "Bitte eine ganze Zahl eingeben: ");
```

185

```
                        a = Convert.ToInt32(Console.ReadLine());
                        break;
                    }
                    catch
                    {
                        Console.WriteLine(
                            "Fehler, bitte noch einmal");
                    }
                }
                while (true);
                Console.WriteLine("Es wurde die ganze Zahl "
                    + a + " eingegeben");
            }
        }
    }
```

Listing 4.29 Projekt »KonsoleEinAus«, wiederholte Eingabe

Zur Erläuterung:

Endlos-Schleife ▶ Die Ausnahmebehandlung für die Eingabe einer ganzen Zahl ist zusätzlich in eine endlose do-while-Schleife eingebettet.

break ▶ War die Eingabe erfolgreich, wird diese Schleife mithilfe von break verlassen.

▶ War die Eingabe nicht erfolgreich, wird ein Fehler gemeldet, und es ist eine erneute Eingabe erforderlich.

Nachfolgend die Ausgabe mit zwei falschen und einer richtigen Eingabe:

```
...
Bitte eine ganze Zahl eingeben: 123abc
Fehler, bitte noch einmal
Bitte eine ganze Zahl eingeben: 2,4
Fehler, bitte noch einmal
Bitte eine ganze Zahl eingeben: 5
Es wurde die ganze Zahl 5 eingegeben
Drücken Sie eine beliebige Taste ...
```

Abbruch Hinweis: Eine Konsolenanwendung kann mit der Tastenkombination $\boxed{\text{Strg}}$ + $\boxed{\text{C}}$ vorzeitig abgebrochen werden.

4.8 Konsolenanwendung

4.8.5 Ausgabe formatieren

Die Ausgabe eines Konsolenprogramms kann formatiert werden. Das ist **Tabellenausgabe**
vor allem bei der Ausgabe von Tabellen wichtig. Ein Beispiel im Projekt
KonsoleFormat:

```
using System;
namespace KonsoleFormat
{
    class Program
    {
        static void Main(string[] args)
        {
            int i;
            string[] stadt = {"München", "Berlin",
                "Bonn", "Bremerhaven", "Ulm"};

            for (i = 0; i < 5; i++)
            {
                Console.WriteLine(
                    "{0,-15}{1,9:0.0000}{2,12:#,##0.0}",
                    stadt[i], i / 7.0, i * 1e4 / 7);
            }
        }
    }
}
```

Listing 4.30 Projekt »KonsoleFormat«

Zur Erläuterung:

▶ Die überladene Ausgabemethode WriteLine() kann mit einer Forma- **Formatierung**
tierungszeichenkette als erstem Parameter aufgerufen werden. Darin
steht:

- die Nummer der Variablen, beginnend mit der Nummer 0

- ein Doppelpunkt

- die zugehörige Formatierung

▶ {0,-15}: Als Erstes wird eine Zeichenkette in der Mindestgesamt- **Breite**
breite 15 ausgegeben. Sie erscheint linksbündig wegen des Minuszeichens vor der 15.

187

4 Erweiterte Grundlagen

Nachkommastellen
▶ `{1,9:0.0000}`: Es folgt eine Zahl in der Mindestgesamtbreite 9, gerundet auf vier Nachkommastellen. Sie erscheint standardmäßig rechtsbündig.

Tausenderpunkt
▶ `{2,12:#,##0.0}`: Als Letztes folgt wiederum eine Zahl in der Mindestgesamtbreite 12, gerundet auf eine Nachkommastelle, rechtsbündig. Falls die Zahl mehr als drei Stellen vor dem Komma hat, wird ein Tausenderpunkt angezeigt.

0, #
▶ Zur Erinnerung: Das Formatierungszeichen 0 steht für eine Ziffer, die auf jeden Fall angezeigt wird, das Formatierungszeichen # steht für eine Ziffer, die nur dann angezeigt wird, wenn die Zahl diese Ziffer hat.

Die Ausgabe des Programms:

```
München        0,0000        0,0
Berlin         0,1429      1.428,6
Bonn           0,2857      2.857,1
Bremerhaven    0,4286      4.285,7
Ulm            0,5714      5.714,3
```

4.8.6   Aufruf von der Kommandozeile

Startparameter
Sie können jede Anwendung durch Eingabe des Namens auch von der Kommandozeile aus aufrufen. Besonders bei Konsolenanwendungen kommt es vor, dass Sie dabei die Anwendung mit Startparametern aufrufen.

Diese Parameter können dazu dienen, eine Anwendung auf unterschiedliche Arten aufzurufen, ohne dass dazu der Code geändert werden muss. Ein Parameter könnte z. B. der Name einer Datei sein, die geöffnet und gelesen werden soll, wenn es bei jedem Aufruf der Anwendung eine andere Datei sein soll.

Übernahme
Die Übernahme der Startparameter in die Anwendung soll mithilfe des Projekts *KonsoleStartparameter* verdeutlicht werden:

```
using System;
namespace KonsoleStartparameter
{
    class Program
    {
        static void Main(string[] args)
```

```
    {
        int i;
        double summe = 0;

        for (i = 0; i < args.Length; i++)
            Console.WriteLine(i + ": " + args[i]);

        for (i = 0; i < args.Length; i++)
        {
            try
            {
                summe += Convert.ToDouble(args[i]);
            }
            catch
            {
            }
        }

        Console.WriteLine("Summe: " + summe);
    }
}
}
```

Listing 4.31 Projekt »KonsoleStartparameter«

Zur Erläuterung:

▶ Die einzelnen Startparameter sind Zeichenketten, sie werden bei einem **args** Aufruf im Datenfeld args gespeichert.

▶ Die erste for-Schleife dient zur einfachen Ausgabe der Startparameter.

▶ Die zweite for-Schleife soll verdeutlichen, dass die Startparameter auch Zahlen sein können. Sie werden in diesem Fall einfach nur summiert.

Falls Sie diese Anwendung mit der Taste F5 aus der Entwicklungsumgebung heraus aufrufen, werden ohne besondere Einstellung (siehe unten) keine Startparameter mitgeliefert. Allerdings ist der einmalige Aufruf notwendig, da Ihnen ansonsten keine aufrufbare *exe*-Datei zur Verfügung steht.

4   Erweiterte Grundlagen

Kommandozeile   Daher müssen Sie sie von der Kommandozeile aus aufrufen. Unter Windows 7 wählen Sie im Startmenü den Menüpunkt ZUBEHÖR • EINGABEAUF-FORDERUNG. Wechseln Sie in das Verzeichnis, das die *exe*-Datei beinhaltet, mit:

Aufruf
```
cd\Users\[Benutzername]\"Eigene Dateien"\"Visual Studio 2013"\
Projects\KonsoleStartparameter\KonsoleStartparameter\bin\Debug
```

Unter Windows 8 rufen Sie auf dem Startbildschirm die App DEVELOPER-EINGABEAUFFORDERUNG FÜR VS2013 auf. Hier wechseln Sie wie folgt in das richtige Verzeichnis:

```
cd\Users\[Benutzername]\Documents\"Visual Studio 2013"\Projects\
KonsoleStartparameter\KonsoleStartparameter\bin\Debug
```

Nun können Sie die Anwendung aufrufen, z. B. mit:

```
KonsoleStartparameter 3 2,5 hallo 7
```

Es erscheint die Ausgabe:

```
0: 3
1: 2,5
2: hallo
3: 7
Summe: 12,5
```

Die Zeichenkette *hallo* wurde nur ausgegeben und bei der Summenbildung ignoriert. Sie können anschließend das Kommandozeilenfenster ordnungsgemäß durch die Eingabe von exit schließen.

Sie können die Startparameter aber auch innerhalb von Visual Studio eingeben, und zwar über das Menü DEBUGGEN • [PROJEKTNAME]-EIGEN-SCHAFTEN • DEBUGGEN • STARTOPTIONEN • BEFEHLSZEILENARGUMENTE. Der Vorteil dieser Methode: Sie können die Anwendung debuggen.

190

Kapitel 5
Objektorientierte Programmierung

Die Sprache C# ist rein objektorientiert. Was das genau bedeutet, erfahren Sie in diesem Kapitel.

In den folgenden Abschnitten lernen Sie die objektorientierte Denkweise kennen und erzeugen eigene Klassen und Objekte.

5.1 Was ist Objektorientierung?

Die Objektorientierung ist ein Denkansatz, der dem Programmierer dabei hilft, die Abläufe der realen Welt in einem Programm nachzubilden. Sie dient zur Klassifizierung der Objekte und Daten, die in einem Programm behandelt werden sollen. Die Eigenschaften und Methoden ähnlicher Objekte werden durch gemeinsame Definitionen, die Klassen, zusammengefasst und besser handhabbar.

C# ist eine rein objektorientierte Sprache. Wir haben eigentlich schon die ganze Zeit in diesem Buch mit Objekten gearbeitet:

▶ Zum einen wurden Steuerelemente und ihre Eigenschaften genutzt. Jeder Button, jedes Textfeld usw. ist ein Objekt einer speziellen Klasse, in der die Eigenschaften von Buttons bzw. Textfeldern festgelegt sind.

Eigenschaften

▶ Zum anderen wurde sowohl mit einzelnen Variablen als auch mit Datenfeldern gearbeitet. Einzelne Variablen sind Objekte ihres Datentyps (`double`, `int`, ...). Es können festgelegte Operationen mit ihnen ausgeführt werden (Addition, Subtraktion usw.). Objekten der Klasse `Array` (Datenfeld) stehen vordefinierte Methoden zur Verfügung (`Clone()`, `Sort()`, ...).

Methoden

Der nächste Schritt, die Erzeugung eigener Klassen und der zugehörigen Objekte, sollte also nicht schwerfallen.

Hinweis: Die in diesem Kapitel dargestellten Programme sind ein Kompromiss, denn sie erklären zwar die sprachlichen Elemente der Objektorientierung in C#, tun das aber nicht anhand von umfangreichen Programmen, bei denen sich der Vorteil der Objektorientierung besonders auswirken würde.

Stattdessen werden eigene kleine und übersichtliche Klassen definiert und genutzt. Dadurch verbessert sich das Verständnis für die Objektorientierung allgemein und gleichzeitig für die Nutzung der bereits vorhandenen Klassen von Visual C#.

5.2 Klasse, Eigenschaft, Methode, Objekt

In einer Klassendefinition werden die Eigenschaften und Methoden gleichartiger Objekte festgelegt. Die Eigenschaften kennzeichnen das Objekt. Methoden sind Aktionen, die für das Objekt ausgeführt werden können.

Diese Begriffe sollen anhand eines kleinen Programms gemeinsam eingeführt werden. Es wird eine Klasse für Fahrzeuge definiert. Die Fahrzeuge haben eine Geschwindigkeit, man kann sie beschleunigen, und man kann ihre Eigenschaft auf dem Bildschirm ausgeben.

Klassendatei Zunächst erzeugen Sie wie gewohnt eine Windows-Anwendung (Projekt *KlasseObjekt*). Anschließend nutzen Sie eine eigene Datei für die Definition der Klasse. Das erleichtert die Übersicht und die spätere Wiederverwendbarkeit der Klasse.

Klassendefinition Über den Menüpunkt PROJEKT · KLASSE HINZUFÜGEN gelangen Sie in ein Dialogfeld mit Vorlagen. Hier wählen Sie die bereits voreingestellte Vorlage KLASSE. Diese beinhaltet eine leere Klassendefinition. In das Feld NAME sollten Sie den Namen der zu erzeugenden Klasse (hier: Fahrzeug) eintragen. Die Datei erhält dadurch den Namen *Fahrzeug.cs* und die neue leere Klasse in der Datei den Namen Fahrzeug.

class Es erscheint ein Codefenster mit einem leeren Klassenrahmen nach dem Schlüsselwort class. Die Klasse Fahrzeug soll nun wie folgt aussehen:

```
namespace KlasseObjekt
{
    class Fahrzeug
    {
        private int geschwindigkeit;
```

```
    public string ausgabe()
    {
        return "Geschwindigkeit: " +
            geschwindigkeit;
    }

    public void beschleunigen(int wert)
    {
        this.geschwindigkeit += wert;
    }
    }
}
```

Listing 5.1 Projekt »KlasseObjekt«, Definition der Klasse »Fahrzeug«

Zur Erläuterung:

▶ Die Klassendefinition steht in der Datei *Fahrzeug.cs*.

▶ Die neue Klasse befindet sich im gleichen Namensraum wie das eigentliche Programm: `KlasseObjekt`. Da Sie für die Klasse `Fahrzeug` keine weiteren Namensräume einbinden müssen, können Sie alle `using`-Anweisungen in der Datei *Fahrzeug.cs* löschen.

▶ Ein Fahrzeug hat die Eigenschaft `geschwindigkeit`, hier vom Datentyp `int`.

▶ In anderen Teilen dieses Buchs, in denen der Schwerpunkt nicht auf der Erklärung der objektorientierten Programmierung steht, werden Eigenschaften auch vereinfacht als klassenweit gültige Variablen bezeichnet.

▶ Alle Elemente sind innerhalb einer Klasse gekapselt. Das wird durch das   **Kapselung**
Schlüsselwort `private` an dieser Stelle noch einmal hervorgehoben, obwohl es nicht notwendig gewesen wäre. Kapselung bedeutet, dass das betreffende Element von einem Programmteil außerhalb der Klasse aus nicht direkt erreichbar ist. Das ist eines der wichtigen Konzepte der objektorientierten Programmierung: Bestimmte Elemente, wie z.B. Eigenschaften, sollen nur über definierte Zugänge erreichbar bzw. veränderbar sein.

▶ Die Deklaration `public int geschwindigkeit` würde diesem Prinzip der Datenkapselung widersprechen.

- ▶ Die Methode ausgabe() dient zur kommentierten Ausgabe des Werts der Eigenschaft geschwindigkeit. Daher wird ihrem Namen eine Zeichenkette zugewiesen, die u. a. den Wert der Eigenschaft beinhaltet.

Öffentliche Methode
- ▶ Die Methode ausgabe() wurde mit dem Schlüsselwort public öffentlich gemacht, d. h., sie ist von einem Programmteil aus erreichbar, das außerhalb der Klasse steht. Ansonsten hätte es sich um eine rein klasseninterne Methode gehandelt. Das kommt auch häufig vor.

- ▶ Die Methode beschleunigen() soll dazu dienen, den Wert der Eigenschaft geschwindigkeit zu verändern. Beim Aufruf wird der Methode ein (positiver oder negativer) Wert übergeben, der zu dem bisherigen Wert der Eigenschaft geschwindigkeit hinzuaddiert wird.

this
- ▶ Das Schlüsselwort this kennzeichnet *dieses Objekt*. Später werden verschiedene Objekte der Klasse Fahrzeug erzeugt. Für jedes dieser Objekte kann die Methode beschleunigen() aufgerufen werden. Es wird dann *dieses Objekt* beschleunigt. Dieser Zusammenhang wird durch die Benutzung von this noch einmal hervorgehoben, obwohl es nicht notwendig wäre. Auch in der Methode ausgabe() könnten Sie this.geschwindigkeit schreiben.

Damit steht eine Klasse zur Benutzung bereit. In der Ereignismethode des eigentlichen Programms im Projekt *KlasseObjekt* wird nun ein Objekt dieser Klasse erzeugt. Seine Eigenschaft wird ausgegeben, verändert und wieder ausgegeben (siehe Abbildung 5.1).

Abbildung 5.1 Objekt erzeugen, verändern, ausgeben

Der Programmcode der Ereignismethode:

```
...
namespace KlasseObjekt
{
    public partial class Form1 : Form
    {
        ...
        private void cmdAnzeigen_Click(...)
```

5.2 Klasse, Eigenschaft, Methode, Objekt

```
        {
            Fahrzeug vespa;
            vespa = new Fahrzeug();
            lblAnzeige.Text = vespa.ausgabe();
            vespa.beschleunigen(20);
            lblAnzeige.Text += "\n" + vespa.ausgabe();
            // lblAnzeige.Text = vespa.geschwindigkeit;
        }
    }
}
```

Listing 5.2 Projekt »KlasseObjekt«, Benutzung der Klasse Fahrzeug

Zur Erläuterung:

▶ Die Klasse Fahrzeug wird im Hauptprogramm in der Klasse des Formulars genutzt.

▶ Die Anweisung Fahrzeug vespa erzeugt einen Verweis auf ein Objekt der Klasse Fahrzeug.

▶ Die Anweisung vespa = new Fahrzeug() erzeugt ein neues Objekt der Klasse Fahrzeug, das über den Verweis vespa erreicht werden kann.   **new**

▶ Meist werden Verweis und Objekt in verkürzter Form in einer Anweisung gemeinsam erzeugt: Fahrzeug vespa = new Fahrzeug().

▶ Dieses Objekt verfügt über die Eigenschaften und Methoden, die in der Klassendefinition festgelegt wurden. Man spricht auch von einer Instanz der Klasse Fahrzeug bzw. vom Instanziieren dieser Klasse.   **Instanziierung**

▶ Mit der Anweisung lblAnzeige.Text = vespa.ausgabe() wird die Methode ausgabe() für das Objekt vespa aufgerufen. Diese Methode liefert gemäß Definition den Wert der Geschwindigkeit. Dieser Wert wird dem Label zugewiesen.

▶ Die Anweisung vespa.beschleunigen(20) ruft die Methode beschleunigen() für das Objekt vespa auf. In dieser Methode wird die Eigenschaft geschwindigkeit um den übergebenen Wert erhöht.

▶ Anschließend folgt wieder die Ausgabe. Sie sehen, wie sich das Objekt verändert hat.

▶ In der letzten Zeile steht (auskommentiert) eine Anweisung, die nicht durchgeführt werden kann. Das Objekt vespa hat zwar eine Eigenschaft geschwindigkeit, diese ist aber nicht öffentlich erreichbar. Daher wird

5 Objektorientierte Programmierung

das Programm mit diesem Fehler nicht übersetzt. Einen Hinweis darauf liefert bereits die Tatsache, dass diese Eigenschaft nicht in der Intelli-Sense-Liste enthalten ist, die sich im Editor nach Eingabe des Punkts hinter vespa öffnet.

5.3 Eigenschaftsmethode

Kontrolle

Eigenschaftsmethoden ermöglichen einen verbesserten Schutz von Klasseneigenschaften und eine weiter gehende Kontrolle bei den Veränderungen der Eigenschaften. Um das zu verdeutlichen, wurde die Klasse Fahrzeug im folgenden Programm (Projekt *Eigenschaftsmethode*) verändert.

Zunächst die neue Klassendefinition:

```
class Fahrzeug
{
    private int geschwindigkeit;

    public int Geschwindigkeit
    {
        get
        {
            return geschwindigkeit;
        }

        private set
        {
            if (value > 100)
                geschwindigkeit = 100;
            else if (value < 0)
                geschwindigkeit = 0;
            else
                geschwindigkeit = value;
        }
    }

    public void beschleunigen(int wert)
    {
```

```
        Geschwindigkeit += wert;
    }
}
```

Listing 5.3 Projekt »Eigenschaftsmethode«, Definition der Klasse

Zur Erläuterung:

▶ Es gibt nach wie vor die geschützte Eigenschaft `geschwindigkeit`.

▶ Zu dieser Eigenschaft wurde die Eigenschaftsmethode (engl. *Property*)   **property**
`Geschwindigkeit()` hinzugefügt.

▶ Eigenschaftsmethoden präsentieren sich wie eine Mischform aus Eigen-   **get, set**
schaft und Methode. Sie bestehen aus sogenannten Accessoren, einem
`get`-Accessor und einem `set`-Accessor. Der `get`-Accessor ist verantwortlich für das Lesen der Eigenschaft `geschwindigkeit`, der `set`-Accessor ist
verantwortlich für das Schreiben in die Eigenschaft `geschwindigkeit`.

▶ Im vorliegenden Programm wurde die Eigenschaftsmethode mit `public`
öffentlich gemacht. Der `set`-Accessor wurde dagegen mit `private` gekapselt. Somit kann die Eigenschaft `geschwindigkeit` von außerhalb der
Klasse gelesen, aber nicht verändert werden. Sie können sie nur über die
öffentliche Methode `beschleunigen()` verändern.

▶ Ein Accessor muss mindestens so restriktiv sein wie die Eigenschaftsme-   **Restriktiv**
thode. Somit ist die Kombination *gekapselte Eigenschaftsmethode* und
öffentlicher Accessor nicht möglich.

▶ Dem `set`-Accessor steht über das Schlüsselwort `value` der gelieferte Wert   **value**
wie ein Parameter zur Verfügung.

▶ Im `set`-Accessor wird durch eine Verzweigung dafür gesorgt, dass der
Wert der Eigenschaft `geschwindigkeit` nicht kleiner als 0 und nicht grö-
ßer als 100 werden darf (eine Geschwindigkeitsbegrenzung). Eine solche
Kontrolle ist einer der Einsatzzwecke einer Eigenschaftsmethode.

▶ In der Methode `beschleunigen()` wird der gelieferte Wert zu der Eigenschaftsmethode hinzuaddiert. Auf diese Weise wird dafür gesorgt, dass
sich auch bei Aufruf der Methode `beschleunigen()` der Wert der Eigenschaft `geschwindigkeit` nur innerhalb der erlaubten Grenzen bewegt.

Es folgt das Programm, in dem die veränderte Klasse benutzt wird:

```
private void cmdAnzeigen_Click(...)
{
    Fahrzeug vespa = new Fahrzeug();
    lblAnzeige.Text = "Geschwindigkeit: " +
        vespa.Geschwindigkeit;
    vespa.beschleunigen(120);
    // vespa.Geschwindigkeit = 50;
    lblAnzeige.Text += "\nGeschwindigkeit: " +
        vespa.Geschwindigkeit;
}
```

Listing 5.4 Projekt »Eigenschaftsmethode«, Benutzung der Klasse

Zur Erläuterung:

- Zur Ausgabe wird der (öffentlich zugängliche) get-Accessor der Eigenschaftsmethode Geschwindigkeit() benutzt.
- Es wird versucht, das Fahrzeug um 120 zu beschleunigen. Das gelingt allerdings nicht, da der set-Accessor der Eigenschaftsmethode Geschwindigkeit() das verhindert (siehe Abbildung 5.2).
- In der vorletzten Zeile steht (auskommentiert) eine Anweisung, die nicht durchgeführt werden kann. Der set-Accessor der Eigenschaftsmethode Geschwindigkeit() ist gekapselt, daher führt die Anweisung vespa.Geschwindigkeit = 50 zu einem Fehler.

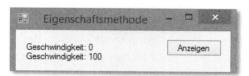

Abbildung 5.2 Kontrolle durch Eigenschaftsmethode

5.4 Konstruktor

Objekterzeugung

Konstruktoren dienen dazu, Objekte bei ihrer Erzeugung mit Werten zu versehen. Es kann pro Klasse mehrere Konstruktoren geben, wenn Sie es dem Benutzer der Klasse ermöglichen möchten, seine Objekte auf verschiedene Art und Weise zu erzeugen.

5.4 Konstruktor

Ein Konstruktor wird in der Klasse wie eine Methode vereinbart. Er hat immer den Namen der Klasse. Im nachfolgenden Beispiel (Projekt *Konstruktor*) wurde die Klasse Fahrzeug wiederum verändert mit dem besonderen Augenmerk auf Konstruktoren.

Name der Klasse

Zunächst die Klasse:

```
class Fahrzeug
{
    private string bezeichnung;
    private int geschwindigkeit;

    public Fahrzeug()
    {
        bezeichnung = "(leer)";
        geschwindigkeit = 0;
    }

    public Fahrzeug(string b)
    {
        bezeichnung = b;
        geschwindigkeit = 0;
    }

    public Fahrzeug(int g)
    {
        bezeichnung = "(leer)";
        geschwindigkeit = g;
    }

    public Fahrzeug(string b, int g)
    {
        bezeichnung = b;
        geschwindigkeit = g;
    }

    public string ausgabe()
    {
        return "Bezeichnung: " + bezeichnung +
            "\n" + "Geschwindigkeit: " +
            geschwindigkeit + "\n";
    }
```

199

5   Objektorientierte Programmierung

```
    public void beschleunigen(int wert)
    {
        geschwindigkeit += wert;
    }
}
```

Listing 5.5 Projekt »Konstruktor«, Definition der Klasse

Zur Erläuterung:

▶ Fahrzeuge haben nun zwei Eigenschaften: eine Bezeichnung (mit dem Datentyp `string`) und eine Geschwindigkeit (mit dem Datentyp `int`).

Mehrere Konstruktoren

▶ Es sind vier Konstruktormethoden mit dem Namen `Fahrzeug()` vereinbart, diese unterscheiden sich in Anzahl und Datentyp der Parameter. Durch diese Unterscheidung kann das Programm bei der Objekterzeugung erkennen, welche der vier Konstruktormethoden verwendet werden soll.

Überladung

▶ Man bezeichnet das als Methodenüberladung. Neben der Konstruktormethode können auch andere Methoden auf diese Weise überladen werden. Das ist eine häufige Vorgehensweise: Sie *machen* etwas mit dem Objekt, senden dabei bestimmte Daten, und das Objekt weiß aufgrund der Klassendefinition und der verschiedenen Methodendefinitionen, wie es mit den Daten verfahren soll.

▶ Der erste Konstruktor erwartet keine Parameter. Die beiden Eigenschaften werden mit dem Text »leer« und der Zahl 0 vorbesetzt.

▶ Der zweite Konstruktor erwartet eine Zeichenkette. Diese wird der Bezeichnung zugewiesen. Die Geschwindigkeit wird mit 0 vorbesetzt.

▶ Analog dazu erwartet der dritte Konstruktor eine ganze Zahl. Diese wird der Geschwindigkeit zugewiesen. Die Bezeichnung wird mit dem Text »leer« vorbesetzt.

▶ Im vierten Konstruktor, der eine Zeichenkette und eine ganze Zahl erwartet, werden beide Eigenschaften mit den gewünschten Werten vorbesetzt.

▶ Mithilfe der Ausgabemethode werden beide Eigenschaften kommentiert ausgegeben.

Das Programm (Projekt *Konstruktor*) kann diese Klasse jetzt wie folgt nutzen:

```
private void cmdAnzeigen_Click(...)
{
    Fahrzeug vespa = new Fahrzeug();
    Fahrzeug schwalbe = new Fahrzeug("Moped");
    Fahrzeug yamaha = new Fahrzeug(50);
    Fahrzeug honda = new Fahrzeug("Motorrad", 75);

    lblAnzeige.Text = vespa.ausgabe() + "\n" +
        schwalbe.ausgabe() + "\n" +
        yamaha.ausgabe() + "\n" +
        honda.ausgabe();
}
```

Listing 5.6 Projekt »Konstruktor«, Benutzung der Klasse

Zur Erläuterung:

▶ Es werden vier Objekte der Klasse Fahrzeug erzeugt und ausgegeben, siehe Abbildung 5.3. Jedes der Objekte nutzt einen anderen Konstruktor.

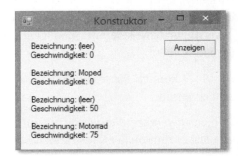

Abbildung 5.3 Vier Objekte nach der Konstruktion

▶ Während der Codierung erscheint nach Eingabe von new Fahrzeug eine IntelliSense-QuickInfo. Darin werden dem Entwickler die vier Möglichkeiten zur Objekterzeugung, also die vier Konstruktoren mit Anzahl und Typ der Parameter, zur Auswahl angeboten. Dieses Verhalten kennen wir schon von der Benutzung der vordefinierten Methoden.

▶ Sobald Sie eigene Konstruktoren definieren, können Sie nur noch diese nutzen. Falls es keine eigenen Konstruktoren gibt, wird ein interner, parameterloser Konstruktor verwendet, wie im ersten Beispiel dieses Abschnitts.

5.5   Referenzen, Vergleiche und Typen

Objektverweis

Mithilfe einer Zuweisung kann einem Objektverweis A ein gleichartiger Objektverweis B zugewiesen werden. Dabei ist allerdings zu beachten, dass nicht das Objekt, sondern nur eine Referenz (der Objektverweis) zugewiesen wurde. Die Objektverweise A und B verweisen nach der Zuweisung auf dasselbe Objekt. Wird im weiteren Verlauf des Programms eine Veränderung über einen der beiden Objektverweise vorgenommen, hat das Auswirkungen auf dasselbe Objekt.

Referenztyp

Bei der Übergabe von Parametern an eine Methode haben wir bereits ein ähnliches Verhalten kennengelernt. Wenn ein Parameter mit ref übergeben wurde, hatte eine Änderung Auswirkungen auf die Originalvariable. Dieser Vorgang wurde daher auch als *Übergabe per Referenz* bezeichnet.

Werttyp

Anders verhält es sich bekanntlich bei der Zuweisung einer Variablen eines Basisdatentyps (z. B. int oder double). Nach der Zuweisung einer Variablen A an eine Variable B haben zwar beide zunächst den gleichen Wert. Es handelt sich aber um zwei verschiedene Variablen, die im weiteren Verlauf des Programms unabhängig voneinander agieren können. Bezüglich dieses Verhaltens spricht man auch von Verweistypen bzw. Referenztypen (Objekte) und Werttypen (Variablen der Basisdatentypen).

Mithilfe der Methode ReferenceEquals() können Sie feststellen, ob zwei Objektverweise auf dasselbe Objekt verweisen.

Es folgt ein Beispielprogramm (Projekt *ReferenzenVergleicheTypen*), das diese Zusammenhänge verdeutlicht. Die Definition der Klasse ähnelt derjenigen im vorigen Projekt *Konstruktor*, daher muss sie hier nicht mehr gesondert dargestellt werden:

```
private void cmdReferenzZuweisen_Click(...)
{
    Fahrzeug vespa = new Fahrzeug("Moped", 50);
    Fahrzeug schwalbe;
    schwalbe = vespa;
    MessageBox.Show(vespa.ausgabe() +
        " / " + schwalbe.ausgabe());
    vespa.beschleunigen(35);
    MessageBox.Show(vespa.ausgabe() +
        " / " + schwalbe.ausgabe());
}
```

```
private void cmdReferenzenVergleichen_Click(...)
{
    Fahrzeug vespa = new Fahrzeug("Roller", 35);
    Fahrzeug schwalbe = new Fahrzeug("Roller", 35);

    if(ReferenceEquals(vespa,schwalbe))
        MessageBox.Show("Die beiden Objekt" +
            "verweise zeigen auf dasselbe Objekt");
    else
        MessageBox.Show("Die beiden Objekt" +
            "verweise zeigen nicht auf dasselbe Objekt");
}
```

Listing 5.7 Projekt »ReferenzenVergleicheTypen«, Teil 1

Zur Erläuterung:

▶ Nach der Erzeugung eines Objekts (mit new) und eines Objektverweises (ohne new) der Klasse Fahrzeug erfolgt die Zuweisung des Objekts zum zweiten Objektverweis.

▶ Damit sind schwalbe und vespa Verweise auf dasselbe Objekt. Wird vespa beschleunigt, erfährt man diese Veränderung auch über schwalbe (siehe Abbildung 5.4).

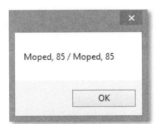

Abbildung 5.4 Zwei Verweise auf ein Objekt

▶ In der zweiten Prozedur werden zwei Objekte mit den gleichen Eigenschaftswerten erzeugt. Der Vergleich mithilfe der Methode ReferenceEquals() zeigt, dass es sich aber nicht um dasselbe Objekt handelt (siehe Abbildung 5.5).

ReferenceEquals()

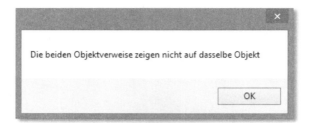

Abbildung 5.5 Zwei verschiedene Objekte

5.5.1 Objekte vergleichen

Equals()

In diesem Zusammenhang ist auch die Methode Equals() der Basisklasse object von Interesse. Diese Methode erbt jede Klasse, weil jede Klasse von der Basisklasse object abgeleitet wird. Das Thema *Vererbung* wird im gleichnamigen Abschnitt 5.8 noch vertieft.

Falls Sie die geerbte Methode Equals() auf zwei Objektverweise einer Klasse anwenden, wird damit festgestellt, ob die Verweise auf dasselbe Objekt verweisen. Es handelt sich also um das gleiche Verhalten wie bei der Methode ReferenceEquals().

Die Methode Equals() ist aber eigentlich dazu vorgesehen, festzustellen, ob zwei Objekte identisch sind. Dazu muss sie in der betreffenden Klasse überschrieben werden.

Die Klasse Fahrzeug im Projekt *ReferenzenVergleicheTypen* wird also wie folgt ergänzt:

```
class Fahrzeug
{
    ...
    public bool Equals(Fahrzeug x)
    {
        if (bezeichnung == x.bezeichnung &&
                geschwindigkeit == x.geschwindigkeit)
            return true;
        else
            return false;
    }
}
```

Listing 5.8 Projekt »ReferenzenVergleicheTypen«, Methode Equals()

5.5 Referenzen, Vergleiche und Typen

Zur Erläuterung:

▶ Die Methode liefert `true`, wenn die Werte der beiden Eigenschaften `bezeichnung` und `geschwindigkeit` gleich sind.

Das folgende Beispielprogramm (ebenfalls im Projekt *ReferenzenVergleicheTypen*) verwendet die veränderte Klasse `Fahrzeug`:

```
private void cmdObjekteVergleichen_Click(...)
{
    Fahrzeug vespa = new Fahrzeug("Roller", 35);
    Fahrzeug schwalbe = new Fahrzeug("Roller", 35);

    if (vespa.Equals(schwalbe))
        MessageBox.Show(
            "Beide Objekte sind gleich");
    else
        MessageBox.Show(
            "Beide Objekte sind nicht gleich");
}
```

Listing 5.9 Projekt »ReferenzenVergleicheTypen«, Nutzung der Methode Equals()

Zur Erläuterung:

▶ Beim Vergleich wird nun die eigene Methode `Equals()` der Klasse `Fahrzeug` aufgerufen.

▶ Die Werte der Eigenschaften werden verglichen. Diese sind gleich, also liefert die Methode `Equals()` den Wert `true`.

5.5.2 Typ eines Objekts ermitteln

Die Methode `GetType()` der Basisklasse `object` liefert die Bezeichnung des Typs, also der Klasse eines Objekts. Diese Bezeichnung kann mithilfe der Methode `ToString()` ausgegeben werden. Das Gleiche liefert der Operator `typeof`. Das folgende Beispielprogramm (ebenfalls im Projekt *ReferenzenVergleicheTypen*) zeigt es:

GetType(), typeof

```
private void cmdKlasseErmitteln_Click(...)
{
    Fahrzeug vespa = new Fahrzeug("Roller", 35);
```

205

5 Objektorientierte Programmierung

```
MessageBox.Show("Objekt vespa ist vom Typ " +
    vespa.GetType().ToString());
MessageBox.Show("Die Klasse heißt " + typeof(Fahrzeug));

MessageBox.Show("Der Button ist vom Typ " +
    cmdKlasseErmitteln.GetType().ToString());
MessageBox.Show("Die Klasse heißt " + typeof(Button));
}
```

Listing 5.10 Projekt »ReferenzenVergleicheTypen«, Typ ermitteln

Zur Erläuterung:

▶ Es wird das Objekt vespa vom Typ Fahrzeug erzeugt. Die Methode Get-
Type() liefert dann die Bezeichnung ReferenzenVergleicheTypen.Fahr-
zeug, also den Namen der eigenen Klasse Fahrzeug innerhalb des
Namensraums des Projekts. Das Gleiche liefert der Operator typeof.

▶ Die Methode GetType() liefert für den Button die Bezeichnung Sys-
tem.Windows.Forms.Button, also den Namen der Klasse Button innerhalb
des Namensraums System.Windows.Forms.

5.5.3 Typ eines Objekts durch Vergleich ermitteln

is   Falls Sie wissen möchten, ob ein Objekt von einem bestimmten Typ ist,
können Sie den Operator is anwenden. Das folgende Beispielprogramm
(ebenfalls im Projekt *ReferenzenVergleicheTypen*) zeigt das:

```
private void cmdKlasseVergleichen_Click(...)
{
    Fahrzeug vespa = new Fahrzeug("Roller", 35);

    if (vespa is Fahrzeug)
        MessageBox.Show(
            "Objekt vespa ist vom Typ Fahrzeug");

    if (cmdKlasseErmitteln is Button)
        MessageBox.Show("Objekt cmdKlasseErmitteln" +
            " ist vom Typ Button");
}
```

Listing 5.11 Projekt »ReferenzenVergleicheTypen«, Typ durch Vergleich ermitteln

206

Es wird das Objekt vespa vom Typ Fahrzeug erzeugt. Der Operator is liefert dann true. Entsprechend verhält es sich bei dem Button.

5.6 Delegates

Mithilfe von Delegates kann man Verweise auf Ereignismethoden erstellen. Sie werden sich fragen, wozu das nötig ist, da wir Methoden zu den verschiedenen Ereignissen unserer Steuerelemente ja einfach über das EIGENSCHAFTEN-Fenster erzeugen können. Was ist aber mit Steuerelementen, die erst zur Laufzeit des Programms erzeugt werden? Hier kommen die Delegates ins Spiel.

Ereignismethoden

Im nachfolgenden Beispiel im Projekt *Delegates* können wir im Formular per Klick auf den oberen Button beliebig viele zusätzliche Buttons erzeugen. Zu jedem dieser Buttons gibt es dann auch eine Ereignismethode. Diese dient hier im Beispiel dazu, den Button wieder aus dem Formular zu löschen. In Abbildung 5.6 sehen Sie das Formular nach dem Erzeugen von vier zusätzlichen Buttons und dem Löschen der ersten beiden zusätzlichen Buttons.

Steuerelemente erzeugen und löschen

Abbildung 5.6 Buttons, zur Laufzeit erzeugt bzw. gelöscht

Zunächst das Programm:

```
public partial class Form1 : Form
{
    public Form1()
    {
        InitializeComponent();
    }
```

5 Objektorientierte Programmierung

```csharp
int YPos = 44;
int Nr = 1;

private void cmdErzeugen_Click(...)
{
    Button neuerButton = new Button();
    neuerButton.Location = new Point(12, YPos);
    neuerButton.Size = new Size(75, 26);
    neuerButton.Text = Nr + "";

    neuerButton.Click +=
        new EventHandler(neuerButton_Click);
    Controls.Add(neuerButton);
    YPos = YPos + 32;
    Nr = Nr + 1;
}

private void neuerButton_Click(object sender,
    EventArgs e)
{
    Button senderButton;
    senderButton = sender as Button;
    Controls.Remove(senderButton);

    MessageBox.Show("Button " +
        senderButton.Text + " wurde gelöscht");
}
}
```

Listing 5.12 Projekt »Delegates«

Zur Erläuterung:

▶ Die beiden Eigenschaften YPos und Nr der Klasse Form1 sorgen für die y-Position und die laufende Nummer der neuen Buttons. Der erste Button wird bei y = 44 erscheinen und die Nummer 1 tragen.

▶ In der Ereignismethode cmdErzeugen_Click() wird ein neues Objekt des Typs Button erzeugt. Über die Eigenschaften Location, Size und Text bekommt es Lage, Größe und Aufschrift zugewiesen.

▶ Dem Ereignis `Click` dieses neuen Buttons wird mithilfe des Operators `+=` ein neues Objekt des Typs `EventHandler` zugeordnet. Das ist die Methode `neuerButton_Click()`. Das bedeutet: Wenn auf den neuen Button geklickt wird, startet der Code in `neuerButton_Click()`. Lassen Sie sich nicht irritieren: Solange diese Methode noch nicht existiert, wird ein Fehler gemeldet.

▶ Die Methode `Add()` fügt der Auflistung `Controls` den neuen Button hinzu. Damit erscheint er im Formular. Die Auflistung `Controls` ist eine Eigenschaft des Formulars und umfasst alle darin vorhandenen Steuerelemente.

Controls.Add()

▶ Die beiden Eigenschaften `YPos` und `Nr` der Klasse `Form1` bekommen neue Werte für den nächsten Button.

▶ Es folgt die Methode `neuerButton_Click()`, die für die Bearbeitung des Ereignisses `Click` aller zusätzlichen Buttons sorgt. Im Methodenkopf stehen, wie bisher, die beiden Objekte der Klasse `object` bzw. `EventArgs`.

▶ Der betreffende Button wird mithilfe der Methode `Remove()` aus der Auflistung `Controls` gelöscht, er verschwindet also wieder.

Controls.Remove()

▶ Damit wir eine Information darüber bekommen können, welcher Button gelöscht wurde, wird zunächst ein neuer Verweis auf einen Button angelegt. Mit `senderButton = sender as Button` verweist dieser Verweis auf den auslösenden Button. Der Operator `as` sorgt dafür, dass das sendende Objekt »als Button angesehen wird«. Die Aufschrift des Buttons ist seine laufende Nummer.

as

5.7   Statische Elemente

Bisher haben wir nur Eigenschaften kennengelernt, die bestimmten Objekten zugeordnet sind, und Methoden, die für ein bestimmtes Objekt ausgeführt werden. Darüber hinaus gibt es aber auch klassenbezogene Eigenschaften und Methoden:

▶ Klassenbezogene Eigenschaften, sogenannte statische Eigenschaften, sind thematisch mit der Klasse verbunden. Ihre Werte stehen allen Objekten der Klasse zur Verfügung. Falls sie öffentlich deklariert werden, stehen sie auch außerhalb der Klasse zur Verfügung.

Statische Eigenschaften

▶ Klassenbezogene Methoden, sogenannte statische Methoden, sind ebenfalls thematisch mit der Klasse verbunden.

Statische Methoden

5   Objektorientierte Programmierung

Im nachfolgenden Beispiel im Projekt *StatischeElemente* werden zwei statische Eigenschaften genutzt, eine ist in der Klasse gekapselt, die andere
öffentlich. Außerdem kommt noch eine statische Methode zum Einsatz.
Zunächst die Klassendefinition:

```
class Zahl
{
    double wert;
    int nummer;
    static int anzahl = 0;
    public static double pi = 3.1415926;

    public Zahl(double x)
    {
        anzahl += 1;
        nummer = anzahl;
        wert = x;
    }

    public void maldrei()
    {
        wert = wert * 3;
    }

    public static double verdoppeln(double x)
    {
        return x * 2;
    }

    public string ausgabe()
    {
        return "Objekt Nr. " + nummer +
            ", Wert: " + wert;
    }
}
```

Listing 5.13 Projekt »StatischeElemente«, Klassendefinition

Zur Erläuterung:

▶ Es wurde die Klasse Zahl definiert, mit deren Hilfe einige einfache Zah-
lenoperationen ausgeführt werden sollen.

210

- Die beiden Variablen wert und nummer sind objektbezogene Eigenschaften. Jedes Objekt hat also seinen eigenen Wert und seine eigene laufende Nummer.
- Die Variable anzahl ist eine klassenbezogene und gekapselte Eigenschaft. Diese statische Eigenschaft gibt es insgesamt nur einmal, unabhängig von der Anzahl der erzeugten Objekte. Sie steht innerhalb der Klasse allen Objekten gemeinsam zur Verfügung, sie wird also von den Objekten gemeinsam genutzt. Das Schlüsselwort static kennzeichnet die Variable als eine statische Eigenschaft. — *static*
- Innerhalb des Konstruktors der Klasse wird die statische Eigenschaft anzahl bei jeder Erzeugung eines Objekts um 1 erhöht. Diese Eigenschaft repräsentiert also die Anzahl der Objekte. Darüber hinaus wird sie genutzt, um jedem Objekt bei seiner Erzeugung eine individuelle laufende Nummer zu geben.
- Die Variable pi ist eine klassenbezogene und öffentliche Eigenschaft. Sie ist ebenfalls einmalig, steht aber nicht nur innerhalb, sondern auch außerhalb der Klasse zur Verfügung. Sie ist jedoch thematisch mit der Klasse Zahl verbunden, daher wird sie in der Klasse deklariert. — *public static*
- Die Methode maldrei() ist eine objektbezogene Methode. Sie kann auf ein Objekt angewendet werden und verändert dieses Objekt gegebenenfalls.
- Die Methode verdoppeln() ist eine klassenbezogene Methode. Sie wird nicht auf ein individuelles Objekt angewendet. Sie ist aber thematisch mit der Klasse Zahl verbunden und wird daher in der Klasse definiert. Innerhalb der Methode steht keine objektbezogene Eigenschaft (wie wert oder nummer) zur Verfügung. — *Statische Methode*

Im folgenden Programm im Projekt *StatischeElemente* werden alle genannten statischen Elemente genutzt (siehe Abbildung 5.7).

Abbildung 5.7 Statische Elemente

5 Objektorientierte Programmierung

Der Programmcode:

```
private void cmdAnzeigen_Click(...)
{
    Zahl x = new Zahl(2.5);
    Zahl p = new Zahl(-5);
    double y, r;

    /* Objektbezogene Methoden */
    x.maldrei();
    lblAnzeige.Text = x.ausgabe() + "\n" +
        p.ausgabe();
    /* Klassenbezogene Methode */
    y = 4;
    lblAnzeige.Text += "\n" + "Zahl: " + y +
        "\n" + "Nach Verdopplung: " +
        Zahl.verdoppeln(y);

    /* Klassenbezogene und öffentliche Eigenschaft */
    r = 6;
    lblAnzeige.Text += "\n" + "Radius: " + r +
        "\n" + "Fläche: " + r * r * Zahl.pi;
}
```

Listing 5.14 Projekt »StatischeElemente«, Hauptprogramm

Zur Erläuterung:

▶ Es werden die beiden Objekte x und p der Klasse Zahl erzeugt. Dabei wird jeweils der Konstruktor durchlaufen, die Objekte erhalten ihre Startwerte sowie eine laufende Nummer.

▶ Auf das Objekt x wird eine objektbezogene Methode angewendet. Anschließend werden beide Objekte mit ihren Eigenschaften ausgegeben.

▶ Die statische Methode verdoppeln() wird auf eine double-Variable angewendet.

▶ Die statische und öffentliche Eigenschaft pi der Klasse wird genutzt, um aus dem Radius eines Kreises die Fläche zu berechnen.

212

▶ Die im Projekt *ReferenzenVergleicheTypen* genutzte Methode Show() der Klasse MessageBox ist ebenfalls statisch. Es musste kein Objekt der Klasse MessageBox erzeugt werden, um die Methode Show() aufzurufen.

Show()

5.8 Vererbung

Eine Klasse kann ihre Elemente an eine andere Klasse vererben. Dieser Mechanismus wird häufig angewendet, um bereits vorhandene Definitionen übernehmen zu können. Sie erzeugen durch Vererbung eine Hierarchie von Klassen, die die Darstellung von Objekten mit teils übereinstimmenden, teils unterschiedlichen Merkmalen ermöglichen.

Visual C# stellt bereits eine große Menge an Klassen zur Verfügung, die in eigenen Programmen geerbt werden können. Dadurch können Sie komplexe Objekte mit ihrem Verhalten, ihren Eigenschaften und Möglichkeiten in Ihr eigenes Programm einfügen.

Erben

In den Beispielen dieses Buchs wurde das bereits vielfach praktiziert. So wurde beim Einfügen eines Formulars von der Klasse für Formulare geerbt. Alle Eigenschaften eines Formulars (Text, BackColor, Size, ...), alle Methoden eines Formulars (Close(), ...) und alle Ereignisse eines Formulars (Click, Load, Activated, ...) stehen nach dem Einfügen zur Verfügung.

Formular geerbt

Im nachfolgenden Beispiel im Projekt *Vererbung* wird eine Klasse PKW definiert, mit deren Hilfe die Eigenschaften und Methoden von Personenkraftwagen dargestellt werden sollen. Bei der Erzeugung bedienen Sie sich der existierenden Klasse Fahrzeug, in der ein Teil der gewünschten Eigenschaften und Methoden bereits vorhanden ist. Bei der Klasse PKW kommen noch einige Merkmale hinzu.

In diesem Zusammenhang nennt man die Klasse PKW auch eine spezialisierte Klasse. Die Klasse Fahrzeug nennt man eine allgemeine Klasse. Von der Klasse PKW aus gesehen ist die Klasse Fahrzeug eine Basisklasse. Von der Klasse Fahrzeug aus gesehen ist die Klasse PKW eine abgeleitete Klasse.

Basisklasse, abgeleitete Klasse

Bei der Projekterzeugung werden beide Klassen in eigenen Klassendateien jeweils über den Menüpunkt PROJEKT • KLASSE HINZUFÜGEN gespeichert.

5 Objektorientierte Programmierung

Zunächst die Basisklasse Fahrzeug:

```
class Fahrzeug
{
    int geschwindigkeit;

    public void beschleunigen(int wert)
    {
        geschwindigkeit += wert;
    }

    public string ausgabe()
    {
        return "Geschwindigkeit: " +
            geschwindigkeit + "\n";
    }
}
```

Listing 5.15 Projekt »Vererbung«, Basisklasse Fahrzeug

Davon abgeleitet wird die Klasse PKW:

```
class PKW : Fahrzeug
{
    int insassen;

    public void einsteigen(int anzahl)
    {
        insassen += anzahl;
    }

    public new string ausgabe()
    {
        return "Insassen: " + insassen +
            "\n" + base.ausgabe();
    }
}
```

Listing 5.16 Projekt »Vererbung«, abgeleitete Klasse PKW

5.8 Vererbung

Zur Erläuterung:

- Nach dem Beginn der Klassendefinition (class PKW) folgt ein Doppelpunkt und der Name der Klasse Fahrzeug. Dadurch wird gekennzeichnet, dass die Klasse PKW alle Elemente von der Klasse Fahrzeug erbt. **Doppelpunkt**

- Die Klasse PKW verfügt nun über zwei Eigenschaften: die geerbte Eigenschaft geschwindigkeit und die eigene Eigenschaft insassen. **Geerbte Eigenschaft**

- Außerdem verfügt sie über vier Methoden: die geerbten Methoden beschleunigen() und ausgabe() sowie die eigenen Methoden einsteigen() und ausgabe(). **Geerbte Methode**

- Da die Methode ausgabe() bereits in der Basisklasse mit der gleichen Signatur vorkommt, sollten Sie die gleichnamige Methode der abgeleiteten Klasse durch new besonders kennzeichnen. Dadurch teilen Sie mit, dass diese Methode eine andere, gleichnamige Methode der Basisklasse verdeckt. **new**

- In der Methode ausgabe() der Klasse PKW wird allerdings weiterhin die Methode der Basisklasse benötigt, denn sie soll alle Eigenschaften ausgeben und sich dabei möglichst der bereits vorhandenen Methode ausgabe() der Basisklasse bedienen. Die Elemente der Basisklasse erreichen Sie in einer abgeleiteten Klasse über den Bezeichner base. **base**

In dem Programm im Projekt *Vererbung*, das diese Klassen benutzt, werden zwei Objekte erzeugt, ein Objekt der Basisklasse und ein Objekt der abgeleiteten Klasse (siehe Abbildung 5.8).

Abbildung 5.8 Objekte der Basisklasse und der abgeleiteten Klasse

Der Programmcode:

```
private void cmdAnzeigen_Click(...)
{
    Fahrzeug vespa = new Fahrzeug();
    PKW fiat = new PKW();
```

```
        vespa.beschleunigen(35);
        lblAnzeige.Text = vespa.ausgabe();

        lblAnzeige.Text += "\n" + fiat.ausgabe();
        fiat.einsteigen(3);
        fiat.beschleunigen(30);
        lblAnzeige.Text += "\n" + fiat.ausgabe();
    }
```

Listing 5.17 Projekt »Vererbung«, Nutzung der Klassen

Zur Erläuterung:

▶ Im Programm werden zwei Objekte verschiedener Klassen erzeugt.

Methodensuche ▶ Wenn eine Methode für ein Objekt einer abgeleiteten Klasse aufgerufen wird, dann wird diese Methode zunächst in dieser abgeleiteten Klasse gesucht. Wird sie dort gefunden, wird sie aufgerufen. Anderenfalls wird sie eine Ebene höher, also in der Klasse, gesucht, von der die Klasse des Objekts abgeleitet wurde. Wird sie dort ebenfalls nicht gefunden, wird wiederum die zugehörige Basisklasse durchsucht usw.

▶ Für das Objekt fiat der Klasse PKW werden die Methoden ausgabe() und einsteigen() aufgerufen. Diese werden zuerst in der Klasse PKW gefunden und ausgeführt.

▶ Innerhalb der Methode ausgabe() der Klasse PKW wird die Methode der Basisklasse Fahrzeug über base aufgerufen und ausgeführt.

▶ Die Methode beschleunigen() wird für das Objekt fiat ebenfalls zunächst in der Klasse PKW gesucht, aber nicht gefunden. Da PKW von Fahrzeug geerbt hat, wird die Methode nun in der Klasse Fahrzeug gesucht, dort gefunden und ausgeführt.

private Hinweis: Eigenschaften der Basisklasse sind von der abgeleiteten Klasse aus normalerweise nicht erreichbar, da sie in der Basisklasse gekapselt sind. Sie wurden mit dem Schlüsselwort private deklariert oder (gleichbedeutend) ganz ohne Zusatz vor dem Datentyp. Möchten Sie sie aber dennoch erreichbar machen, haben Sie zwei Möglichkeiten:

public ▶ Sie deklarieren die Eigenschaften mit public. Dann sind sie öffentlich zugänglich und von überall aus zu erreichen. Das widerspricht aber dem Prinzip der Datenkapselung.

► Sie deklarieren die Eigenschaften mit protected. Nun sind sie von der Klasse, in der sie deklariert wurden, und von allen aus dieser abgeleiteten Klassen aus erreichbar. Somit bleibt noch eine gewisse Datenkapselung gewährleistet.

protected

Hinweis: Spätestens jetzt erklärt sich auch die Hierarchie in der Kopfzeile der Formularklasse, die in jedem bisherigen Programm genutzt wurde: public partial class Form1 : Form. Die Klasse Form1 erbt von der vorhandenen Klasse Form.

Formular erben

5.9 Konstruktoren bei Vererbung

Bei der Erzeugung eines Objekts einer abgeleiteten Klasse können Sie Konstruktoren einsetzen. Sie sollten dabei darauf achten, wie die Konstruktoren der Basisklasse aufgebaut sind, damit diese intern richtig aufgerufen werden können.

Konstruktor der Basisklasse

Zunächst eine Basisklasse mit zwei Konstruktoren im Projekt *Vererbung-Konstruktoren*:

```
class Fahrzeug
{
    string bezeichnung;
    int geschwindigkeit;

    public Fahrzeug()
    {
        bezeichnung = "(leer)";
        geschwindigkeit = 0;
    }

    public Fahrzeug(string b, int g)
    {
        bezeichnung = b;
        geschwindigkeit = g;
    }
    ...
}
```

Listing 5.18 Projekt »VererbungKonstruktoren«, Klasse Fahrzeug

5 Objektorientierte Programmierung

Zur Erläuterung:

▶ Einer der beiden Konstruktoren benötigt keine Parameter. Die Eigenschaften werden mit *(leer)* bzw. 0 initialisiert.

▶ Der andere Konstruktor benötigt eine string-Variable und eine int-Variable. Mit den übergebenen Werten werden die Eigenschaften vorbesetzt.

Es folgt die abgeleitete Klasse, ebenfalls mit zwei Konstruktoren:

```
class PKW : Fahrzeug
{
    int insassen;

    public PKW()
    {
        insassen = 0;
    }

    public PKW(string b, int g, int i)
        : base(b, g)
    {
        insassen = i;
    }
    ...
}
```

Listing 5.19 Projekt »VererbungKonstruktoren«, Klasse PKW

Zur Erläuterung:

▶ In dieser Klasse gibt es ebenfalls einen parameterlosen Konstruktor.

base() ▶ Der andere Konstruktor benötigt eine string-Variable und zwei int-Variablen. Zwei der übergebenen Werte werden mithilfe von base() an die Basisklasse weitergereicht, dabei muss der passende Konstruktor aufgerufen werden. Der dritte Wert wird in der Klasse PKW zum Vorbesetzen der eigenen Eigenschaft der Klasse PKW genutzt.

Das Programm (Ausgabe siehe Abbildung 5.9):

```
private void cmdAnzeigen_Click(...)
{
    PKW fiat = new PKW("Limousine", 50, 2);
    PKW peugeot = new PKW();
```

218

```
    lblAnzeige.Text = fiat.ausgabe() +
        "\n" + peugeot.ausgabe();
}
```

Listing 5.20 Projekt »VererbungKonstruktoren«, Nutzung der Klasse

Zur Erläuterung:

- Die beiden Objekte fiat und peugeot werden unterschiedlich erzeugt.
- Das Objekt fiat wird mit drei Werten initialisiert; somit wird der passende Konstruktor gefunden. Dieser reicht die Werte für Geschwindigkeit und Bezeichnung weiter.   *Eigenschaften weiterreichen*
- Das Objekt peugeot wird ohne Werte initialisiert. Auch hier werden beide Konstruktoren durchlaufen und Standardwerte festgehalten.

Abbildung 5.9 Nutzung verschiedener Konstruktoren

5.10 Polymorphie

Polymorphie bedeutet Vielgestaltigkeit. Innerhalb der objektorientierten Programmierung bedeutet dieser Begriff, dass ein Objektverweis auf Objekte unterschiedlicher Art verweisen kann. Er ist anschließend in der Lage, den Abruf der jeweils zugehörigen Objektelemente zu unterstützen. Das vergrößert die Flexibilität bei der Programmierung mit Objekten verwandter Klassen.   *Vielgestaltigkeit*

Im nachfolgenden Beispiel im Projekt *Polymorphie* werden Objekte zweier Klassen erzeugt. Eine der Klassen ist aus der anderen Klasse abgeleitet. Die Objekte werden anschließend über ein Feld von Verweisen auf Objekte der Basisklasse gemeinsam erreichbar gemacht. Innerhalb einer Schleife werden alle Objekte ausgegeben.   *Feld von Objektverweisen*

5 Objektorientierte Programmierung

Zunächst die Basisklasse:

```csharp
class Fahrzeug
{
    string bezeichnung;
    int geschwindigkeit;

    public Fahrzeug()
    {
        bezeichnung = "(leer)";
        geschwindigkeit = 0;
    }

    public Fahrzeug(string b, int g)
    {
        bezeichnung = b;
        geschwindigkeit = g;
    }

    public virtual string ausgabe()
    {
        return "\n" +
            "Bezeichnung: " + bezeichnung + "\n" +
            "Geschwindigkeit: " + geschwindigkeit +
            "\n";
    }

    public override string ToString()
    {
        return "\n" +
            "Bezeichnung: " + bezeichnung + "\n" +
            "Geschwindigkeit: " + geschwindigkeit +
            "\n";
    }
}
```

Listing 5.21 Projekt »Polymorphie«, Basisklasse Fahrzeug

Zur Erläuterung:

- Die Klasse hat zwei Konstruktoren.

virtual
- Die Ausgabemethode wird mit `virtual` gekennzeichnet. Eine virtuelle Methode leitet den Zugriff eines Objektverweises auf die entsprechende

Methode der Klasse des zugehörigen Objekts um. Das ist eine wichtige Voraussetzung für das polymorphe Verhalten.

▶ Jede vordefinierte oder eigene Klasse erbt die Methode ToString() von der Basisklasse object. Die Methode dient zur Ausgabe der Daten eines Objekts als Zeichenkette. Falls es eine spezifische Methode ToString() innerhalb einer Klasse geben soll, muss die Methode der Basisklasse mit override überschrieben werden. Hier dient ToString() als Alternative für die Methode ausgabe().

Die abgeleitete Klasse:

```
class PKW : Fahrzeug
{
    int insassen;

    public PKW()
    {
        insassen = 0;
    }

    public PKW(string b, int g, int i)
        : base (b, g)
    {
        insassen = i;
    }

    public override string ausgabe()
    {
        return base.ausgabe() +
            "Insassen: " + insassen + "\n";
    }

    public override string ToString()
    {
        return base.ToString() +
            "Insassen: " + insassen + "\n";
    }
}
```

Listing 5.22 Projekt »Polymorphie«, abgeleitete Klasse PKW

5   Objektorientierte Programmierung

Zur Erläuterung:

▶ Die Klasse hat ebenfalls zwei Konstruktoren.

override

▶ Die Ausgabemethode wird mit override als *überschreibend* gekennzeichnet. Damit kann sie eine gleichnamige Methode der Basisklasse
überschreiben, die entweder mit virtual (wie in diesem Beispiel), mit
abstract oder mit override gekennzeichnet ist.

▶ Konsequenterweise wird die Methode ToString() auch in der Klasse PKW
spezifisch definiert.

Das Programm:

```
private void cmdAnzeigen_Click(...)
{
    Fahrzeug vespa = new Fahrzeug("Roller", 35);
    Fahrzeug schwalbe = new Fahrzeug("Moped", 45);
    PKW fiat = new PKW("Limousine", 90, 4);
    PKW porsche = new PKW("Sportwagen", 130, 1);

    Fahrzeug[] sammlung = new Fahrzeug[5];
    int i;
    sammlung[0] = vespa;
    sammlung[1] = schwalbe;
    sammlung[2] = fiat;
    sammlung[3] = porsche;
    sammlung[4] = new Fahrzeug();

    for(i=0; i<sammlung.Length; i++)
        lblAnzeige.Text += sammlung[i].ausgabe();
}
```

Listing 5.23 Projekt »Polymorphie«, Nutzung der Klassen

Zur Erläuterung:

▶ Es werden jeweils zwei Objekte der beiden Klassen erzeugt und mit allen
Eigenschaften initialisiert.

Feld von Verweisen

▶ Zusätzlich wird ein Feld von fünf Verweisen auf Objekte der Basisklasse
deklariert. Diese Verweise haben noch kein Verweisziel, d. h., sie zeigen
noch auf kein Objekt.

- Nacheinander werden die vier vorhandenen Objekte den vier ersten Verweisen zugewiesen. Dem fünften Verweis wird ein neues leeres Objekt der Basisklasse zugewiesen.
- Bei der Ausgabe aller Feldelemente (siehe Abbildung 5.10) mithilfe einer Schleife wird jeweils die Methode `ausgabe()` aufgerufen. Zu den Verweisen wird jeweils die passende Methode des Objekts, auf das verwiesen wird, gefunden. Alternativ könnte die Methode `ToString()` aufgerufen werden, da auch diese Methode für alle beteiligten Klassen definiert wurde.

Passende Methode

Abbildung 5.10 Fünf Verweise in einem Feld

5.11 Schnittstellen

Im Zusammenhang mit der Vererbung gibt es bei C# (und in vielen anderen objektorientierten Programmiersprachen) das Konzept der Schnittstelle (engl. *Interface*). Eine Schnittstelle sieht aus wie eine Klasse, enthält aber nur Definitionen, keinen Programmcode. Von einer Schnittstelle können keine Objekte erzeugt werden.

Interface

Schnittstellen werden erst zum Leben erweckt, wenn sie von einer Klasse verwendet bzw. *implementiert* werden. Die Klasse ist dabei verpflichtet, alle Elemente der Schnittstelle zu implementieren.

Implementation

Durch eine Schnittstelle wird die Verwandtschaft zwischen Klassen ermöglicht. Das ist, wie im vorigen Abschnitt über Polymorphie zu sehen war, eine Voraussetzung für polymorphes Verhalten. In einer Klasse können

Polymorphes Verhalten

5 Objektorientierte Programmierung

mehrere Schnittstellen implementiert werden. Über eine dieser Schnittstellen ergibt sich jeweils eine Verwandtschaft dieser Klasse mit einer oder mehreren anderen Klassen. Es hat sich im Laufe der Entwicklung der objektorientierten Programmierung erwiesen, dass dieses Vorgehen günstiger ist als die sogenannte Mehrfachvererbung.

Keine Mehrfach-vererbung

Hinweis: Bei C# gibt es keine Mehrfachvererbung. Bei der Mehrfachvererbung erbt eine Klasse Eigenschaften und Methoden mehrerer Basisklassen, das Verfahren hat allerdings verschiedene Nachteile.

ICloneable

Visual C# stellt bereits eine ganze Reihe von Schnittstellen zur Verfügung. Diese können in eigenen Klassen implementiert werden. Als Beispiel soll das Interface ICloneable genannt werden: Es unterstützt das Klonen von Objekten einer Klasse, also das vollständige Kopieren eines Objekts in ein anderes Objekt der gleichen Klasse. Jede Klasse, die diese Schnittstelle implementiert, muss die Methode Clone() implementieren und darin genau festlegen, wie der Klonvorgang in dieser speziellen Klasse ablaufen soll. Das trifft z. B. für die bereits behandelte Klasse Array zu (siehe hierzu auch Abschnitt 4.4, »Datenfelder«).

Im nachfolgenden Beispiel *Schnittstellen* werden eine eigene Schnittstelle und die vorhandene Schnittstelle ICloneable implementiert. Zunächst das Interface aenderbar in der Datei *aenderbar.cs*:

```
namespace Schnittstellen
{
    interface aenderbar
    {
        void faerben(string farbe);
        void vergroessern(double faktor);
    }
}
```

Listing 5.24 Projekt »Schnittstellen«, Interface »aenderbar«

Zur Erläuterung:

► In jeder Klasse, die dieses Interface implementiert, müssen die beiden Methoden faerben() und vergroessern() definiert werden.

Es folgt die Klasse kreis in der Datei *kreis.cs*, in der Kreise mit ihren Eigenschaften und Methoden definiert werden:

5.11   Schnittstellen

```csharp
using System;
namespace Schnittstellen
{
    class kreis : aenderbar, ICloneable
    {
        string farbe;
        double radius;

        public kreis(string f, double r)
        {
            farbe = f;
            radius = r;
        }

        public void vergroessern(double faktor)
        {
            radius = radius * faktor;
        }

        public void faerben(string f)
        {
            farbe = f;
        }

        public object Clone()
        {
            kreis tmp = new kreis(farbe, radius);
            return tmp;
        }

        public string aus()
        {
            return "Farbe: " + farbe +
                ", Radius: " + radius;
        }
    }
}
```

Listing 5.25 Projekt »Schnittstellen«, Klasse »kreis«

5 Objektorientierte Programmierung

Zur Erläuterung:

Schnittstelle
implementieren

▶ Die Klasse kreis implementiert neben der eigenen Schnittstelle aenderbar auch die vorhandene Schnittstelle ICloneable. Dazu müssen Sie den
Namensraum System mithilfe der using-Anweisung einbinden.

▶ Kreise haben einen Radius und eine Farbe.

▶ Nach dem Konstruktor folgen die beiden Methoden faerben() und ver-
groessern(). Sie werden passend zur Klasse kreis implementiert.

Objekt klonen

▶ Innerhalb der Methode Clone() wird ein Objekt der Klasse kreis erzeugt.
Es wird mit den Daten des aufrufenden Objekts gefüllt. Der Verweis auf
das neu erzeugte Objekt wird zurückgeliefert.

Zuletzt das Hauptprogramm des Projekts:

```
using System;
using System.Windows.Forms;
namespace Schnittstellen
{
    public partial class Form1 : Form
    {
        ...
        private void cmdAnzeigen_Click(...)
        {
            kreis k1 = new kreis("rot", 20);
            lblA.Text = k1.aus();

            k1.faerben("gelb");
            k1.vergroessern(1.5);
            lblA.Text += "\n" + k1.aus();

            kreis k2 = (kreis) k1.Clone();
            lblA.Text += "\n" + k2.aus();
        }
    }
}
```

Listing 5.26 Projekt »Schnittstellen«, Hauptprogramm

Zur Erläuterung:

▶ Es wird ein Kreis mit Radius und Farbe erzeugt.

▶ Dieser Kreis wird gefärbt und vergrößert.

226

- Anschließend wird der Verweis k2 auf ein Objekt der Klasse kreis erzeugt.
- Die Methode Clone() liefert einen Verweis auf ein Objekt der allgemeinen Klasse object zurück. Dieser Verweis muss zunächst mithilfe des Casts (kreis) in einen Verweis auf ein Objekt der Klasse kreis umgewandelt werden.

Verweis casten

- Zur Kontrolle wird dieses zweite Objekt ausgegeben.
- Die Ausgabe sehen Sie in Abbildung 5.11.

Abbildung 5.11 Schnittstellen

5.12 Strukturen

In vielen Sprachen gibt es den sogenannten benutzerdefinierten Datentyp. Darin werden thematisch zusammengehörige Daten unterschiedlichen Datentyps unter einem Namen vereinigt. Das können Sie in C# mit einer Klasse realisieren. In vereinfachter Form können Sie das auch mit einer Struktur umsetzen. Ein Vergleich zwischen Strukturen und Klassen:

Strukturen

- Auf Strukturen kann schneller zugegriffen werden.
- Strukturen sind vom Werttyp, nicht vom Verweistyp; bei der Kopie einer Strukturvariablen werden alle Elemente der Struktur kopiert.

Werttyp

- Die Elemente einer Struktur müssen öffentlich zugänglich (public) sein.

public

- Strukturen können nicht erben oder vererben, sie können aber verschachtelt werden.
- Strukturen können keinen Konstruktor ohne Parameter haben. Sie können allerdings über Konstruktoren mit Parametern verfügen, die alle Elemente versorgen.
- Strukturen können Methoden, aber keine Eigenschaftsmethoden haben.
- Es kann Felder von Strukturvariablen geben. Zum Vergleich: Im Fall von Klassen handelt es sich um Felder von Verweisen.

5 Objektorientierte Programmierung

Im folgenden Beispiel im Projekt *Strukturen* werden zwei verschachtelte Strukturen definiert. Innerhalb des Hauptprogramms werden insgesamt drei Strukturvariablen deklariert. Die erste Variable bekommt ihre Werte per Zuweisung, die zweite per Kopie, die dritte per Konstruktor.

telefon   Zunächst die Struktur `telefon` in der Datei *telefon.cs*:

```
struct telefon
{
    public string vorwahl;
    public int nummer;
    /* Konstruktor */
    public telefon(string v, int n)
    {
        vorwahl = v;
        nummer = n;
    }

    /* Methode */
    public string aus()
    {
        return (vorwahl + "-" + nummer);
    }
}
```

Listing 5.27 Projekt »Strukturen«, Struktur »telefon«

Zur Erläuterung:

struct   ▶ Der Aufbau einer Struktur ähnelt dem Aufbau einer Klasse. Allerdings wird das Schlüsselwort `struct` genutzt.

▶ In der Struktur `telefon` sind zwei Elemente unterschiedlichen Datentyps vereinigt: die Vorwahl als Zeichenkette und die eigentliche Nummer als Ganzzahl.

▶ Die Struktur hat einen Konstruktor, der beide Elemente mit Startwerten versorgt, und eine Methode `aus()` zur Rückgabe der Elemente in geeigneter Form.

kontakt Es folgt die Struktur `kontakt` in der Datei *kontakt.cs*. Darin wird die Struktur `telefon` genutzt:

228

```
struct kontakt
{
    public int plz;
    public string ort;
    public string strasse;
    public int hausnummer;
    public telefon tel, fax;

    /* Konstruktor */
    public kontakt(int p, string o, string s,
        int h, telefon t, telefon f)
    {
        plz = p;
        ort = o;
        strasse = s;
        hausnummer = h;
        tel = t;
        fax = f;
    }

    /* Methode */
    public string aus()
    {
        return (strasse + " " + hausnummer +
            "\n" + plz + " " + ort + "\nTel: " +
            tel.aus() + "\nFax: " + fax.aus());
    }
}
```

Listing 5.28 Projekt »Strukturen«, Struktur »kontakt«

▶ Die Struktur kontakt hat sechs Elemente: zwei ganze Zahlen, zwei Zei-   **Geschachtelte**
  chenketten und zwei Elemente der Struktur telefon. Diese haben jeweils   **Struktur**
  zwei Elemente, also können in einer Variablen dieser Struktur insgesamt
  acht Informationen gespeichert werden.

▶ Der Konstruktor hat sechs Parameter. Innerhalb des Konstruktors wird
  implizit der Konstruktor der Struktur telefon aufgerufen.

▶ Es gibt eine Methode aus() zur Rückgabe der Elemente in geeigneter
  Form. Innerhalb der Methode wird explizit die Ausgabemethode der
  Struktur telefon aufgerufen.

5 Objektorientierte Programmierung

Zuletzt das eigentliche Programm, das diese beiden Strukturen benutzt:

```
private void cmdAnzeigen_Click(...)
{
    /* Objekte ohne Daten */
    kontakt x, y;

    /* Zuweisung */
    x.plz = 43024;
    x.ort = "Aachen";
    x.strasse = "Hunsrückweg";
    x.hausnummer = 104;
    x.tel.vorwahl = "0466";
    x.tel.nummer = 532626;
    x.fax.vorwahl = "0466";
    x.fax.nummer = 532627;

    /* Kopie aller Werte */
    y = x;

    /* Ausgabe */
    lblA.Text = y.aus();

    /* Objekte mit Daten */
    kontakt z = new kontakt(
        43035, "Düren", "Eifelweg", 12,
        new telefon("0463", 887743),
        new telefon("0463", 887744));
    lblA.Text += "\n\n" + z.aus();
}
```

Listing 5.29 Projekt »Strukturen«, Hauptprogramm

▶ Im Hauptprogramm werden zunächst zwei Variablen des Strukturtyps kontakt ohne Daten deklariert.

▶ Die erste Variable wird per Zuweisung mit Werten versorgt. Dabei ist besonders auf die Schreibweise im Zusammenhang mit der Struktur telefon zu achten.

Kopieren ▶ Durch einfache Zuweisung werden alle Elemente der ersten Strukturvariablen in die zweite Strukturvariable kopiert.

230

- Die zweite Strukturvariable wird ausgegeben.
- Die dritte Strukturvariable wird wie ein Objekt erzeugt: mithilfe von new und einem Konstruktor. Innerhalb der Parameterliste werden die beiden Variablen der »inneren« Struktur telefon ebenfalls mithilfe von new und einem Konstruktor erzeugt.

new

Die Ausgabe sehen Sie in Abbildung 5.12.

Abbildung 5.12 Strukturen

5.13 Mehrere Formulare

In diesem Abschnitt folgt ein Thema, das nicht mehr direkt zur Einführung in die Objektorientierung gehört. Allerdings sind die Kenntnisse aus diesem Kapitel notwendig, um das Thema besser zu verstehen.

Anwendungen bestehen häufig aus mehreren Formularen. Dabei gibt es ein Hauptformular, mit dem die Anwendung startet, und Unterformulare, die von diesem Hauptformular aus gestartet werden. Nach Beendigung eines Unterformulars erscheint wieder das Hauptformular.

Haupt- und Unterformular

Das größte Problem in diesem Zusammenhang ist der Datentransport zwischen den verschiedenen Formularen. Betrachten wir die Anwendung Microsoft Word (= Hauptformular) und das Unterformular Schrifteigenschaften:

Datentransport

- Ruft der Benutzer das Unterformular auf, sollen die aktuellen Schrifteigenschaften dort angezeigt werden (Daten vom Hauptformular zum Unterformular).
- Verlässt der Benutzer das Unterformular, sollen die neu eingestellten Schrifteigenschaften im Hauptformular angewandt werden (Daten vom Unterformular zum Hauptformular).

Es folgt ein Beispiel (Projekt *MehrereFormulare*), in dem der Datentransport beschrieben wird. Sie müssen zunächst ein weiteres Formular der Anwendung hinzufügen. Dazu rufen Sie im Projektmappen-Explorer für das Projekt *MehrereFormulare* mithilfe der rechten Maustaste das Kontextmenü auf.

Weiteres Formular hinzufügen

Im Kontextmenü wählen Sie Hinzufügen • Windows Form aus. Im nachfolgenden Dialogfeld Neues Element hinzufügen ist bereits der Typ Windows Form markiert. Den vorgeschlagenen Namen *Form2.cs* können Sie beibehalten.

Nachdem Sie den Button Hinzufügen betätigt haben, erscheint das neue Formular im Projektmappen-Explorer (siehe Abbildung 5.13).

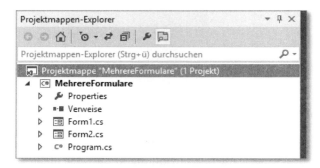

Abbildung 5.13 Mehrere Formulare im »Projektmappen-Explorer«

Die beiden Formulare werden gestaltet wie die in Abbildung 5.14 und Abbildung 5.15.

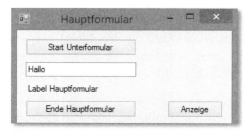

Abbildung 5.14 Hauptformular

Abbildung 5.15 Unterformular

Der Ablauf des Programms: **Ablauf**

- Die Anwendung erscheint mit dem Hauptformular.
- Im Hauptformular kann eine TextBox gefüllt und eine CheckBox benutzt werden.
- Der Button START UNTERFORMULAR führt zur Anzeige des Unterformulars.
- In der TextBox des Unterformulars wird automatisch der Text aus der TextBox des Hauptformulars angezeigt (falls vorhanden). Entsprechend verhält es sich mit der CheckBox.
- Der Button ENDE UNTERFORMULAR beendet das Unterformular.
- Hat der Benutzer TextBox oder CheckBox des Unterformulars geändert, ist diese Änderung in den entsprechenden Steuerelementen des Hauptformulars erkennbar.
- Der Button ENDE HAUPTFORMULAR beendet das Hauptformular und damit die Anwendung.

Zunächst der Code des Hauptformulars: **Hauptformular**

```
using System;
using System.Windows.Forms;

namespace MehrereFormulare
{
    public partial class Form1 : Form
    {
        public Form1()
        {
            InitializeComponent();
        }
```

```
        private void cmdStartUnter_Click(...)
        {
            Form2 fu = new Form2(this);
            fu.ShowDialog();
        }

        private void cmdEndeHaupt_Click(...)
        {
            Close();
        }
    }
}
```

Listing 5.30 Projekt »MehrereFormulare«, Hauptformular

Zur Erläuterung:

this
▶ In der Ereignismethode cmdStartUnter_Click() wird ein Objekt der Klasse des Unterformulars (Form2) erzeugt. Diese Klasse hat einen Konstruktor, der einen Verweis auf ein Objekt der Klasse des Hauptformulars erwartet. Dieser Verweis wird mit this geliefert.

modal
▶ Das Unterformular wird mithilfe der Methode ShowDialog() *modal* angezeigt. Modal bedeutet: Das Hauptformular kann so lange nicht mehr bedient werden, bis das Unterformular wieder geschlossen wurde.

▶ Die Methode Close() schließt das Hauptformular und damit die gesamte Anwendung.

Unterformular
Es folgt der Code des Unterformulars:

```
using System;
using System.Windows.Forms;

namespace MehrereFormulare
{
    public partial class Form2 : Form
    {
        Form1 fh;

        public Form2(Form1 aufrufer)
        {
```

```
        fh = aufrufer;
        InitializeComponent();
    }

    private void Form2_Load(...)
    {
        txtUnter.Text =
            fh.Controls["txtHaupt"].Text;

        CheckBox cb =
            fh.Controls["chkHaupt"] as CheckBox;
        chkUnter.Checked = cb.Checked;
    }

    private void cmdEndeUnter_Click(...)
    {
        fh.Controls["txtHaupt"].Text =
            txtUnter.Text;

        CheckBox cb =
            fh.Controls["chkHaupt"] as CheckBox;
        cb.Checked = chkUnter.Checked;

        Close();
    }
    }
}
```

Listing 5.31 Projekt »MehrereFormulare«, Unterformular

Zur Erläuterung der Initialisierung des Unterformulars:

▶ Als Eigenschaft der Klasse des Unterformulars (Form2) gibt es einen Ver-   **Verweis**
weis auf ein Objekt der Klasse des Hauptformulars (Form1). Dieser Verweis hat hier den Namen fh.

▶ Der Konstruktor der Klasse des Unterformulars (Form2) wurde verändert.   **Konstruktor**
Er erwartet jetzt als Parameter einen Verweis auf ein Objekt der Klasse
des Hauptformulars (Form1). Dieser Parameter hat hier den Namen auf-
rufer.

5 Objektorientierte Programmierung

▶ Die Anweisung `fh = aufrufer` bewirkt, dass nun im gesamten Unterformular auf das Hauptformular zugegriffen werden kann.

Initialize-Component()

▶ Es folgt der bereits automatisch erzeugte Aufruf der Methode `InitializeComponent()` zur Initialisierung der Komponenten des Unterformulars.

Zur Erläuterung des Ladevorgangs des Unterformulars:

Controls

▶ Beim Laden des Unterformulars (Methode `Form2_Load()`) werden die Einstellungen der Steuerelemente des Hauptformulars übernommen. Dabei wird auf die Collection `Controls` des Hauptformulars zugegriffen. Diese Collection umfasst alle Steuerelemente des Hauptformulars, u. a. `txtHaupt` und `chkHaupt`.

Index

▶ Der Name eines Steuerelements dient (ähnlich wie ein Zahlenindex) als Index innerhalb der Collection.

▶ Der Wert der Eigenschaft `Text` kann von einer TextBox zur anderen direkt übernommen werden, weil alle Steuerelemente diese Eigenschaft besitzen.

as

▶ Der Wert der Eigenschaft `Checked` kann von einer CheckBox zur anderen erst dann übernommen werden, nachdem der Verweis auf das betreffende Element der Collection `Controls` mithilfe des Operators `as` in einen Verweis auf eine CheckBox umgewandelt wurde.

Zur Erläuterung des Schließvorgangs des Unterformulars:

▶ Zunächst bekommen die TextBox und die CheckBox des Hauptformulars die Werte der entsprechenden Steuerelemente des Unterformulars.

▶ Es wird die bereits beschriebene Technik genutzt: die Umwandlung des Verweises auf das `CheckBox`-Objekt.

Close()

▶ Zuletzt wird das Unterformular mit der Methode `Close()` geschlossen. Es erscheint wieder das Hauptformular mit den eben übernommenen Werten.

Kapitel 6
Wichtige Klassen in .NET

In diesem Kapitel werden einige Klassen vorgestellt, die zur Lösung von alltäglichen Problemen bei der Programmierung mit Visual C# benötigt werden.

Folgende Klassen werden in vielen Projekten eingesetzt:

▶ die Klasse String zur Bearbeitung von Zeichenketten

▶ die Strukturen DateTime und TimeSpan zum Rechnen mit Datum und Uhrzeit

▶ die Klassen FileStream, StreamWriter, StreamReader, File und Directory zum Arbeiten mit Dateien und Verzeichnissen

▶ die Klasse Math zur Durchführung von mathematischen Berechnungen

6.1 Klasse String für Zeichenketten

Zeichenketten werden in Strings gespeichert. Bisher haben wir den Begriff string als die Bezeichnung eines einfachen Datentyps angesehen. Tatsächlich ist string ein Synonym für die Klasse String. Objekte der Klasse String, also Zeichenketten, verfügen somit über Eigenschaften und Methoden, ähnlich wie Sie das bereits bei Datenfeldern (Klasse Array) sehen konnten.

String

Beim Kopieren verhält sich ein Objekt der Klasse String allerdings wie eine einfache Variable und nicht wie ein Objekt: Wenn eine Zeichenkette einer anderen Zeichenkette zugewiesen wird, sind diese beiden Zeichenketten voneinander unabhängig. Eine Veränderung des Originals hat keine Veränderung der Kopie zur Folge.

Sonderfall

Die Methoden der Klasse String (wie auch die Methoden vieler anderer Klassen, die C# bereitstellt) sind häufig überladen, das heißt, es gibt mehrere Möglichkeiten, sie aufzurufen. In diesem Buch werden nicht alle Überladungen erläutert, es wird nur das grundsätzliche Verhalten der Methoden

Überladene Methoden

an Beispielen gezeigt. Dank IntelliSense können Sie sich aber über die weiteren Möglichkeiten schnell informieren, wenn Sie einmal erkannt haben, welche Methode für den gedachten Einsatzzweck benötigt wird.

6.1.1 Eigenschaften der Klasse String

Ein Objekt der Klasse String hat u. a. die Eigenschaft Length. Damit wird die Anzahl der Zeichen, also die Zeichenkettenlänge, angegeben, wie im nachfolgenden Programm (Projekt *StringGrundlagen*) gezeigt (siehe Abbildung 6.1).

Abbildung 6.1 Länge einer Zeichenkette

Der Programmcode:

```
private void cmdLänge_Click(...)
{
    string eingabe, anzeige;
    eingabe = txtEingabe.Text;

    anzeige = "Länge: " + eingabe.Length;
    lblAnzeige.Text = anzeige;
    /* lblAnzeige.Text = "Länge: " +
       txtEingabe.Text.Length; */
}
```

Listing 6.1 Projekt »StringGrundlagen«, Länge

Zur Erläuterung:

- Die im Textfeld eingegebene Zeichenkette wird in einer Variablen vom Datentyp String gespeichert.
- Die Länge der Zeichenkette wird mit eingabe.Length ermittelt.
- Die auszugebende Zeichenkette wird zusammengesetzt und ausgegeben.

- Man hätte diesen gesamten Ablauf auch auf die letzte, auskommentierte Anweisung verkürzen können. Die Eigenschaft Text des Textfelds ist ebenfalls vom Typ String. Somit können Sie die Eigenschaften und Methoden auch direkt auf txtEingabe.Text anwenden. In diesem Abschnitt wird jedoch bewusst die ausführlichere und übersichtlichere Variante gewählt.

Die einzelnen Zeichen einer Zeichenkette werden wie Feldelemente nummeriert, also beginnend bei 0. Im folgenden Programm (auch im Projekt *StringGrundlagen*) werden alle Zeichen der Zeichenkette mit ihrer laufenden Nummer ausgegeben (siehe Abbildung 6.2).

Abbildung 6.2 Einzelne Zeichen mit laufender Nummer

Der Programmcode:

```
private void cmdZeichen_Click(...)
{
    string eingabe, anzeige;
    char zeichen;
    int i;
    eingabe = txtEingabe.Text;

    anzeige = "Zeichen:" + "\n";
    for(i=0; i<eingabe.Length; i++)
    {
        zeichen = eingabe[i];
        anzeige += i + ": " + zeichen + "\n";
```

6   Wichtige Klassen in .NET

```
    }
    lblAnzeige.Text = anzeige;
}
```

Listing 6.2 Projekt »StringGrundlagen«, Zeichen

Zur Erläuterung:

char
▶ Die Variable zeichen wird deklariert mit dem Datentyp char. In einer solchen Variablen kann genau ein Zeichen gespeichert werden.

▶ Die Zeichenkette wird mithilfe einer for-Schleife vom ersten bis zum letzten Element durchlaufen. Zur Begrenzung der Schleife wird wiederum die Eigenschaft Length benötigt. Innerhalb der Schleife werden die beiden folgenden Schritte durchlaufen:

Index
▶ Es wird das Zeichen mit dem Index i geliefert. Der Index steht, wie bei Datenfeldern, in eckigen Klammern. Dieses Zeichen wird einzeln gespeichert.

▶ Die laufende Nummer des Zeichens und das Zeichen selbst werden ausgegeben.

6.1.2   Trimmen

Trim()
Die Methode Trim() dient dem Entfernen unerwünschter Zeichen am Anfang und am Ende einer Zeichenkette. Meist sind das Leerzeichen, Trim() kann allerdings auch mehrere verschiedene Zeichen gleichzeitig entfernen. Die Methoden TrimStart() und TrimEnd() bewirken das Gleiche wie Trim(), nur eben am Anfang oder am Ende.

Es kommt vor, dass Benutzer eines Programms bei der Eingabe von größeren Datenmengen unnötige Leerzeichen einfügen. Zumindest die Leerzeichen am Anfang und am Ende lassen sich schnell mit Trim() entfernen, bevor diese Daten in einer Datei oder Datenbank gespeichert werden. Für unnötige Leerzeichen mitten im Text benötigen Sie die Methode Replace(), die in Abschnitt 6.1.8, »Zeichen ersetzen«, genauer erläutert wird. Ein Beispiel (auch im Projekt *StringGrundlagen*) sehen Sie in Abbildung 6.3.

Der Programmcode:

```
private void cmdTrimmen_Click(...)
{
    string eingabe, getrimmt, anzeige;
```

240

```
    eingabe = txtEingabe.Text;

    getrimmt = eingabe.Trim(' ', ';', '#');
    anzeige = "Getrimmt: |" + getrimmt + "|";
    lblAnzeige.Text = anzeige;
}
```

Listing 6.3 Projekt »StringGrundlagen«, Trimmen

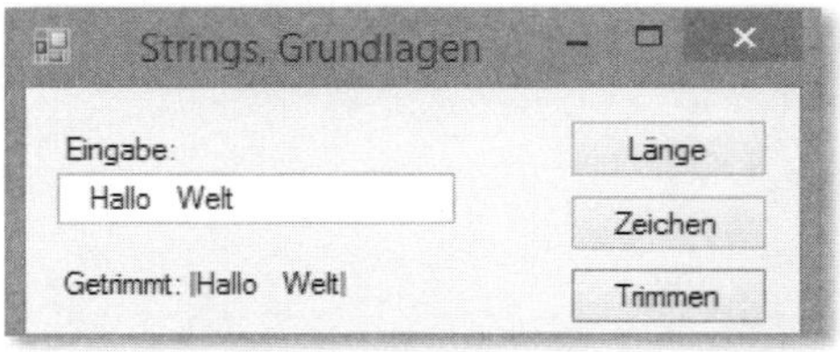

Abbildung 6.3 Leerzeichen an Anfang und Ende entfernt

Zur Erläuterung:

▶ Die Methode `Trim()` erwartet eine beliebig lange Reihe von Variablen des Datentyps `char`. Im vorliegenden Fall sind es das Leerzeichen, das Semikolon und die Raute.

char

▶ Diese Zeichen werden am Anfang und am Ende der Zeichenkette gelöscht.

▶ In der Ausgabe wurde zur Verdeutlichung das Pipe-Zeichen als optischer Begrenzer am Anfang und am Ende angefügt.

▶ Falls gar kein Zeichen übergeben wird, also `Trim()` ohne Parameter aufgerufen wird, werden Leerzeichen entfernt.

6.1.3 Splitten

Die Methode `Split()` wird benötigt, wenn eine Zeichenkette anhand eines Trennzeichens zerlegt werden soll. Das kann eine Zeile aus einer Datei sein, die aus mehreren Einzelinformationen besteht. Es kann ebenso ein Satz sein, der in seine Wörter zerlegt werden soll, oder ein Datensatz, dessen einzelne Felder durch das Zeichen ; (Semikolon) voneinander getrennt sind.

Split(), Trenn-
zeichen

Das Semikolon wird häufig als Trennzeichen bei der Erstellung sogenannter CSV-Dateien benutzt. Diese CSV-Dateien können beim Export aus fast

CSV-Datei

allen Datenbanksystemen erstellt werden und stellen somit ein universelles Austauschformat dar.

Feld von Strings Es wird ein Feld von Strings zurückgeliefert. Die einzelnen Elemente des Felds sind die Teile der Gesamtzeichenkette vor und nach dem Trennzeichen. Das Trennzeichen selbst wird nicht mehr gespeichert.

Ein Beispiel dazu, ebenfalls im Projekt *StringGrundlagen*, sehen Sie in Abbildung 6.4.

Abbildung 6.4 Zerlegte Zeichenkette

Der Programmcode:

```
private void cmdSplitten_Click(...)
{
    string eingabe = txtEingabe.Text;
    string[] teil;
    int i;

    teil = eingabe.Split(';');
    lblAnzeige.Text = "Worte:" + "\n";
    for(i=0; i<teil.Length; i++)
        lblAnzeige.Text += "Wort " +
            i + ": " + teil[i] + "\n";
}
```

Listing 6.4 Projekt »StringGrundlagen«, Splitten

Zur Erläuterung:

▶ Es wird ein Verweis auf ein Feld von Strings mit dem Namen teil deklariert. Es gibt noch kein Objekt, auf das verwiesen wird.

- Die Methode Split() erwartet eine beliebig lange Reihe von Variablen des Datentyps char als Trennzeichen. Im vorliegenden Fall ist das nur das Semikolon. `char`
- Wird gar kein Zeichen übergeben, also Split() ohne Parameter aufgerufen, wird das Leerzeichen als Trennzeichen genommen. `Leerzeichen`
- Split() liefert einen Verweis auf ein Feld von Strings, dieser wird dem Verweis teil zugewiesen.
- Mithilfe einer for-Schleife wird das Feld vollständig durchlaufen. Zur Begrenzung der Schleife wird die Eigenschaft Length des Felds benötigt. `for, Length`
- Innerhalb der Schleife wird jeder einzelne Teil der Zeichenkette zusammen mit seiner laufenden Nummer ausgegeben.

6.1.4 Suchen

Muss untersucht werden, ob (und an welcher Stelle) eine bestimmte Zeichenkette in einer anderen Zeichenkette vorkommt, können Sie die Methode IndexOf(), LastIndexOf() oder IndexOfAny()nutzen. Verläuft die Suche erfolglos, wird der Wert −1 zurückgegeben.

Bei IndexOf() wird normalerweise die erste Position gefunden, an der die Suchzeichenkette beginnt. Sie können IndexOf() aber auch veranlassen, die Suche erst ab einer bestimmten Stelle innerhalb der Zeichenkette zu beginnen. `IndexOf()`

Ein Beispiel mit einer einfachen Suche (auch im Projekt *StringGrundlagen*) sehen Sie in Abbildung 6.5. `Einfache Suche`

Abbildung 6.5 Suche nach dem Suchtext »ab«

6 Wichtige Klassen in .NET

Der Programmcode:

```
private void cmdSucheEins_Click(...)
{
    string eingabe, such, anzeige;
    int position;

    eingabe = txtEingabe.Text;
    such = txtSuche.Text;
    position = eingabe.IndexOf(such);
    anzeige = "Suchtext bei Zeichen: " + position;
    lblAnzeige.Text = anzeige;
}
```

Listing 6.5 Projekt »StringGrundlagen«, einmalige Suche

Zur Erläuterung:

► Der gesuchte Text wird eingegeben und in der Variablen such gespeichert.

► Durch den Aufruf eingabe.IndexOf(such) wird nach der ersten Position gesucht, an der such innerhalb von eingabe steht.

► Diese Position wird ausgegeben. Erscheint als Ergebnis der Wert 0, bedeutet das, dass die Suchzeichenkette unmittelbar am Anfang der untersuchten Zeichenkette steht.

Alle Vorkommen

Im nächsten Beispiel wird nach allen Vorkommen einer Suchzeichenkette innerhalb einer anderen Zeichenkette gesucht (ebenfalls im Projekt *StringGrundlagen*), zu sehen in Abbildung 6.6.

Der Programmcode:

```
private void cmdSucheAlle_Click(...)
{
    string eingabe, such, anzeige;
    int position, suchstart = 0, anzahl = 0;
    eingabe = txtEingabe.Text;
    such = txtSuche.Text;

    anzeige = "Suchtext bei Zeichen:" + "\n";
    do
    {
```

244

```
            position = eingabe.IndexOf(such, suchstart);
            suchstart = position + 1;
            if (position != -1)
            {
                anzeige += position + "\n";
                anzahl++;
            }
        }
        while (position != -1);

        anzeige += "Anzahl: " + anzahl;
        lblAnzeige.Text = anzeige;
}
```

Listing 6.6 Projekt »StringGrundlagen«, mehrmalige Suche

Abbildung 6.6 Suchtext »a« mehrfach gefunden

Zur Erläuterung:

- Innerhalb einer do-while-Schleife wird mehrmals nach der Suchzeichenkette gesucht. Da es von den Benutzereingaben abhängt, wie häufig die Suchzeichenkette vorkommt und ob sie überhaupt vorkommt, kann keine for-Schleife eingesetzt werden.

  Mehrmals suchen

- Die Startposition (die Variable suchstart) wird bei diesem Suchlauf immer wieder neu eingestellt. Sie steht zunächst bei 0, folglich beginnt die Suche am Anfang der untersuchten Zeichenkette. Beim nächsten Durchlauf beginnt die Suche ein Zeichen hinter dem letzten gefundenen Vorkommen.

Schleife verlassen
- Die Schleife wird verlassen, sobald ein Suchlauf ergibt, dass die Suchzeichenkette nicht noch einmal vorhanden ist. Anderenfalls wird die gefundene Position ausgegeben und der Zähler erhöht.
- Zuletzt wird der Zähler ausgegeben.

6.1.5 Einfügen

Insert()

Die Methode `Insert()` ermöglicht das Einfügen einer Zeichenkette in eine andere Zeichenkette. Mit dieser Methode umgehen Sie das Zerlegen und erneute Zusammensetzen der Zeichenkette.

ArgumentOutOfRange

Die Position der Einfügestelle muss angegeben werden. Sie muss innerhalb der Zeichenkette liegen, da sonst eine Ausnahme vom Typ *ArgumentOutOfRangeException* auftritt.

Entweder müssen Sie also diese Ausnahme behandeln oder dafür sorgen, dass die Einfügestelle richtig gewählt wird. In folgendem Programm (Projekt *StringEinfügen*) wurde mithilfe einer Ereignissteuerung die zweite Möglichkeit gewählt (siehe Abbildung 6.7).

Abbildung 6.7 Einfügen von Zeichen in eine Zeichenkette

Der Programmcode:

```
private void cmdEinfügen_Click(...)
{
    string eingabe, einfügen, anzeige;
    eingabe = txtEingabe.Text;
    einfügen = txtEinfügen.Text;
```

```
    anzeige = eingabe.Insert(
        (int) numEinfügen.Value, einfügen);
    lblAnzeige.Text = anzeige;
}

private void txtEingabe_TextChanged(...)
{
    string eingabe;
    eingabe = txtEingabe.Text;
    numEinfügen.Maximum = eingabe.Length;
}
```

Listing 6.7 Projekt »StringEinfügen«

Zur Erläuterung:

▸ Der Benutzer gibt einen einzufügenden Text ein und wählt in dem Zahlenauswahlfeld eine Einfügeposition aus.

▸ Das Zahlenauswahlfeld liefert eine Variable vom Typ decimal, die zunächst mit dem Cast (int) in eine int-Variable umgewandelt werden muss.

decimal

▸ Anschließend wird der einzufügende Text an dieser Position in die Originalzeichenkette gesetzt. Die folgenden Zeichen werden entsprechend nach hinten verschoben.

▸ Das Zahlenauswahlfeld wird zur Entwicklungszeit auf die Werte Minimum = 0, Value = 0 und Maximum = 0 eingestellt. Es kann also zunächst nur die Einfügeposition 0 ausgewählt werden.

▸ Beim Ereignis txtEingabe_TextChanged, also bei jeder Eingabe oder Änderung der Originalzeichenkette, wird sofort die zugehörige Ereignismethode aufgerufen. Darin wird die Länge des eingegebenen Texts ermittelt. Dieser Wert wird als neues Maximum für das Zahlenauswahlfeld genommen. Damit ist gewährleistet, dass der Benutzer keine Einfügeposition wählen kann, die außerhalb der Originalzeichenkette liegt.

TextChanged

▸ Wenn der Benutzer im Zahlenauswahlfeld z. B. die Position des letzten Zeichens als Einfügeposition gewählt hat und anschließend die Originalzeichenkette verkürzt, verändert sich auch sofort der eingestellte Wert des Zahlenauswahlfelds. Grund hierfür ist, dass der aktuelle Wert oberhalb des Maximums liegt – das lässt das Zahlenauswahlfeld nicht zu.

6.1.6 Löschen

Remove() Die Methode Remove() dient dem Löschen von Zeichen aus einer Zeichenkette. Auch mit dieser Methode umgehen Sie ein Zerlegen und erneutes Zusammensetzen der Zeichenkette. Die Position der Löschstelle muss angegeben werden.

ArgumentOutOfRange Weder die Position der Löschstelle noch eines der zu löschenden Zeichen darf außerhalb der Zeichenkette liegen, da sonst wiederum eine Ausnahme vom Typ *ArgumentOutOfRangeException* auftritt.

Im folgenden Programm (Projekt *StringLöschen*) wurde das ähnlich wie im vorigen Programm umgangen (siehe Abbildung 6.8).

Abbildung 6.8 Löschen von Zeichen aus einer Zeichenkette

Der Programmcode:

```
private void cmdLöschen_Click(...)
{
    string eingabe, anzeige;
    eingabe = txtEingabe.Text;

    anzeige = eingabe.Remove(
        (int) numPosition.Value,
        (int) numAnzahl.Value);
    lblAnzeige.Text = anzeige;
}
```

6.1   Klasse String für Zeichenketten

```
private void txtEingabe_TextChanged(...)
{
    string eingabe = txtEingabe.Text;
    numAnzahl.Maximum = eingabe.Length;
    numPosition.Maximum = eingabe.Length - 1;
}

private void numPosition_ValueChanged(...)
{
    string eingabe = txtEingabe.Text;
    numAnzahl.Maximum =
        eingabe.Length - numPosition.Value;
}
```

Listing 6.8 Projekt »StringLöschen«

Zur Erläuterung:

▶ Der Benutzer wählt in den beiden Zahlenauswahlfeldern aus, ab welcher Position er wie viele Zeichen löschen möchte.

Zwei Zahlen-auswahlfelder

▶ Anschließend werden die entsprechenden Zeichen gelöscht, und die nachfolgenden Zeichen werden nach vorne verschoben.

▶ Beide Zahlenauswahlfelder werden zur Entwicklungszeit auf die Werte Minimum = 0, Value = 0 und Maximum = 0 eingestellt. Es können also zunächst nur die Löschposition 0 und die Anzahl 0 ausgewählt werden.

▶ Bei jeder Eingabe oder Änderung der Originalzeichenkette werden die Maxima für die beiden Zahlenauswahlfelder neu eingestellt. Damit ist gewährleistet, dass der Benutzer keine Löschposition wählen kann, die außerhalb der Originalzeichenkette liegt. Außerdem kann die Anzahl der zu löschenden Zeichen nicht größer sein als die Anzahl der vorhandenen Zeichen.

Beide Felder neu einstellen

▶ Sobald der Benutzer die Löschposition verändert, wird die maximal wählbare Anzahl der zu löschenden Zeichen ebenfalls verändert. Wird die Löschposition z. B. um 1 erhöht, wird die Anzahl um 1 herabgesetzt.

249

6.1.7 Teilzeichenkette ermitteln

Substring() Zur Extraktion eines Teils einer Zeichenkette nutzen Sie die Methode Substring(). Es müssen Startposition und Länge der gewünschten Teilzeichenkette angegeben werden.

ArgumentOutOfRange Weder die Position noch eines der zu extrahierenden Zeichen darf außerhalb der Zeichenkette liegen, da sonst wiederum eine Ausnahme vom Typ *ArgumentOutOfRangeException* auftritt.

Analog zu den vorigen Programmen wurde diese Vorgabe wie in Abbildung 6.9 zu sehen (Projekt *StringTeilzeichenkette*) gelöst.

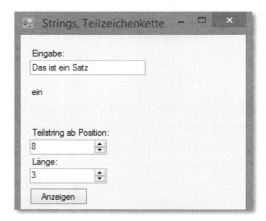

Abbildung 6.9 Teilstring ermitteln

Der Programmcode:

```
private void cmdAnzeigen_Click(...)
{
    string eingabe, anzeige;

    eingabe = txtEingabe.Text;
    anzeige = eingabe.Substring(
        (int) numPosition.Value,
        (int) numLänge.Value);

    lblAnzeige.Text = anzeige;
}
```

6.1   Klasse String für Zeichenketten

```
private void txtEingabe_TextChanged(...)
{
    string eingabe = txtEingabe.Text;
    numPosition.Maximum = eingabe.Length - 1;
    numLänge.Maximum = eingabe.Length;
}

private void numPosition_ValueChanged(...)
{
    string eingabe = txtEingabe.Text;
    numLänge.Maximum =
        eingabe.Length - numPosition.Value;
}
```

Listing 6.9 Projekt »StringTeilzeichenkette«

Zur Erläuterung:

▶ Der Benutzer wählt in den beiden Zahlenauswahlfeldern aus, ab welcher Position er wie viele Zeichen extrahieren möchte.

▶ Anschließend werden die entsprechenden Zeichen kopiert.

▶ Eine Änderung der Originalzeichenkette hat (wie beim Löschen) Auswirkungen auf die Maxima der beiden Zahlenauswahlfelder. Daher kann die Ausnahme *ArgumentOutOfRangeException* nicht auftreten.

Beide Felder einstellen

6.1.8   Zeichen ersetzen

Mithilfe der Methode `Replace()` kann wie beim Suchen und Ersetzen in einem Textverarbeitungssystem jedes Vorkommen einer gesuchten Zeichenkette durch eine andere Zeichenkette ersetzt werden.

Replace()

Das folgende Programm (siehe Abbildung 6.10) liefert hierfür ein Beispiel (Projekt *StringErsetzen*).

Der Programmcode:

```
private void cmdErsetzen_Click(...)
{
    string eingabe, suchen, ersetzen, anzeige;

    eingabe = txtEingabe.Text;
    suchen = txtSuchen.Text;
```

251

```
        ersetzen = txtErsetzen.Text;

        anzeige = eingabe.Replace(suchen, ersetzen);
        lblAnzeige.Text = anzeige;
}
```

Listing 6.10 Projekt »StringErsetzen«

Abbildung 6.10 Ersetzen einer Zeichenkette

Zur Erläuterung:

▶ Jedes Vorkommen der Zeichenfolge aus dem Textfeld unter dem Begriff ERSETZE: wird ersetzt durch die Zeichenfolge aus dem Textfeld unter dem Begriff DURCH:.

6.1.9 Ausgabe formatieren

Format()

Die Methode Format() der Klasse String können Sie zur einheitlichen Formatierung verwenden. Das ist vor allem bei der einheitlichen Ausgabe von Tabellen, z. B. innerhalb einer ListBox oder eines Labels, wichtig.

Voraussetzung ist eine nicht proportionale Schriftart. Das ist eine Schriftart, bei der jedes Zeichen die gleiche Breite beansprucht. Einsatz findet eine solche Formatierung auch bei der Ausgabe einer Konsolenanwendung, siehe Abschnitt 4.8.5, »Ausgabe formatieren«. In Abbildung 6.11 sehen Sie einige Beispiele im Projekt *StringFormatieren*.

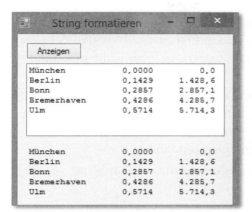

Abbildung 6.11 Formatieren in ListBox und Label

Der Programmcode:

```csharp
private void cmdAnzeige_Click(
    object sender, EventArgs e)
{
    int i;
    string format;
    string ausgabe;
    string[] stadt = {"München", "Berlin",
        "Bonn", "Bremerhaven", "Ulm"};

    lstA.Items.Clear();
    lblA.Text = "";
    format = "{0,-15}{1,9:0.0000}{2,12:#,##0.0}";

    for (i = 0; i < 5; i++)
    {
        ausgabe = String.Format(format,
            stadt[i], i / 7.0, i * 1e4 / 7);
        lstA.Items.Add(ausgabe);
        lblA.Text += ausgabe + "\n";
    }
}
```

Listing 6.11 Projekt »StringFormatieren«

Zur Erläuterung:

- Zur Entwicklungszeit wurde die Schriftart der ListBox und des Labels über die Eigenschaft Font auf Courier New, eine nicht proportionale Schriftart, gestellt.

- Das gewünschte Format kann in einer Zeichenkette (hier format) gespeichert werden, um es möglichst häufig an passender Stelle einzusetzen. Innerhalb der Schleife wird es als erster Parameter der Methode Format() genutzt. In der Formatierungszeichenkette steht:
  - die Nummer der Variablen, beginnend mit der Nummer 0
  - ein Doppelpunkt
  - die zugehörige Formatierung

Breite

- {0,-15}: Als Erstes wird eine Zeichenkette in der Mindestgesamtbreite 15 ausgegeben. Sie erscheint linksbündig wegen des Minuszeichens vor der 15.

Nachkommastellen

- {1,9:0.0000}: Es folgt eine Zahl in der Mindestgesamtbreite 9, gerundet auf vier Nachkommastellen. Sie erscheint rechtsbündig, das ist der Standard.

Tausenderpunkt

- {2,12:#,##0.0}: Als Letztes folgt wiederum eine Zahl in der Mindestgesamtbreite 12, gerundet auf eine Nachkommastelle, rechtsbündig. Falls die Zahl mehr als drei Stellen vor dem Komma hat, wird ein Tausenderpunkt angezeigt.

0, #

- Das Formatierungszeichen 0 steht für eine Ziffer, die auf jeden Fall angezeigt wird, das Formatierungszeichen # steht für eine Ziffer, die nur dann angezeigt wird, wenn die Zahl diese Ziffer hat.

6.2 Datum und Uhrzeit

DateTime

Visual C# bietet die Struktur DateTime zur Speicherung von Datum und Uhrzeit. Objekten dieser Struktur stehen zahlreiche Eigenschaften und Methoden zur Verfügung.

6.2.1 Eigenschaften von DateTime

Now, Today

Die Struktur DateTime hat zwei statische Eigenschaften, die ohne Erzeugung eines Objekts zur Verfügung stehen. Das sind Now (heutiges Datum und jetzige Uhrzeit) und Today (heutiges Datum).

Ein Objekt der Struktur `DateTime` kann bei der Erzeugung auf verschiedene Arten einen Startwert erhalten. Die nützlichsten Konstruktoren benötigen:

Konstruktor

► keinen Parameter

► Jahr, Monat und Tag als Parameter

► Jahr, Monat, Tag, Stunde, Minute und Sekunde als Parameter

Objekte der Struktur `DateTime` bieten anschließend eine Reihe von Eigenschaften, die die Informationen aus Tabelle 6.1 bereithalten.

Eigenschaften

Eigenschaft	Erläuterung
Day	Tag des Monats
DayOfWeek	Tag der Woche (Wochentag) Sonntag = 0, Montag = 1 usw.
DayOfYear	Tag des Jahres
Hour	Stunde
Millisecond	Millisekunde
Minute	Minute
Month	Monat
Second	Sekunde
TimeOfDay	Uhrzeit
Year	Jahr

Tabelle 6.1 DateTime, Eigenschaften

Die Eigenschaften `Year`, `Month`, `Day` usw. liefern die jeweiligen Bestandteile des Datums als ganze Zahlen. Daraus können Sie bei Bedarf unterschiedliche Formatierungen zusammensetzen.

Datumsteile

Es folgt ein erstes Programm (Projekt *DatumUhrzeit*), innerhalb dessen verschiedene Objekte erzeugt und mit einigen Eigenschaften ausgegeben werden (siehe Abbildung 6.12).

6 Wichtige Klassen in .NET

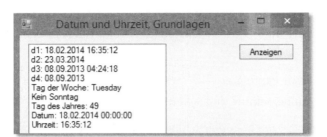

Abbildung 6.12 Objekte zu Datum und Zeit

Der Programmcode:

```
private void cmdAnzeigen_Click(...)
{
    DateTime d1 = new DateTime(
        2014, 2, 18, 16, 35, 12);
    DateTime d2 = new DateTime(2014, 3, 23);
    DateTime d3, d4 = new DateTime();
    lstA.Items.Add("d1: " + d1);
    lstA.Items.Add("d2: " + d2.ToShortDateString());
    d3 = DateTime.Now;
    d4 = DateTime.Today;
    lstA.Items.Add("d3: " + d3);
    lstA.Items.Add("d4: " + d4.ToShortDateString());

    lstA.Items.Add(
        "Tag der Woche: " + d1.DayOfWeek);
    if(d1.DayOfWeek == DayOfWeek.Sunday)
        lstA.Items.Add("Ein Sonntag");
    else
        lstA.Items.Add("Kein Sonntag");

    lstA.Items.Add(
        "Tag des Jahres: " + d1.DayOfYear);
    lstA.Items.Add("Datum: " + d1.Date);
    lstA.Items.Add(
        "Uhrzeit: " + d1.TimeOfDay);
}
```

Listing 6.12 Projekt »DatumUhrzeit«

Zur Erläuterung:

- Das Objekt d1 wird mit Datum und Uhrzeit erzeugt.

- Das Objekt d2 wird nur mit Datum erzeugt, die Uhrzeit ist 00:00 Uhr.

- Die Objekte d3 und d4 werden ohne Werte erzeugt, sie erhalten ihre Werte später.

- Zur Ausgabe des Objekts d2, das die Uhrzeit 00:00 Uhr hat, wird die Methode ToShortDateString() eingesetzt. Diese sorgt dafür, dass nur das Datum und nicht die Uhrzeit ausgegeben wird.

  ToShortDateString()

- Das Objekt d3 bekommt den Wert der statischen Eigenschaft Now, also aktuelles Datum und aktuelle Uhrzeit.

  Now

- Das Objekt d4 bekommt den Wert der statischen Eigenschaft Today, also das aktuelle Datum. Die Uhrzeit ist 00:00 Uhr, daher wird hier ebenfalls die Methode ToShortDateString() zur Ausgabe genutzt.

  Today

- Die Eigenschaft DayOfWeek des Objekts d1 liefert den Wochentag als Zahl. Der Wert wird anschließend mit einem Wert aus der Enumeration DayOfWeek verglichen.

  DayOfWeek

- Die Eigenschaft DayOfYear des Objekts d1 liefert den Tag des Jahres, von 1 bis 365 bzw. 366.

  DayOfYear

- Die Eigenschaft Date des Objekts d1 liefert nur das Datum, die Uhrzeit wird auf 00:00 Uhr gesetzt.

- Die Eigenschaft TimeOfDay des Objekts d1 liefert nur die Uhrzeit. Diese ist ein Objekt der Struktur TimeSpan, siehe nächsten Abschnitt.

  TimeOfDay

6.2.2 Rechnen mit Datum und Uhrzeit

Eine ganze Reihe von Methoden dienen zum Rechnen mit Datum und Uhrzeit. Sie beginnen alle mit der Vorsilbe Add: AddHours(), AddMilliseconds(), AddMinutes(), AddMonths(), AddSeconds(), AddYears() usw. Diese Methoden erhalten double-Werte als Parameter zur Addition oder Subtraktion zur jeweiligen Komponente (Stunde, Minute, ...). Die Parameterwerte können

Add-Methoden

- ganzzahlig sein oder über Nachkommastellen verfügen,

- positiv oder negativ sein,

- größer als die Maximalwerte der jeweiligen Komponente sein (30 Stunden, 130 Minuten usw.).

6 Wichtige Klassen in .NET

TimeSpan — Eine Besonderheit stellen die Methoden Add() und Subtract() dar: Sie erhalten als Parameter ein Objekt der Struktur TimeSpan. Diese Objekte beinhalten Zeitintervalle und eignen sich besonders zum Rechnen mit Datum und Uhrzeit.

Zeitintervall — Ein Objekt der Struktur TimeSpan kann bei der Erzeugung auf verschiedene Arten einen Startwert bekommen. Die nützlichsten Konstruktoren benötigen als Parameter:

- Stunde, Minute und Sekunde
- Tag, Stunde, Minute und Sekunde

Im folgenden Programm (Projekt *DatumUhrzeitRechnen*) wird ein Objekt der Struktur DateTime initialisiert und anschließend mithilfe von Objekten der Klasse TimeSpan mehrfach verändert (siehe Abbildung 6.13).

Abbildung 6.13 Rechnen mit Datum und Uhrzeit

Der Programmcode:

```
private void cmdA_Click(...)
{
    DateTime d = new DateTime(
        2014, 2, 18, 16, 35, 12);
    TimeSpan ts1 = new TimeSpan(2, 10, 5);
    TimeSpan ts2 = new TimeSpan(3, 4, 70, 10);

    lstA.Items.Add("Start: " + d);
    d = d.AddHours(3);
    lstA.Items.Add("+3 Std: " + d);
    d = d.AddHours(-2.5);
    lstA.Items.Add("-2,5 Std: " + d);
    d = d.AddHours(34);
    lstA.Items.Add("+34 Std: " + d);
```

6.2 Datum und Uhrzeit

```
    d = d.AddSeconds(90);
    lstA.Items.Add("+90 Sek: " + d);
    d = d.Add(ts1);
    lstA.Items.Add("+2 Std 10 Min 5 Sek: " + d);
    d = d.Subtract(ts2);
    lstA.Items.Add(
        "-3 Tage 4 Std 70 Min 10 Sek: " + d);
}
```

Listing 6.13 Projekt »DatumUhrzeitRechnen«

Zur Erläuterung:

▶ Es wird ein Objekt der Struktur `DateTime` erzeugt. Es hat den Wert 18.02.2014; 16:35:12 Uhr.

▶ Für eine spätere Verwendung werden zwei Objekte der Struktur `TimeSpan` erzeugt. Dabei müssen ganze Zahlen (positiv oder negativ) genutzt werden. Sie dürfen die jeweiligen Zahlenbereiche der Komponenten überschreiten.

▶ Das erste Objekt der Struktur `TimeSpan` beinhaltet ein positives Zeitintervall von 2 Stunden, 10 Minuten und 5 Sekunden. Das zweite Objekt der Struktur `TimeSpan` beinhaltet ein Zeitintervall von 3 Tagen, 4 Stunden, 70 Minuten (!) und 10 Sekunden.

▶ Mit `AddHours(3)` werden 3 Stunden hinzuaddiert. Die Add-Methoden verändern nicht das Objekt selbst, sondern liefern ein verändertes Objekt zurück. Soll dieses veränderte Objekt erhalten bleiben, muss es gespeichert werden, daher die Zuweisung `d = d.AddHours(3)`. Aus 16:35:12 Uhr wird 19:35:12 Uhr. *AddHours()*

▶ Mit `AddHours(-2,5)` werden 2,5 Stunden abgezogen. Es kann mit negativen Werten und Nachkommastellen gearbeitet werden. Die Nachkommastellen bei den Stunden werden in die entsprechenden Minuten umgerechnet. Aus 19:35:12 Uhr wird 17:05:12 Uhr.

▶ Mit `AddHours(34)` wird mehr als ein Tag hinzuaddiert. Dabei wird auch über Tagesgrenzen hinaus richtig gerechnet. Aus dem 18.02.2014; 17:05:12 Uhr wird der 20.02.2014; 03:05:12 Uhr.

▶ Mit `AddSeconds(90)` wird mehr als eine Minute hinzuaddiert. Dabei wird auch über Minuten- oder Stundengrenzen hinaus richtig gerechnet. Aus 03:05:12 Uhr wird 03:06:42 Uhr. *AddSeconds()*

▶ Das erste Zeitintervall (2 Stunden, 10 Minuten und 5 Sekunden) wird mithilfe der Methode `Add()` hinzuaddiert. Dabei finden mehrere Umrechnungen statt. Aus 03:06:42 Uhr wird 05:16:47 Uhr.

Subtract()
▶ Das zweite Zeitintervall (3 Tage, 4 Stunden, 70 Minuten und 10 Sekunden) wird mithilfe der Methode `Subtract()` abgezogen. Aus dem 20.02.2014; 05:16:47 Uhr wird der 17.02.2014; 00:06:37 Uhr.

6.2.3 DateTimePicker

Format
Das Steuerelement *DateTimePicker* dient zur komfortablen Eingabe oder Auswahl von Datum und Uhrzeit. Über die Eigenschaft Format kann das Aussehen eingestellt werden. Neben dem Standardwert Long gibt es dafür die Werte Custom, Short und Time. Diese können auch zur Laufzeit mithilfe der Enumeration DateTimePickerFormat eingestellt werden.

Im nachfolgenden Projekt *DatumPicker* werden vier DateTimePicker in vier verschiedenen Formaten gezeigt. Zunächst ist kein Element aufgeklappt (siehe Abbildung 6.14).

Abbildung 6.14 Vier DateTimePicker, nicht aufgeklappt

In Abbildung 6.15 wurde der erste DateTimePicker durch Betätigen des Pfeils rechts am Steuerelement aufgeklappt. Wie Sie sehen, kann der auszuwählende Datumsbereich eingeschränkt werden, hier mit dem Mindestdatum 15.12.2013.

Zunächst der Code der Form_Load-Prozedur, in der verschiedene Einstellungen vorgenommen werden:

```
private void Form1_Load(...)
{
    datPicker1.MinDate = new DateTime(2013, 13, 15);
```

```
    datPicker1.MaxDate = new DateTime(2014, 2, 15);
    datPicker1.Value = new DateTime(2014, 1, 15);

    datPicker2.CustomFormat = "dd.MM.yy";
    datPicker2.Format = DateTimePickerFormat.Custom;

    datPicker3.ShowUpDown = true;
    datPicker3.Format = DateTimePickerFormat.Short;

    datPicker4.ShowUpDown = true;
    datPicker4.Format = DateTimePickerFormat.Time;
}
```

Listing 6.14 Projekt »DatumPicker«, Teil 1

Abbildung 6.15 Erster DateTimePicker, aufgeklappt

Zur Erläuterung:

- Der erste DateTimePicker erscheint im Standardformat Long. Nach dem Aufklappen kann mit einem Klick einfach ein bestimmtes Datum ausgewählt werden. **Long**

- Nach einem Klick auf einen der Pfeile nach links oder rechts kann der vorherige oder nachfolgende Monat ausgewählt werden. Mit einem Klick auf den Monatsnamen wechselt man auf die Jahresansicht. Dort wechselt man mit einem Klick auf das Jahr zur Mehrjahresansicht. Nach Auswahl eines bestimmten Jahres wechselt man von dort wieder zurück zur Jahresansicht. Von dort wechselt man nach Auswahl eines bestimmten Monats wiederum zur Monatsansicht zurück. **Ansicht wechseln**

6   Wichtige Klassen in .NET

Bereich einstellen

▶ Die Eigenschaften `MinDate` und `MaxDate` erwarten einen Wert der Struktur `DateTime` und dienen der Einstellung des Bereichs, aus dem das Datum ausgewählt werden kann.

Value

▶ Über die Eigenschaft `Value` wird das Datum eingestellt, das zu Beginn ausgewählt sein soll.

Custom

▶ Das Format des zweiten DateTimePicker ist individuell eingestellt: jeweils zwei Ziffern für Tag, Monat und Jahr. Damit das wirksam wird, muss die Eigenschaft `Format` auf den Wert `Custom` gestellt werden.

Spin-Button

▶ Bei den letzten beiden DateTimePickern wurde ein Spin-Button (auch Up-Down-Button genannt) zur Einstellung der einzelnen Bestandteile der Zeitangabe hinzugefügt. Das Format `Short` zeigt nur das Datum ohne Wochentags- und Monatsname. Das Format `Time` zeigt nur die Uhrzeit.

Es folgt eine Methode, mit der der ausgewählte Wert des jeweiligen DateTimePicker angezeigt werden kann. Außerdem werden für eine zweite Ausgabe zu diesem Wert 24 Stunden hinzugerechnet.

```
private void datPicker_ValueChanged(...)
{
    DateTimePicker datPicker = sender as DateTimePicker;
    lblDatum.Text = datPicker.Value + "";

    DateTime plusTag;
    plusTag = datPicker.Value;
    plusTag = plusTag.AddDays(1);
    lblPlusTag.Text = plusTag + "";
}
```

Listing 6.15 Projekt »DatumPicker«, Teil 2

Zur Erläuterung:

Wert geändert

▶ Das Ereignis `ValueChanged` tritt ein, sobald sich der Wert des DateTimePicker ändert. Im EIGENSCHAFTEN-Fenster wurde die Ereignismethode `datPicker_ValueChanged()` diesem Ereignis für alle vier DateTimePicker zugeordnet.

▶ Es wird ein Verweis auf den auslösenden DateTimePicker eingerichtet. Dessen aktuell ausgewählter Wert wird im ersten Label ausgegeben.

- Ein neues Objekt der Struktur DateTime wird erzeugt. Dieses bekommt zunächst den aktuell ausgewählten Wert. Zu diesem Wert wird ein Tag hinzugerechnet, anschließend erfolgt die Ausgabe im zweiten Label.

6.3 Dateien und Verzeichnisse

Zur dauerhaften Speicherung der Arbeitsdaten eines Programms stehen Dateien und Datenbanken zur Verfügung. Sie ermöglichen es, die Programmbenutzung zu beenden und zu einem späteren Zeitpunkt mit dem gleichen Status wieder fortzusetzen.

In diesem Abschnitt wird die einfache Form der Speicherung behandelt: das Schreiben in Textdateien und das Lesen aus Textdateien. Den Datenbanken ist Kapitel 8, »Datenbankanwendungen mit ADO.NET«, gewidmet.

Es werden Objekte der Klassen FileStream, StreamWriter und StreamReader benötigt. Diese stehen im Namensraum System.IO zur Verfügung. Da dieser Namensraum nicht standardmäßig in Visual C#-Programme eingebunden wird, müssen Sie ihn für die jeweilige Anwendung einbinden. <!-- System.IO -->

6.3.1 Lesen aus einer Textdatei

Ein Objekt der Klasse FileStream wird für die Art des Zugriffs auf die Datei und zum Öffnen der Datei benötigt. <!-- FileStream -->

Ein Objekt der Klasse StreamReader dient zum Lesen der Dateiinhalte. Im folgenden Beispiel (Projekt *DateiLesen*) werden alle Zeilen einer Textdatei gelesen und auf dem Bildschirm ausgegeben. <!-- StreamReader -->

Abbildung 6.16 zeigt den Inhalt der Textdatei. Das Ergebnis des Programms ist in Abbildung 6.17 zu sehen.

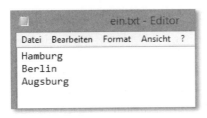

Abbildung 6.16 Eingabedatei »ein.txt«

Abbildung 6.17 Alle Zeilen gelesen

Der Programmcode:

```
private void cmdLesen_Click(...)
{
    FileStream fs = new FileStream(
        "ein.txt", FileMode.Open);
    StreamReader sr = new StreamReader(fs);
    string zeile;
    while (sr.Peek() != -1)
    {
        zeile = sr.ReadLine();
        lblA.Text += zeile + "\n";
    }
    sr.Close();
}
```

Listing 6.16 Projekt »DateiLesen«

Zur Erläuterung:

using
- Mit der Anweisung using System.IO wird der entsprechende Namensraum eingebunden und mit all seinen Klassen zur Verfügung gestellt.

FileStream
- Das Objekt fs wird als Objekt der Klasse FileStream erzeugt. Bei dem hier verwendeten Konstruktor werden dabei der Name der zu öffnenden Datei und der Öffnungsmodus benötigt.

Pfadangabe
- Der Name der Datei *ein.txt* steht in einer Zeichenkette. Wird kein Pfad angegeben, wird davon ausgegangen, dass die Datei im selben Verzeichnis wie die fertige Anwendung steht, hier also in *...\DateiLesen\bin\Debug*. Befindet sich die Datei in einem anderen Verzeichnis, können Sie den Pfad dorthin relativ (ausgehend vom aktuellen Verzeichnis) oder absolut (mit vollständiger Pfadangabe) angeben.

6.3 Dateien und Verzeichnisse

▶ Wird die Datei, aus der gelesen werden soll, nicht gefunden, tritt eine Ausnahme auf. Diesen Fall gibt es in der Praxis häufig, beispielsweise aufgrund einer falschen Pfadangabe. Dieser wichtige Aspekt wird im übernächsten Projekt *DateiSicherLesen* berücksichtigt. Dort finden Sie auch Beispiele für relative und absolute Pfadangaben.

Ausnahme

▶ Es gibt eine Reihe von möglichen Öffnungsmodi. Sie stehen in der Enumeration `FileMode`. Die wichtigsten sind `Open` (zum Öffnen einer Datei, die Sie lesen möchten), `Create` (zum Öffnen einer Datei, die Sie neu beschreiben bzw. überschreiben möchten) und `Append` (zum Öffnen einer Datei, an deren Ende Sie weiterschreiben möchten).

Open, Create, Append

▶ Das Objekt `sr` wird als Objekt der Klasse `StreamReader` erzeugt. Bei dem hier verwendeten Konstruktor wird dabei das Objekt der Klasse `File-Stream` benötigt, aus dem gelesen werden soll.

StreamReader

▶ Bei einer Textdatei ist häufig unbekannt, wie viele Zeilen mit Text gefüllt sind. Möchten Sie alle Zeilen lesen, müssen Sie daher eine `while`-Schleife verwenden. Diese muss beendet werden, sobald Sie an das Ende der Datei gelangt sind. Das kann schon zu Beginn der Fall sein, daher wird keine `do-while`-Schleife verwendet.

▶ Die Methode `Peek()` der Klasse `StreamReader` prüft das nächste lesbare Zeichen einer Datei, ohne es einzulesen. Liefert die Methode den Wert −1 zurück, ist das Ende der Datei erreicht.

Peek()

▶ Die Methode `ReadLine()` der Klasse `StreamReader` liest eine Zeile bis zum nächsten Zeilenumbruch und liefert den Inhalt der Zeile (ohne den Zeilenumbruch) als String zurück.

ReadLine()

▶ Die Methode `Close()` der Klasse `StreamReader` schließt den Eingabestream und die zugehörigen Ressourcen – in diesem Fall auch die Datei, aus der gelesen wurde. Das Schließen der Datei ist äußerst wichtig und darf nicht vergessen werden, da die Datei sonst je nach Ablauf für weitere Zugriffe gesperrt sein könnte.

Close()

6.3.2 Schreiben in eine Textdatei

Zum Schreiben in eine Datei werden ein Objekt der Klasse `StreamWriter` und natürlich wieder ein Objekt der Klasse `FileStream` benötigt. Im folgenden Beispiel (Projekt *DateiSchreiben*) wird der Inhalt einer mehrzeiligen TextBox (Eigenschaft `Multiline = true`) vollständig in eine Textdatei geschrieben.

StreamWriter

Abbildung 6.18 zeigt das Programm mit der Eingabe. Nach Betätigung des Buttons SCHREIBEN sieht die Ausgabedatei aus wie die in Abbildung 6.19.

Abbildung 6.18 Text zum Speichern

Abbildung 6.19 Ausgabedatei »aus.txt«

Der Programmcode:

```
private void cmdSchreiben_Click(...)
{
    FileStream fs = new FileStream(
        "aus.txt", FileMode.Create);
    StreamWriter sw = new StreamWriter(fs);
    sw.WriteLine(txtEingabe.Text);
    sw.Close();
}
```

Listing 6.17 Projekt »DateiSchreiben«

Zur Erläuterung:

Create
- Bei der Erzeugung des Objekts der Klasse `FileStream` wird der Öffnungsmodus `Create` benutzt. Mit diesem Modus wird die Datei zum Schreiben geöffnet. Existiert sie bereits, wird sie ohne Rückfrage überschrieben.

Ausnahme
- Kann die Datei, in die geschrieben werden soll, nicht gefunden (falsche Pfadangabe) oder nicht beschrieben werden (Schreibschutz), tritt eine Ausnahme auf. Auch diesen Fall gibt es in der Praxis häufig. Im über-

6.3   Dateien und Verzeichnisse

nächsten Projekt *DateiSicherSchreiben* wird dieser wichtige Aspekt berücksichtigt.

▶ Die Methode `WriteLine()` der Klasse `StreamWriter` schreibt den übergebenen String in die Datei und fügt einen Zeilenumbruch an. Falls kein zusätzlicher Zeilenumbruch angefügt werden soll, können Sie anstelle der Methode `WriteLine()` die Methode `Write()` verwenden.

WriteLine()

▶ Das Multiline-Textfeld kann bereits einige Zeilenumbrüche beinhalten. Diese werden ebenfalls in der Datei gespeichert, sowohl bei `WriteLine()` als auch bei `Write()`.

6.3.3   Sicheres Lesen aus einer Textdatei

Wie bereits erwähnt, tritt eine Ausnahme auf, wenn die auszulesende Datei nicht gefunden wird, was durchaus vorkommen kann.

Im nachfolgenden Programm (Projekt *DateiSicherLesen*) werden zwei Lösungen zur Umgehung dieses Problems vorgestellt. Bei der ersten Lösung wird vorab die Existenz der Datei geprüft, bei der zweiten wird eine Ausnahmebehandlung durchgeführt. Zunächst die erste Lösung (in Abbildung 6.20 zu sehen):

Erste Lösung

```
private void cmdExistenz_Click(...)
{
    FileStream fs;
    StreamReader sr;
    string dateiname = "ein.txt";
    string zeile;

    if (!File.Exists(dateiname))
    {
        MessageBox.Show("Datei " + dateiname +
            " existiert nicht");
        return;
    }

    fs = new FileStream(dateiname, FileMode.Open);
    sr = new StreamReader(fs);
    while(sr.Peek() != -1)
    {
        zeile = sr.ReadLine();
```

267

```
            lblA.Text += zeile + "\n";
        }
        sr.Close();
    }
```

Listing 6.18 Projekt »DateiSicherLesen«, Existenz prüfen

Zur Erläuterung:

- Es werden zunächst nur zwei Objektverweise auf Objekte der Klasse `FileStream` und `StreamReader` erzeugt.
- Der Dateiname wird in einer `String`-Variablen gespeichert, da er mehrfach benötigt wird.
- Die Klasse `File` stellt Elemente zur Information über Dateien und zur Bearbeitung von Dateien zur Verfügung. Die statische Methode `Exists()` prüft, ob eine angegebene Datei existiert. Weitere Möglichkeiten der Klasse `File` werden in Abschnitt 6.3.5, »Die Klassen File und Directory«, vorgestellt.

File, Exists()

- In einer Verzweigung wird die Existenz der Eingabedatei *ein.txt* geprüft. Ist sie nicht vorhanden, wird `false` zurückgeliefert, eine Fehlermeldung ausgegeben und die Methode sofort verlassen.
- Existiert die Eingabedatei, werden zwei Objekte der Klasse `FileStream` und `StreamReader` erzeugt und den beiden bereits vorhandenen Objektverweisen zugewiesen.
- Anschließend kann die Datei wie gewohnt ausgelesen werden.

Abbildung 6.20 Ausgabe, falls Datei nicht existiert

6.3   Dateien und Verzeichnisse

Es folgt die zweite Möglichkeit mit der Ausnahmebehandlung, ebenfalls im Projekt *DateiSicherLesen*:

Zweite Lösung

```
private void cmdAusnahme_Click(...)
{
    FileStream fs;
    StreamReader sr;
    string zeile;

    try
    {
        fs = new FileStream(
            "ein.txt", FileMode.Open);
        sr = new StreamReader(fs);
        while (sr.Peek() != -1)
        {
            zeile = sr.ReadLine();
            lblA.Text += zeile + "\n";
        }
        sr.Close();
    }
    catch (Exception ex)
    {
        MessageBox.Show(ex.Message);
    }
}
```

Listing 6.19 Projekt »DateiSicherLesen«, Ausnahmebehandlung

Zur Erläuterung:

▶ Wie im ersten Fall werden nur zwei Objektverweise erzeugt.

▶ Das restliche Programm steht in einem try-catch-Block, damit eine eventuell auftretende Ausnahme behandelt werden kann.

try...catch

▶ Sofern die Datei nicht existiert, wird der catch-Teil durchlaufen und eine Fehlermeldung ausgegeben: *Die Datei ... konnte nicht gefunden werden*.

Falls die Datei erst mithilfe einer Pfadangabe erreicht werden kann, müssen Sie beim Verzeichniswechsel jeweils einen doppelten Backslash nutzen, beispielsweise: *"C:\\Temp\\Daten\\ein.txt"*.

Pfadangabe

269

6 Wichtige Klassen in .NET

@ Als Alternative können Sie auch das Zeichen @ einsetzen. Sie können dann weiterhin den einfachen Backslash nutzen. Das obige Beispiel sieht dann aus wie folgt: @"C:\Temp\Daten\ein.txt".

Relative Pfadangabe Bei einer relativen Pfadangabe bewegen Sie sich ausgehend vom aktuellen Verzeichnis durch den Verzeichnisbaum. Ein Beispiel: "..\\..\\Daten\\ein.txt" bzw. @"..\..\Daten\ein.txt" bezeichnet eine Datei, die Sie erreichen, wenn Sie vom aktuellen Verzeichnis zwei Ebenen nach oben und anschließend in das Unterverzeichnis *Daten* gehen. Dieses Beispiel würde allerdings im vorliegenden Projekt nicht zum Erfolg führen, da es dieses Verzeichnis nicht gibt. Wenn Sie den Button PFAD betätigen (siehe ebenfalls Abbildung 6.20), sehen Sie das entsprechende Ergebnis.

6.3.4 Sicheres Schreiben in eine Textdatei

Schreibschutz Eine Ausnahme tritt auch auf, wenn die Datei, in die geschrieben werden soll, nicht gefunden (falsche Pfadangabe) oder nicht beschrieben werden kann (Schreibschutz). Beide Fälle treten in der Praxis häufig auf.

Im folgenden Programm (Projekt *DateiSicherSchreiben*) wird dieses Problem mit einer Ausnahmebehandlung umgangen:

```
private void cmdAusnahme_Click(...)
{
    FileStream fs;
    StreamWriter sw;
    string dateiname = "aus.txt";

    try
    {
        fs = new FileStream(dateiname, FileMode.Create);
        sw = new StreamWriter(fs);
        sw.WriteLine(txtEingabe.Text);
        sw.Close();
    }
    catch(Exception ex)
    {
        MessageBox.Show(ex.Message);
    }
}
```

Listing 6.20 Projekt »DateiSicherSchreiben«

6.3   Dateien und Verzeichnisse

Zur Erläuterung:

- ▶ Es wird versucht, in die Datei *aus.txt* zu schreiben.
- ▶ Gelingt das aus den oben geschilderten Gründen nicht, erfolgt eine Fehlermeldung. Falls es sich um eine falsche Pfadangabe handelt, lautet sie: *Ein Teil des Pfads ... konnte nicht gefunden werden.*
- ▶ Anderenfalls wird der Inhalt des Textfelds vollständig in die Datei geschrieben.

6.3.5   Die Klassen File und Directory

Die beiden Klassen `File` und `Directory`, ebenfalls aus dem Namensraum `System.IO`, bieten zahlreiche Möglichkeiten zur Information über Dateien und Verzeichnisse.

Im nachfolgenden Projekt *DateiVerzeichnisListe*, das sich über einige Abschnitte erstreckt, werden einige nützliche statische Methoden dieser beiden Klassen eingesetzt:

- ▶ `Directory.Exists()`: prüft die Existenz eines Verzeichnisses.

Statische Methoden

- ▶ `Directory.SetCurrentDirectory()`: setzt das Verzeichnis, in dem die Windows-Anwendung arbeitet, neu.
- ▶ `Directory.GetCurrentDirectory()`: ermittelt das Verzeichnis, in dem die Windows-Anwendung arbeitet.
- ▶ `Directory.GetFiles()`: ermittelt eine Liste der Dateien in einem Verzeichnis.
- ▶ `Directory.FileSystemEntries()`: ermittelt eine Liste der Dateien und Unterverzeichnisse in einem Verzeichnis.
- ▶ `File.GetCreationTime()`: ermittelt Datum und Uhrzeit der Erzeugung einer Datei oder eines Verzeichnisses.
- ▶ `File.GetLastAccessTime()`: ermittelt das Datum des letzten Zugriffs auf eine Datei oder ein Verzeichnis.
- ▶ `File.GetLastWriteTime()`: ermittelt Datum und Uhrzeit des letzten schreibenden Zugriffs auf eine Datei oder auf ein Verzeichnis.

Es wurde hier bewusst auf den Einsatz von Methoden verzichtet, die Dateien und Verzeichnisse verändern, wie z. B. `File.Delete()`, `File.Move()`, `File.Replace()`, `Directory.Delete()` oder `Directory.Move()`. Allzu leicht

271

kann der Benutzer mit diesen Methoden unbeabsichtigt Dateien und Verzeichnisse dauerhaft verändern; sie sollten daher nur mit großer Vorsicht eingesetzt werden.

6.3.6 Das aktuelle Verzeichnis

Zu Beginn des Programms wird das Startverzeichnis (*C:\Temp*) eingestellt und angezeigt (siehe Abbildung 6.21).

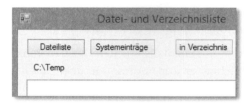

Abbildung 6.21 Startverzeichnis

Der zugehörige Code:

```
private void Form1_Load(...)
{
    if (Directory.Exists(@"C:\Temp"))
        Directory.
            SetCurrentDirectory(@"C:\Temp");
    else
        MessageBox.Show(
            @"Das Verzeichnis C:\Temp" +
            " existiert nicht");
    lblCurDir.Text =
        Directory.GetCurrentDirectory();
}
```

Listing 6.21 Projekt »DateiVerzeichnisListe«, Start

Zur Erläuterung:

SetCurrent-Directory()
- ▶ Die Methode `Directory.SetCurrentDirectory()` setzt das aktuell benutzte Verzeichnis.

Exists()
- ▶ Vorher wird mit der Methode `Directory.Exists()` geprüft, ob das betreffende Verzeichnis existiert. Beide Methoden erwarten als Parameter eine Zeichenkette.

▶ Die Methode `Directory.GetCurrentDirectory()` liefert den Namen des aktuellen Verzeichnisses.

GetCurrent-Directory()

6.3.7 Eine Liste der Dateien

Abbildung 6.22 zeigt die Ausgabe nach Betätigung des Buttons DATEILISTE.

Abbildung 6.22 Dateiliste des Verzeichnisses C:\Temp

Der zugehörige Code:

```
private void cmdDateiliste_Click(...)
{
    string verzeichnis;
    string[] dateiliste;
    int i;

    verzeichnis = Directory.
        GetCurrentDirectory();
    dateiliste = Directory.
        GetFiles(verzeichnis);
    lstA.Items.Clear();
    for(i = 0; i < dateiliste.Length; i++)
        lstA.Items.Add(dateiliste[i]);
}
```

Listing 6.22 Projekt »DateiVerzeichnisListe«, Dateiliste

Zur Erläuterung:

▶ Die Variable `verzeichnis` wird mithilfe der Methode `Directory.GetCurrentDirectory()` auf das aktuelle Arbeitsverzeichnis gesetzt. Zu Beginn ist das *C:\Temp*.

GetFiles()
- Die Methode `Directory.GetFiles()` liefert ein Feld von Strings. Die Variable `dateiliste` wurde als ein Verweis auf ein solches Feld deklariert und erhält den Rückgabewert der Methode zugewiesen.
- Mithilfe einer `for`-Schleife und der Feldeigenschaft `Length` wird das Listenfeld mit den Dateinamen gefüllt.

6.3.8 Eine Liste der Dateien und Verzeichnisse

In Abbildung 6.23 erscheinen zusätzlich die Unterverzeichnisse.

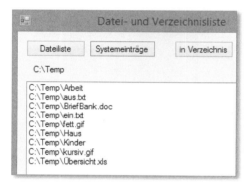

Abbildung 6.23 Verzeichnis C:\Temp, Dateien und Verzeichnisse

Der nächste Teil des Programms lautet wie folgt:

```
private void cmdSystemeinträge_Click(...)
{
    Systemeinträge();
}

private void Systemeinträge()
{
    string verzeichnis;
    string[] dateiliste;
    int i;

    verzeichnis = Directory.
        GetCurrentDirectory();
    dateiliste = Directory.
        GetFileSystemEntries(verzeichnis);
    lstA.Items.Clear();
```

```
    for (i = 0; i < dateiliste.Length; i++)
        lstA.Items.Add(dateiliste[i]);
}
```

Listing 6.23 Projekt »DateiVerzeichnisListe«, Systemeinträge

Zur Erläuterung:

- Die eigentliche Ausgabe wird in der allgemeinen Methode Systemeinträge() vorgenommen. Diese wird später noch von anderen Programmteilen genutzt.
- Die Methode Directory.GetFileSystemEntries() ist der Methode Directory.GetFiles() sehr ähnlich. Allerdings liefert sie nicht nur die Namen der Dateien, sondern auch die Namen der Verzeichnisse.

GetFileSystem-Entries()

6.3.9 Informationen über Dateien und Verzeichnisse

Im Folgenden werden einzelne Dateien bzw. Verzeichnisse genauer betrachtet (siehe Abbildung 6.24).

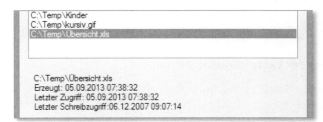

Abbildung 6.24 Informationen über die ausgewählte Datei

Der Programmcode:

```
private void lstA_SelectedIndexChanged(...)
{
    string name;

    if (lstA.SelectedIndex != -1)
    {
        name = lstA.Text;

        lblAnzeige.Text = name + "\n" +
            "Erzeugt: " +
```

6 Wichtige Klassen in .NET

```
            File.GetCreationTime(name) + "\n" +
            "Letzter Zugriff: " +
            File.GetLastAccessTime(name) +
            "\n" + "Letzter Schreibzugriff:" +
            File.GetLastWriteTime(name);
    }
    else
        MessageBox.Show("Kein Eintrag ausgewählt");
}
```

Listing 6.24 Projekt »DateiVerzeichnisListe«, Informationen

Zur Erläuterung:

▶ Hat der Benutzer in der Liste der Dateien (und gegebenenfalls Verzeichnisse) einen Eintrag ausgewählt, werden einige Informationen zu den letzten Zugriffen angezeigt.

Get...Time()
▶ Die Methoden `File.GetCreationTime()`, `File.GetLastAccessTime()` und `File.GetLastWriteTime()` ermitteln die Daten der Erzeugung der Datei, des letzten Zugriffs auf die Datei und des letzten schreibenden Zugriffs auf die Datei.

6.3.10 Bewegen in der Verzeichnishierarchie

Zunächst wählen Sie ein Unterverzeichnis aus (siehe Abbildung 6.25).

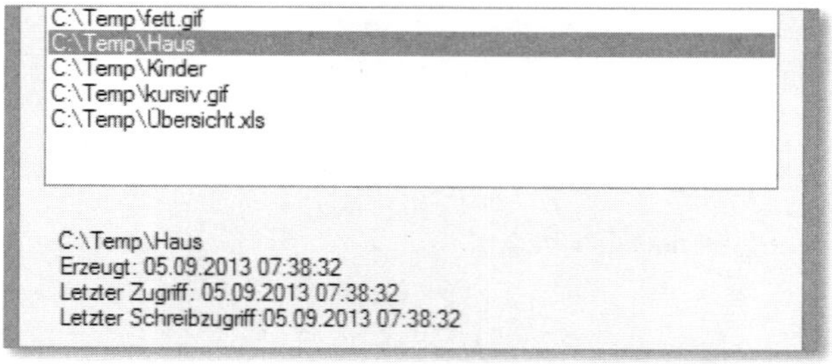

Abbildung 6.25 Auswahl

Anschließend wechseln Sie mit dem Button IN VERZEICHNIS in das betreffende Unterverzeichnis oder mit dem Button NACH OBEN in das übergeordnete Verzeichnis (siehe Abbildung 6.26).

276

6.3 Dateien und Verzeichnisse

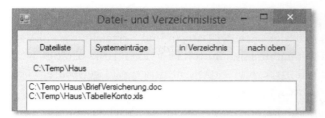

Abbildung 6.26 Unterverzeichnis C:\Temp\Haus

Der letzte Teil des Programms lautet:

```
private void cmdInVerzeichnis_Click(...)
{
    if (lstA.SelectedIndex != -1)
        try
        {
            Directory.SetCurrentDirectory(lstA.Text);
        }
        catch
        {
            MessageBox.Show(lstA.Text +
                " ist kein Verzeichnis");
        }
    else
        MessageBox.Show("Kein Eintrag ausgewählt");

    lblCurDir.Text =
        Directory.GetCurrentDirectory();
    Systemeinträge();
}

private void cmdNachOben_Click(...)
{
    Directory.SetCurrentDirectory("..");
    lblCurDir.Text =
        Directory.GetCurrentDirectory();
    Systemeinträge();
}
```

Listing 6.25 Projekt »DateiVerzeichnisListe«, Verzeichniswechsel

Zur Erläuterung:

SetCurrent-Directory()

- Falls der Benutzer in der Liste der Dateien und Verzeichnisse ein Verzeichnis ausgewählt hat und den Button IN VERZEICHNIS betätigt, wird das Verzeichnis mit `Directory.SetCurrentDirectory()` gewechselt. Das neue Verzeichnis wird angezeigt.
- Hat der Benutzer eine Datei zum Verzeichniswechsel ausgewählt, wird eine entsprechende Fehlermeldung angezeigt.
- Nach einem Verzeichniswechsel wird die aktuelle Liste der Dateien und Verzeichnisse angezeigt.
- Auf diese Art und Weise können Sie sich in der gesamten Verzeichnishierarchie bewegen und sich die Inhalte der Verzeichnisse anzeigen lassen.

6.4 XML-Dateien

XML ist ein weitverbreitetes, plattformunabhängiges Datenformat, das sich zum universellen Datenaustausch eignet. XML-Dateien sind mit einem einfachen Texteditor editierbar. Im Projekt *XmlDatei* (siehe Abbildung 6.27) lernen Sie vier Methoden kennen, um mithilfe von C# auf XML-Dateien zugreifen zu können:

- Schreiben in eine XML-Datei
- Lesen aus einer XML-Datei
- Schreiben von Objekten in eine XML-Datei
- Lesen von Objekten aus einer XML-Datei

Abbildung 6.27 Projekt »XmlDatei«

6.4.1 Aufbau von XML-Dateien

Einige Regeln für den Aufbau einer XML-Datei erläutere ich Ihnen kurz anhand des nachfolgenden Beispiels:

```
<?xml version="1.0" encoding="utf-16"?>
<firma>
    <person name="Maier" vorname="Hans" personalnummer="6714"
        gehalt="3500" geburtstag="15.03.1962" />
    <person name="Schmitz" vorname="Peter" personalnummer="81343"
        gehalt="3750" geburtstag="12.04.1958" />
    <person name="Mertens" vorname="Julia" personalnummer="2297"
        gehalt="3621,5" geburtstag="30.12.1959" />
</firma>
```

Listing 6.26 Projekt »XmlDatei«, Datei firma.xml

In der XML-Datei *firma.xml* sind die Daten mehrerer Elemente (hier: Personen innerhalb einer Firma) gespeichert. Zu Beginn steht eine Kopfzeile, die die XML-Version und die Zeichensatzkodierung angibt.

Innerhalb einer XML-Datei gibt es eine Hierarchie von Knoten. Es gibt Elementknoten und Attributknoten. Diese werden auch kurz als Elemente und Attribute bezeichnet.

Auf der obersten Ebene der Hierarchie darf es nur ein einzelnes Element geben; hier ist es das Element `firma`. XML-Elemente werden ähnlich wie HTML-Markierungen notiert, also mit einer Anfangsmarkierung (hier `<firma>`) und einer Endmarkierung (hier `</firma>`). Sie können die Markierungen frei wählen.

XML-Elemente können geschachtelt werden, hier zum Beispiel `<person>` ... `</person>` innerhalb von `<firma>` und `</firma>`. Sie können Attribute enthalten, die die einzelnen Elemente kennzeichnen. Hier sind das z. B. die Attribute `name`, `vorname` usw. Sie können die Datei *firma.xml* auch in einem Browser aufrufen, es wird dann die hierarchische Knotenstruktur der XML-Elemente wiedergegeben (siehe Abbildung 6.28).

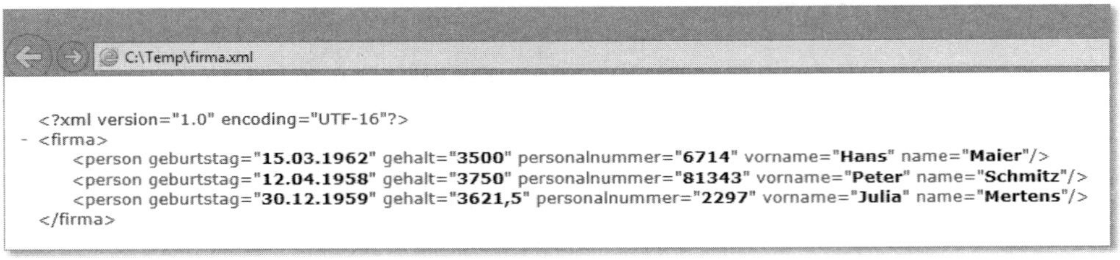

6 Wichtige Klassen in .NET

```
<?xml version="1.0" encoding="UTF-16"?>
- <firma>
    <person geburtstag="15.03.1962" gehalt="3500" personalnummer="6714" vorname="Hans" name="Maier"/>
    <person geburtstag="12.04.1958" gehalt="3750" personalnummer="81343" vorname="Peter" name="Schmitz"/>
    <person geburtstag="30.12.1959" gehalt="3621,5" personalnummer="2297" vorname="Julia" name="Mertens"/>
  </firma>
```

Abbildung 6.28 Inhalt der XML-Datei im Browser

6.4.2 Schreiben in eine XML-Datei

Als Erstes soll die XML-Datei aus Abbildung 6.28 geschrieben werden. Es folgt das Programm:

```csharp
using System.IO;
using System.Xml;
[ ... ]
private void cmdSchreiben_Click(object sender, EventArgs e)
{
    XmlTextWriter xw =
        new XmlTextWriter("C:\\Temp\\firma.xml",
        new UnicodeEncoding());
    xw.WriteStartDocument();
    xw.WriteStartElement("firma");

    xw.WriteStartElement("person");
    xw.WriteAttributeString("name", "Maier");
    xw.WriteAttributeString("vorname", "Hans");
    xw.WriteAttributeString("personalnummer", "6714");
    xw.WriteAttributeString("gehalt", "3500.0");
    xw.WriteAttributeString("geburtstag", "15.03.1962");
    xw.WriteEndElement();

    xw.WriteStartElement("person");
    xw.WriteAttributeString("name", "Schmitz");
    xw.WriteAttributeString("vorname", "Peter");
    xw.WriteAttributeString("personalnummer", "81343");
    xw.WriteAttributeString("gehalt", "3750.0");
    xw.WriteAttributeString("geburtstag", "12.04.1958");
    xw.WriteEndElement();
```

```
xw.WriteStartElement("person");
xw.WriteAttributeString("name", "Mertens");
xw.WriteAttributeString("vorname", "Julia");
xw.WriteAttributeString("personalnummer", "2297");
xw.WriteAttributeString("gehalt", "3621.5");
xw.WriteAttributeString("geburtstag", "30.12.1959");
xw.WriteEndElement();

xw.WriteEndElement();
xw.Close();
}
```

Listing 6.27 Projekt »XmlDatei«, Schreiben in eine XML-Datei

Zunächst werden die Klassen aus zwei weiteren Namensräumen zur Verfügung gestellt. Der Namensraum `System.Xml` bietet Ihnen verschiedene Möglichkeiten, auf XML-Dateien zuzugreifen. `System.IO` wird später zum Überprüfen der Existenz einer Datei benötigt. Außerdem wird die Zeichensatzkodierung mithilfe einer Klasse aus dem vorhandenen Namensraum `System.Text` erzeugt.

Ein Objekt der Klasse `XmlTextWriter` dient als »Schreibgerät« zur Erzeugung einer XML-Datei. Der Konstruktor erwartet zwei Parameter: Name und Pfad der zu erzeugenden XML-Datei und eine Angabe zur Zeichensatzkodierung. Falls die Datei bereits existiert, wird sie überschrieben. Es wird ein Verweis auf die geöffnete XML-Datei zurückgegeben.

Die Methode `WriteStartDocument()` schreibt die Kopfzeile für XML. Die Methoden `WriteStartElement()` und `WriteEndElement()` begrenzen die Ausgabe eines XML-Elements. Hier ist die Schachtelung der Elemente zu beachten. Die Methode `WriteAttributeString()` dient der Ausgabe eines Attributs und des zugehörigen Werts innerhalb eines XML-Elements. Die Methode `Close()` beendet das Schreiben der XML-Elemente und schließt die Datei.

6.4.3 Lesen aus einer XML-Datei

Als Nächstes sollen die gespeicherten Daten aus der XML-Datei gelesen werden. Es folgt das Programm:

6   Wichtige Klassen in .NET

```csharp
private void cmdLesen_Click(object sender, EventArgs e)
{
    lblAnzeige.Text = "";
    if (!File.Exists("C:\\Temp\\firma.xml"))
        return;

    XmlReader xr = new XmlTextReader("C:\\Temp\\firma.xml");

    while(xr.Read())
    {
        if(xr.NodeType == XmlNodeType.Element)
        {
            if(xr.AttributeCount > 0)
            {
                while(xr.MoveToNextAttribute())
                    lblAnzeige.Text += xr.Name + " -> "
                        + xr.Value + "\n";
                lblAnzeige.Text += "\n";
            }
        }
    }

    xr.Close();
}
```

Listing 6.28 Projekt »XmlDatei«, Lesen aus einer XML-Datei

Existiert die Datei, aus der gelesen werden soll, nicht, wird die Methode beendet. Ein Objekt der Klasse `XmlTextReader` dient als »Lesegerät« zum Lesen von Daten aus einer XML-Datei. Der Konstruktor erwartet als Parameter Name und Pfad der Datei. Es wird ein Verweis auf die geöffnete XML-Datei zurückgegeben.

Die Methode `Read()` liest einen Knoten, stellt die Daten dieses Knotens zur Verfügung und wechselt zum nächsten Knoten. Wird kein Knoten mehr gefunden, wird `False` zurückgeliefert. Das wird hier zur Steuerung der Schleife genutzt.

Die Eigenschaft `NodeType` beinhaltet den Typ des Knotens, zum Beispiel *Element* oder *Attribut*. Dieser Wert kann mit einem Element aus der Enumeration `XmlNodeType` verglichen werden. Diese Abfrage dient im vorliegenden

Fall nur dazu, den Inhalt der Kopfzeile zu ignorieren. Falls es sich um ein Element handelt und die Anzahl der Attribute (Eigenschaft `AttributeCount`) größer als 0 ist, werden die einzelnen Attribute mithilfe der Methode `MoveToNextAttribute()` ermittelt.

Diese Methode arbeitet ähnlich wie die Methode `Read()` und stellt die Namen und die Werte der einzelnen Attribute als Zeichenkette zur Verfügung. Wird kein Attribut mehr gefunden, wird `False` zurückgeliefert. Die Methode `Close()` beendet das Lesen der XML-Elemente und schließt die Datei.

Zur Kontrolle werden die Objekte anschließend ausgegeben (siehe Abbildung 6.29).

Abbildung 6.29 Ausgabe des Inhalts der XML-Datei

6.4.4 Schreiben von Objekten

Es sollen mehrere Objekte der Klasse `Person` in einer XML-Datei gespeichert werden. Zunächst der Aufbau der Klasse `Person`:

```
using System.Xml;
[...]
class Person
{
    string name;
    string vorname;
    int personalnummer;
    double gehalt;
```

6 Wichtige Klassen in .NET

```csharp
    DateTime geburtstag;

    public Person(string na, string vo, int pe,
        double gh, DateTime gb)
    {
        name = na;
        vorname = vo;
        personalnummer = pe;
        gehalt = gh;
        geburtstag = gb;
    }

    public void AlsXmlElementSchreiben(XmlTextWriter xw)
    {
        xw.WriteStartElement("person");
        xw.WriteAttributeString("name", name);
        xw.WriteAttributeString("vorname", vorname);
        xw.WriteAttributeString("personalnummer",
            personalnummer.ToString());
        xw.WriteAttributeString("gehalt",
            "" + gehalt.ToString());
        xw.WriteAttributeString("geburtstag",
            geburtstag.ToShortDateString());
        xw.WriteEndElement();
    }

    public string ausgabe()
    {
        return name + ", " + vorname + ", " + personalnummer
            + ", " + gehalt + ", "
            + geburtstag.ToShortDateString();
    }
}
```

Listing 6.29 Projekt »XmlDatei«, Klasse Person

Neben den Eigenschaften und dem Konstruktor gibt es die beiden Methoden AlsXmlElementSchreiben() und ausgabe(). Der erstgenannten Methode wird ein Objekt der Klasse XmlWriter übergeben. Damit werden alle Eigenschaften eines Objekts der Klasse Person als Element in eine XML-Datei geschrieben.

Es folgt die Methode zum Speichern mehrerer Objekte:

```
private void cmdObjekteIn_Click(object sender, EventArgs e)
{
    Person[] personFeld = new Person[3];
    personFeld[0] = new Person("Maier", "Hans", 6714,
        3500.0, new DateTime(1962,3,5));
    personFeld[1] = new Person("Schmitz", "Peter",
        81343, 3750.0, new DateTime(1958,4,12));
    personFeld[2] = new Person("Mertens", "Julia",
        2297, 3621.5, new DateTime(1959,12,30));

    XmlTextWriter xw =
        new XmlTextWriter("C:\\Temp\\firma.xml",
        new UnicodeEncoding());
    xw.WriteStartDocument();
    xw.WriteStartElement("firma");

    for(int i=0; i<3; i++)
        personFeld[i].AlsXmlElementSchreiben(xw);

    xw.WriteEndElement();
    xw.Close();
}
```

Listing 6.30 Projekt »XmlDatei«, Schreiben von Objekten

Es werden zunächst mehrere Objekte der Klasse Person erzeugt. Zur besseren Weiterverarbeitung werden die Objektverweise innerhalb eines Felds angeordnet. Die XML-Datei und das einzelne Element der obersten Ebene der Knotenstruktur werden auf die bereits bekannte Art und Weise erzeugt. Die einzelnen Objekte werden anschließend mithilfe der Methode AlsXml-ElementSchreiben() aus der Klasse Person in die Datei geschrieben.

6.4.5 Lesen von Objekten

Es sollen mehrere Objekte der Klasse person aus einer XML-Datei gelesen werden:

6 Wichtige Klassen in .NET

```csharp
private void cmdObjekteAus_Click(object sender, EventArgs e)
{
    lblAnzeige.Text = "";
    if (!File.Exists("C:\\Temp\\firma.xml"))
        return;

    Person[] personFeld = new Person[3];
    string na = "";
    string vo = "";
    int pe = 0;
    double gh = 0.0;
    DateTime gb = new DateTime();
    int i;

    XmlReader xr = new XmlTextReader("C:\\Temp\\firma.xml");

    i = 0;
    while(xr.Read())
        if(xr.NodeType == XmlNodeType.Element)
            if(xr.AttributeCount > 0)
            {
                while(xr.MoveToNextAttribute())
                    switch(xr.Name)
                    {
                        case "name":
                            na = xr.Value;
                            break;
                        case "vorname":
                            vo = xr.Value;
                            break;
                        case "personalnummer":
                            pe = Convert.ToInt32(xr.Value);
                            break;
                        case "gehalt":
                            gh = Convert.ToSingle(xr.Value);
                            break;
                        case "geburtstag":
                            int jahr = Convert.ToInt32(
                                xr.Value.Substring(6,4));
                            int monat = Convert.ToInt32(
```

286

```
                    xr.Value.Substring(3,2));
                int tag = Convert.ToInt32(
                    xr.Value.Substring(0,2));
                gb = new DateTime(
                    jahr, monat, tag);
                break;
        }
        personFeld[i] =
            new Person(na, vo, pe, gh, gb);
        i = i + 1;
    }

    xr.Close();

    for(i=0; i<3; i++)
        lblAnzeige.Text += personFeld[i].ausgabe() + "\n";
}
```

Listing 6.31 Projekt »XmlDatei«, Lesen von Objekten

Auch hier wird zur besseren Weiterverarbeitung mit einem Feld von Objekten gearbeitet. Das Öffnen der XML-Datei und das Lesen der Elemente geschehen auf die bereits bekannte Art und Weise.

Die einzelnen Attribute müssen allerdings einzeln betrachtet werden. Die Zeichenketten mit den Werten aus der XML-Datei müssen passend umgewandelt werden, damit anschließend jeweils ein Objekt der Klasse Person erzeugt werden kann.

Zur Kontrolle wird das Feld von Objekten anschließend ausgegeben (siehe Abbildung 6.30).

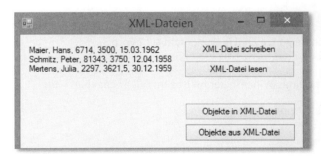

Abbildung 6.30 Ausgabe der Objekte

6   Wichtige Klassen in .NET

6.5   Rechnen mit der Klasse Math

PI, E   Die Klasse Math stellt eine Reihe mathematischer Methoden über statische Methoden bereit sowie über statische Eigenschaften die beiden mathematischen Konstanten PI und E.

In dem folgenden Projekt *Mathematik* für einen *Mini-Taschenrechner* kommen die Elemente aus der Klasse Math vor, die in Tabelle 6.2 gezeigt werden.

Element	Erläuterung
Acos()	Winkel im Bogenmaß, dessen Kosinus angegeben wird
Asin()	Winkel im Bogenmaß, dessen Sinus angegeben wird
Atan()	Winkel im Bogenmaß, dessen Tangens angegeben wird
Ceiling()	nächsthöhere ganze Zahl (aus 2,7 wird 3, aus −2,7 wird −2)
Cos()	Kosinus eines Winkels, der im Bogenmaß angegeben wird
E	math. Konstante E (Eulersche Zahl)
Exp()	math. Konstante E hoch angegebene Zahl
Floor()	nächstniedrigere ganze Zahl (aus 2,7 wird 2, aus −2,7 wird −3)
Log()	natürlicher Logarithmus einer Zahl zur Basis E (math. Konstante)
Log10()	Logarithmus einer Zahl zur Basis 10
PI	Kreiszahl Pi
Pow()	Zahl x hoch Zahl y
Round()	nächste ganze Zahl (gerundet, aus 2,7 wird 3, aus −2,7 wird −3)
Sin()	Sinus eines Winkels, der im Bogenmaß angegeben wird
Sqrt()	Wurzel einer Zahl

Tabelle 6.2 Klasse Math

6.5 Rechnen mit der Klasse Math

Element	Erläuterung
Tan()	Tangens eines Winkels, der im Bogenmaß angegeben wird
Truncate()	Abschneiden der Nachkommastellen (aus 2,7 wird 2, aus −2,7 wird −2)

Tabelle 6.2 Klasse Math (Forts.)

Ein Beispiel zur Bedienung des Programms: Nach der Eingabe von 45 und dem Betätigen des Buttons SIN wird der Sinus von 45 Grad berechnet (siehe Abbildung 6.31).

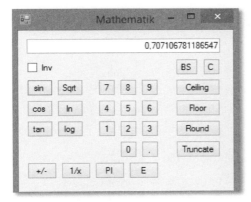

Abbildung 6.31 Mini-Taschenrechner

Das Programm:

```
public partial class Form1 : Form
{
    ...
    double x;

    private void T_TextChanged(...)
    {
        try
        {
            x = Convert.ToDouble(T.Text);
        }
        catch
```

```csharp
    {
        T.Text = "";
        x = 0;
    }
}

private void cmdBackSpace_Click(...)
{
    T.Text = T.Text.Substring(
        0, T.Text.Length - 1);
}

private void cmdClear_Click(...)
{
    T.Text = "";
}

private void cmdSinus_Click(...)
{
    if (chkInv.Checked)
    {
        T.Text = "" + Math.Asin(x) * 180 / Math.PI;
        chkInv.Checked = false;
    }
    else
        T.Text = "" + Math.Sin(x / 180.0 * Math.PI);
}

private void cmdCosinus_Click(...)
{
    if (chkInv.Checked)
    {
        T.Text = "" + Math.Acos(x) * 180 / Math.PI;
        chkInv.Checked = false;
    }
    else
        T.Text = "" + Math.Cos(x / 180.0 * Math.PI);
}

private void cmdTangens_Click(...)
```

6.5 Rechnen mit der Klasse Math

```csharp
{
    if (chkInv.Checked)
    {
        T.Text = "" + Math.Atan(x) * 180 / Math.PI;
        chkInv.Checked = false;
    }
    else
        T.Text = "" + Math.Tan(x / 180.0 * Math.PI);
}

private void cmdLn_Click(...)
{
    if (chkInv.Checked)
    {
        T.Text = "" + Math.Exp(x);
        chkInv.Checked = false;
    }
    else
        T.Text = "" + Math.Log(x);
}

private void cmdLog_Click(...)
{
    if (chkInv.Checked)
    {
        T.Text = "" + Math.Pow(10.0, x);
        chkInv.Checked = false;
    }
    else
        T.Text = "" + Math.Log10(x);
}

private void cmdPI_Click(...)
{
    T.Text = "" + Math.PI;
}

private void cmdE_Click(...)
{
    T.Text = "" + Math.E;
```

6 Wichtige Klassen in .NET

```csharp
        }

        private void cmdCeiling_Click(...)
        {
            T.Text = "" + Math.Ceiling(x);
        }

        private void cmdFloor_Click(...)
        {
            T.Text = "" + Math.Floor(x);
        }

        private void cmdRound_Click(...)
        {
            T.Text = "" + Math.Round(x);
        }

        private void cmdTruncate_Click(...)
        {
            T.Text = "" + Math.Truncate(x);
        }

        private void cmdWurzel_Click(...)
        {
            if (chkInv.Checked)
            {
                T.Text = "" + Math.Pow(x, 2.0);
                chkInv.Checked = false;
            }
            else
                T.Text = "" + Math.Sqrt(x);
        }

        private void cmdPlusMinus_Click(...)
        {
            T.Text = "" + x * -1.0;
        }

        private void cmdKehrwert_Click(...)
        {
```

```
        T.Text = "" + 1.0 / x;
    }

    private void cmdZiffer_Click(...)
    {
        Button b = (Button)sender;
        T.Text += b.Text;
    }

    private void cmdKomma_Click(...)
    {
        if (T.Text.IndexOf(",") < 0)
            T.Text += ",";
    }
}
```

Listing 6.32 Projekt »Mathematik«

Zur Erläuterung:

▶ Jede Änderung im Textfeld führt dazu, dass eine Umwandlung des Textfeldinhalts in eine double-Zahl und die Zuweisung dieser Zahl zur klassenweit gültigen double-Variablen x stattfindet. Diese Variable repräsentiert also immer den aktuellen Zahlenwert im Textfeld. Falls die Umwandlung aufgrund einer möglicherweise ungültigen mathematischen Operation nicht gelingt, wird das Textfeld geleert und x auf 0 gesetzt.

Inhalt des Textfelds umwandeln

▶ Ein Benutzer kann die Ziffern durch Eingabe im Textfeld oder durch Betätigen der Buttons 0 bis 9 eingeben. Alle Button-Clicks führen zur selben Ereignismethode. Der auslösende Button kann über den Parameter sender erkannt werden. sender ist ein Objekt vom allgemeinen Typ object und muss daher umgewandelt werden in den Typ Button. Die Eigenschaft Text des Buttons liefert den zugehörigen Wert.

Ziffern

▶ Ein Komma wird nur eingefügt, wenn noch keines vorhanden ist. Das wird mit der Zeichenkettenmethode IndexOf() geprüft.

Komma

▶ Über den Button BS (*BackSpace*) wird das letzte Zeichen im Textfeld gelöscht, über den Button C (*Clear*) der gesamte Inhalt des Textfelds.

Löschen

▶ Die Methoden Sin(), Cos() und Tan() berechnen ihr Ergebnis aus einem Winkel, der im Bogenmaß angegeben werden muss. Die Eingabe kann

Sin(), Cos(), Tan()

hier aber wie gewohnt in Grad erfolgen. Innerhalb der Ereignismethoden wird der Wert durch 180 geteilt und mit PI multipliziert, dadurch ergibt sich der Wert im Bogenmaß.

Asin(), Acos(), Atan()
- Die Methoden Asin(), Acos() und Atan() werden ausgeführt, wenn Sie vor Betätigung des entsprechenden Buttons das Kontrollkästchen INV einschalten, ähnlich wie im Windows-Taschenrechner. Das Ergebnis ist ein Winkel, der im Bogenmaß angegeben wird. Für die Ausgabe in Grad wird das Ergebnis in der Ereignismethode mit 180 multipliziert und durch PI geteilt.

Log(), Exp(), Log10()
- Auch die Methoden Log() zur Berechnung des natürlichen Logarithmus, Log10() zur Berechnung des 10er-Logarithmus und Sqrt() zur Berechnung der Wurzel können mithilfe des Kontrollkästchens invertiert werden. Es wird dann E hoch Zahl (mithilfe von Exp()), 10 hoch Zahl und Zahl zum Quadrat gerechnet.

Ganze Zahlen
- Die Methoden Ceiling(), Floor(), Round() und Truncate() erzeugen auf jeweils unterschiedliche Art ganze Zahlen aus Zahlen mit Nachkommastellen (siehe hierzu Tabelle 6.2).
- Die Buttons (+/–) (Vorzeichenwechsel) und (1/x) (Kehrwert) runden den Mini-Taschenrechner ab.

6.6 Zugriff auf MS Office

In diesem Abschnitt werden im Projekt *MSOffice* zwei Dateien mithilfe von Visual C# erstellt (siehe Abbildung 6.32):

MS Word
- ein Dokument für MS Word mit einigen Zeilen Text und einer Tabelle

MS Excel
- eine Arbeitsmappe für MS Excel mit einigen gefüllten Zellen

Dabei behandeln wir die grundlegenden Elemente der Objekthierarchie innerhalb der MS Office-Anwendungen.

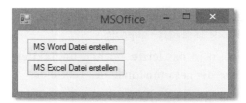

Abbildung 6.32 Projekt »MSOffice«

Es werden zwei zusätzliche Verweise benötigt. Dazu müssen Sie über das Menü PROJEKT • VERWEIS HINZUFÜGEN das Dialogfeld VERWEIS-MANAGER öffnen. Unter COM • TYPBIBLIOTHEKEN markieren Sie die Bibliotheken MICROSOFT WORD 15.0 OBJECT LIBRARY und MICROSOFT EXCEL 15.0 OBJECT LIBRARY. Diese Angaben gelten für MS Office 2013. Bei älteren Office-Versionen handelt es sich um die Versionen 14.0 oder entsprechend früher.

Verweis hinzufügen

Nach Betätigung des Buttons OK erscheinen Verweise zu MICROSOFT.OFFICE in der Verweisliste im PROJEKTMAPPEN-EXPLORER (siehe Abbildung 6.33). Falls die Verweisliste nicht sichtbar ist, müssen Sie zuerst auf das Symbol ALLE DATEIEN ANZEIGEN klicken, im Bild das vierte von rechts.

Alle Dateien anzeigen

Sollten Sie beim Öffnen meines Beispielprojekts eine Fehlermeldung erhalten, kann das daran liegen, dass bei Ihnen nicht MS Office 2013 installiert ist. Sie müssen dann in der Verweisliste zunächst die vorhandenen Verweise zu MICROSOFT.OFFICE löschen und wieder neu hinzufügen.

Anschließend können Sie im Codebereich die folgenden using-Anweisungen hinzufügen:

```
using Word = Microsoft.Office.Interop.Word;
using Excel = Microsoft.Office.Interop.Excel;
```

Listing 6.33 Projekt »MSOffice«, using-Anweisung

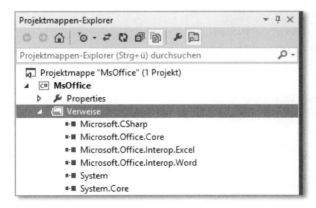

Abbildung 6.33 Projekt »MSOffice«, Verweisliste

6   Wichtige Klassen in .NET

Imports Damit werden die beiden Namensräume `Microsoft.Office.Interop.Word` und `Microsoft.Office.Interop.Excel` importiert und können nun innerhalb des Programms mithilfe der Kürzel `Word` bzw. `Excel` genutzt werden.

6.6.1   MS Word-Datei erstellen

Zunächst das Programm zur Erstellung der Word-Datei:

```
private void cmdWord_Click(...)
{
    Word.Application objWord = new Word.Application();
    objWord.Visible = true;
    objWord.WindowState =
        Word.WdWindowState.wdWindowStateNormal;

    Word.Document objDoc = objWord.Documents.Add();

    Word.Paragraph objPara;
    for(int i=1; i<=5; i++)
    {
        objPara = objDoc.Paragraphs.Add();
        objPara.Range.Text = "Zeile " + i;
        objPara.Range.InsertParagraphAfter();
    }

    Word.Table objTable;
    objTable = objDoc.Tables.Add(
        objDoc.Bookmarks["\\endofdoc"].Range, 3, 5);
    objTable.Borders.InsideLineStyle =
        Word.WdLineStyle.wdLineStyleSingle;
    objTable.Borders.OutsideLineStyle =
        Word.WdLineStyle.wdLineStyleDouble;
    for (int i = 1; i <= 3; i++)
        for (int k = 1; k <= 5; k++)
            objTable.Cell(i, k).Range.Text = i + " / " + k;

    objDoc.SaveAs("C:\\Temp\\WordMitVCSharp.docx");
    objDoc.Close();
    objWord.Quit();
}
```

Listing 6.34 Projekt »MSOffice«, Word-Datei erstellen

Zur Erläuterung:

▶ Es wird ein Verweis auf ein neues Objekt vom Typ `Word.Application` angelegt. Über diesen Verweis kann nunmehr auf die Anwendung und die Objekte innerhalb ihrer Hierarchie zugegriffen werden.

Anwendungs-objekt

▶ Die Eigenschaft `Visible` steht für die Sichtbarkeit der Word-Anwendung. Mithilfe der Eigenschaft `WindowState` legen Sie das Aussehen des Fensters fest. Die Werte stammen aus der Enumeration `WdWindowState`. Neben dem Wert `wdWindowStateNormal` gibt es noch die Werte `wdWindowStateMaximize` und `wdWindowStateMinimize`.

WindowState

▶ Die Auflistung `Documents` beinhaltet die geöffneten Dokumente der Word-Anwendung. Sie ist zu Beginn leer. Mithilfe der Methode `Add()` wird ein neues Dokument geöffnet. Das ist nun das aktuelle Dokument, in dem geschrieben werden kann. Es wird ein Verweis auf ein einzelnes Objekt des Typs `Word.Document` zurückgeliefert.

Documents

▶ Die Variable `objPara` ist ein Verweis auf ein Absatzobjekt. Innerhalb einer Schleife werden dem Word-Dokument mithilfe der Methode `Add()` der Auflistung `Paragraphs` fünf neue Absätze hinzugefügt.

Paragraphs

▶ Ein `Range`-Objekt bezeichnet einen Bereich innerhalb des Word-Dokuments. Mit `objPara.Range` wird auf den Bereich des gesamten Absatzes zugegriffen. Der Eigenschaft `Text` dieses Bereichs wird eine Zeichenkette zugewiesen. Diese besteht aus dem Wort »Zeile« und der laufenden Nummer von 1 bis 5 (siehe Abbildung 6.34).

Range.Text

▶ Ans Ende jedes neuen Absatzes wird mithilfe der Methode `InsertParagraphAfter()` ein Absatzendezeichen gesetzt. Damit wird dafür gesorgt, dass der nächste neue Absatz daruntersteht und nicht den aktuellen Absatz überschreibt.

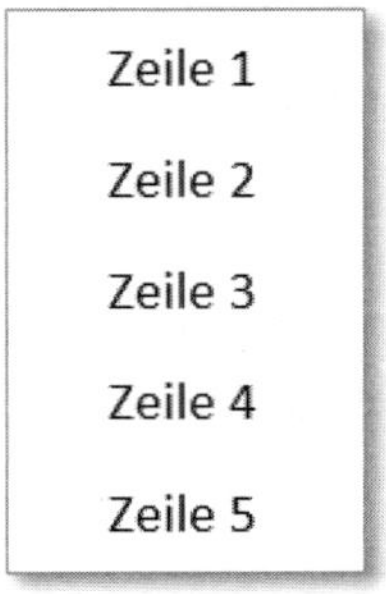

Neuer Absatz

Zeile 1

Zeile 2

Zeile 3

Zeile 4

Zeile 5

Abbildung 6.34 Projekt »MSOffice«, Word-Dokument, Teil 1

6 Wichtige Klassen in .NET

Tables
▶ Die Variable `objTable` ist ein Verweis auf ein Tabellenobjekt. Dem Word-Dokument wird mithilfe der Methode `Add()` der Auflistung `Tables` eine neue Tabelle hinzugefügt. Die Methode `Add()` benötigt drei Parameter: Ort der Tabelle, Anzahl der Zeilen und Anzahl der Spalten.

Bookmarks
▶ Die Auflistung `Bookmarks` umfasst alle Textmarken innerhalb des Word-Dokuments. Ein `Item` ist eine einzelne Textmarke, die über ihren Namen erreicht werden kann. Die Textmarke mit dem Namen `\\endofdoc` ist vordefiniert und bezeichnet das Ende des Word-Dokuments. Der Bereich (`Range`) dieses Dokumentendes wird mit der Tabelle belegt, sprich: die Tabelle kommt ans Ende.

Borders
▶ Die Auflistung `Borders` beinhaltet die Eigenschaften der Rahmenlinien einer Tabelle. Über die Eigenschaften `InsideLineStyle` und `OutsideLine-Style` kann man die Linienart für die Umrandung einer Zelle bzw. der ganzen Tabelle festlegen. Die Werte stammen aus der Enumeration `WdLineStyle`, `...Single` und `...Double` stehen für eine durchgezogene Einzel- bzw. Doppellinie.

Cell
▶ Mithilfe einer geschachtelten `for`-Schleife werden alle Zellen der Tabelle durchlaufen. Die Eigenschaft `Cell` eines `Table`-Objekts erlaubt den Zugriff auf eine einzelne Zelle. In jede Zelle wird jeweils die laufende Nummer der Zeile und der Spalte geschrieben (siehe Abbildung 6.35).

r1c1	r1c2	r1c3	r1c4	r1c5
r2c1	r2c2	r2c3	r2c4	r2c5
r3c1	r3c2	r3c3	r3c4	r3c5

Abbildung 6.35 Projekt »MSOffice«, Word-Dokument, Teil 2

SaveAs()
▶ Am Ende wird das Dokument mithilfe der Methode `SaveAs()` gespeichert. Es wird mithilfe von `Close()` geschlossen, und die Anwendung Word wird mit `Quit()` beendet.

▶ Sollte bei den Anweisungen `objDoc.Close()` und `objWord.Quit()` eine Warnung auftreten, kann diese ignoriert werden. Der Typ der beiden Objekte `objDoc` und `objWord` wurde eindeutig festgelegt, und damit ist auch die Methode eindeutig.

298

6.6 Zugriff auf MS Office

6.6.2 MS Excel-Datei erstellen

Es folgt das Programm zur Erstellung der Excel-Datei:

```csharp
private void cmdExcel_Click(...)
{
    Excel.Application objExcel = new Excel.Application();
    objExcel.Visible = true;
    objExcel.WindowState = Excel.XlWindowState.xlNormal;

    Excel.Workbook objWorkbook = objExcel.Workbooks.Add();
    Excel.Worksheet objWorksheet =
        objWorkbook.Worksheets["Tabelle1"];
    for(int i=1; i<=5; i++)
        objWorksheet.Cells[i, 1] = i;

    objWorkbook.SaveAs("C:\\Temp\\ExcelMitVCSharp.xlsx");
    objWorkbook.Close();
    objExcel.Quit();
}
```

Listing 6.35 Projekt »MSOffice«, Excel-Datei erstellen

Zur Erläuterung:

▶ Es wird ein Verweis auf ein neues Objekt vom Typ `Excel.Application` angelegt. Über diesen Verweis kann nunmehr auf die Anwendung und die Objekte innerhalb ihrer Hierarchie zugegriffen werden.

Arbeitsmappe

▶ Die Eigenschaft `Visible` steht für die Sichtbarkeit der Excel-Anwendung. Mithilfe der Eigenschaft `WindowState` legen Sie das Aussehen des Fensters fest. Die Werte stammen aus der Enumeration `XlWindowState`. Neben dem Wert `xlNormal` gibt es noch die Werte `xlMaximized` und `xlMinimized`.

WindowState

▶ Die Auflistung `Workbooks` beinhaltet die geöffneten Arbeitsmappen der Excel-Anwendung. Sie ist zu Beginn leer. Mithilfe der Methode `Add()` wird eine neue Arbeitsmappe geöffnet. Das ist nun die aktuelle Arbeitsmappe, in der zum Beispiel Zellen gefüllt werden können. Es wird ein Verweis auf ein einzelnes Objekt des Typs `Excel.Workbook` zurückgeliefert.

Worksheets

▶ Die Variable `objWorksheet` ist ein Verweis auf ein Tabellenobjekt innerhalb einer Arbeitsmappe. Eine neu erzeugte Arbeitsmappe enthält zunächst die drei Tabellen mit den Bezeichnungen `Tabelle1` bis `Tabelle3`.

Tabelle

299

Cells ▶ Auf eine einzelne Zelle einer Tabelle kann über die Eigenschaft Cells, die Nummer der Zeile und die Nummer der Spalte zugegriffen werden. Im vorliegenden Programm wird jeweils die Zeilennummer in die ersten fünf Zellen der ersten Spalte geschrieben (siehe Abbildung 6.36).

Abbildung 6.36 Projekt »MSOffice«, Excel-Arbeitsmappe

SaveAs() ▶ Am Ende wird die Arbeitsmappe mithilfe der Methode SaveAs() gespeichert. Sie wird mithilfe von Close() geschlossen, und die Anwendung Excel wird mit Quit() beendet.

6.7 Formular drucken

In diesem Abschnitt werden im Projekt *Drucken* einige Möglichkeiten im Zusammenhang mit dem Ausdruck eines Formulars aus einer Visual C#-Anwendung heraus vorgestellt (siehe Abbildung 6.37).

Abbildung 6.37 Projekt »Drucken«

Verweis hinzufügen — Es wird ein zusätzlicher Verweis benötigt. Dazu müssen Sie über das Menü PROJEKT • VERWEIS HINZUFÜGEN das Dialogfeld VERWEIS-MANAGER öffnen. Unter ASSEMBLYS • ERWEITERUNGEN markieren Sie die neueste Bibliothek MICROSOFT.VISUALBASIC.POWERPACKS.VS.

Sollten Sie beim Öffnen meines Beispielprojekts eine Fehlermeldung erhalten, kann das daran liegen, dass bei Ihnen auf die falsche Version der Bibliothek verwiesen wird. Sie müssen dann in der Verweisliste zunächst den Verweis löschen und anschließend neu hinzufügen.

Nach Betätigung des Buttons OK erscheint dieser Verweis in der Verweisliste im PROJEKTMAPPEN-EXPLORER, siehe Abbildung 6.38. Ist die Verweisliste nicht sichtbar, müssen Sie zuerst auf das Symbol ALLE DATEIEN ANZEIGEN klicken, im Bild das vierte von rechts.

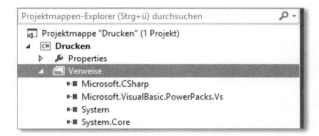

Abbildung 6.38 Projekt »Drucken«, Verweisliste

Anschließend können Sie im Codebereich die folgenden using-Anweisungen hinzufügen:

```
using Print1 = Microsoft.VisualBasic.PowerPacks.Printing;
using Print2 = System.Drawing.Printing;
```

Listing 6.36 Projekt »MSOffice«, using-Anweisung

Damit wird aus der Bibliothek der Namensraum Microsoft.VisualBasic.PowerPacks.Printing importiert, der innerhalb des Programms unter dem Namen Print1 genutzt werden kann. Der Namensraum System.Drawing.Printing wird ebenfalls benötigt und zur Vermeidung von Mehrdeutigkeiten unter Print2 zur Verfügung gestellt.

Imports

6.7.1 Druck und Seitenvorschau

Zunächst der Code zum Drucken bzw. zum Erstellen einer Seitenvorschau:

```
private void cmdDrucken_Click(...)
{
    Print1.PrintForm pf = new Print1.PrintForm();
    pf.Form = this;
```

```
        pf.PrintAction = Print2.PrintAction.PrintToPrinter;
        pf.Print();
}

private void cmdSeitenvorschau_Click(...)
{
        Print1.PrintForm pf = new Print1.PrintForm();
        pf.Form = this;
        pf.PrintAction = Print2.PrintAction.PrintToPreview;
        pf.Print();
}
```

Listing 6.37 Projekt »Drucken«, Teil 1

Zur Erläuterung:

PrintForm
▶ Es wird ein neues Objekt der Klasse PrintForm aus dem Namensraum Microsoft.VisualBasic.PowerPacks.Printing erzeugt. Diese Klasse ermöglicht das Drucken von Formularen.

this
▶ Die Eigenschaft Form des Objekts verweist auf das auszudruckende Formular. Dieses ist im vorliegenden Fall das Objekt this, also das aktuelle Formular der Anwendung.

PrintAction
▶ Die Eigenschaft PrintAction legt das Ziel des Ausdrucks fest:
   – an einen Drucker: PrintToPrinter
   – zunächst in eine Seitenvorschau: PrintToPreview
   – in eine Datei: PrintToFile

Print()
▶ Die Methode Print() führt schließlich zur Ausgabe an das gewählte Ziel. Aus der Seitenvorschau heraus kann dann per Klick auf das Druckersymbol gedruckt werden.

6.7.2 Druckeinstellungen

Mithilfe des nachfolgenden Programmteils in Listing 6.38 sehen Sie, wie Sie eine Reihe von Druckeinstellungen ändern oder abrufen können (siehe Abbildung 6.39).

6.7 Formular drucken

Abbildung 6.39 Projekt »Drucken«, Druckeinstellungen

Es folgt der Code:

```
private void cmdInfo_Click(...)
{
    Print1.PrintForm pf = new Print1.PrintForm();
    String ausgabe;

    pf.PrinterSettings.FromPage = 2;
    pf.PrinterSettings.ToPage = 4;
    pf.PrinterSettings.Copies = 2;

    ausgabe = pf.PrinterSettings.PrinterName + "\n";
    if(pf.PrinterSettings.SupportsColor)
        ausgabe += "Ist ein Farbdrucker" + "\n";
    else
        ausgabe += "Ist kein Farbdrucker" + "\n";

    ausgabe += "Druckt von Seite " +
        pf.PrinterSettings.FromPage + " bis " +
        pf.PrinterSettings.ToPage + "\n";
    ausgabe += "Anzahl Kopien: " +
        pf.PrinterSettings.Copies + "\n";
    ausgabe += "Höhe in cm " +
        pf.PrinterSettings.DefaultPageSettings.
        PaperSize.Height * 2.54 / 100 + "\n";
    ausgabe += "Breite in cm " +
        pf.PrinterSettings.DefaultPageSettings.
        PaperSize.Width * 2.54 / 100 + "\n";

    MessageBox.Show(ausgabe);
}
```

Listing 6.38 Projekt »Drucken«, Teil 2

Zur Erläuterung:

PrinterSettings

▶ Die Eigenschaft `PrinterSettings` des Objekts der Klasse `PrintForm` beinhaltet eine Reihe von Druckeinstellungen, die Sie ändern oder abrufen können.

▶ Die Eigenschaften `FromPage`, `ToPage` und `Copies` bestimmen darüber, welche Seiten gedruckt und wie viele Kopien erstellt werden.

▶ Die Eigenschaft `PrinterName` gibt Marke und Typ des Druckers aus. `SupportsColor` ist vom Typ `bool` und beinhaltet die Information, ob der benutzte Drucker in Farbe ausdrucken kann oder nicht.

Seiteneinstellungen

▶ Die Eigenschaft `DefaultPageSettings` steht für die Standardseiteneinstellungen des benutzten Druckers. Die Untereigenschaften `Height` und `Width` der Eigenschaft `PaperSize` geben die Seitengröße in 1/100 Zoll an. Mithilfe des Faktors 2,54 kann der Wert in Zentimeter umgerechnet werden.

Kapitel 7
Weitere Elemente eines Windows-Programms

In diesem Kapitel wird die Programmierung mit bekannten Elementen von Windows-Programmen vorgestellt, die uns täglich begegnen.

Die nächsten Elemente sind selbstverständliche Bestandteile eines Windows-Programms: Hauptmenü, Kontextmenü, Symbolleiste, Statusleiste, Eingabedialogfeld, Ausgabedialogfeld sowie einige Standarddialogfelder.

Im Folgenden wird die Klasse Font, die zur Einstellung der Schrifteigenschaften von Steuerelementen dient, gemeinsam mit dem Thema *Hauptmenü* an Beispielen erläutert.

Font

7.1   Hauptmenü

Hauptmenüs dienen der übersichtlichen Darstellung größerer Sammlungen von Befehlen. Ein Menü kann u. a. folgende Einträge enthalten:

► einen Befehl, der direkt ausgeführt wird

► einen Aufruf eines Dialogfelds, in dem der Benutzer Eingaben machen kann

► ein Untermenü, das weiter verzweigt

7.1.1   Erstellung des Hauptmenüs

Zur Erstellung eines Hauptmenüs ziehen Sie das Steuerelement MenuStrip aus der Abteilung MENÜS & SYMBOLLEISTEN aus dem WERKZEUGKASTEN auf das Formular. Es erscheint anschließend an zwei Stellen (siehe auch Abbildung 7.1):

MenuStrip

► im Formular selbst zur Eingabe der einzelnen Menüpunkte; diese stellen wiederum Steuerelemente mit einstellbaren Eigenschaften dar

305

▶ unterhalb des Formulars (ähnlich wie das Zeitgeber-Steuerelement) zur Einstellung der Eigenschaften des Hauptmenüs

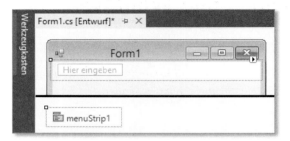

Abbildung 7.1 Hauptmenü

Zunächst können Sie im Formular den ersten Punkt des Hauptmenüs eintragen. Anschließend können Sie entweder einen Untermenüpunkt zu diesem Hauptmenüpunkt eintragen (nach unten) oder einen weiteren Hauptmenüpunkt (nach rechts). Dieser Vorgang wird fortgesetzt, bis Sie zuletzt alle Haupt- und Untermenüpunkte (gegebenenfalls mit weiteren Untermenüs usw.) eingetragen haben (siehe Abbildung 7.2).

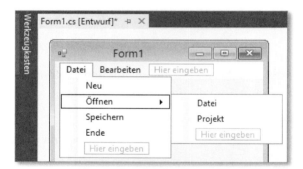

Abbildung 7.2 Hauptmenü mit Untermenühierarchie

Menü ändern Möchten Sie die Reihenfolge der Menüpunkte ändern, ist das problemlos per Drag & Drop möglich. Im vorliegenden Programm wurden die vorgeschlagenen Namen für die Menüelemente etwas verkürzt, damit man sie besser im Code handhaben kann. Ein Beispiel: Aus der Bezeichnung Gelb-ToolStripMenuItem für den Menüpunkt zur Einstellung einer gelben Hintergrundfarbe wurde mnuGelb.

Ein Hauptmenüpunkt ist entweder

- ein normaler Menüeintrag,
- eine ComboBox (Kombinationsfeld) zur Auswahl bzw. zum Eintragen, z. B. der Schriftgröße in der Symbolleiste in Microsoft Word, oder
- eine TextBox.

ComboBox

Bei einem Untermenüpunkt können Sie zusätzlich noch den Eintrag *Separator* wählen. Dieser dient zur optischen Trennung von Menüpunkten.

Separator

Jeder Menüpunkt stellt ein Steuerelement mit einstellbaren Eigenschaften dar. Menüpunkte können auch per Tastatur ausgewählt werden, wie es z. B. bei Buttons bereits gemacht wurde. Vor dem Buchstaben, der unterstrichen werden soll, wird das Zeichen & eingegeben (siehe Abbildung 7.3). Das Ergebnis sehen Sie in Abbildung 7.4.

Zeichen &

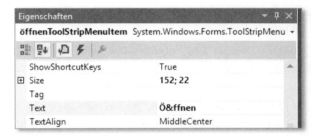

Abbildung 7.3 Unterstrichener Buchstabe

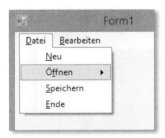

Abbildung 7.4 Bedienung per Tastatur möglich

Außerdem können Menüpunkte mit einem Häkchen gekennzeichnet werden, wie ein Kontrollkästchen. Damit können Sie einen aktuell gültigen Zustand (an/aus) oder einen Einstellwert kennzeichnen.

An/Aus

7   Weitere Elemente eines Windows-Programms

7.1.2   Code des Hauptmenüs

Click-Ereignis

Das wichtigste Ereignis eines normalen Menüpunkts ist der `Click`. Dieser wird mit einer Ereignismethode verbunden. Im nachfolgenden Projekt *MenüHaupt* kann eine Reihe von Abläufen über das Hauptmenü gesteuert werden.

Hauptmenü BEARBEITEN:

▶ Untermenüpunkt KOPIEREN: Der Inhalt des Textfelds wird in das Label kopiert.

▶ Untermenüpunkt ENDE: Das Programm wird beendet.

Hauptmenü ANSICHT:

▶ Untermenüpunkte HINTERGRUND (bzw. SCHRIFTART): Es erscheint eine weitere Menüebene. Darin kann die Hintergrundfarbe (bzw. Schriftart) des Labels aus drei Möglichkeiten ausgewählt werden. Die jeweils aktuelle Einstellung ist markiert.

▶ Untermenüpunkt SCHRIFTGRÖSSE: Der Benutzer hat die Möglichkeit, aus einer ComboBox (Kombinationsfeld) die Schriftgröße auszuwählen bzw. einzugeben.

▶ Untermenüpunkte FETT bzw. KURSIV: Der Benutzer hat die Möglichkeit, den Schriftstil FETT und/oder KURSIV auszuwählen. Der gewählte Schriftstil ist anschließend markiert.

Menü »Bearbeiten«

Im Folgenden geht es zunächst um die Ereignismethoden des Hauptmenüs BEARBEITEN (Projekt *MenüHaupt*):

```
private void mnuKopieren_Click(...)
{
    lblA.Text = txtE.Text;
    if (lblA.Text == "")
        lblA.Text = "(leer)";
}

private void mnuEnde_Click(...)
{
    Close();
}
```

Listing 7.1 Projekt »MenüHaupt«, Hauptmenü »Bearbeiten«

Zur Erläuterung:

▶ Nach dem Kopieren eines leeren Textfelds in das Label wird der Text *(leer)* eingeblendet, damit man die anderen Einstellungen noch sehen kann.

Die Ereignismethoden zur Einstellung der Hintergrundfarbe im Hauptmenü ANSICHT (siehe Abbildung 7.5) lauten wie folgt:

```
private void mnuGelb_Click(...)
{
    lblA.BackColor = Color.Yellow;
    mnuGelb.Checked = true;
    mnuBlau.Checked = false;
    mnuRot.Checked = false;
}

private void mnuBlau_Click(...)
{
    lblA.BackColor = Color.Blue;
    mnuGelb.Checked = false;
    mnuBlau.Checked = true;
    mnuRot.Checked = false;
}

private void mnuRot_Click(...)
{
    lblA.BackColor = Color.Red;
    mnuGelb.Checked = false;
    mnuBlau.Checked = false;
    mnuRot.Checked = true;
}
```

Listing 7.2 Projekt »MenüHaupt«, Farbe einstellen

Zur Erläuterung:

▶ Die Hintergrundfarbe wird mithilfe der Struktur Color auf den gewünschten Wert eingestellt.

Color

▶ Die Eigenschaft Checked des Untermenüpunkts der ausgewählten Farbe wird auf true gestellt, die jeweils anderen beiden Eigenschaften werden auf false gestellt.

Checked

▶ Sie sollten darauf achten, dass die Startwerte der jeweiligen Checked-Eigenschaften auch mit dem Startwert der Hintergrundfarbe übereinstimmen.

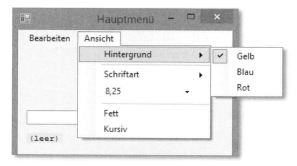

Abbildung 7.5 Menü »Ansicht«, Hintergrund

7.1.3 Klasse Font

Die restlichen Ereignismethoden bewirken Änderungen bei Schriftart, Schriftgröße und Schriftstil. Dazu muss zunächst die Klasse Font näher betrachtet werden.

Viele Steuerelemente haben die Eigenschaft Font. Darin werden die Eigenschaften der Schrift im oder auf dem Steuerelement festgelegt. Diese Eigenschaften werden zur Entwicklungszeit im EIGENSCHAFTEN-Fenster eingestellt. Sie können zur Laufzeit des Programms ermittelt bzw. geändert werden.

Konstruktoren   Zur Änderung wird ein neues Objekt der Klasse Font benötigt. Um ein solches Objekt zu erzeugen, stehen zahlreiche Konstruktoren zur Verfügung. Da in diesem Programm Schriftart, Schriftgröße und Schriftstil verändert werden können, wird der Konstruktor benutzt, der alle drei Eigenschaften verlangt. Das mag zunächst verwundern. Es ist aber nicht möglich, nur die Schriftart allein zu ändern, denn die betreffende Untereigenschaft ist nicht änderbar, und es gibt auch keinen Konstruktor der Klasse Font, der nur die Schriftart verlangt. Ebenso verhält es sich mit Schriftgröße und Schriftstil.

7.1.4 Schriftart

Zunächst die Ereignismethoden zur Änderung der Schriftart (siehe Abbildung 7.6):

```
private void mnuCourierNew_Click(...)
{
    lblA.Font = new Font("Courier New",
        lblA.Font.Size, lblA.Font.Style);
    mnuCourierNew.Checked = true;
    mnuSymbol.Checked = false;
    mnuArial.Checked = false;
}

private void mnuSymbol_Click(...)
{
    lblA.Font = new Font("Symbol",
        lblA.Font.Size, lblA.Font.Style);
    mnuCourierNew.Checked = false;
    mnuSymbol.Checked = true;
    mnuArial.Checked = false;
}

private void mnuArial_Click(...)
{
    lblA.Font = new Font("Arial",
        lblA.Font.Size, lblA.Font.Style);
    mnuCourierNew.Checked = false;
    mnuSymbol.Checked = false;
    mnuArial.Checked = true;
}
```

Listing 7.3 Projekt »MenüHaupt«, Schriftart einstellen

Zur Erläuterung:

▶ In den Methoden wird ein neu erzeugtes Objekt der Klasse Font der **Font**
Eigenschaft Font des Labels zugewiesen.

▶ Dem verwendeten Konstruktor werden der Name der neuen Schriftart **Size, Style**
und die aktuellen Einstellungen von Schriftgröße und Schriftstil zugewiesen. Diese Werte stehen in den Untereigenschaften Size und Style
der Eigenschaft Font zur Verfügung.

▶ Die Eigenschaft Checked des Untermenüpunkts der ausgewählten Schrift
wird auf true gestellt, die beiden jeweils anderen werden auf false gestellt, wie bei der Hintergrundfarbe.

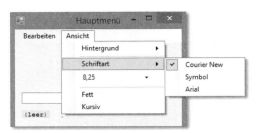

Abbildung 7.6 Menü »Ansicht«, Schriftart

7.1.5 Schriftgröße

Es folgt die Änderung der Schriftgröße über das Kombinationsfeld:

```
private void Form1_Load(...)
{
    cboSchriftgröße.Items.Add("8,25");
    cboSchriftgröße.Items.Add("10");
    cboSchriftgröße.Items.Add("13");
    cboSchriftgröße.Items.Add("18");
    cboSchriftgröße.SelectedIndex = 0;
}

private void cboSchriftgröße_TextChanged(...)
{
    double schriftgröße;

    try
    {
        schriftgröße =
            Convert.ToDouble(cboSchriftgröße.Text);
    }
    catch
    {
        schriftgröße = 8.25;
    }

    lblA.Font = new Font(lblA.Font.FontFamily,
        (float) schriftgröße, lblA.Font.Style);
}
```

Listing 7.4 Projekt »MenüHaupt«, Schriftgröße einstellen

Zur Erläuterung:

- Zu Beginn des Programms wird das Kombinationsfeld mit einigen Werten gefüllt. Einer der Werte ist der Startwert für die Schriftgröße, dieser sollte auch der markierte Wert in der Liste sein. Die Eigenschaft SelectedIndex muss also voreingestellt werden.

SelectedIndex

- Das Ereignis cboSchriftgröße_TextChanged tritt ein, wenn der Benutzer einen Eintrag aus der Liste auswählt oder in das Textfeld einträgt. Bei einem ungültigen Eintrag wird die Standardschriftgröße gewählt.

TextChanged

- Wiederum wird ein neu erzeugtes Objekt der Klasse Font der Eigenschaft Font des Labels zugewiesen. Dabei müssen Sie den ermittelten double-Wert mithilfe des Casts (float) in einen float-Wert umwandeln.

float

- Der verwendete Konstruktor erhält die neue Schriftgröße und die aktuellen Einstellungen von Schriftart und Schriftstil zugewiesen. Diese Werte stehen in den Untereigenschaften FontFamily und Style der Eigenschaft Font zur Verfügung.

FontFamily

7.1.6 Schriftstil

Zuletzt wird die Änderung des Schriftstils vorgenommen:

```
private void mnuFett_Click(...)
{
    lblA.Font = new Font(lblA.Font.FontFamily,
        lblA.Font.Size,
        lblA.Font.Style ^ FontStyle.Bold);
    mnuFett.Checked = !mnuFett.Checked;
}

private void mnuKursiv_Click(...)
{
    lblA.Font = new Font(lblA.Font.FontFamily,
        lblA.Font.Size,
        lblA.Font.Style ^ FontStyle.Italic);
    mnuKursiv.Checked = !mnuKursiv.Checked;
}
```

Listing 7.5 Projekt »MenüHaupt«, Schriftstil einstellen

7   Weitere Elemente eines Windows-Programms

Zur Erläuterung:

▶ Das neu erzeugte Objekt der Klasse Font bekommt den neuen Schriftstil und die aktuellen Einstellungen von Schriftart und Schriftgröße zugewiesen.

Style

▶ In der Untereigenschaft Font.Style stehen mehrere Möglichkeiten zur Verfügung, die einzeln oder gemeinsam auftreten können: *fett, kursiv, unterstrichen, durchgestrichen, normal.*

Bit-Operatoren

▶ Die Untereigenschaft wird intern als eine einzige Bitfolge gespeichert. An dieser Bitfolge kann Visual C# erkennen, ob eine oder mehrere Möglichkeiten ausgewählt wurden. Zur Einstellung von *fett* und *kursiv* würden Sie die Werte FontStyle.Bold und FontStyle.Italic mit dem Bit-Operator | (logisches Oder) addieren. Zur Übernahme der bisherigen Werte und der zusätzlichen Einstellung *kursiv* werden die Werte lblA.Font.Style und FontStyle.Italic mit dem Bit-Operator ^ (logisches Exklusiv-Oder) addiert.

Invertieren

▶ Zum Abschluss der Methode wird der aktuelle Wert der Eigenschaft Checked mithilfe des Operators ! (logisches Nicht) invertiert, da sich dieser Untermenüpunkt wie ein Schalter verhält: *Kursiv ein* (true) oder *Kursiv aus* (false).

7.2   Kontextmenü

Kontextmenüs werden eingesetzt, um dem Benutzer beim Erlernen der Bedienung eines Programms einen wichtigen Schritt abzunehmen: Im Idealfall muss er nicht mehr überlegen, was er mit den verschiedenen Steuerelementen, die er vor sich hat, machen kann. Er geht mit der rechten Maustaste auf das Element und sieht die Möglichkeiten sofort.

Zuordnung zu
Steuerelement

In ihrem Aufbau ähneln die Kontextmenüs sehr stark einem Hauptmenü – mit einem wesentlichen Unterschied: Es muss eine Zuordnung zu einem (oder mehreren) Steuerelementen bestehen.

7.2.1   Erstellung des Kontextmenüs

ContextMenuStrip

Zur Erstellung eines Kontextmenüs ziehen Sie das Steuerelement ContextMenuStrip aus dem WERKZEUGKASTEN auf das Formular. Es erscheint nun ebenfalls sowohl im Formular als auch unterhalb des Formulars (siehe Abbildung 7.7).

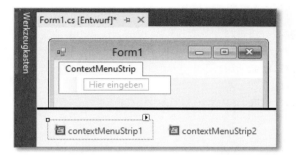

Abbildung 7.7 Zwei Kontextmenüs

Sie sollten den Namen ändern: Das Kontextmenü des Textfelds txtEingabe könnte beispielsweise conTxtEingabe heißen. Im EIGENSCHAFTEN-Fenster wählen Sie beim Textfeld txtEingabe in der Eigenschaft ContextMenuStrip das soeben erzeugte Kontextmenü aus.

Menüpunkte eines Kontextmenüs können unabhängig von den Menüpunkten eines Hauptmenüs agieren, sie können aber auch genau parallel agieren. Im letzteren Fall sollten Sie die betreffenden Ereignisse zur gleichen Ereignismethode leiten und dafür sorgen, dass die Anzeigen in den jeweiligen Menüs parallel verändert werden.

Parallele Aktion

7.2.2 Code des Kontextmenüs

Das nachfolgende Projekt *MenüKontext* ist eine Erweiterung des Projekts *MenüHaupt*. Der Benutzer hat jetzt die folgenden Möglichkeiten:

- Er kann den Schriftstil des Labels in einem Kontextmenü auf *Fett* ändern.
- Er kann die Eigenschaften ReadOnly und Multiline des Textfelds ändern.

Es folgen die geänderten Teile des Programms:

```
private void mnuFett_Click(...)
{
    lblA.Font = new Font(lblA.Font.FontFamily,
        lblA.Font.Size,
        lblA.Font.Style ^ FontStyle.Bold);
```

7 Weitere Elemente eines Windows-Programms

```
    mnuFett.Checked = !mnuFett.Checked;
    conLblFett.Checked = !conLblFett.Checked;
}

private void conTxtReadOnly_Click(...)
{
    txtE.ReadOnly = !txtE.ReadOnly;
    conTxtReadOnly.Checked =
        !conTxtReadOnly.Checked;
}

private void conTxtMultiline_Click(...)
{
    txtE.Multiline = !txtE.Multiline;

    if (txtE.Multiline)
        txtE.ScrollBars = ScrollBars.Vertical;
    else
        txtE.ScrollBars = ScrollBars.None;
    conTxtMultiline.Checked =
        !conTxtMultiline.Checked;
}
```

Listing 7.6 Projekt »MenüKontext«

Zur Erläuterung:

Vorhandene
Methode

▶ Dem `Click`-Ereignis des Eintrags *Fett* im Kontextmenü des Labels wird die bereits vorhandene Ereignismethode `mnuFett_Click()` zugeordnet, siehe auch Abschnitt 2.5.3, »Mehrere Ereignisse in einer Methode behandeln«. Es führt also zum gleichen Ergebnis, unabhängig davon, ob man den Hauptmenüpunkt oder den Kontextmenüpunkt auswählt. Das Häkchen zur Anzeige der Fettschrift muss natürlich in beiden Menüs gesetzt werden.

ReadOnly

▶ Die Eigenschaft `ReadOnly` eines Textfelds bestimmt, ob das Textfeld beschreibbar ist oder nicht. Im Normalfall steht diese Eigenschaft auf `false`. Der Wert dieser Eigenschaft kann zur Laufzeit (in Abhängigkeit von bestimmten Bedingungen) auch geändert werden. Im vorliegenden Programm geschieht das per Klick im Kontextmenü des Textfelds (siehe Abbildung 7.8).

▶ Die Eigenschaft Multiline eines Textfelds ist eher bei größeren Textfeldern nützlich. Daher wird zumindest die Eigenschaft ScrollBars auf den Wert Vertical verändert, wenn Multiline auf true gestellt wird. Damit wird der Rest des Textfelds erreichbar.

▶ Wird Multiline wieder auf false gestellt, wird der Wert von ScrollBars auf None zurückgestellt, denn jetzt würden die ScrollBars nur stören.

ScrollBars

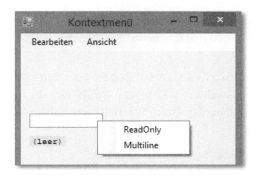

Abbildung 7.8 Kontextmenü des Textfelds

7.3 Symbolleiste

Die Symbolleisten eines Programms enthalten die am häufigsten benötigten Menübefehle. Wenn Sie also benutzerfreundlich programmieren, haben sie immer eine Entsprechung im Hauptmenü. In ihrem Aufbau ähneln sie dem Hauptmenü bzw. dem Kontextmenü.

7.3.1 Erstellung der Symbolleiste

Zur Erstellung einer Symbolleiste ziehen Sie das Steuerelement ToolStrip aus dem WERKZEUGKASTEN auf das Formular. Es erscheint sowohl im Formular als auch unterhalb des Formulars. Die Symbolleiste können Sie durch Auswahl von Symbolen verschiedener Typen (Button, ComboBox, Separator, …) aus einer Auswahlliste füllen (siehe Abbildung 7.9).

ToolStrip

Über die Eigenschaft Image können Sie das Aussehen eines Symbols vom Typ *Button* bestimmen. Bei dieser Eigenschaft kann ein Dialogfeld aufgerufen werden.

Image

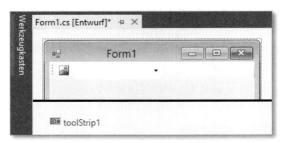

Abbildung 7.9 Symbolleiste mit Button und Combobox

Bild auswählen

In diesem Dialogfeld Ressource auswählen können Sie über den Button Importieren eine Bilddatei auswählen, z. B. in der Größe 16 × 16 Pixel (siehe Abbildung 7.10). Dieses Bild wird auf dem Symbol-Button abgebildet, zu sehen in Abbildung 7.11.

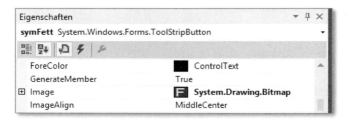

Abbildung 7.10 Ausgewähltes Bild für die Eigenschaft »Image«

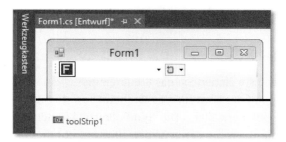

Abbildung 7.11 Ausgewähltes Bild auf Symbol-Button

7.3.2 Code der Symbolleiste

Das nachfolgende Projekt *MenüSymbol* ist wiederum eine Erweiterung des Projekts *MenüKontext*. Der Benutzer hat folgende zusätzliche Möglichkeiten:

▶ Er kann den Schriftstil des Labels über zwei Symbole auf *Fett* bzw. *Kursiv* ändern.

▶ Er kann die Schriftgröße nicht nur über eine ComboBox im Hauptmenü, sondern auch über eine ComboBox in der Symbolleiste ändern.

Es folgen die geänderten Teile des Programms:

```
private void Form1_Load(...)
{
    ...
    cboSymSchriftgröße.Items.Add("8,25");
    cboSymSchriftgröße.Items.Add("10");
    cboSymSchriftgröße.Items.Add("13");
    cboSymSchriftgröße.Items.Add("18");
    cboSymSchriftgröße.SelectedIndex = 0;
}

private void mnuFett_Click(...)
{
    ...
    symFett.Checked = !symFett.Checked;
}

private void mnuKursiv_Click(...)
{
    ...
    symKursiv.Checked = !symKursiv.Checked;
}

private void Schriftgröße_TextChanged(...)
{
    double schriftgröße;

    if (ReferenceEquals(sender, cboSchriftgröße))
    {
        try
        {
            schriftgröße = Convert.ToDouble(
                cboSchriftgröße.Text);
        }
        catch
```

7 Weitere Elemente eines Windows-Programms

```
        {
            schriftgröße = 8.25;
        }
        cboSymSchriftgröße.Text = "" + schriftgröße;
    }
    else
    {
        try
        {
            schriftgröße = Convert.ToDouble(
                cboSymSchriftgröße.Text);
        }
        catch
        {
            schriftgröße = 8.25;
        }
        cboSchriftgröße.Text = "" + schriftgröße;
    }

    lblA.Font = new Font(lblA.Font.FontFamily,
        (float) schriftgröße, lblA.Font.Style);
}
```

Listing 7.7 Projekt »MenüSymbol«

Zur Erläuterung:

▶ Zu Beginn des Programms, also beim Laden des Formulars, werden beide
  ComboBoxen mit den gleichen Werten gefüllt.

Parallele Aktion
▶ Es werden nun drei Ereignisse auf die Methode mnuFett_Click() geleitet:
  Click auf den Hauptmenüpunkt FETT, Click auf den Label-Kontext-
  menüpunkt FETT und Click auf das Symbol FETT. In allen drei Fällen
  wird der Schriftstil eingestellt und der geänderte Zustand gekennzeichnet. In den ersten beiden Fällen geschieht das durch das Setzen bzw.
  Wegnehmen des Häkchens, im Fall des Symbols durch eine visuelle Hervorhebung des Buttons (siehe Abbildung 7.12).

▶ Bei der Methode mnuKursiv_Click() sieht es ähnlich aus wie bei der
  Methode mnuFett_Click().

▶ Auch die Änderung der Schriftgröße über eine der beiden ComboBoxen
  führt zur gleichen Methode: cboSchriftgröße_TextChanged(). Es ist wich-

tig, dass die Schriftgröße, die in der jeweils anderen ComboBox markiert wird, ebenfalls geändert wird.

Abbildung 7.12 Symbolleiste, Button »Fett«, hervorgehoben

- Zu diesem Zweck müssen Sie zunächst ermitteln, bei welchem Objekt das Ereignis ausgelöst wurde. Ein Verweis auf das betreffende Objekt wird der Ereignismethode im Parameter `sender` übermittelt. Die statische Methode `ReferenceEquals()` der Klasse `object` kann ermitteln, ob zwei Objektreferenzen (= Verweise) auf dasselbe Objekt verweisen.

ReferenceEquals()

- Ermittelt die Methode, dass der Sender die ComboBox aus dem Hauptmenü ist, wird der dort eingestellte Wert übernommen und bei der ComboBox in der Symbolleiste eingestellt. Ermittelt die Methode, dass der Sender die ComboBox in der Symbolleiste ist, wird der dort eingestellte Wert übernommen und bei der ComboBox aus dem Hauptmenü eingestellt. Anschließend wird in jedem Fall die Eigenschaft *Schriftgröße* des Labels geändert (siehe Abbildung 7.13).

Wert übernehmen

Abbildung 7.13 Symbolleiste, Schriftgröße geändert

321

7.4 Statusleiste

Die Statusleiste eines Programms dient der Darstellung von Informationen, die während der Laufzeit des Programms permanent sichtbar sein sollen.

7.4.1 Erstellung der Statusleiste

StatusStrip Zur Erstellung einer Statusleiste ziehen Sie das Steuerelement StatusStrip aus dem WERKZEUGKASTEN auf das Formular. Es erscheint (wie die anderen Elemente aus dieser Gruppe) sowohl im Formular als auch unterhalb des Formulars, siehe Abbildung 7.14. Meist wird in der Statusleiste der Typ *Label* genutzt.

Abbildung 7.14 Statusleiste

7.4.2 Code der Statusleiste

Das nachfolgende Projekt *MenüStatus* ist eine Erweiterung des Projekts *MenüSymbol*. Der Benutzer sieht nun (siehe Abbildung 7.15)

- ein Label in der Statusleiste, in dem das aktuelle Datum angezeigt wird,

ProgressBar
- eine *ProgressBar* (Fortschrittsbalken), die sich in fünf Sekunden füllt, nachdem der Benutzer den Hauptmenüpunkt ENDE gewählt hat. Anschließend beendet sich das Programm.

Abbildung 7.15 Projekt »MenüStatus«, Statusleiste

7.4   Statusleiste

Es folgen die geänderten Teile des Programms:

```csharp
public partial class Form1 : Form
{
    ...
    double endezeit;

    private void Form1_Load(...)
    {
        ...
        staLblZeit.Text =
            DateTime.Today.ToShortDateString();
    }

    private void mnuEnde_Click(...)
    {
        endezeit = 0;
        tim1.Enabled = true;
    }

    private void tim1_Tick(...)
    {
        endezeit += 0.1;
        if (endezeit >= 5)
            Close();
        else
            staPgrEnde.Value = (int) endezeit;
    }
}
```

Listing 7.8 Projekt »MenüStatus«

Zur Erläuterung:

▶ Die Eigenschaft endezeit wird deklariert. Sie wird von einem Timer   **Timer**
  benötigt.

▶ Zu Beginn des Programms wird das aktuelle Datum ermittelt und in das
  Label in der Statusleiste geschrieben.

▶ Wählt der Benutzer den Hauptmenüpunkt ENDE, wird der Timer gestartet, und der Wert von endezeit wird auf 0 gesetzt.

323

Timer-Tick-Methode
- Die Variable endezeit erhöht sich bei jedem Aufruf der Timer-Tick-Methode alle 0,1 Sekunden um den Wert 0,1. Dazu wurde der Startwert der Eigenschaft Interval auf 100 (Millisekunden) gesetzt.
- Sobald endezeit den Wert 5 erreicht hat, also nach fünf Sekunden, wird das Programm beendet.
- Wurde der Wert 5 noch nicht erreicht, wird der Wert des Fortschrittsbalkens (Eigenschaft Value) aktualisiert. Die double-Variable endezeit wird dabei für die Eigenschaft Value in eine int-Variable umgewandelt. Der Fortschrittsbalken kann Werte zwischen 0 und 5 repräsentieren (Eigenschaften Maximum und Minimum). Er zeigt also anschaulich, wann das Programm endet (siehe Abbildung 7.16).

Abbildung 7.16 Projekt »MenüStatus«, Beenden des Programms

7.5 Eingabedialogfeld

InputBox

Textfelder in einem Formular bieten die Möglichkeit, Eingaben des Benutzers entgegenzunehmen. Allerdings können auch andere Steuerelemente vom Benutzer bedient werden. Wenn Sie den Benutzer unbedingt zu einer Eingabe veranlassen möchten, können Sie mit einem Eingabedialogfeld arbeiten. Ein solches Dialogfeld stellt die Methode InputBox() bereit.

Der Rückgabewert ist eine Zeichenkette. Das Eingabefeld können Sie mit einem Standardwert vorbelegen. Das kann zur Hilfestellung oder zur schnelleren Verarbeitung dienen. Damit der Benutzer weiß, was und warum er etwas eingeben soll, können ein Titel und eine Eingabeaufforderung angezeigt werden.

Microsoft.Visual Basic

Ein solches einfaches Eingabedialogfeld ist in Visual Studio für C# nicht vorgesehen. Es ist aber aus Visual Basic bekannt und kann nach Hinzufügen des Verweises auf MICROSOFT.VISUALBASIC aus ASSEMBLYS • FRAMEWORK und nach Einbindung des gleichnamigen Namensraums mit using auch unter Visual C# genutzt werden.

Ein Beispiel sehen Sie im Projekt *EingabeAusgabe* (siehe Abbildung 7.17).

7.5 Eingabedialogfeld

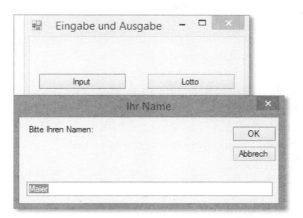

Abbildung 7.17 Eingabeaufforderung mit InputBox()

Der zugehörige Code:

```
private void cmdInput_Click(...)
{
    string eingabe;

    eingabe = Interaction.InputBox(
        "Bitte Ihren Namen:",
        "Ihr Name", "Maier");
    lblA.Text = eingabe;
}
```

Listing 7.9 Projekt »EingabeAusgabe«, Eingabedialogfeld

Zur Erläuterung:

- Das Eingabedialogfeld kann infolge beliebiger Ereignisse oder Abläufe erscheinen. Hier wurde ein Button zum Aufruf gewählt.
- Die Methode `InputBox()` steht, zusammen mit anderen Methoden, in der Klasse `Interaction` zur Verfügung. *Klasse Interaction*
- Der erste Parameter dient der Eingabeaufforderung, er muss angegeben werden.
- Die beiden anderen Parameter sind optional. Es können der Titel des Dialogfelds und ein Vorgabewert für das Textfeld angegeben werden.
- Der Rückgabewert wird im vorliegenden Programm gespeichert und ausgegeben.

7 Weitere Elemente eines Windows-Programms

Eingabe der Lottozahlen

Mehrfache Eingabe

Ein weiteres Beispiel (ebenfalls im Projekt *EingabeAusgabe*) soll die bessere Benutzerführung mithilfe eines Eingabedialogfelds verdeutlichen. Der Benutzer soll seine Wahl der Lottozahlen eingeben. Bekanntlich sind das sechs verschiedene ganze Zahlen zwischen 1 und 49. Er wird so lange aufgefordert, Zahlen einzugeben, bis diese Bedingung erfüllt ist, siehe Abbildung 7.18. Falls er eine Zahl mehrfach eingibt oder eine Zahl außerhalb des erlaubten Bereichs wählt, wird die betreffende Eingabe wiederholt.

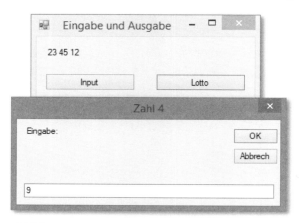

Abbildung 7.18 Eingabe von Lottozahlen

Der zugehörige Code:

```
private void cmdLotto_Click(...)
{
    int zahl, i, k;
    int[] lotto = new int[6];
    bool gezogen;

    lblA.Text = "";
    for (i = 0; i < lotto.Length; i++)
    {
        do
        {
            gezogen = false;
            zahl = 0;
            try
            {
```

```
            zahl = Convert.ToInt32(
                Interaction.InputBox("Zahl " +
                (i + 1) + ": ",
                "Zahl " + (i + 1)));
        }
        catch
        {
            continue;
        }
        for (k = 0; k < i; k++)
            if (lotto[k] == zahl)
            {
                gezogen = true;
                break;
            }
    }
    while (gezogen || zahl < 1 || zahl > 49);

    lotto[i] = zahl;
    lblA.Text += zahl + " ";
    }
}
```

Listing 7.10 Projekt »EingabeAusgabe«, Lottozahlen

Zur Erläuterung:

▶ Die Eingabe wird zunächst in der Variablen eingabe gespeichert.
Anschließend wird versucht, diese mithilfe der Methode ToInt32() der
Klasse Convert in eine ganze Zahl umzuwandeln und in der int-Variablen zahl zu speichern.

ToInt32()

▶ Das Feld lotto hat sechs Elemente. Die Elemente 0 bis 5 sind für die sechs
Lottozahlen vorgesehen.

▶ Die Variable gezogen wird wiederholt benötigt, um festzuhalten, ob eine
bestimmte Zahl schon gezogen wurde.

▶ Die äußere for-Schleife läuft von 0 bis 5 für die Eingabe der sechs Lottozahlen.

▶ Die do-while-Schleife läuft auch dann noch einmal, wenn der Benutzer
eine ungültige Zahl eingegeben hat. Das wird durch die Anweisung continue innerhalb des catch-Teils der Ausnahmebehandlung erreicht.

continue

- Die eingegebene Zahl wird in der inneren for-Schleife mit allen bisher eingegebenen Zahlen verglichen. Wurde sie bereits gezogen, wird die boolesche Variable gezogen auf true gesetzt.
- Die Bedingung für die do-while-Schleife lautet: *Wiederhole, wenn die eingegebene Zahl bereits gezogen wurde, wenn sie kleiner als 1 oder größer als 49 ist.*
- Nach Verlassen der do-while-Schleife wird die Zahl im Feld lotto gespeichert, damit sie mit allen nachfolgenden Zahlen verglichen werden kann.

7.6 Ausgabedialogfeld

MessageBox

Zur Darstellung einfacher Anzeigen oder Warnungen sowie für Benutzerabfragen muss kein aufwendiges Dialogfeld erzeugt und programmiert werden. Die Methode Show() der Klasse MessageBox, die wir in ihrer einfachen Version bereits kennengelernt haben, bietet eine Reihe von vorgefertigten Dialogfeldern, mit denen Sie bereits viele alltägliche Aufgaben erledigen können.

Ein erstes Beispiel sehen Sie im Projekt *EingabeAusgabe* (siehe Abbildung 7.19).

Abbildung 7.19 Einfache Ausgabe mit »Ok«

Der Programmcode:

```
private void cmdMsgBoxOkOnly_Click(...)
{
    MessageBox.Show(
```

```
            "Gelesen? Dann bitte Ok drücken",
            "Ok", MessageBoxButtons.OK);
}
```

Listing 7.11 Projekt »EingabeAusgabe«, Einfache Ausgabe

Zur Erläuterung:

- Den ersten Parameter kennen wir schon, dabei handelt es sich um die eigentliche Nachricht des Ausgabedialogfelds.
- Beim zweiten Parameter können Sie den Text der Titelzeile des Ausgabedialogfelds angeben.
- Beim dritten Parameter können Sie auswählen, welcher Button bzw. welche Kombination aus Buttons im Ausgabedialogfeld erscheinen soll. Dabei handelt es sich um eine Konstante aus der Enumeration MessageBoxButtons. [MessageBox-Buttons]
- Der vierte Parameter kann zur Auswahl eines Icons dienen, das im Ausgabedialogfeld dargestellt wird und die Textnachricht visuell unterstützt. Dabei handelt es sich um eine Konstante aus der Enumeration MessageBoxIcon. [MessageBoxIcon]
- Wenn mehr als ein Button eingeblendet wird, sollte der Rückgabewert der Methode Show() untersucht werden. Dieser Rückgabewert ist eine Konstante aus der Enumeration DialogResult. [DialogResult]

Abbildung 7.20 zeigt die Ausgabe mit dem Info-Zeichen (ebenfalls im Projekt *EingabeAusgabe*).

Abbildung 7.20 Ausgabe mit Info-Zeichen

Der zugehörige Code lautet:

```
private void cmdMsgBoxInformation_Click(...)
{
    MessageBox.Show(
        "Das ist eine Information",
        "Info", MessageBoxButtons.OK,
        MessageBoxIcon.Information);
}
```

Listing 7.12 Projekt »EingabeAusgabe«, Info-Zeichen

Zur Erläuterung:

Information
▶ Zusätzlich zum Button OK wird das Info-Zeichen angezeigt. Bei eingeschaltetem Lautsprecher ertönt der entsprechende Systemton.

Ein Beispiel mit Buttons für JA und NEIN sehen Sie in Abbildung 7.21.

Abbildung 7.21 Zwei Buttons zur Auswahl

Der zugehörige Code lautet:

```
private void cmdMsgBoxYesNo_Click(...)
{
    DialogResult dr = MessageBox.Show(
        "Soll die Datei gesichert werden?",
        "Sicherung", MessageBoxButtons.YesNo,
        MessageBoxIcon.Question);

    if (dr == DialogResult.Yes)
        lblA.Text = "Sichern";
```

```
    else
        lblA.Text = "Nicht sichern";
}
```

Listing 7.13 Projekt »EingabeAusgabe«, Ja/Nein

Zur Erläuterung:

- Die beiden Buttons JA und NEIN werden mit dem Fragezeichen verknüpft. *Ja, Nein*
- Der Benutzer muss die Frage beantworten. Die Antwort wird gespeichert und mithilfe einer if-else-Verzweigung ausgewertet.
- Im vorliegenden Programm werden nur zwei unterschiedliche Meldungen im Label ausgegeben. In der Realität würden zwei unterschiedliche Abläufe beginnen.

Den Bildschirm nach Betätigung des Buttons NEIN sehen Sie in Abbildung 7.22.

Abbildung 7.22 Antwort nach Button »Nein«

Das nächste Beispiel zeigt die Buttons für JA, NEIN und ABBRECHEN (siehe Abbildung 7.23). *Ja, Nein und Abbrechen*

Der zugehörige Code:

```
private void cmdMsgBoxYesNoCancel_Click(...)
{
    DialogResult dr = MessageBox.Show(
        "Soll die Datei gesichert werden?",
        "Sicherung",
        MessageBoxButtons.YesNoCancel,
        MessageBoxIcon.Question);
```

```
    if (dr == DialogResult.Yes)
        lblA.Text = "Sichern";
    else if (dr == DialogResult.No)
        lblA.Text = "Nicht sichern";
    else
        lblA.Text = "Abbrechen";
}
```

Listing 7.14 Projekt »EingabeAusgabe«, Ja/Nein/Abbrechen

Zur Erläuterung:

▶ Der Benutzer hat drei Möglichkeiten. Die Antwort wird mithilfe einer verschachtelten if-else-Verzweigung ausgewertet.

Abbildung 7.23 Drei Buttons zur Auswahl

Wiederholen, Abbrechen

Ein Beispiel mit Buttons für WIEDERHOLEN und ABBRECHEN sowie dem Zeichen für KRITISCHE WARNUNG sehen Sie in Abbildung 7.24.

Abbildung 7.24 Kritische Warnung plus zwei Möglichkeiten

7.6 Ausgabedialogfeld

Der zugehörige Code lautet:

```
private void cmdMsgBoxRetryCancel_Click(...)
{
    DialogResult dr = MessageBox.Show("Beim " +
        "Sichern der Datei trat ein Fehler auf.\n" +
        "Wollen Sie es noch einmal probieren?\n" +
        "Wollen Sie den Vorgang abbrechen?",
        "Fehler bei Sicherung",
        MessageBoxButtons.RetryCancel,
        MessageBoxIcon.Error);

    if (dr == DialogResult.Retry)
        lblA.Text = "Noch einmal";
    else
        lblA.Text = "Abbrechen";
}
```

Listing 7.15 Projekt »EingabeAusgabe«, Wiederholen/Abbrechen

Zur Erläuterung:

- Die beiden Buttons WIEDERHOLEN und ABBRECHEN werden mit dem Zeichen für FEHLER verknüpft. Bei eingeschaltetem Lautsprecher ertönt der entsprechende Systemton.

Fehler

Ein Beispiel mit drei Buttons für ABBRECHEN, WIEDERHOLEN und IGNORIEREN sowie dem Zeichen für ACHTUNG sehen Sie in Abbildung 7.25.

Abbrechen, Wiederholen und Ignorieren

Abbildung 7.25 »Achtung« mit drei Möglichkeiten

7 Weitere Elemente eines Windows-Programms

Der zugehörige Code lautet:

```
private void cmdMsgBoxAbortRetryIgnore_Click(...)
{
    DialogResult dr = MessageBox.Show("Beim " +
        "Sichern der Datei trat ein Fehler auf.\n" +
        "Wollen Sie den Vorgang abbrechen?\n" +
        "Wollen Sie es noch einmal probieren?\n" +
        "Wollen Sie diese Nachricht ignorieren?",
        "Fehler bei Sicherung",
        MessageBoxButtons.AbortRetryIgnore,
        MessageBoxIcon.Warning);
    if (dr == DialogResult.Abort)
        lblA.Text = "Abbrechen";
    else if (dr == DialogResult.Retry)
        lblA.Text = "Noch einmal";
    else
        lblA.Text = "Ignorieren";
}
```

Listing 7.16 Projekt »EingabeAusgabe«, Abbrechen/Wiederholen/Ignorieren

Zur Erläuterung:

▶ Die drei Buttons ABBRECHEN, WIEDERHOLEN und IGNORIEREN werden mit dem Zeichen WARNUNG verknüpft. Bei eingeschaltetem Lautsprecher ertönt der entsprechende Systemton.

7.7 Standarddialogfelder

Es gibt fünf Klassen für Standarddialogfelder, mit deren Hilfe alltägliche Aufgaben schnell gelöst werden können: OpenFileDialog, SaveFileDialog, FolderBrowserDialog, ColorDialog und FontDialog.

ShowDialog() Sie haben einige Gemeinsamkeiten, z. B. die Methode ShowDialog() zur Anzeige des Dialogs und den Rückgabewert, ein Element der Enumeration DialogResult. Es existieren aber auch Unterschiede, bedingt durch die Art des Dialogs bzw. des ermittelten Dialogergebnisses.

7.7.1 Datei öffnen

Ein Objekt der Klasse `OpenFileDialog` dient zur Auswahl von einer oder mehreren Dateien, die zum Beispiel geöffnet werden sollen. Vor dem Öffnen des Dialogfelds können Sie u. a. folgende Einstellungen wählen:

OpenFileDialog

- `MultiSelect`: zur Auswahl mehrerer Dateien
- `InitialDirectory`: Verzeichnis, mit dem das Dialogfeld startet
- `Filter`: verschiedene Gruppen von Dateiendungen, nach denen die Anzeige gefiltert wird

Filter

- `Title`: Titelzeile des Dialogfelds

Die Eigenschaft `FileNames` beinhaltet nach erfolgreicher Auswahl die Namen der ausgewählten Dateien.

FileNames

Ein Beispiel (im Projekt *StandardDialogfelder*), bei dem zunächst nur nach Dateien mit der Endung *xls* gesucht wird, sehen Sie in Abbildung 7.26 und Abbildung 7.27.

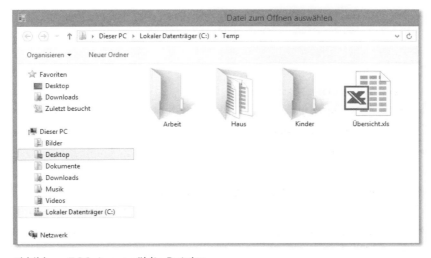

Abbildung 7.26 Ausgewählte Dateien

Abbildung 7.27 Aktuell eingestellter Dateityp für die Auswahl

7 Weitere Elemente eines Windows-Programms

Der zugehörige Code:

```
private void cmdOpenFileDialog_Click(...)
{
    OpenFileDialog ofd = new OpenFileDialog();

    ofd.Multiselect = true;
    ofd.InitialDirectory = "C:\\Temp";
    ofd.Filter = "Tabellen (*.xls)|*.xls|" +
        " Texte (*.txt; *doc)|*.txt;*.doc|" +
        " Alle Dateien (*.*)|*.*";
    ofd.Title = "Datei zum Öffnen auswählen";

    if(ofd.ShowDialog() == DialogResult.OK)
        foreach(string s in ofd.FileNames)
            MessageBox.Show("Öffnen: " + s);
    else
        MessageBox.Show("Abbruch");
}
```

Listing 7.17 Projekt »StandardDialogfelder«, Datei öffnen

Zur Erläuterung:

▶ Das Objekt ofd der Klasse OpenFileDialog wird erzeugt.

▶ Die Eigenschaft MultiSelect wird auf den Wert true gesetzt, damit der Benutzer mehrere Dateien auswählen kann.

InitialDirectory ▶ Die Eigenschaft InitialDirectory wird (mit einer Zeichenkette) auf ein bestimmtes Verzeichnis eingestellt.

▶ Die Eigenschaft Filter bekommt eine Zeichenkette zugewiesen. Diese beinhaltet verschiedene Gruppen von Dateiendungen und deren Erklärung.

▶ Die verschiedenen Gruppen sind durch das Pipe-Zeichen (|) voneinander getrennt.

▶ Eine Gruppe besteht aus Erklärung (*.Endung) | *.Endung.

▶ Besteht eine Gruppe aus mehreren Dateiendungen (hier z. B. die Gruppe Texte), werden die Endungen durch Semikola voneinander getrennt.

▶ Die Eigenschaft Title bekommt ebenfalls eine Zeichenkette zugewiesen.

DialogResult.Ok ▶ Die Methode ShowDialog() zeigt den Dialog an. Es ist wichtig, zu ermitteln, welchen Button der Benutzer gedrückt hat. Deshalb wird der

Rückgabewert der Methode ausgewertet. Falls dieser dem Wert von `DialogResult.Ok` entspricht, hat der Benutzer den Button OK betätigt.

- In der Eigenschaft `FileNames` stehen im Erfolgsfall die ausgewählten Dateinamen. **FileName**
- Wurde eine Datei eingegeben, die nicht existiert, erscheint eine Fehlermeldung (siehe Abbildung 7.28).
- Wurde der Button ABBRECHEN betätigt, wird das ebenfalls bemerkt. Das Programm kann anschließend passend reagieren.
- Ein weiteres Beispiel zur Klasse `OpenFileDialog`, das Auswählen einer Bilddatei, sehen Sie in Abschnitt 10.4, »Bilder darstellen«.

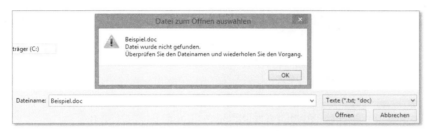

Abbildung 7.28 Fehlermeldung, falls Datei nicht vorhanden

7.7.2 Datei speichern unter

Ein Objekt der Klasse `SaveFileDialog` dient zur Eingabe oder Auswahl einer Datei, die zum Speichern verwendet werden soll. Wählbare Einstellungen und Dialogergebnis entsprechen im Wesentlichen denen der Klasse `OpenFileDialog`. Ein Beispiel (ebenfalls im Projekt *StandardDialogfelder*) sehen Sie in Abbildung 7.29. **SaveFileDialog**

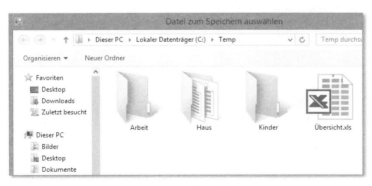

Abbildung 7.29 Auswahl zum Speichern der Datei

Der Programmcode:

```
private void cmdSaveFileDialog_Click(...)
{
    SaveFileDialog sfd = new SaveFileDialog();

    sfd.InitialDirectory = "C:\\Temp";
    sfd.Filter = "Tabellen (*.xls)|*.xls|" +
        " Texte (*.txt; *doc)|*.txt;*.doc|" +
        " Alle Dateien (*.*)|*.*";
    sfd.Title = "Datei zum Speichern auswählen";

    if (sfd.ShowDialog() == DialogResult.OK)
        MessageBox.Show(
            "Speichern unter: " + sfd.FileName);
    else
        MessageBox.Show("Abbruch");
}
```

Listing 7.18 Projekt »StandardDialogfelder«, Datei speichern unter

Zur Erläuterung:

▶ Das Objekt `sfd` der Klasse `SaveFileDialog` wird erzeugt.
▶ Wählt der Benutzer eine Datei zum Speichern aus, die es bereits gibt, wird er gefragt, ob er diese überschreiben möchte (siehe Abbildung 7.30).

FileName
▶ In der Eigenschaft `FileName` steht im Erfolgsfall der ausgewählte Dateiname.

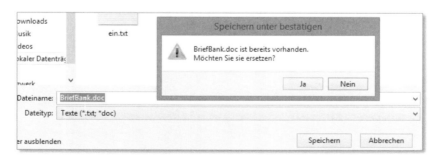

Abbildung 7.30 Rückfrage, falls Datei bereits vorhanden

7.7.3 Verzeichnis auswählen

Ein Objekt der Klasse `FolderBrowserDialog` dient zur Auswahl eines Verzeichnisses, das als Basis für weitere Programmabläufe dienen soll. Es kann auch ein neues Verzeichnis erzeugt werden. Vor dem Öffnen des Dialogfelds können Sie u. a. folgende Einstellungen wählen:

FolderBrowserDialog

- `RootFolder`: oberstes Verzeichnis, das im Dialogfeld angezeigt wird
- `ShowNewFolderButton`: Anzeige eines Buttons, der die Erzeugung eines neuen Verzeichnisses ermöglicht
- `Description`: Titelzeile des Dialogfelds

Das Dialogergebnis ist ein Verzeichnisname. Dieser wird in der Eigenschaft `SelectedPath` zur Verfügung gestellt. Ein Beispiel ist in Abbildung 7.31 dargestellt.

SelectedPath

Abbildung 7.31 Auswahl eines Verzeichnisses

Der zugehörige Code:

```
private void cmdFolderBrowserDialog_Click(...)
{
    FolderBrowserDialog fbd =
        new FolderBrowserDialog();

    fbd.RootFolder =
        Environment.SpecialFolder.Desktop;
    fbd.ShowNewFolderButton = false;
    fbd.Description = "Verzeichnis auswählen";
```

```
        if (fbc.ShowDialog() == DialogResult.OK)
            MessageBox.Show("Zugriff auf Verzeichnis: " +
                fbd.SelectedPath);
        else
            MessageBox.Show("Abbruch");
}
```

Listing 7.19 Projekt »StandardDialogfelder«, Verzeichnis wählen

Zur Erläuterung:

- Das Objekt `fbd` der Klasse `FolderBrowserDialog` wird erzeugt.

RootFolder
- Als oberstes Verzeichnis des Dialogfelds dient ein Element der Enumeration `SpecialFolder` der Klasse `Environment`, hier ist das der Desktop.

- Die Eigenschaft `ShowNewFolderButton` steht normalerweise auf `true`. Mit dem Wert `false` wird verhindert, dass ein neues Verzeichnis erzeugt werden kann.

SelectedPath
- In der Eigenschaft `SelectedPath` steht im Erfolgsfall der ausgewählte Verzeichnisname.

7.7.4 Farbe auswählen

ColorDialog   Ein Objekt der Klasse `ColorDialog` dient zur Auswahl einer Farbe, die z. B. einem Steuerelement zugewiesen werden soll.

Color   Das Dialogergebnis ist ein Objekt der Struktur `Color`; es wird in der Eigenschaft `Color` zur Verfügung gestellt. Ein Beispiel sehen Sie in Abbildung 7.32.

Abbildung 7.32 Auswahl einer Farbe

Der zugehörige Code:

```
private void cmdColorDialog_Click(...)
{
    ColorDialog cd = new ColorDialog();
    if (cd.ShowDialog() == DialogResult.OK)
        lblA.ForeColor = cd.Color;
    else
        MessageBox.Show("Abbruch");
}
```

Listing 7.20 Projekt »StandardDialogfelder«, Farbe wählen

Zur Erläuterung:

▶ Das Objekt cd der Klasse ColorDialog wird erzeugt.

▶ In der Eigenschaft Color steht im Erfolgsfall die ausgewählte Farbe. Diese wird hier als Schriftfarbe für das Label übernommen.

7.7.5 Schrifteigenschaften auswählen

Ein Objekt der Klasse FontDialog dient zur Auswahl von Schrifteigenschaften, die z. B. einem Steuerelement zugewiesen werden sollen. Dialogergebnisse sind:

FontDialog

▶ ein Objekt der Klasse Font, das in der Eigenschaft Font zur Verfügung gestellt wird

Font

▶ ein Objekt der Struktur Color, das in der Eigenschaft Color zur Verfügung gestellt wird

Vor dem Öffnen des Dialogfelds können Sie u. a. folgende Einstellungen wählen:

▶ ShowColor legt fest, ob auch die Farbe der Schrift bzw. der Unterstreichung einstellbar sein soll.

▶ MaxSize und MinSize stellen die größte und die kleinste wählbare Schriftgröße ein.

Ein Beispiel sehen Sie in Abbildung 7.33.

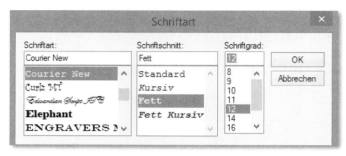

Abbildung 7.33 Auswahl von Schrifteigenschaften

Der Programmcode:

```
private void cmdFontDialog_Click(...)
{
    FontDialog fd = new FontDialog();

    fd.ShowColor = true;
    fd.MinSize = 8;
    fd.MaxSize = 20;

    if (fd.ShowDialog() == DialogResult.OK)
    {
        lblA.Font = fd.Font;
        lblA.ForeColor = fd.Color;
    }
    else
        MessageBox.Show("Abbruch");
}
```

Listing 7.21 Projekt »StandardDialogfelder«, Schrifteigenschaften wählen

Zur Erläuterung:

▶ Das Objekt fd der Klasse FontDialog wird erzeugt.
▶ Die Eigenschaft ShowColor wird auf true gestellt, es kann also auch die Farbe der Schrift bzw. der Unterstreichung eingestellt werden.
▶ Die wählbare Schriftgröße wird begrenzt auf den Bereich von 8 bis 20.

Font, Color
▶ In den Eigenschaften Font und Color stehen im Erfolgsfall die ausgewählten Schrifteigenschaften und die Farbe. Diese werden hier als Schrifteigenschaften für das Label übernommen (siehe Abbildung 7.34).

Abbildung 7.34 Übernommene Schrifteigenschaften

7.8 Steuerelement ListView

Eine besondere Form der Listenansicht bietet das Steuerelement *ListView*. Sie finden es im WERKZEUGKASTEN in der Gruppe ALLGEMEINE STEUERELEMENTE. Zu jedem Eintrag der ListView kann ein Bild angezeigt werden. Eine ListView ähnelt der Liste der Dateien im Windows-Explorer.

Einträge mit Bild

Insgesamt gibt es fünf Formen der Darstellung, die als Werte der Enumeration View der gleichnamigen Eigenschaft des ListView-Objekts zugewiesen werden:

View

- Details: Eine Tabelle mit Bild und mehreren Informationen pro Eintrag. Die einzelnen Tabellenspalten können eine Überschrift haben und in der Breite verändert werden.
- LargeIcon: Ein großes Bild mit Bezeichnung darunter pro Eintrag.
- List: Eine Spalte mit einem kleinen Bild mit Bezeichnung daneben pro Eintrag. Weitere Informationen pro Eintrag können in weiteren Spalten angeordnet werden.
- SmallIcon: Ein kleines Bild mit Bezeichnung rechts daneben pro Eintrag.
- Tile: Ein großes Bild mit Bezeichnung und weiteren Informationen rechts daneben pro Eintrag.

Im Projekt *Listenansicht* sehen Sie eine kleine Liste in der Ansicht DETAILS, siehe Abbildung 7.35. Sie können zwischen den möglichen Ansichten umschalten.

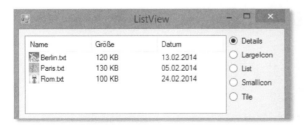

Abbildung 7.35 Projekt »Listenansicht«, Details

7 Weitere Elemente eines Windows-Programms

Zunächst der Code:

```
private void Form1_Load(...)
{
    lView.View = View.Details;
    lView.FullRowSelect = true;

    ListViewItem eintrag1 =
        new ListViewItem("Berlin.txt", 0);
    eintrag1.SubItems.Add("120 KB");
    eintrag1.SubItems.Add("13.02.2014");
    lView.Items.Add(eintrag1);

    ListViewItem eintrag2 =
        new ListViewItem("Paris.txt", 1);
    eintrag2.SubItems.Add("130 KB");
    eintrag2.SubItems.Add("05.02.2014");
    lView.Items.Add(eintrag2);

    ListViewItem eintrag3 = new ListViewItem("Rom.txt", 2);
    eintrag3.SubItems.Add("100 KB");
    eintrag3.SubItems.Add("24.02.2014");
    lView.Items.Add(eintrag3);

    lView.Columns.Add("Name", 100);
    lView.Columns.Add("Größe", 100);
    lView.Columns.Add("Datum", 100);

    ImageList bildklein = new ImageList();
    bildklein.Images.Add(Bitmap.FromFile("bild0.bmp"));
    bildklein.Images.Add(Bitmap.FromFile("bild1.bmp"));
    bildklein.Images.Add(Bitmap.FromFile("bild2.bmp"));
    lView.SmallImageList = bildklein;
    lView.LargeImageList = bildklein;
}

private void optView_CheckedChanged(...)
{
    if(optDetails.Checked)
        lView.View = View.Details;
```

```
    else if(optLargeIcon.Checked)
        lView.View = View.LargeIcon;
    else if(optList.Checked)
        lView.View = View.List;
    else if(optSmallIcon.Checked)
        lView.View = View.SmallIcon;
    else if(optTile.Checked)
        lView.View = View.Tile;
}
```

Listing 7.22 Projekt »Listenansicht«

Zur Erläuterung:

► In der Form_Load-Prozedur wird das ListView-Objekt gefüllt, und es werden Starteinstellungen vorgenommen.

► Die Eigenschaft View wird auf den Wert Details gesetzt, auch wenn das nicht notwendig wäre, da das der Standardwert ist.

► Die boolesche Eigenschaft FullRowSelect bestimmt darüber, ob ein Klick innerhalb der Zeile eines Eintrags die ganze Zeile markiert oder nicht. Der Standardwert ist false. Dann kann nur der Haupteintrag durch Klick ausgewählt werden, nicht die ganze Zeile.

FullRowSelect

► Ein Objekt der Klasse ListViewItem steht für einen Eintrag innerhalb der Liste. Der hier genutzte Konstruktor benötigt zwei Parameter: den Text des Eintrags und die Nummer der zugehörigen Bilddatei innerhalb der beiden Bildlisten SmallImageList und LargeImageList. Den Aufbau der beiden Bildlisten sehen Sie weiter unten.

ListViewItem

► Zu einem Eintrag können weitere Untereinträge gehören. Diese werden dem Eintrag mithilfe der Methode Add() der Auflistung SubItems hinzugefügt.

SubItems

► Nach Erzeugung eines Eintrags mitsamt Untereinträgen wird er der Auflistung Items des ListView-Objekts hinzugefügt, wiederum mithilfe der Methode Add().

► Die Auflistung Columns beinhaltet die Überschriften der Spalten, in denen der Haupteintrag und seine Untereinträge dargestellt werden. Als Parameter der Methode Add() zum Hinzufügen einer Überschrift dienen hier der Text und die Startbreite der Spalte.

Columns

ImageList	▶ Die Eigenschaften `SmallImageList` und `LargeImageList` sind Bildlisten. Jedes Bild wird über seine Nummer einem Eintrag des `ListView`-Objekts zugeordnet.
Bitmap.FromFile()	▶ Die beiden Eigenschaften sind jeweils vom Typ `ImageList`. Ein solches Objekt beinhaltet in seiner Auflistung `Images` einzelne Objekte vom Typ `Image`. Ein `Image`-Objekt kann zum Beispiel aus einer Bilddatei mithilfe der Methode `FromFile()` der Klasse `Bitmap` erzeugt werden. Im vorliegenden Projekt stehen die Bilddateien zur Vereinfachung im Projektunterverzeichnis *bin/Debug* zur Verfügung.
Neue Ansicht	▶ Die Prozedur `optView_CheckedChanged` reagiert auf das Ereignis *Wechsel des Markierungszustands*. Sie ist für jeden RadioButton registriert. Innerhalb der Prozedur wird der Eigenschaft `View` ein Wert aus der gleichnamigen Enumeration zugewiesen.

7.9 Steuerelement Chart

Diagramm erzeugen

In einem Diagramm (engl. *Chart*) kann eine große Menge von Daten übersichtlich und schnell erfassbar dargestellt werden. Sie kennen Diagramme sicherlich aus MS Excel. Das Steuerelement *Chart* bietet Ihnen innerhalb von Visual C# eine vergleichbare Möglichkeit.

Im Projekt *DiagrammChart* sehen Sie ein Liniendiagramm (siehe Abbildung 7.36).

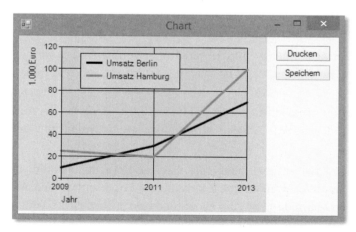

Abbildung 7.36 Projekt »DiagrammChart«

7.9   Steuerelement Chart

Das Steuerelement wurde aus der WERKZEUGKASTEN-Gruppe DATEN eingefügt. Damit wurde dem Projekt gleichzeitig ein Verweis auf SYSTEM.WIN-
DOWS.FORMS.DATAVISUALIZATION aus dem Bereich ASSEMBLYS ·
FRAMEWORK hinzugefügt, der u. a. für die using-Anweisung benötigt wird.
Zur Verdeutlichung wurden fast alle Einstellungen in der Form_Load-Proze-
dur vorgenommen. Im EIGENSCHAFTEN-Fenster wurden nur die Breite mit
dem Wert 450 und der Name mit dChart eingestellt.

Im Codebereich müssen Sie die folgende using-Anweisung hinzufügen:

```
using System.Windows.Forms.DataVisualization.Charting;
```

Es folgt der Code der Form_Load-Prozedur:

```
private void Form1_Load(...)
{
    dChart.Series.Clear();

    dChart.Series.Add(new Series("Umsatz Berlin"));
    dChart.Series[0].Points.AddXY(2009, 10);
    dChart.Series[0].Points.AddXY(2011, 30);
    dChart.Series[0].Points.AddXY(2013, 70);
    dChart.Series[0].Color = Color.Black;
    dChart.Series[0].BorderWidth = 3;
    dChart.Series[0].ChartType = SeriesChartType.Line;

    dChart.Series.Add(new Series("Umsatz Hamburg"));
    dChart.Series[1].Points.AddXY(2009, 25);
    dChart.Series[1].Points.AddXY(2011, 20);
    dChart.Series[1].Points.AddXY(2013, 100);
    dChart.Series[1].Color = Color.Gray;
    dChart.Series[1].BorderWidth = 3;
    dChart.Series[1].ChartType = SeriesChartType.Line;

    dChart.Legends[0].Position =
        new ElementPosition(25, 10, 40, 20);
    dChart.Legends[0].BackColor = Color.LightGray;
    dChart.Legends[0].BorderWidth = 1;
    dChart.Legends[0].BorderColor = Color.Black;

    dChart.ChartAreas[0].AxisX.Minimum = 2009;
    dChart.ChartAreas[0].AxisX.Maximum = 2013;
```

7 Weitere Elemente eines Windows-Programms

```
dChart.ChartAreas[0].AxisX.Title = "Jahr";
dChart.ChartAreas[0].AxisX.TitleAlignment =
    StringAlignment.Near;
dChart.ChartAreas[0].AxisX.LabelStyle.Font =
    new Font("Arial", 8);

dChart.ChartAreas[0].AxisY.Maximum = 120;
dChart.ChartAreas[0].AxisY.Title = "1.000 Euro";
dChart.ChartAreas[0].AxisY.TitleAlignment =
    StringAlignment.Far;
dChart.ChartAreas[0].AxisY.LabelStyle.Font =
    new Font("Arial", 8);
dChart.BackColor = Color.LightGray;
dChart.ChartAreas[0].BackColor = Color.LightBlue;
}
```

Listing 7.23 Projekt »DiagrammChart«, Teil 1

Zur Erläuterung:

Datenreihen

- ▶ Wie in MS Excel basiert ein Diagramm in einem Chart-Steuerelement auf einer oder mehreren Reihen von Werten, den Datenreihen. Diese Datenreihen stehen in der Auflistung Series des Chart-Objekts. Nach dem Einfügen aus dem WERKZEUGKASTEN beinhaltet diese Auflistung bereits eine Datenreihe mit Beispielwerten. Die Methode Clear() löscht alle vorhandenen Datenreihen.

Series

- ▶ Eigene Datenreihen werden mithilfe der Methode Add() hinzugefügt. Dabei handelt es sich jeweils um ein neues Objekt vom Typ Series. Einer der möglichen Konstruktoren erwartet als Parameter den Namen der jeweiligen Datenreihe, wie er zum Beispiel auch in der Legende sichtbar ist.

Points

- ▶ Jede Datenreihe ist innerhalb der Auflistung Series über ihre laufende Nummer erreichbar. Die Auflistung Points einer einzelnen Datenreihe beinhaltet Wertepaare (Datenpunkte) für die Darstellung in verschiedenen Diagrammtypen, zum Beispiel in einem Liniendiagramm. Mithilfe der Methode AddXY() können diese Wertepaare hinzugefügt werden.

ChartType

- ▶ Die Eigenschaften Color und BorderWidth einer einzelnen Datenreihe stehen für Strichfarbe und Strichdicke. Mithilfe der Eigenschaft ChartType kann die Form der Darstellung für diese Datenreihe aus der umfangreichen Enumeration SeriesChartType gewählt werden.

348

7.9 Steuerelement Chart

▶ In der Auflistung `Legends` des `Chart`-Objekts stehen alle Legenden zu einem Diagramm. Häufig wird nur eine Legende benötigt. Sie steht normalerweise oben rechts neben der Zeichnung.

Legends

▶ Hier wird die Eigenschaft *Position* einer einzelnen Legende mit einem neuen Objekt des Typs `ElementPosition` festgelegt. Der Konstruktor erwartet vier Werte: die x/y-Koordinaten der oberen linken Ecke sowie Breite und Höhe.

▶ Die Eigenschaften `BackColor`, `BorderWidth` und `BorderColor` einer einzelnen Legende dienen zur Einstellung der Hintergrundfarbe, der Rahmenliniendicke und der Rahmenlinienfarbe.

▶ In der Auflistung `ChartAreas` des `Chart`-Objekts stehen alle Zeichnungsbereiche zu einem Diagramm. Häufig wird nur ein Zeichnungsbereich benötigt.

ChartAreas

▶ Die Eigenschaften `AxisX` und `AxisY` eines einzelnen Zeichnungsbereichs sind vom Typ `Axis` und beinhalten die Eigenschaften der x- und y-Achse der Zeichnung. Die Eigenschaften `Minimum`, `Maximum` und `Title` bestimmen die Randwerte der jeweiligen Achse sowie den Titel, der an der Achse angezeigt wird.

AxisX, AxisY

▶ Die Eigenschaft `TitleAlignment` eines `Axis`-Objekts steht für die Anordnung des Titels. Die Werte dazu stammen aus der Enumeration `StringAlignment`. Der Wert `Near` bedeutet für eine x-Achse, die von links nach rechts ausgerichtet ist: links. Für eine y-Achse, die von unten nach oben ausgerichtet ist, bedeutet er: unten. Der Wert `Far` steht dann für rechts bzw. oben. Außerdem gibt es noch den Standardwert `Center`.

▶ Die Eigenschaft `LabelStyle` eines `Axis`-Objekts bestimmt das Aussehen der Achsenbeschriftung. Hier wurde die Eigenschaft `Font` zur Einstellung der Schrifteigenschaften mithilfe eines neuen `Font`-Objekts verändert. Die Eigenschaft `Angle` des `LabelStyle`-Objekts würde die einzelnen Zahlen an der Achse jeweils um einen bestimmten Winkel drehen. Dabei sind Werte zwischen −90 und +90 Grad erlaubt.

LabelStyle

▶ Zu guter Letzt werden noch die unterschiedlichen Hintergrundfarben für das Diagramm und die Zeichnungsfläche gewählt. Die jeweilige Eigenschaft `BackColor` hat den Standardwert Weiß.

Es folgen noch die beiden Prozeduren zum Drucken und zum Speichern eines Diagramms:

7 Weitere Elemente eines Windows-Programms

```
private void cmdDrucken_Click(...)
{
    dChart.Printing.PrintPreview();
}

private void cmdSpeichern_Click(...)
{
    String VollerName = "C:\\Temp\\DiagrammChart.tif";
    dChart.SaveImage(VollerName, ChartImageFormat.tif);
    MessageBox.Show("Es wurde die Bilddatei " +
        VollerName + " erzeugt");
}
```

Listing 7.24 Projekt »DiagrammChart«, Teil 2

Zur Erläuterung:

PrintPreview()
- ▶ Die Eigenschaft `Printing` eines `Chart`-Objekts ist vom Typ `PrintingMana-ger`. Ein Objekt dieses Typs wird zum Drucken eines Diagramms benötigt und verfügt unter anderem über die Methoden `Print()` zum direkten Ausdruck und `PrintPreview()` zum Anzeigen einer Druckvorschau. Aus der Druckvorschau kann dann ebenfalls gedruckt werden.

SaveImage()
- ▶ Die Methode `SaveImage()` eines `Chart`-Objekts dient zum Speichern eines Diagramms als Bilddatei. Sie benötigt zwei Parameter: den Namen der Datei und das Bildformat. Dieses kann aus der Enumeration `ChartImage-Format` ausgewählt werden.

7.10 Steuerelement DataGridView

Tabelle
Zur Darstellung einer einfachen Liste oder der Inhalte eines eindimensionalen Datenfelds sind Listen- und Kombinationsfelder geeignet. Die Inhalte einer Tabelle mit Zeilen und Spalten oder eines zweidimensionalen Datenfelds werden besser in einem Steuerelement vom Typ *DataGridView* dargestellt. Es ist auch besonders zur Darstellung von Datenbankinhalten geeignet, siehe Kapitel 8, »Datenbankanwendungen mit ADO.NET«. Sie finden es im WERKZEUGKASTEN im Bereich DATEN.

Im nachfolgend beschriebenen Projekt *DataGrid* werden Eigenschaften per Code zur Laufzeit eingestellt. Sie könnten viele Eigenschaften allerdings auch schon zur Entwicklungszeit einstellen. Über das kleine Dreieck oben rechts am Steuerelement können Sie nach dem Einfügen ins Formular und dem Markieren ein Menü öffnen, das zahlreiche Möglichkeiten bietet (siehe Abbildung 7.37).

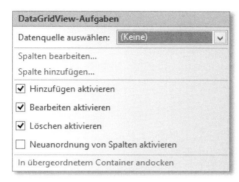

Abbildung 7.37 DataGrid, Einstellmenü

Abbildung 7.38 zeigt den Startinhalt des Grids.

Form_Load()

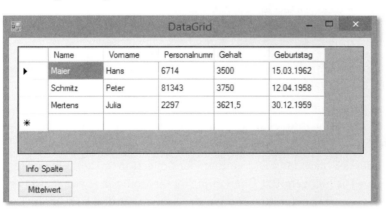

Abbildung 7.38 DataGridView, gefüllt

Es folgen die Inhalte der Form1_Load-Methode, die für den Startinhalt des Grids sorgen:

```
private void Form1_Load(...)
{
    /* Spalten hinzufügen */
    dgv.Columns.Add("SpName", "Name");
    dgv.Columns.Add("SpVorname", "Vorname");
```

7 Weitere Elemente eines Windows-Programms

```
dgv.Columns.Add("SpPersonalnummer",
                "Personalnummer");
dgv.Columns.Add("SpGehalt", "Gehalt");
dgv.Columns.Add("SpGeburtstag", "Geburtstag");

/* Breite einstellen */
for(int i = 0; i < dgv.Columns.Count; i++)
    dgv.Columns[i].Width = 75;

/* Zeilen hinzufügen */
dgv.Rows.Add("Maier", "Hans", 6714,
            3500.0, "15.03.1962");
dgv.Rows.Add("Schmitz", "Peter", 81343,
            3750.0, "12.04.1958");
dgv.Rows.Add("Mertens", "Julia", 2297,
            3621.5, "30.12.1959");
}
```

Listing 7.25 Projekt »DataGrid«, Einstellungen

Zur Erläuterung:

▶ Das Steuerelement vom Typ *DataGridView* wird nachfolgend vereinfacht *Tabelle* genannt. Die Tabelle hat in diesem Projekt den Namen dgv.

Columns ▶ Die Eigenschaft Columns ist eine Collection vom Typ DataGridViewColumnCollection und beinhaltet Informationen über alle Spalten der
Tabelle.

Neue Spalten ▶ Mithilfe der Methode Add() können der Collection Spalten hinzugefügt
werden. Die hier genutzte Überladung dieser Methode erwartet zwei Zei-
chenkettenparameter: den Namen der Spalte und den sichtbaren Text
der Kopfzeile.

▶ Die Eigenschaft Count der Columns-Collection liefert die Anzahl der Spalten. Eine einzelne Spalte lässt sich über einen Index ansprechen, dieser
beginnt bei 0.

▶ Einzelne Spalten haben wiederum Eigenschaften. Die Breite kann über
die Eigenschaft Width eingestellt werden.

Rows ▶ Die Eigenschaft Rows ist eine Collection vom Typ DataGridViewRowCollection und beinhaltet Informationen über alle Zeilen der Tabelle.

352

7.10 Steuerelement DataGridView

▶ Mithilfe der Methode Add() können der Collection Zeilen hinzugefügt werden. Die hier genutzte Überladung dieser Methode erwartet ein Feld beliebiger Größe von Objekten. In diesem Fall werden jeweils fünf Informationen zu einer Person hinzugefügt.

Neue Zeilen

▶ Beachten Sie, dass die Zahlen für die Spalte Gehalt im Code mit Dezimalpunkt angegeben werden müssen. Ansonsten werden sie nicht alle als double-Werte erkannt, und es kommt später beim Sortieren dieser Spalte zu einem Fehler.

▶ Sie können die boolesche Eigenschaft Selected einiger Objekte auf einen der Werte true oder false stellen, dann ist das betreffende Objekt vorausgewählt bzw. nicht vorausgewählt. Das gilt für Rows[Index], Columns[Index] und Cells[Index] innerhalb von Rows[Index].

Selected

7

Hinweis: Beim Hinzufügen einer Spalte wird jeweils eine leere Zelle zum Hinzufügen eines neuen Inhalts erzeugt. Diese ist ebenfalls Bestandteil der Rows-Collection.

Es folgt die Methode zum Button INFO SPALTE:

Button »Info Spalte«

```
private void cmdInfoSpalte_Click(...)
{
    /* Name und Headertext */
    lblA.Text = "Name: " +
        dgv.Columns["SpName"].Name + ", Header: " +
        dgv.Columns["SpName"].HeaderText + "\n";
    for (int i = 1; i < dgv.Columns.Count; i++)
        lblA.Text += "Name: " +
            dgv.Columns[i].Name + ", Header: " +
            dgv.Columns[i].HeaderText + "\n";
}
```

Listing 7.26 Projekt »DataGrid«, Button »Info Spalte«

Zur Erläuterung:

▶ Als Index für eine einzelne Spalte lässt sich auch der Name der Spalte nutzen.

▶ Die Eigenschaften Name und Headertext liefern den Namen der Spalte und den sichtbaren Text der Kopfzeile (siehe Abbildung 7.39).

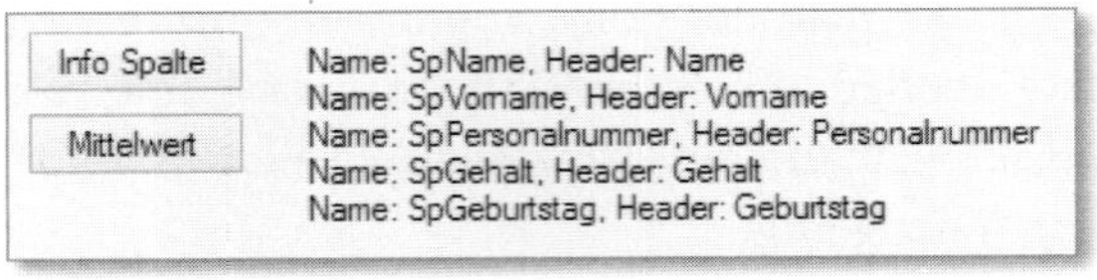

7 Weitere Elemente eines Windows-Programms

Abbildung 7.39 Button »Info Spalte«

**Button
»Mittelwert«**

In der Methode zum Button MITTELWERT werden die Inhalte einzelner Zellen ausgewertet, um den Mittelwert zu errechnen (siehe Abbildung 7.40):

```
private void cmdMittelwert_Click(...)
{
    double mw = 0;

    /* Zellen auswerten */
    lblA.Text = "";
    for (int i = 0; i < dgv.Rows.Count - 1; i++)
        mw += Convert.ToDouble(
            dgv.Rows[i].Cells[3].Value);
    mw /= dgv.Rows.Count - 1;
    lblA.Text = "Gehalt, Mittelwert: " + mw;
}
```

Listing 7.27 Projekt »DataGrid«, Button »Mittelwert«

Zur Erläuterung:

▶ Es soll der Mittelwert der Zahlen in der Spalte GEHALT berechnet werden. Dazu muss die Rows-Collection durchlaufen werden. Es ist zu beachten, dass die letzte Zeile (zum Hinzufügen eines neuen Inhalts) nicht mit eingerechnet wird.

▶ Eine einzelne Zeile lässt sich innerhalb der Rows-Collection über einen Index ansprechen, dieser beginnt bei 0.

Cells

▶ Die Zellen innerhalb einer Zeile stehen in der Collection Cells. Eine einzelne Zelle innerhalb der Cells-Collection lässt sich wiederum über einen Index ansprechen, dieser beginnt ebenfalls bei 0.

▶ Der Wert einer Zelle wird über die Eigenschaft Value geliefert. Dabei handelt es sich um einen String, den Sie umwandeln müssen.

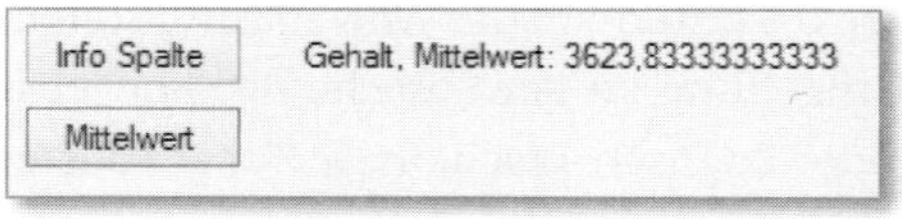

Abbildung 7.40 Button »Mittelwert«

Eine letzte Methode reagiert auf das Ereignis *Benutzer klickt auf Tabellenzelle*. Dabei können Sie feststellen, um welche Zelle es sich handelt (siehe Abbildung 7.41):

Klick auf Zelle

```
private void dgv_CellClick(
    object sender, DataGridViewCellEventArgs e)
{
    /* Klick auswerten */
    lblA.Text = "Zeile: " + e.RowIndex + "\n" +
        "Spalte: " + e.ColumnIndex + "\n";
    if (e.RowIndex >= 0 && e.ColumnIndex >= 0)
        lblA.Text += "Inhalt: " +
            dgv.Rows[e.RowIndex].
                Cells[e.ColumnIndex].Value;
}
```

Listing 7.28 Projekt »DataGrid«, Klick auf Zelle

Zur Erläuterung:

- Im Parameter e der Ereignismethode vom Typ `DataGridViewCellEventArgs` werden u. a. Informationen über die angeklickte Zelle übermittelt.
- Die Eigenschaften `RowIndex` und `ColumnIndex` liefern den Index von Zeile bzw. Spalte zur weiteren Auswertung.

Geklickte Zelle

Abbildung 7.41 Nach Klick auf Zelle

7.11 Lokalisierung

Eine Lokalisierung wird für mehrsprachige Anwendungen vorgenommen. Eine Anwendung soll also mit einer identischen Bedienoberfläche in unterschiedlichen Sprachen laufen. Die Texte innerhalb der Anwendung sollen, abhängig von der angetroffenen Umgebung, in der Sprache des Betriebssystems, zum Beispiel in Deutsch oder Englisch, erscheinen. Zur Lokalisierung werden Ressourcen verwendet. Es gibt zwei Arten von Ressourcen:

- Formularbasierte Ressourcen: Sie beinhalten zum Beispiel die Texte auf der Formularoberfläche.
- Projektressourcen: Sie beinhalten zum Beispiel die Texte in Meldungsfenstern.

Es folgt ein Beispiel mit zwei Buttons, das mit beiden Arten von Ressourcen arbeitet. Nach Betätigung eines der Buttons erscheint jeweils eine Meldung. Die Aufschrift der Buttons und der Text der Meldungen richten sich nach der Umgebung. Sie sind entweder in Deutsch, in Englisch oder in Französisch.

Zunächst wird das neue Windows Forms-Projekt *Lokalisierung* erzeugt. Die Eigenschaft Localizable des Formulars wird auf True gesetzt. Es werden zwei Buttons auf der Oberfläche platziert. Diese werden mit den englischen Texten »Hello« und »Good bye« beschriftet. Anschließend wird die Eigenschaft Language des Formulars auf Deutsch gesetzt (siehe Abbildung 7.42).

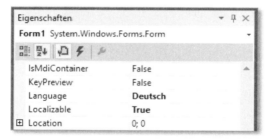

Abbildung 7.42 Sprache auf Deutsch

Nun werden die beiden Buttons erneut beschriftet, diesmal mit den deutschen Texten »Guten Tag« und »Auf Wiedersehen«. Die Größe des zweiten Buttons sollte wegen der Länge des Texts angepasst werden.

Anschließend wird die Eigenschaft Language des Formulars auf Französisch gesetzt. Die beiden Buttons werden mit den französischen Texten »Bonjour« und »Au revoir« beschriftet.

Das Projekt wird gespeichert. In der Datei *Form1.resx* (siehe Abbildung 7.43) steht der Text für die Standardsprache, also Englisch. In der Datei

Form1.de.resx befindet sich der Text für die deutsche Beschriftung, in der Datei *Form1.fr.resx* der für die französische Beschriftung.

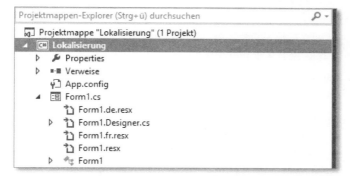

Abbildung 7.43 Formularbasierte Ressourcen

Starten Sie das Projekt. Da bei Ihnen die Umgebung vermutlich in Deutsch ist, werden die Buttons mit deutschen Texten in der passenden Größe angezeigt (siehe Abbildung 7.44).

Abbildung 7.44 Deutsche Oberfläche

Normalerweise wechselt die Beschriftung automatisch, wenn das Programm innerhalb eines anderssprachigen Betriebssystems läuft. Zum Testen können Sie die Sprache aber auch mithilfe des nachfolgenden Codes umstellen:

```
using System.Globalization;
using System.Threading;
[...]
public Form1()
{
   // Thread.CurrentThread.CurrentUICulture =
      new CultureInfo("de");
   Thread.CurrentThread.CurrentUICulture =
      new CultureInfo("en");
```

7 Weitere Elemente eines Windows-Programms

```
    // Thread.CurrentThread.CurrentUICulture =
        new CultureInfo("fr");
    InitializeComponent();
}
```

Listing 7.29 Projekt »Lokalisierung«, Umstellung der Sprache

Sie fügen zunächst die beiden Namespaces System.Globalization und System.Threading hinzu.

Anschließend fügen Sie im Konstruktor der Klasse Form1 vor dem Aufruf von InitializeComponent() dreimal die Zuweisung für die Eigenschaft CurrentUICulture ein. Nur eine der drei Zeilen sollte jeweils außerhalb des Kommentars stehen. Hier ist das zum Beispiel die Zeile für Englisch. Nach dem erneuten Start des Projekts erscheinen die Buttons mit der richtigen Aufschrift und in der passenden Größe.

Zum Erstellen von Texten für Meldungsfenster müssen weitere Ressourcendateien hinzugefügt werden. Dazu wählen Sie im Menü PROJEKT • NEUES ELEMENT HINZUFÜGEN • VISUAL C#-ELEMENTE • ALLGEMEIN den Eintrag RESSOURCENDATEI aus und tragen als Name zum Beispiel ein: *MeineTexte.resx*.

Falls die Datei nicht bereits automatisch geöffnet wird, führen Sie einen Doppelklick darauf aus. In der Tabelle tragen Sie zwei Ressourcen mit Name und Wert ein, siehe Abbildung 7.45. Sie dienen als Variablen und haben je nach Sprache einen anderen Inhalt.

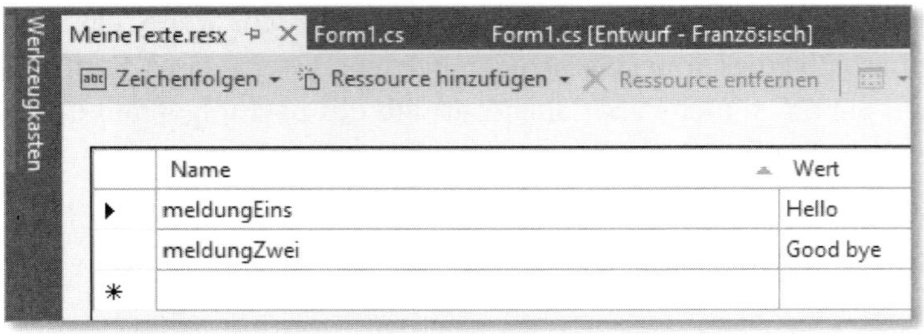

Abbildung 7.45 Zwei Ressourcen, Standard

Führen Sie den gleichen Vorgang noch zweimal durch, und erstellen Sie dabei die beiden Dateien *MeineTexte.de.resx* und *MeineTexte.fr.resx*. Nach einem Doppelklick können Sie die beiden Ressourcen auch für diese Dateien eintragen (siehe Abbildung 7.46 und Abbildung 7.47).

7.11 Lokalisierung

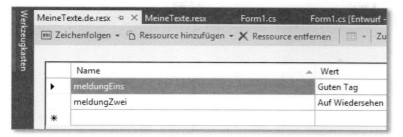

Abbildung 7.46 Zwei Ressourcen, Deutsch

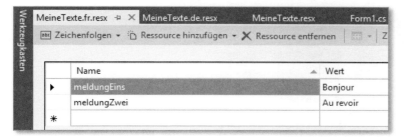

Abbildung 7.47 Zwei Ressourcen, Französisch

Der Code wird ergänzt:

```
using System.Globalization;
using System.Threading;
using System.Resources;
[...]
public partial class Form1 : Form
{
    ResourceManager rm = new ResourceManager(
        "Lokalisierung.MeineTexte", typeof(Form1).Assembly);

    public Form1(){...}

    private void cmdEins_Click(object sender, EventArgs e)
    {
        MessageBox.Show(rm.GetString("meldungEins"));
    }

    private void cmdZwei_Click(object sender, EventArgs e)
    {
```

```
            MessageBox.Show(rm.GetString("meldungZwei"));
    }
}
[...]
```

Listing 7.30 Projekt »Lokalisierung«, Nutzung der Ressourcen

Es wird der Namespace `System.Resources` eingefügt. Außerdem kommt ein lokaler Ressourcenmanager hinzu. In den Ereignisprozeduren wird die Ressource mit seiner Hilfe als Text abgerufen, abhängig von der aktuell gewählten Sprache (siehe Abbildung 7.48).

Abbildung 7.48 Meldungstext, aus Ressourcendatei

Kapitel 8
Datenbankanwendungen mit ADO.NET

Wer große Datenmengen dauerhaft und geordnet speichern will, kommt an Datenbanken nicht vorbei.

Falls Sie noch nicht mit relationalen Datenbanken vertraut sind, liefert Ihnen der erste Abschnitt dieses Kapitels das nötige Hintergrundwissen. Anderenfalls können Sie gleich zu Abschnitt 8.2, »Anlegen einer Datenbank in Microsoft Access«, übergehen.

8.1   Was sind relationale Datenbanken?

Beim relationalen Datenmodell werden die Daten in Form von Tabellen angeordnet. Eine den Erfordernissen der Praxis genügende Datenbank wird sich aber kaum in einer einzigen Tabelle organisieren lassen. Sie wird vielmehr aus mehreren Tabellen bestehen, die miteinander in Beziehung (Relation) stehen. Eine solche Datenbank bezeichnet man als *relational*.

Relation

Sowohl die Tabellen als auch die Relationen lassen sich einfach auf dem physikalischen Speicher abbilden. Der Nachteil einer relationalen Datenbank ist, dass zusätzliche Hilfsdatenstrukturen, sogenannte Indizes, aufgebaut und ständig aktualisiert werden müssen. Diese Indizes erleichtern die Abfrage, Suche und Sortierung in relationalen Datenbanken. Je größer und komplexer eine Datenbank wird, desto mehr überwiegen die Vorteile der klaren Strukturierung der Daten und der Speicherplatzeinsparung gegenüber dem Nachteil durch Aufbau und Aktualisierung der Indizes.

Index

8.1.1   Beispiel »Lager«

Als anschauliches Beispiel für den Entwurf einer Datenbank soll die Erfassung des Lagerbestands eines Einzelhändlers dienen. Die Artikel des Lagers sollen durch die Daten aus Tabelle 8.1 gekennzeichnet werden.

361

8 Datenbankanwendungen mit ADO.NET

Beschreibung	Abkürzung
eigene Artikelnummer	artnr
Bestellnummer für diesen Artikel beim Lieferanten	bestnr
vorhandene Anzahl	anz
Lieferantennummer	lnr
Adresse des Lieferanten	adr
Telefonnummer des Lieferanten	telnr
Regionalvertreter des Lieferanten	vertr
Einkaufspreis	ek
Verkaufspreis	vk

Tabelle 8.1 Artikeldaten

Erster Entwurf

Tabelle   Im ersten Entwurf für eine solche Datenbank werden die Daten in einer Tabelle mit dem Namen `artikel` gespeichert, siehe Tabelle 8.2.

artnr	bestnr	anz	lnr	adr	telnr	vertr	ek	vk
12	877	5	1	Köln	162376	Mertens	23	35
22	231	22	3	Koblenz	875434	Mayer	55	82
24	623	10	4	Bonn	121265	Marck	12	18
30	338	30	12	Aachen	135543	Schmidt	77	116
33	768	5	1	Köln	162376	Mertens	90	135
56	338	2	1	Köln	162376	Mertens	125	190
58	338	16	3	Koblenz	875434	Mayer	50	74
76	912	15	12	Aachen	135543	Schmidt	45	70

Tabelle 8.2 Erster Entwurf

In diesem Beispiel sind acht verschiedene Artikel im Lager, zu jedem dieser Artikel existiert in der Tabelle eine Zeile. Eine solche Zeile in einer Datenbanktabelle wird *Datensatz* genannt. Die Spalten einer Datenbanktabelle nennt man *Felder*, sie werden durch ihre Überschrift, den *Feldnamen*, gekennzeichnet. Alle Artikel sind innerhalb einer Tabelle abgelegt. Das wirkt auf den ersten Blick sehr übersichtlich, Sie erkennen allerdings schnell, dass viele Daten mehrfach vorhanden sind. Bei jedem Artikel desselben Lieferanten sind Adresse, Telefonnummer und Vertreter in jedem Datensatz erfasst. Es ergibt sich eine Datenredundanz, d. h., viele Daten sind überflüssig. Außerdem können sich schnell inkonsistente, uneinheitliche Daten ergeben, falls sich beispielsweise die Telefonnummer eines Lieferanten ändert und diese Änderung nur in einem Datensatz eingetragen wird.

Feld, Datensatz

Zweiter Entwurf

Daher geht man dazu über, den Lagerbestand in zwei Tabellen abzulegen, die miteinander verbunden sind. Die reinen Artikeldaten werden in der ersten Tabelle mit dem Namen `artikel` gespeichert. Die Felder sehen Sie in Tabelle 8.3.

Zwei Tabellen

artnr	bestnr	anz	lnr	ek	vk
12	877	5	1	23	35
22	231	22	3	55	82
24	623	10	4	12	18
30	338	30	12	77	116
33	768	5	1	90	135
56	338	2	1	125	190
58	338	16	3	50	74
76	912	15	12	45	70

Tabelle 8.3 Zweiter Entwurf, Artikel

Die zweite Tabelle `lieferanten` enthält nur die Daten zu den einzelnen Lieferanten. Die Felder sehen Sie in Tabelle 8.4.

lnr	adr	telnr	vertr
1	Köln	162376	Mertens
3	Koblenz	875434	Mayer
4	Bonn	121265	Marck
12	Aachen	135543	Schmidt

Tabelle 8.4 Zweiter Entwurf, Lieferanten

1:n-Relation — Neben den beiden Tabellen wird noch eine sogenannte 1:n-Relation aufgebaut. Diese Relation (= Beziehung, Verknüpfung) wird zwischen den beiden Feldern mit dem Namen lnr in den beiden Tabellen geknüpft. In Abbildung 8.1 sind die beiden Tabellen mit ihren Feldnamen und der Verknüpfung dargestellt.

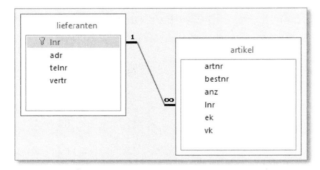

Abbildung 8.1 Relation zwischen Lieferanten und Artikeln

Redundanz vermeiden — Um also die vollständige Information über einen Artikel zu erhalten, müssen Sie zuerst den Datensatz innerhalb der Tabelle artikel aufsuchen und anschließend über das Feld lnr den zugehörigen Datensatz in der Tabelle lieferanten beachten. Auf diese Weise werden redundante Informationen vermieden, und es kann ein erheblicher Teil an Speicherplatz eingespart werden.

Datenbanksystem — Diese beiden verknüpften Tabellen werden, zusammen mit einem geeigneten Abfragesystem zum schnellen Auffinden und Auswerten der Daten, als relationales Datenbanksystem bezeichnet. Zu einem solchen System gehören Indizes und Relationen.

8.1.2 Indizes

Ein Index ist eine sortierte Hilfstabelle, in der sich die indizierten Felder in der entsprechenden sortierten Reihenfolge befinden. Außerdem steht hier ein Verweis auf den Ort des zugehörigen Datensatzes. Wenn das Datenbanksystem beim Suchen oder Sortieren einen Index benutzen kann, können effizientere Verfahren angewendet werden, weil nicht Satz für Satz der Tabelle verarbeitet werden muss. Das bringt besonders bei großen Tabellen Geschwindigkeitsvorteile.

Hilfstabelle

Da für jeden Index Speicherplatz benötigt wird, wächst die Datenbank entsprechend. Außerdem müssen die Index-Hilfstabellen beim Eingeben und Ändern der Daten aktualisiert werden, was die Geschwindigkeit beim Bearbeiten der Daten verlangsamt. In diesem Zusammenhang sind die Begriffe *Primärindex* und *Sekundärindex* von Bedeutung.

Primärindex

Jede Tabelle kann ein Feld aufweisen, das als Primärindex dient. In einem Primärindexfeld ist jeder Wert einzigartig, d. h., zwei Datensätze haben niemals den gleichen Wert im Primärindexfeld. Diese Eigenschaft wird vom Datenbanksystem überwacht, wenn Sie ein Feld oder eine Gruppe von Feldern als Primärindex definieren. Über das Primärindexfeld kann jeder Datensatz eindeutig identifiziert werden.

Eindeutig

Ein Beispiel aus dem vorigen Abschnitt: Innerhalb der Tabelle `artikel` versehen Sie sinnvollerweise das Feld `artnr` mit einem Primärindex. Jede Artikelnummer sollte in dieser Tabelle nur einmal vorkommen. Innerhalb der Tabelle `lieferanten` versehen Sie das Feld `lnr` mit einem Primärindex.

Sekundärindex

Wird für ein Feld oder eine Gruppe von Feldern die Eigenschaft Sekundärindex vereinbart, kann mehrfach derselbe Feldinhalt vorkommen. Eine eindeutige Identifizierung eines Datensatzes ist also über einen Sekundärindex nicht möglich. Trotzdem empfiehlt es sich, Sekundärindizes anzulegen, wenn schnellere Sortierung oder schnelleres Suchen nach diesen Feldern möglich sein soll.

Suchen und Sortieren

Ein Beispiel aus dem vorigen Abschnitt: Innerhalb der Tabelle `lieferanten` versehen Sie z. B. das Feld `adr` mit einem Sekundärindex. Dadurch ermögli-

8 Datenbankanwendungen mit ADO.NET

chen Sie das schnelle Sortieren der Tabelle nach Adressen bzw. das schnelle Suchen nach einer bestimmten Adresse.

8.1.3 Relationen

Wenn Sie mehrere Tabellen haben, werden diese meist in einer Relation (= Beziehung) zueinander stehen. Das Datenbanksystem ermöglicht das Festlegen der Relationen zwischen je zwei Tabellen, um diese miteinander zu verknüpfen.

Eine 1:1-Relation

Eine 1:1-Relation liegt dann vor, wenn einem Datensatz der einen Tabelle genau ein Datensatz der zweiten Tabelle zugeordnet ist. Die Verknüpfungsfelder müssen in beiden Tabellen eindeutig sein. Im Prinzip könnten Sie zwei Tabellen, die zueinander in einer 1:1-Relation stehen, zu einer einzigen Tabelle zusammenfassen. Es kann aber Gründe geben, die das Führen von zwei Tabellen notwendig machen, z. B. Datenschutzerfordernisse.

Datenschutz Im Beispiel aus dem vorigen Abschnitt könnten Sie die Daten des ersten Entwurfs auch in zwei Tabellen anordnen, die über das Feld lnr miteinander verbunden sind. Beide Tabellen haben acht Datensätze, zu jedem Datensatz in der ersten Tabelle gibt es genau einen Datensatz in der zweiten Tabelle. Die persönlichen Daten eines Lieferanten, die in einer eigenen Tabelle stehen (siehe Tabelle 8.6), können so von den Daten des Artikellagers getrennt werden (siehe Tabelle 8.5). Wenn Sie für einzelne Benutzer nur den Zugriff auf die Artikeltabelle ermöglichen, haben Sie an dieser Stelle den Datenschutz gewährleistet, ohne die Funktion der Artikelverwaltung zu beeinträchtigen.

artnr	bestnr	anz	lnr	ek	Vk
12	877	5	1	23	35
22	231	22	3	55	82
24	623	10	4	12	18
30	338	30	12	77	116
33	768	5	1	90	135

Tabelle 8.5 1:1-Relation, erste Tabelle

artnr	bestnr	anz	lnr	ek	Vk
56	338	2	1	125	190
58	338	16	3	50	74
76	912	15	12	45	70

Tabelle 8.5 1:1-Relation, erste Tabelle (Forts.)

lnr	adr	telnr	vertr
1	Köln	162376	Mertens
3	Koblenz	875434	Mayer
4	Bonn	121265	Marck
12	Aachen	135543	Schmidt
1	Köln	162376	Mertens
1	Köln	162376	Mertens
3	Koblenz	875434	Mayer
12	Aachen	135543	Schmidt

Tabelle 8.6 1:1-Relation, zweite Tabelle

Eine 1:n-Relation

Bei einer 1:n-Relation können zu einem Datensatz der ersten Tabelle mehrere Datensätze der zweiten Tabelle vorliegen, die sich darauf beziehen. In einem Datenbanksystem wird die Tabelle der 1-Seite auch als *Mastertabelle* für diese Relation bezeichnet, die Tabelle der n-Seite wird auch *Detailtabelle* genannt. Im Beispiel aus dem vorigen Abschnitt sind die Daten über eine solche 1:n-Relation miteinander verbunden. Die Mastertabelle für diese Relation ist die Tabelle der Lieferanten, die Detailtabelle ist die Tabelle der Artikel.

Master, Detail

Eine m:n-Relation

Bei einer m:n-Relation entsprechen einem Datensatz der ersten Tabelle mehrere Datensätze der zweiten Tabelle, aber auch umgekehrt entsprechen

Dritte Tabelle

8 Datenbankanwendungen mit ADO.NET

einem Datensatz der zweiten Tabelle mehrere Datensätze der ersten Tabelle. Eine m:n-Relation lässt sich nicht unmittelbar, sondern nur über den Umweg einer dritten Tabelle definieren. Um eine Datenbank mit einer m:n-Relation darzustellen, muss das einfache Beispiel aus dem vorigen Abschnitt erweitert werden. Bisher konnte ein Artikel nur von einem Lieferanten bezogen werden. Im neuen Beispiel soll es die Möglichkeit geben, einen Artikel unter unterschiedlichen Bestellnummern bei verschiedenen Lieferanten zu beziehen. Die Tabelle `artikel` würde erweitert werden, wie in Tabelle 8.7 zu sehen.

artnr	bestnr	anz	lnr	ek	vk
12	877	3	1	23	35
12	655	2	4	26	35
22	231	22	3	55	82
24	623	10	4	12	18
30	338	30	12	77	116
33	768	5	1	90	135
56	338	2	1	125	190
58	338	3	3	50	74
58	442	5	1	47	74
58	587	6	4	42	74
58	110	2	12	55	74
76	912	15	12	45	70

Tabelle 8.7 Tabelle »Artikel«, unterschiedliche Lieferanten

Sowohl Artikel 12 als auch Artikel 58 sind unter unterschiedlichen Bestellnummern und Einkaufspreisen bei verschiedenen Lieferanten zu beziehen. Die Tabelle `artikel` hat nun keinen Primärindex mehr im Feld `artnr`, da eine Artikelnummer mehrfach vorkommen kann.

Diese Daten legen Sie zur besseren Strukturierung in den folgenden drei Tabellen an:

8.1 Was sind relationale Datenbanken?

- Tabelle `lieferanten` mit den Lieferantendaten (siehe Tabelle 8.8)
- Tabelle `art_einzel` mit den unterschiedlichen Daten pro Artikel und Lieferant (siehe Tabelle 8.9)
- Tabelle `art_gesamt` mit den gemeinsamen Daten der Artikel (siehe Tabelle 8.10)

lnr	adr	telnr	Vertr
1	Köln	162376	Mertens
3	Koblenz	875434	Mayer
4	Bonn	121265	Marck
12	Aachen	135543	Schmidt

Tabelle 8.8 Tabelle »lieferanten«

artnr	bestnr	anz_einzel	Lnr	Ek
12	877	3	1	23
12	655	2	4	26
22	231	22	3	55
24	623	10	4	12
30	338	30	12	77
33	768	5	1	90
56	338	2	1	125
58	338	3	3	50
58	442	5	1	47
58	587	6	4	42
58	110	2	12	55
76	912	15	12	45

Tabelle 8.9 Tabelle »art_einzel«

369

8 Datenbankanwendungen mit ADO.NET

artnr	vk
12	35
22	82
24	18
30	116
33	135
56	190
58	74
76	70

Tabelle 8.10 Tabelle »art_gesamt«

Zweimal 1:n   Die Tabelle lieferanten ist über das Feld lnr mit der Tabelle art_einzel über eine 1:n-Relation verbunden. Die Tabelle art_gesamt ist über das Feld artnr mit der Tabelle art_einzel ebenfalls über eine 1:n-Relation verbunden.

m:n-Relation   Zwischen den beiden Tabellen lieferanten und art_gesamt gibt es eine *m:n-Relation*, da es zu jedem Lieferanten mehrere Artikelnummern und zu jeder Artikelnummer mehrere Lieferanten geben kann. Primärindizes gibt es in der Tabelle lieferanten auf lnr und in der Tabelle art_gesamt auf artnr (siehe Abbildung 8.2).

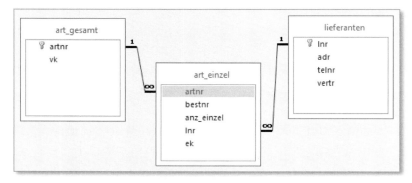

Abbildung 8.2 Zwei 1:n-Relationen ergeben eine m:n-Relation

8.1.4 Übungen

Bei den nachfolgenden Übungen sollen Sie eigene relationale Datenbanken übersichtlich *auf Papier* modellieren. Vermeiden Sie dabei Redundanzen und Inkonsistenzen. Kennzeichnen Sie Primärindizes und gegebenenfalls Sekundärindizes. Zeichnen Sie 1:n-Relationen und (falls vorhanden) m:n-Relationen ein.

Übung Projektverwaltung

Modellieren Sie eine eigene relationale Datenbank projektverwaltung zur Verwaltung von Personal, Kunden und Projekten innerhalb einer Firma. Folgende Basisinformationen stehen Ihnen zur Verfügung und sollen in der Datenbank verfügbar sein:

> Übung Projekt-
> verwaltung

▶ Ein Mitarbeiter hat einen Namen, einen Vornamen und eine Personalnummer.

▶ Ein Kunde hat einen Namen und kommt aus einem Ort.

▶ Ein Projekt hat eine Bezeichnung und eine Projektnummer und ist einem Kunden zugeordnet.

▶ Ein Mitarbeiter kann an mehreren Projekten innerhalb der Firma beteiligt sein.

▶ Ein Projekt kann von einem oder mehreren Mitarbeitern bearbeitet werden.

▶ Jeder Mitarbeiter notiert jeden Tag, wie viele Stunden er für welches Projekt gearbeitet hat.

Übung Mietwagen

Modellieren Sie eine eigene relationale Datenbank mietwagen zur Verwaltung einer Mietwagenfirma. Folgende Basisinformationen stehen Ihnen zur Verfügung und sollen in der Datenbank verfügbar sein:

> Übung Mietwagen

▶ Ein Fahrzeug hat eine Fahrgestellnummer, ein Kfz-Kennzeichen, gehört zu einer Preisklasse, hat einen Kilometerstand und einen Standort.

▶ Die Mietwagenfirma hat mehrere Standorte. Gemietete Fahrzeuge können nur an der gleichen Station zurückgegeben werden.

▶ Ein Kunde hat einen Namen, einen Vornamen, eine Adresse und eine Kundennummer. Er kann beliebig oft Fahrzeuge mieten.

8 Datenbankanwendungen mit ADO.NET

▶ Bei einem Mietvorgang sind wichtig: Zeitpunkt (Beginn und Ende), gewünschte Preisklasse, tatsächlich gemietetes Fahrzeug, Mietstation und gefahrene Kilometer.

▶ Eine Preisklasse beinhaltet die Kosten pro Tag (bei 300 Freikilometern) und die Kosten für jeden zusätzlichen Kilometer.

8.2 Anlegen einer Datenbank in Microsoft Access

Microsoft Access

Bei Microsoft Access handelt es sich um ein Datenbanksystem als Bestandteil bestimmter Versionen von Microsoft Office. Falls Sie noch nicht mit Access gearbeitet haben, lernen Sie in diesem Abschnitt, wie Sie Datenbanken mit Access in der Version 2013 erstellen, z.B. die in den weiteren Abschnitten benutzte Datenbank firma. Anderenfalls können Sie diese Beispieldatenbank direkt vom beiliegenden Datenträger kopieren und gleich zum Abschnitt 8.3, »Datenbankzugriff mit Visual C#«, übergehen.

Weiteres DB-System

Es gibt noch weitere Möglichkeiten, Datenbanken zu erstellen, z. B. mithilfe des MySQL-Datenbankservers.

Daten können aus anderen Anwendungen leicht nach Access importiert bzw. aus Access exportiert werden. Außerdem können Bedienung und Darstellung der internen Strukturen einer Datenbank durch Grafik und Maus vereinfacht werden.

8.2.1 Aufbau von Access

Objekte

Im Datenbanksystem Access wird mit Objekten gearbeitet. Neben den Datenbeständen, die in Tabellen organisiert sind, können in einer Access-Datenbank weitere Objekte gespeichert werden, die den Zugriff auf die Daten und die Darstellung der Daten regeln. Das sind u.a. Abfragen, Berichte und Formulare.

Jedes dieser Elemente ist für Access ein Objekt, das einen eigenen Namen erhält und bestimmte Eigenschaften hat, die Sie einstellen können. Komplexe Objekte wie Formulare enthalten ihrerseits benannte Objekte mit einstellbaren Eigenschaften, z.B. Eingabefelder. Auf jedes Objekt kann durch seinen Namen Bezug genommen werden.

372

Alle Objekte einer Datenbank werden zusammen in einer Datei gespeichert, sodass Sie beim Öffnen einer Datenbankdatei sicher sein können, alle benötigten Elemente verfügbar zu haben.

Einzelne Datei

Tabellen

Die Grundlage einer Access-Datenbank sind die Tabellen, in denen der Datenbestand gespeichert wird. Wie viele Tabellen eine Datenbank umfasst und in welcher Weise die Tabellen verknüpft werden, hängt von der speziellen Aufgabenstellung der Datenbank ab. Tabellen sind in Zeilen und Spalten organisiert. Jede Zeile stellt einen Datensatz dar, jede Spalte ein Feld.

Daten speichern

Abfragen

Während die Gesamtheit der Tabellen in den Daten gespeichert ist, können Sie mit Abfragen die jeweils gewünschten Teilinformationen abrufen. Das Ergebnis einer Abfrage wird *Dynaset* genannt und ebenfalls in Tabellenform dargestellt. Sie können beliebig viele Abfragen zusammen mit der Datenbank speichern. Wenn Sie eine Abfrage verwenden, wird das entsprechende Dynaset gemäß der gespeicherten Abfragevorschrift jedes Mal neu erzeugt.

Daten abrufen

Formulare

Für die Bildschirmdarstellung der Daten können Formulare erstellt werden, die den früher verwendeten Papierformularen entsprechen. Zum Eingeben und Ändern der Daten bieten Formulare eine gute Benutzerführung, aber auch wenn es um die übersichtliche Darstellung von Abfrageergebnissen geht, sollten Sie Formulare verwenden.

Daten ändern

Der Formularassistent führt den Anwender bei der Erstellung eines Formulars und hält Standardmaskenformate bereit. Sie können Anordnung, Gestaltung und Auswertung aber auch selbst bestimmen.

Berichte

Mit Berichten können Sie nicht nur die Druckausgabe gestalten, sondern auch gruppenweise Daten zusammenfassen und statistische sowie grafische Auswertungen durchführen. Als Basis können Sie eine Tabelle oder Abfrage verwenden.

Daten drucken

Auch bei der Berichtserstellung kann Sie ein Assistent unterstützen, Sie können jedoch ebenso einen eigenen Berichtsentwurf anlegen oder das vom Berichtsassistenten erzeugte Berichtsformat individuell umgestalten.

8.2.2 Datenbankentwurf in Access 2013

Access 2013   Jeder Einzelinformation, die zum selben Tabellenthema gehört, entspricht ein eigenes Feld. Dagegen sollten Sie für Informationen, die sich ableiten oder berechnen lassen, keine Tabellenfelder vorsehen. Diese Informationen werden mit Abfragen erzeugt und stets mit den aktuellen Daten aus der Tabelle berechnet, wenn Sie die Abfrage aufrufen.

Erstellung von Tabellen, Indizes und Relationen

Datenbank erstellen   Die beschriebenen Bestandteile einer Datenbank werden nun anhand von eigenen Datenbanken bearbeitet. Geben Sie das Beispiel mit den drei Tabellen aus dem vorigen Abschnitt ein. Die Datenbank erhält den Namen lager. Im Folgenden sind die Entwürfe der drei Tabellen und diejenigen Indizes aufgeführt, die in jedem Fall benötigt werden.

Erstellung einer Datenbank:

- Rufen Sie Access 2013 auf.
- Wählen Sie das Symbol LEERE DESKTOPDATENBANK aus.

.accdb
- Wählen Sie den gewünschten Dateinamen und das Verzeichnis aus, bzw. geben Sie beides ein. In diesem Fall ist das *C:\Temp\lager.accdb*, die Endung *.accdb* wird von Access 2013 ergänzt (siehe Abbildung 8.3).

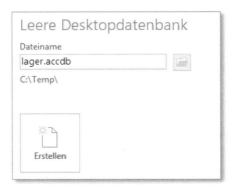

Abbildung 8.3 Erstellung der Datenbank

Hinweis: Access 2007 und Access 2010 verwenden dasselbe Datenbankformat wie Access 2013. Sie können mit Access 2013 aber auch Datenbanken mit der Endung .mdb für noch ältere Access-Versionen anlegen und bearbeiten.

- Nach Betätigung des Buttons ERSTELLEN erscheint die leere Datenbank mit einem Fenster für Tabelle1. Sie könnten hier direkt die Daten von Tabelle1 eingeben. Allerdings sollten Sie zunächst eine Tabellenstruktur erzeugen. Daher schließen Sie das Fenster von Tabelle1, ohne zu speichern.
- Über den Menüpunkt ERSTELLEN • TABELLENENTWURF gelangen Sie zur Entwurfsansicht für die erste neue Tabelle. Geben Sie hier die Daten aus Abbildung 8.4 ein.

Tabellenentwurf

Abbildung 8.4 Entwurf der ersten Tabelle

- Nun schließen Sie das Tabellenfenster. Da Sie noch nicht gespeichert haben, werden Sie gefragt, ob Sie speichern möchten. Nach Betätigung des Buttons JA können Sie den Namen der Tabelle (art_einzel) eingeben.
- Sie werden darauf aufmerksam gemacht, dass die Tabelle über keinen Primärschlüssel verfügt, und werden gefragt, ob Sie einen solchen erstellen möchten. Nach Betätigung des Buttons NEIN erscheint die neue Tabelle im Datenbankfenster (siehe Abbildung 8.5).

Abbildung 8.5 Neue Tabelle »art_einzel«

- Im Kontextmenü der neuen Tabelle könnten Sie über den Menüpunkt ENTWURFSANSICHT wiederum in die entsprechende Ansicht gelangen, um die Struktur zu verändern.
- Wählen Sie im Kontextmenü den Menüpunkt ÖFFNEN oder führen einen Doppelklick auf der Tabelle aus, gelangen Sie zur Datenblattansicht und können Daten in die Tabelle eingeben.
- Wiederum über den Menüpunkt ERSTELLEN • TABELLENENTWURF gelangen Sie zur Entwurfsansicht für die nächste Tabelle. Hier geben Sie die Daten aus Abbildung 8.6 ein.

Primärschlüssel
- Zum Setzen eines Primärschlüssels wählen Sie die betreffende Zeile aus (artnr) und klicken auf das Symbol PRIMÄRSCHLÜSSEL. Anschließend ist der Primärschlüssel zu sehen (siehe Abbildung 8.6).

Abbildung 8.6 Neue Tabelle mit Primärschlüssel

- Diese Tabelle speichern Sie unter dem Namen art_gesamt.
- Die dritte Tabelle (lieferanten) geben Sie ebenso ein und speichern sie, dabei setzen Sie den Primärschlüssel auf das Feld lnr (siehe Abbildung 8.7).

Feldname	Felddatentyp
lnr	Zahl
adr	Kurzer Text
telnr	Zahl
vertr	Kurzer Text

Abbildung 8.7 Dritte Tabelle, mit Primärschlüssel

Herstellen der Relationen zwischen den Tabellen

Die folgenden beiden Relationen werden benötigt:

- Tabelle art_gesamt, Feld artnr (1-Seite) zu Tabelle art_einzel, Feld artnr (n-Seite), mit referentieller Integrität, ohne Aktualisierungsweitergabe, ohne Löschweitergabe.

- Tabelle `lieferanten`, Feld `lnr` (1-Seite) zu Tabelle `art_einzel`, Feld `lnr` (n-Seite), mit referentieller Integrität, ohne Aktualisierungsweitergabe, ohne Löschweitergabe.

Erstellen der Relationen: **Relation erstellen**

- Sie wählen (bei geschlossenen Tabellen und Tabellenentwürfen) den Menüpunkt DATENBANKTOOLS • BEZIEHUNGEN. In dem daraufhin erscheinenden Dialogfenster markieren Sie alle drei Tabellen mithilfe der ⇧-Taste.
- Sie betätigen nacheinander die Buttons HINZUFÜGEN und SCHLIESSEN. Nun sind alle drei Tabellen im Beziehungsfenster zu sehen. Die Tabellen können leicht mit der Maus verschoben werden.
- Für jede Relation verbinden Sie die beiden Felder, zwischen denen die Relation erstellt werden soll, mithilfe der Maus wie folgt miteinander: Sie betätigen auf einem der beiden Felder die linke Maustaste, halten sie gedrückt, gehen zum anderen Feld (in der anderen Tabelle) und lassen die Maustaste dort wieder los. **Drag & Drop**
- Führen Sie das für die beiden Felder `lnr` durch, erscheint das Dialogfeld aus Abbildung 8.8.

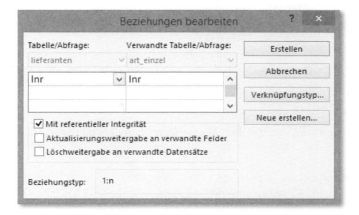

Abbildung 8.8 Erstellung einer Beziehung

- Hier sollten Sie MIT REFERENTIELLER INTEGRITÄT auswählen (Erklärung weiter unten) und anschließend den Button ERSTELLEN betätigen. **Referentielle Integrität**
- Zwischen den ausgewählten Feldern erscheint eine Linie, die die 1:n-Relation darstellt (sofern die Felder auf beiden Seiten der Relation den

8 Datenbankanwendungen mit ADO.NET

gleichen Datentyp haben und auf einem der beiden Felder ein Primärindex liegt).

▶ Die zweite Relation können Sie auf die gleiche Art erstellen, sodass sich Abbildung 8.2 ergibt.

Referentielle Integrität

Aktualisieren oder Löschen

Sie können bei der Herstellung von Relationen auswählen, ob die Regeln der referentiellen Integrität eingehalten werden sollen. Wenn Sie beim Aktualisieren oder Löschen von Daten in einer der beiden Tabellen gegen diese Regeln verstoßen, zeigt Access eine Meldung an und lässt diese Änderung nicht zu. Regelverstöße wären zum Beispiel:

▶ das Hinzufügen von Datensätzen in einer Detailtabelle, für die kein Primärdatensatz vorhanden ist

▶ Änderungen von Werten in einer Mastertabelle, die verwaiste Datensätze in einer Detailtabelle zur Folge hätten

Fehlerverminderung

▶ das Löschen von Datensätzen in einer Mastertabelle, wenn übereinstimmende verknüpfte Datensätze vorhanden sind

Die Option MIT REFERENTIELLER INTEGRITÄT dient der Datensicherheit und der Fehlerverminderung bei der Eingabe von Daten und der Aktualisierung von Datenbanken. Sie können diese Option nur unter folgenden Voraussetzungen auswählen:

▶ Das Feld der Mastertabelle hat einen Primärindex oder zumindest einen eindeutigen Index.

▶ Das Detailfeld weist den gleichen Datentyp auf.

▶ Beide Tabellen sind in derselben Access-Datenbank gespeichert.

8.2.3 Übungen

Erzeugen Sie aus den beiden Modellen *Projektverwaltung* und *Mietwagen* des Abschnitts 8.1 jeweils eine eigene relationale Datenbank in Access. Erstellen Sie Tabellen, Indizes und Relationen. Tragen Sie einige geeignete Beispieldaten ein. Dabei ist darauf zu achten, dass zuerst Daten auf der Masterseite einer Beziehung eingetragen werden müssen, bevor Daten auf der Detailseite einer Beziehung eingetragen werden können.

378

8.3 Datenbankzugriff mit Visual C#

Nach dem vorherigen Abschnitt wissen Sie, wie man eine Datenbank mit Tabellen und Beziehungen erstellt. In diesem Abschnitt wird Ihnen gezeigt, wie Sie mithilfe von Visual C# auf eine Datenbank zugreifen.

Nach der Installation eines MS Office 2013-Pakets mit MS Access 2013 stehen normalerweise alle notwendigen Elemente für den Datenbankzugriff per Programm zur Verfügung. Sollte das jedoch nicht der Fall sein, können Sie bei Microsoft unter der Adresse *http://www.microsoft.com/de-de/download/details.aspx?id=13255* die *Microsoft Access Database Engine 2010 Redistributable* herunterladen und installieren.

Sie können sie sowohl für MS Access 2010 als auch für MS Access 2013 nutzen. Es gibt sie in zwei Versionen: für 32-Bit- und für 64-Bit-Rechner. Sie sollten diejenige nutzen, die zur Zielplattform Ihrer Anwendung passt. Beide Versionen finden Sie auch auf dem Datenträger zum Buch.

8.3.1 Beispieldatenbank

firma.accdb

In diesem und den folgenden Abschnitten wird mit der Access-Datenbank *firma.accdb* gearbeitet. Diese Beispieldatenbank können Sie direkt vom beiliegenden Datenträger kopieren. Sie kann sowohl unter Access 2013 als auch unter Access 2010 oder Access 2007 genutzt werden. Sie beinhaltet die Tabelle `personen` zur Aufnahme von Personendaten. Die Tabelle `personen` hat die Struktur, die Sie in Abbildung 8.9 sehen.

personen

Feldname	Felddatentyp
name	Kurzer Text
vorname	Kurzer Text
personalnummer	Zahl
gehalt	Zahl
geburtstag	Datum/Uhrzeit

Abbildung 8.9 Entwurf der Tabelle »personen«

Primärindex

Auf dem Feld `personalnummer` ist der Primärschlüssel definiert. Es kann also keine zwei Datensätze mit der gleichen Personalnummer geben.

Es gibt bereits drei Datensätze mit den Inhalten, die in Abbildung 8.10 zu sehen sind.

Abbildung 8.10 Inhalt der Tabelle »personen«

8.3.2 Ablauf eines Zugriffs

Der Zugriff auf eine Datenbank mit Visual C# besteht aus folgenden Schritten:

- Verbindung aufnehmen zur Datenbank
- Absetzen eines SQL-Befehls an die Datenbank
- Auswerten des SQL-Befehls
- Verbindung zur Datenbank schließen

Diese Schritte werden nachfolgend zunächst erläutert und anschließend zusammenhängend in einem Visual C#-Programm durchgeführt.

8.3.3 Verbindung

OleDbConnection Die Verbindung zu einer Access-Datenbank wird mithilfe eines Objekts der Klasse `OleDbConnection` aus dem Namespace `OleDb` aufgenommen. Ähnliche Klassen gibt es für die Verbindung zu anderen Datenbanktypen bzw. zu Datenbankservern.

ConnectionString Wichtigste Eigenschaft der Klasse `OleDbConnection` ist `ConnectionString`. Hier werden mehrere Eigenschaften für die Art der Verbindung vereinigt. Für Access sind das:

- der Datenbankprovider: `Microsoft.ACE.OLEDB.12.0`
- die Datenquelle (`Data Source`), hier *C:\Temp\firma.accdb*

Open(), Close() Die Methoden `Open()` und `Close()` der Klasse `OleDbConnection` dienen zum Öffnen und Schließen der Verbindung. Eine offene Verbindung sollte so schnell wie möglich wieder geschlossen werden.

Vista Hinweis: Falls Sie auf einem PC mit dem Betriebssystem Vista in der 64-Bit-Version entwickeln, können Probleme bei der Aufnahme der Verbindung zu einer Access-Datenbank auftreten. Was hierbei Abhilfe schafft, erfahren Sie in Abschnitt A.7.

8.3 Datenbankzugriff mit Visual C#

8.3.4 SQL-Befehl

Die Abkürzung SQL steht für *Structured Query Language*. SQL ist eine *strukturierte Abfragesprache*, also eine Sprache, mit deren Hilfe Datenbankabfragen ausgeführt werden können. Es gibt grundsätzlich zwei Typen von Abfragen:

▶ Auswahlabfragen zur Sichtung von Daten mit dem SQL-Befehl select

select

▶ Aktionsabfragen zur Veränderung von Daten mit den SQL-Befehlen update, delete, insert

Im weiteren Verlauf werden Grundlagen der Sprache SQL vermittelt, sodass einige typische Arbeiten mit Datenbanken durchgeführt werden können.

8

8.3.5 OleDb

Der Namensraum OleDb muss mithilfe der Anweisung using System.Data.OleDb in jedem Projekt eingebunden werden, in dem Sie auf eine Access-Datenbank zugreifen möchten.

OleDb

SQL-Befehle werden zu einer Access-Datenbank mithilfe eines Objekts der Klasse OleDbCommand aus dem Namespace OleDb gesendet. Die beiden wichtigsten Eigenschaften dieser Klasse sind:

OleDbCommand

▶ Connection: Angabe der Verbindung, über die der SQL-Befehl gesendet wird

▶ CommandText: der Text des SQL-Befehls

Für die beiden verschiedenen Abfragetypen bietet die Klasse OleDbCommand die beiden folgenden Methoden:

▶ ExecuteReader() dient zum Senden einer Auswahlabfrage und zum Empfangen des Abfrageergebnisses.

ExecuteReader()

▶ ExecuteNonQuery() dient zum Senden einer Aktionsabfrage und zum Empfangen einer Zahl. Das ist die Anzahl der Datensätze, die von der Aktion betroffen waren.

Das Ergebnis einer Auswahlabfrage wird in einem Objekt der Klasse OleDbReader aus dem Namespace OleDb gespeichert. In diesem Reader stehen alle Datensätze des Ergebnisses mit den Werten der angeforderten Felder.

OleDbReader

381

8.3.6 Auswahlabfrage

Alle Daten sehen Als Beispiel für eine Auswahlabfrage nehmen wir den einfachsten Fall. Sie möchten alle Datensätze einer Tabelle mit allen Feldern sehen (siehe Abbildung 8.11).

Abbildung 8.11 Alle Datensätze sehen

Das Programm (im Projekt *DBZugriffAccess*):

```
private void cmdAlleSehen_Click(...)
{
    OleDbConnection con = new OleDbConnection();
    OleDbCommand cmd = new OleDbCommand();
    OleDbDataReader reader;

    con.ConnectionString =
        "Provider=Microsoft.ACE.OLEDB.12.0;" +
        "Data Source=C:\\Temp\\firma.accdb";

    cmd.Connection = con;
    cmd.CommandText = "select * from personen";

    try
    {
        con.Open();

        reader = cmd.ExecuteReader();
        lstTab.Items.Clear();
        while (reader.Read())
        {
            lstTab.Items.Add(
                reader["name"] + " # " +
                reader["vorname"] + " # " +
```

8.3 Datenbankzugriff mit Visual C#

```
                reader["personalnummer"] + " # " +
                reader["gehalt"] + " # " +
                reader["geburtstag"]);
        }

        reader.Close();
        con.Close();
    }
    catch(Exception ex)
    {
        MessageBox.Show(ex.Message);
    }
}
```

Listing 8.1 Projekt »DBZugriffAccess«, Auswahlabfrage

Zur Erläuterung:

▶ Es werden die beiden Objekte der Klassen OleDbConnection und OleDb-Command erzeugt.

Connection

▶ Es wird ein Verweis auf ein Objekt der Klasse OleDbReader erzeugt. Ein Verweis auf das Objekt selbst wird später von der Methode ExecuteReader() der Klasse OleDbCommand geliefert.

▶ Die Eigenschaft ConnectionString wird mit den Informationen für den Provider und die Datenquelle gefüllt.

▶ Es wird festgelegt, auf welcher Verbindung der SQL-Befehl gesendet wird.

▶ Der SQL-Befehl select * from personen besteht aus den folgenden Elementen:

SQL-Befehl

  – select ... from ...: wähle Felder ... von Tabelle ...

  – *: Liste der gewünschten Felder im Abfrageergebnis, * bedeutet alle Felder

  – personen: Name der Tabelle, aus der ausgewählt wird

▶ Da es beim Zugriff auf eine Datenbank erfahrungsgemäß zahlreiche Fehlerquellen gibt, sollte er in einem try-catch-Block ablaufen. Ähnlich wie beim Zugriff auf eine Datei kann es vorkommen, dass die Datenbank gar nicht am genannten Ort existiert. Auch Fehler bei der SQL-Syntax werden an Visual C# weitergemeldet. Die verschiedenen möglichen Fehlermeldungen helfen bei der Fehlerfindung.

try-catch

▶ Mit Aufruf der Methode Open() wird die Verbindung geöffnet.

Open()

383

- Das Kommando wird mit der Methode `ExecuteReader()` gesendet. Es kommt ein Abfrageergebnis von der Klasse `OleDbReader` zurück, dieses wird über den Verweis `reader` erreichbar gemacht.
- Da Sie nicht wissen, wie viele Datensätze das Abfrageergebnis enthält, eignet sich zur Ausgabe ein Listenfeld. Dieses wird zuvor geleert.

Read()
- Die Methode `Read()` des Reader-Objekts liefert einen Datensatz und setzt einen sogenannten Datensatzzeiger auf den nächsten Datensatz. Falls kein weiterer Datensatz mehr da ist, also der Datensatzzeiger am Ende des Readers steht, wird `false` geliefert. Das steuert die `while`-Schleife.
- Innerhalb eines Datensatzes können die Werte der einzelnen Felder entweder über die Feldnummer oder den Feldnamen angesprochen werden. Hier wird die zweite, anschaulichere Möglichkeit verwendet. Es werden die Werte aller Felder ausgegeben, zur Verdeutlichung getrennt mit dem Zeichen #.

Close()
- Zu guter Letzt müssen noch der Reader und die Verbindung wieder geschlossen werden, jeweils mit `Close()`.

Hinweis: Falls Sie auf eine Access-Datenbank vor der Version mit der Endung *.mdb* zugreifen, sieht der *ConnectionString* wie folgt aus:

```
con.ConnectionString =
    "Provider=Microsoft.Jet.OLEDB.4.0;" &
    "Data Source=C:\\Temp\\firma.mdb;"
```

8.3.7 Aktionsabfrage

Alle Daten ändern

Als Beispiel für eine Aktionsabfrage soll dienen: Alle Gehälter sollen um 5 % erhöht bzw. gesenkt werden, sodass die Liste anschließend z. B. wie die in Abbildung 8.12 aussieht.

Abbildung 8.12 Nach Erhöhung um 5 %

8.3 Datenbankzugriff mit Visual C#

Das Programm (ebenfalls im Projekt *DBZugriffAccess*):

```csharp
private void cmdErhöhen_Click(...)
{
    OleDbConnection con = new OleDbConnection();
    OleDbCommand cmd = new OleDbCommand();
    int anzahl;
    string op;

    con.ConnectionString =
        "Provider=Microsoft.ACE.OLEDB.12.0;" +
        "Data Source=C:\\Temp\\firma.accdb";

    cmd.Connection = con;

    if (ReferenceEquals(sender, cmdErhöhen))
        op = "*";
    else
        op = "/";
    cmd.CommandText = "update personen set" +
        " gehalt = gehalt " + op + " 1.05";

    try
    {
        con.Open();

        anzahl = cmd.ExecuteNonQuery();
        MessageBox.Show(
            "Datensätze geändert: " + anzahl);
        con.Close();
    }
    catch(Exception ex)
    {
        MessageBox.Show(ex.Message);
    }
}
```

Listing 8.2 Projekt »DBZugriffAccess«, Aktionsabfrage

Zur Erläuterung:

- Der Ablauf ist ähnlich wie bei einer Auswahlabfrage. Es wird allerdings kein Reader benötigt, da es bei Aktionsabfragen kein Abfrageergebnis gibt, das ausgelesen werden könnte.

update
- Der SQL-Befehl für den Button GEHÄLTER ERHÖHEN lautet update personen set gehalt = gehalt * 1.05. Er setzt sich zusammen aus:
  - update ... set ... (aktualisiere Tabelle ... setze Werte ...)
  - personen (Name der Tabelle, in der aktualisiert wird)
  - gehalt = gehalt * 1.05 (eine oder mehrere Zuweisungen mit neuen Werten für ein oder mehrere Felder)

ExecuteNonQuery()
- Das Kommando wird mit der Methode ExecuteNonQuery() gesendet. Rückgabewert ist die Anzahl der Datensätze, die von der Aktionsabfrage betroffen waren. Diese werden angezeigt (siehe Abbildung 8.13).

ReferenceEquals()
- Die Gehälter werden erhöht bzw. gesenkt. Mithilfe der Methode ReferenceEquals() wird festgestellt, welcher der beiden Buttons betätigt wurde.

Abbildung 8.13 Anzahl der geänderten Datensätze

8.4 SQL-Befehle

In diesem Abschnitt werden die wichtigsten SQL-Befehle anhand einiger typischer Beispiele mit ihren Auswirkungen erläutert. Sie finden alle Beispiele auch im Projekt *DBSqlBefehle*.

8.4.1 Auswahl mit select

Die Anweisung select dient zur Auswahl von Datensätzen, damit diese angezeigt werden können. Sie wird mithilfe von ExecuteReader() ausgeführt. Ein erstes Beispiel wurde mit `select * from personen` bereits gezeigt. Weitere Beispiele sind:

```
select name, vorname from personen
```

Es werden nur die Werte der Felder `name` und `vorname` für alle Datensätze angefordert. Das Abfrageergebnis ist kleiner, die Werte der anderen Felder sind nicht darin enthalten und können auch nicht in der Schleife ausgegeben werden (siehe Abbildung 8.14).

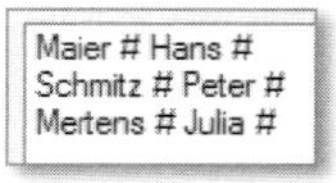

select

```
Maier # Hans #
Schmitz # Peter #
Mertens # Julia #
```

Abbildung 8.14 Nur die Felder »name« und »vorname«

Beispiel:

```
select * from personen where gehalt > 3600
```

Innerhalb der `where`-Klausel können Bedingungen angegeben werden, ähnlich wie bei einer `if`-Verzweigung. Das Ergebnis beinhaltet nur die Datensätze, die der Bedingung genügen – in diesem Fall die Datensätze, bei denen der Wert im Feld `gehalt` größer als 3600 ist (siehe Abbildung 8.15).

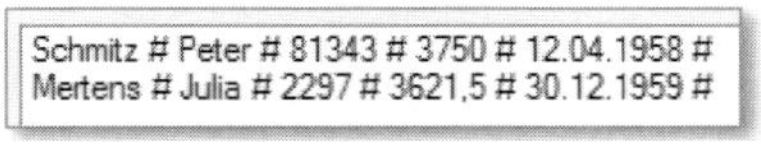

where

```
Schmitz # Peter # 81343 # 3750 # 12.04.1958 #
Mertens # Julia # 2297 # 3621,5 # 30.12.1959 #
```

Abbildung 8.15 Nur falls »gehalt« größer als 3.600 ist

Beispiel:

```
select * from personen where name = 'Schmitz'
```

Wird mit dem Wert einer Zeichenkette oder eines Datums verglichen, muss dieser Wert in einfache Hochkommata gesetzt werden (nicht zu verwechseln mit dem doppelten Hochkomma für Zeichenketten in C# oder dem schrägen Akzent!). Das Ergebnis sehen Sie in Abbildung 8.16.

Hochkommata

```
Schmitz # Peter # 81343 # 3750 # 12.04.1958 #
```

Abbildung 8.16 Nur falls »name« gleich Schmitz ist

Operatoren

Vergleichs-operatoren

Bei einer Bedingung können Sie Vergleichsoperatoren verwenden, siehe Tabelle 8.11.

Operator	Erläuterung
=	gleich
<>	ungleich
>	größer als
>=	größer als oder gleich
<	kleiner als
<=	kleiner als oder gleich

Tabelle 8.11 SQL, Vergleichsoperatoren

not, and, or

Über logische Operatoren können mehrere Bedingungen miteinander verbunden werden, siehe Tabelle 8.12.

Operator	Erläuterung
not	Der Wahrheitswert einer Bedingung wird umgekehrt.
and	Beide Bedingungen müssen zutreffen.
or	Nur eine der Bedingungen muss zutreffen.

Tabelle 8.12 SQL, logische Operatoren

Mit diesen Operatoren können Sie z. B. die folgende Abfrage formulieren:

```
select * from personen
   where gehalt >= 3600 and gehalt <= 3650
```

Das Ergebnis beinhaltet nur die Datensätze, bei denen der Wert im Feld gehalt zwischen 3.600 und 3.650 liegt, einschließlich der Ober- und Untergrenze (siehe Abbildung 8.17).

```
Mertens # Julia # 2297 # 3621,5 # 30.12.1959 #
```

Abbildung 8.17 Nur falls »gehalt« zwischen 3.600 und 3.650 liegt

Operator like

Der Operator `like` wird speziell für die Suche nach Zeichenketten mithilfe von Platzhaltern verwendet. Der Platzhalter % (Prozentzeichen) steht in Access für eine beliebige Anzahl von unbekannten Zeichen. Der Platzhalter _ (Unterstrich) steht in Access für genau ein unbekanntes Zeichen.

like

Beispiel:

```
select * from personen where name like 'M%'
```

Das Ergebnis beinhaltet nur die Datensätze, bei denen der Wert im Feld `name` mit »M« beginnt (siehe Abbildung 8.18). Danach dürfen beliebig viele unbekannte Zeichen folgen.

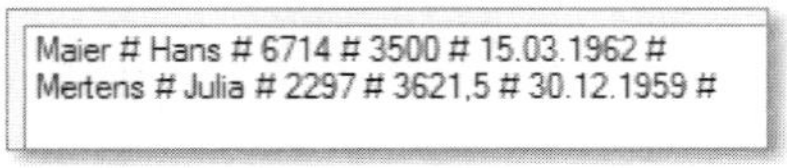

```
Maier # Hans # 6714 # 3500 # 15.03.1962 #
Mertens # Julia # 2297 # 3621,5 # 30.12.1959 #
```

Abbildung 8.18 Nur falls »name« mit »M« beginnt

Beispiel:

```
select * from personen where name like '%i%'
```

Das Ergebnis beinhaltet nur die Datensätze, die im Wert des Felds `name` den Buchstaben »i« enthalten (siehe Abbildung 8.19). Davor und danach dürfen sich beliebig viele unbekannte Zeichen befinden.

Viele unbekannte Zeichen

```
Maier # Hans # 6714 # 3500 # 15.03.1962 #
Schmitz # Peter # 81343 # 3750 # 12.04.1958 #
```

Abbildung 8.19 Nur falls »name« den Buchstaben »i« enthält

Beispiel:

```
select * from personen where name like 'M__er'
```

Das Ergebnis beinhaltet nur die Datensätze, deren erster Buchstabe ein »M« ist und bei denen der vierte Buchstabe ein »e« und der fünfte ein »r« ist. Es werden also alle Personen gefunden, die z. B. Maier, Meier, Mayer oder Meyer heißen (siehe Abbildung 8.20).

Ein unbekanntes Zeichen

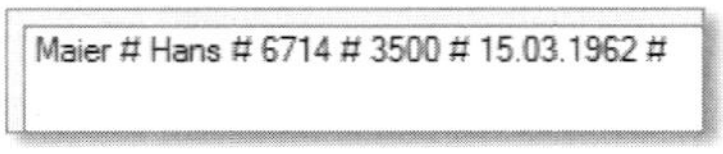

8   Datenbankanwendungen mit ADO.NET

```
Maier # Hans # 6714 # 3500 # 15.03.1962 #
```

Abbildung 8.20 Nur falls »name« aus »M«, zwei beliebigen
Zeichen und »er« besteht

Sortierung

order by   Die Reihenfolge der Datensätze im Abfrageergebnis können Sie mit order
by beeinflussen. Sie geben einen oder mehrere Sortierschlüssel an. Die Sortierung ist normalerweise aufsteigend. Wünschen Sie eine absteigende
Sortierung, müssen Sie den Zusatz desc verwenden.

Beispiel:

```
select name, gehalt from personen order by gehalt desc
```

Die Datensätze werden fallend nach Gehalt sortiert. Es werden nur die
Werte der Felder name und gehalt angezeigt (siehe Abbildung 8.21).

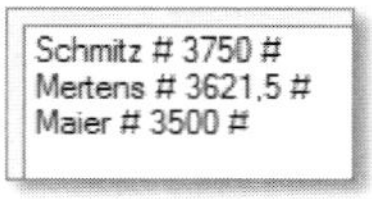

```
Schmitz # 3750 #
Mertens # 3621.5 #
Maier # 3500 #
```

Abbildung 8.21 Sortiert nach »gehalt«, fallend

Beispiel:

```
select * from personen order by name, vorname
```

Die Datensätze werden nach dem Feld name aufsteigend sortiert. Bei gleichem Inhalt in diesem Feld werden sie nach dem Feld vorname aufsteigend
sortiert, also würde z. B. »Schmitz, Joachim« vor »Schmitz, Peter« einsor-
tiert werden.

Suche, Auswahl mit Parametern

Sucht der Benutzer nach einem bestimmten Datensatz, kann der eingegebene Suchbegriff in die SQL-Anweisung eingebaut werden:

```
cmd.CommandText =
    "select * from personen where name like '" +
    txtEingabe.Text + "'"
```

390

8.4   SQL-Befehle

Die gesamte C#-Anweisung einschließlich des SQL-Befehls ist hier darge- **Benutzereingabe**
stellt. Es werden alle Datensätze angezeigt, die den Wert im Feld name haben,
den der Benutzer im Textfeld txtEingabe eingetragen hat.

Beachten Sie, dass sich die Zeichenkette, die den SQL-Befehl enthält, aus
mehreren Teilen zusammensetzt. Keinesfalls dürfen Sie die einfachen
Hochkommata vor und nach der Zeichenkette vergessen.

Noch einen Schritt weiter gehen Sie mit dieser Anweisung:

```
cmd.CommandText =
    "select * from personen where name like '%" +
    txtEingabe.Text + "%'"
```

Es werden alle Datensätze angezeigt, die einen Wert im Feld name haben, in
dem die Zeichenkette vorkommt, die der Benutzer im Textfeld txtEingabe
eingetragen hat.

Innerhalb des C#-Programms ist es sinnvoll, sich zumindest während der **Kontrollausgabe**
Entwicklung den zusammengesetzten Befehl anzeigen zu lassen. Erfah-
rungsgemäß werden gerade beim Einfügen von Suchparametern häufig
Fehler gemacht. Die nächste Anweisung sollte also lauten: Message-
Box.Show(cmd.CommandText). Diese können Sie später wieder auskommen-
tieren.

8.4.2   Ändern mit update

Die Anweisung update dient der Änderung von einem oder mehreren Feld- **ExecuteNonQuery()**
inhalten in einem oder mehreren Datensätzen. Sie wird mithilfe von Exe-
cuteNonQuery() ausgeführt und ähnelt in ihrem Aufbau der Anweisung
select. Die Auswahlkriterien sollten sorgfältig gewählt werden, da sonst
eventuell nicht nur die gewünschten Datensätze verändert werden.

```
update personen set gehalt = 3800
```

Diese Anweisung würde bei allen Datensätzen der Tabelle personen den
Wert für das Feld gehalt auf den Wert 3800 setzen. Das wäre sicherlich nicht
realistisch.

```
update personen set gehalt = 3800
    where personalnummer = 2297
```

391

Diese Anweisung setzt nur bei einem Datensatz den Wert für das Feld `gehalt` neu. Es empfiehlt sich, in einer solchen Situation die Auswahl über das Feld zu treffen, auf dem ein eindeutiger Index steht, also hier über das Feld `personalnummer`.

8.4.3 Löschen mit delete

Die Anweisung `delete` dient dem Löschen von einem oder mehreren Datensätzen. Auch sie wird mithilfe von `ExecuteNonQuery()` ausgeführt. In ihrem Aufbau ähnelt sie ebenfalls der Anweisung `select`. Die Auswahlkriterien sollten sorgfältig gewählt werden, da sonst eventuell nicht nur die gewünschten Datensätze gelöscht werden.

```
delete from personen
```

Diese Anweisung werden Sie vermutlich nie einsetzen: Sie löscht alle (!) Datensätze der Tabelle `personen`.

```
delete from personen where personalnummer = 2297
```

Einen Datensatz löschen

Diese Anweisung löscht genau einen Datensatz, da die Auswahl über das Feld gemacht wurde, auf dem ein eindeutiger Index steht: das Feld `personalnummer`.

8.4.4 Einfügen mit insert

Die Anweisung `insert` wird zum Einfügen neuer Datensätze genutzt. Auch sie wird mithilfe von `ExecuteNonQuery()` ausgeführt.

```
insert into personen
    (name, vorname, personalnummer, gehalt, geburtstag)
    values('Müller', 'Gerd', 4711, 2900, '12.08.1976')
```

insert ... values

Damit wird ein neuer Datensatz eingefügt. Die Feldnamen in Klammern geben die Anzahl und Reihenfolge der Werte vor, die nach `values` in Klammern stehen. Es sind wieder die einfachen Hochkommata bei Zeichenketten und Datumsangaben zu beachten.

8.4.5 Typische Fehler in SQL

Vor allem beim Einfügen und beim Ändern treten häufig Fehler auf. Die Fehler werden zu C# durchgeleitet und aufgrund der Ausnahmebehandlung ausgegeben. Typische Fehler sind:

- Eintragen eines bereits vorkommenden Werts in ein Feld, auf dem ein eindeutiger Index steht
- Eintragen eines Werts mit dem falschen Datentyp oder eines Werts, der für den betreffenden Datentyp ungültig ist
- Eintragen eines leeren Werts in ein Feld, das in der Datenbank so definiert ist, dass kein leerer Wert eingetragen werden darf

Einige Beispiele für Fehler:

```
update personen set name = Mohr
    where personalnummer = 6714
```

Der Wert für das Feld name wurde nicht in einfache Anführungsstriche gesetzt (siehe Abbildung 8.22).

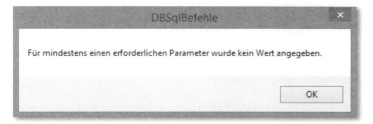

Abbildung 8.22 Fehlende Anführungsstriche

```
update personen set geburtstag = '18.07.'
    where personalnummer = 6714
```

Der Wert für das Feld geburtstag ist kein gültiges Datum (siehe Abbildung 8.23).

```
insert into personen
    (name, vorname, personalnummer, gehalt, geburtstag)
    values('Müller', 'Gerd', 6714, 2900, '12.08.1976')
```

Abbildung 8.23 Ungültiges Datum

Der Wert für das eindeutige Feld `personalnummer` kommt bereits vor (siehe Abbildung 8.24).

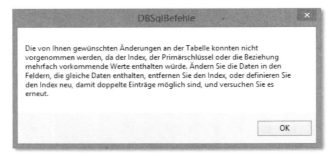

Abbildung 8.24 Doppelter Wert

8.5 Ein Verwaltungsprogramm

In diesem Abschnitt wird ein einfaches Programm (Projekt *DBVerwaltung*) zur Verwaltung einer Tabelle vorgestellt. Das Programm ermöglicht die grundlegenden Aktionen wie ALLE SEHEN, NAME SUCHEN, EINFÜGEN, ÄNDERN und LÖSCHEN (siehe Abbildung 8.25).

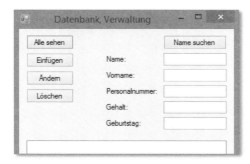

Abbildung 8.25 Benutzeroberfläche des Verwaltungsprogramms

8.5.1 Initialisierung

Zunächst werden einige klassenweit gültige Variablen vereinbart. Außerdem werden beim Laden des Formulars einige allgemeine Einstellungen vorgenommen, die in den verschiedenen Ereignismethoden benötigt werden.

```csharp
using System;
using System.Collections;
using System.Data.OleDb;
using System.Windows.Forms;
namespace DBVerwaltung
{
    public partial class Form1 : Form
    {
        public Form1()
        {
            InitializeComponent();
        }

        OleDbConnection con = new OleDbConnection();
        OleDbCommand cmd = new OleDbCommand();
        OleDbDataReader reader;
        ArrayList pnummer = new ArrayList();
        private void Form1_Load(...)
        {
            con.ConnectionString =
                "Provider=Microsoft.ACE.OLEDB.12.0;" +
                "Data Source=C:\\Temp\\firma.accdb";
            cmd.Connection = con;
        }
...
```

Listing 8.3 Projekt »DBVerwaltung«, Initialisierung

Zur Erläuterung:

▶ Es werden die Namensräume System.Collections für Objekte der Klasse ArrayList und System.Data.OleDb für die Zugriffe auf die Access-Datenbank eingebunden.

▶ Die Objekte für die Verbindung und den SQL-Befehl sowie der Verweis für den Reader werden deklariert.

ArrayList
- Außerdem wird ein Objekt der Datenstruktur ArrayList deklariert, siehe Abschnitt 4.5, »Datenstruktur ArrayList«.
- Die Daten für die Verbindung (Provider, Datenquelle) werden bereitgestellt.
- Der SQL-Befehl wird mit der Verbindung verknüpft.

8.5.2 Alle Datensätze sehen

Betätigt der Benutzer den Button ALLE SEHEN, werden alle Datensätze angezeigt (siehe Abbildung 8.26). Anschließend könnte er z. B. einen der angezeigten Datensätze markieren, um ihn zu verändern oder zu löschen.

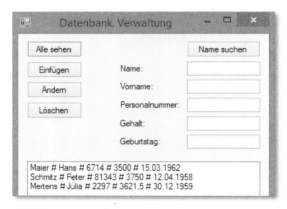

Abbildung 8.26 Alle Datensätze sehen

Allgemeine Methoden
Die Ereignismethode ruft nur die allgemeine Methode AlleSehen() auf. Diese wird von mehreren Ereignismethoden aufgerufen. In der Methode AlleSehen() wird u. a. die allgemeine Methode Ausgabe() aufgerufen. Diese wird ebenfalls von verschiedenen Stellen des Programms aufgerufen.

```
private void cmdAlleSehen_Click(...)
{
    AlleSehen();
}

private void AlleSehen()
{
    try
    {
```

8.5   Ein Verwaltungsprogramm

```
        con.Open();
        cmd.CommandText = "select * from personen";
        Ausgabe();
    }
    catch(Exception ex)
    {
        MessageBox.Show(ex.Message);
    }
    con.Close();

    txtName.Text = "";
    txtVorname.Text = "";
    txtPersonalnummer.Text = "";
    txtGehalt.Text = "";
    txtGeburtstag.Text = "";
}

private void Ausgabe()
{
    DateTime geburtstag;

    reader = cmd.ExecuteReader();
    lstTab.Items.Clear();
    pnummer.Clear();

    while (reader.Read())
    {
        geburtstag = Convert.ToDateTime(
            reader["geburtstag"]);

        lstTab.Items.Add(reader["name"] + " # " +
            reader["vorname"] + " # " +
            reader["personalnummer"] + " # " +
            reader["gehalt"] + " # " +
            geburtstag.ToShortDateString());
        pnummer.Add(reader["personalnummer"]);
    }
    reader.Close();
}
```

Listing 8.4 Projekt »DBVerwaltung«, Alle Datensätze sehen

8 Datenbankanwendungen mit ADO.NET

Zur Erläuterung:

▶ In der Methode `AlleSehen()` wird zunächst die Verbindung geöffnet.

▶ Der SQL-Befehl wird formuliert und gesendet.

▶ Anschließend wird die Methode `Ausgabe()` aufgerufen.

▶ Die Verbindung wird wieder geschlossen.

Benutzerführung ▶ Die Inhalte der fünf Textfelder werden gelöscht. Das erzeugt einen Startzustand für alle weiteren möglichen Aktionen und hilft bei einer besseren Benutzerführung.

▶ In der Methode `Ausgabe()` wird der SQL-Befehl ausgeführt. Das Ergebnis wird im Reader gespeichert.

Clear() ▶ Das Objekt der Klasse `ArrayList` wird mithilfe der Methode `Clear()` geleert.

▶ Die einzelnen Datensätze werden im Listenfeld ausgegeben.

▶ Der Inhalt des Tabellenfelds `geburtstag` wird in ein Objekt der Struktur `DateTime` konvertiert. Die Methode `ToShortDateString()` sorgt für die Ausgabe als Datum ohne Uhrzeit.

Add() ▶ Parallel dazu wird die ArrayList `pnummer` mit den Personalnummern mithilfe der Methode `Add()` gefüllt. Das Objekt beinhaltet anschließend die Personalnummern unter dem gleichen Index wie die betreffenden Datensätze im Listenfeld. Das wird zur Auswahl und Anzeige eines einzelnen Datensatzes in den fünf Textfeldern benötigt. Zum Ändern oder Löschen eines Datensatzes muss zuvor ein Datensatz ausgewählt werden.

▶ Der Reader wird wieder geschlossen.

8.5.3 Datensatz einfügen

insert Betätigt der Benutzer den Button Einfügen, wird ein Datensatz eingefügt, der sich aus den Daten in den fünf Textfeldern zusammensetzt. Diese müssen zuvor vom Benutzer gefüllt werden (siehe Abbildung 8.27).

Die Ereignismethode hat den folgenden Code:

```
private void cmdEinfügen_Click(...)
{
    int anzahl;
```

398

```
        try
        {
            con.Open();
            cmd.CommandText =
                "insert into personen " +
                "(name, vorname, personalnummer, " +
                "gehalt, geburtstag) values ('" +
                txtName.Text + "', '" +
                txtVorname.Text + "', " +
                txtPersonalnummer.Text + ", " +
                txtGehalt.Text.Replace(',','.') +
                ", '" + txtGeburtstag.Text + "')";
            MessageBox.Show(cmd.CommandText);

            anzahl = cmd.ExecuteNonQuery();
            if (anzahl > 0)
                MessageBox.Show(
                    "Ein Datensatz eingefügt");
        }
        catch(Exception ex)
        {
            MessageBox.Show(ex.Message);
            MessageBox.Show("Bitte mindestens " +
                "einen Namen, eine eindeutige " +
                "Personalnummer und ein gültiges " +
                "Geburtsdatum eintragen");
        }

        con.Close();
        AlleSehen();
}
```

Listing 8.5 Projekt »DBVerwaltung«, Datensatz einfügen

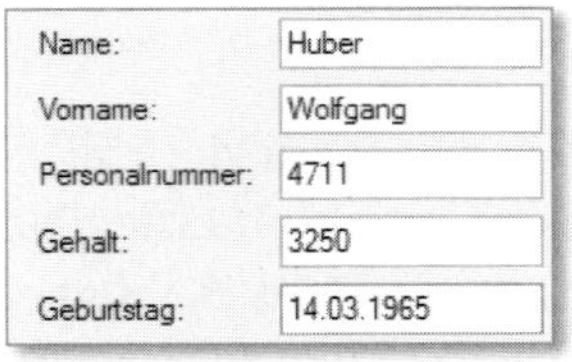

Name:	Huber
Vorname:	Wolfgang
Personalnummer:	4711
Gehalt:	3250
Geburtstag:	14.03.1965

Abbildung 8.27 Ein neuer Datensatz

Zur Erläuterung:

- Die Verbindung wird geöffnet.
- Der SQL-Befehl zum Einfügen wird mit den Inhalten der fünf Textfelder zusammengesetzt. Zur Kontrolle können Sie sich den Befehl mithilfe der Methode `MessageBox.Show()` ansehen (siehe Abbildung 8.28). Bei den Feldern für Zeichenketten und Datumsangaben müssen Sie auf die einfachen Hochkommata achten.

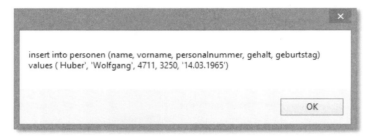

Abbildung 8.28 Kontrolle des insert-Befehls

Doppelte Personalnummer
- Falls die eingetragene Personalnummer bereits in einem anderen Datensatz vorkommt, tritt ein Fehler auf, und es erscheint eine entsprechende Fehlermeldung.

Dezimaltrennzeichen
- Das Gehalt wird in dem zugehörigen Textfeld mit einem Komma als Dezimaltrennzeichen eingetragen. Zur Speicherung in der Datenbank wird dieses Komma mithilfe der Methode `Replace()` in einen Punkt umgewandelt.
- Der SQL-Befehl wird gesendet. Im Erfolgsfall wird ausgegeben, dass ein Datensatz eingefügt werden konnte.
- Die Verbindung wird wieder geschlossen.
- Alle Datensätze, einschließlich des neu eingefügten Datensatzes, werden im Listenfeld neu angezeigt.

8.5.4 Datensatz ändern

Zuerst Auswahl
Die Daten eines bestimmten Datensatzes werden in den Textfeldern angezeigt, wenn der Benutzer vorher den betreffenden Eintrag im Listenfeld ausgewählt hat. Er kann nun die Daten des Datensatzes ändern. Betätigt er anschließend den Button ÄNDERN, wird der Datensatz mit den angezeigten Daten aktualisiert.

8.5   Ein Verwaltungsprogramm

Die Ereignismethode, die für die Anzeige eines Datensatzes in den Textfeldern sorgt, hat folgenden Code:

```
private void lstTab_SelectedIndexChanged(...)
{
    DateTime geburtstag;

    try
    {
        con.Open();
        cmd.CommandText = "select * from personen" +
            " where personalnummer = " +
            pnummer[lstTab.SelectedIndex];

        reader = cmd.ExecuteReader();
        reader.Read();

        txtName.Text = "" + reader["name"];
        txtVorname.Text = "" + reader["vorname"];
        txtPersonalnummer.Text =
            "" + reader["personalnummer"];
        txtGehalt.Text = "" + reader["gehalt"];

        geburtstag = Convert.ToDateTime(
            reader["geburtstag"]);
        txtGeburtstag.Text =
            geburtstag.ToShortDateString();

        reader.Close();
    }
    catch(Exception ex)
    {
        MessageBox.Show(ex.Message);
    }

    con.Close();
}
```

Listing 8.6 Projekt »DBVerwaltung«, Datensatz anzeigen

401

8 Datenbankanwendungen mit ADO.NET

Zur Erläuterung:

▶ Sobald der Benutzer einen Datensatz in der Liste markiert, wird diese Methode aufgerufen.

▶ Es wird ein SQL-Befehl zusammengesetzt, in dem der betreffende Datensatz ausgewählt wird. Dazu wird der zugehörige Eintrag (mit der Personalnummer) in der ArrayList pnummer benutzt.

▶ Markiert der Benutzer den dritten Datensatz von oben, steht die Eigenschaft SelectedIndex des Listenfelds auf dem Wert 2. Es wird dann das Element 2 aus der ArrayList pnummer ermittelt. Das ist die Personalnummer des markierten Datensatzes, denn das Listenfeld und die ArrayList wurden parallel gefüllt.

▶ Der SQL-Befehl wird gesendet. Das Ergebnis der Abfrage besteht aufgrund der Eindeutigkeit des Felds personalnummer nur aus einem Datensatz. Daher muss keine Schleife durchlaufen werden.

▶ Es wird ein Datensatz mithilfe der Methode Read() aus dem Reader geholt. Sein Inhalt wird in den fünf Textfeldern dargestellt.

▶ Der Inhalt des Tabellenfelds geburtstag wird umgewandelt und als Datum ohne Uhrzeit dargestellt.

update   Die Ereignismethode zum Ändern des ausgewählten (und gegebenenfalls veränderten) Datensatzes sieht wie folgt aus:

```
private void cmdÄndern_Click(...)
{
    int anzahl;

    try
    {
        con.Open();
        cmd.CommandText =
            "update personen set " +
            "name = '" + txtName.Text + "', " +
            "vorname = '" + txtVorname.Text +
            "', personalnummer = " +
            txtPersonalnummer.Text + ", " +
            "gehalt = " +
            txtGehalt.Text.Replace(',','.') +
            ", geburtstag = '" +
            txtGeburtstag.Text +
```

```
            "' where personalnummer = " +
            pnummer[lstTab.SelectedIndex];
        MessageBox.Show(cmd.CommandText);
        anzahl = cmd.ExecuteNonQuery();
        if (anzahl > 0)
            MessageBox.Show("Datensatz geändert");
    }
    catch(Exception ex)
    {
        MessageBox.Show(ex.Message);
        MessageBox.Show("Bitte einen Datensatz " +
            "auswählen und mindestens einen Namen," +
            " eine eindeutige Personalnummer und" +
            " ein gültiges Geburtsdatum eintragen");
    }

    con.Close();
    AlleSehen();
}
```

Listing 8.7 Projekt »DBVerwaltung«, Datensatz ändern

Zur Erläuterung:

- Die Verbindung wird geöffnet.
- Der SQL-Befehl zum Ändern wird mit den Inhalten der fünf Textfelder zusammengesetzt. Zur Kontrolle können Sie sich den Befehl wiederum mithilfe der Methode `MessageBox.Show()` ansehen, siehe Abbildung 8.29. Er bezieht sich nur auf den markierten Datensatz, da die zugehörige Personalnummer in der where-Klausel angegeben wurde.

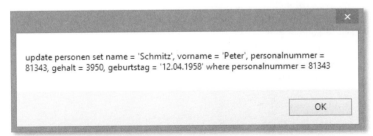

Abbildung 8.29 Kontrolle des update-Befehls

8   Datenbankanwendungen mit ADO.NET

Besonderheiten

▶ Bei dem SQL-Befehl ist wie beim Einfügen auf Folgendes zu achten:

- einfache Hochkommata bei Zeichenketten und Datumsangaben
- gültige Zahlen- und Datumsangaben
- die Umwandlung des Kommas bei Feldern, die Zahlen mit Nachkommastellen beinhalten

▶ Der SQL-Befehl wird gesendet. Im Erfolgsfall wird ausgegeben, dass ein Datensatz geändert werden konnte.

▶ Die Verbindung wird wieder geschlossen.

▶ Alle Datensätze, einschließlich des soeben geänderten Datensatzes, werden im Listenfeld neu angezeigt.

8.5.5   Datensatz löschen

Der Benutzer kann den Datensatz löschen, den er zuvor im Listenfeld ausgewählt hat. Dessen Daten werden zusätzlich in den fünf Textfeldern angezeigt.

delete

Die Ereignismethode zum Löschen des ausgewählten Datensatzes hat folgenden Code:

```
private void cmdLöschen_Click(...)
{
    int anzahl;
    if (txtPersonalnummer.Text == "")
    {
        MessageBox.Show(
            "Bitte einen Datensatz auswählen");
        return;
    }

    if (MessageBox.Show("Wollen Sie den " +
            "ausgewählten Datensatz wirklich " +
            "löschen?", "Löschen",
            MessageBoxButtons.YesNo)
            == DialogResult.No)
        return;

    try
    {
```

404

```
        con.Open();
        cmd.CommandText = "delete from personen " +
            "where personalnummer = " +
            pnummer[lstTab.SelectedIndex];
        MessageBox.Show(cmd.CommandText);

        anzahl = cmd.ExecuteNonQuery();
        if (anzahl > 0)
            MessageBox.Show("Datensatz gelöscht");
    }
    catch(Exception ex)
    {
        MessageBox.Show(ex.Message);
    }

    con.Close();
    AlleSehen();
}
```

Listing 8.8 Projekt »DBVerwaltung«, Datensatz löschen

Zur Erläuterung:

- Es wird zunächst geprüft, ob der Benutzer einen Datensatz ausgewählt hat.
- Zur Sicherheit wird der Benutzer noch einmal gefragt, ob er den Datensatz wirklich löschen möchte (siehe Abbildung 8.30). Das ist die übliche Vorgehensweise, um versehentliches Löschen zu vermeiden.

Abbildung 8.30 Rückfrage vor dem Löschen

- Die Verbindung wird geöffnet.

- Der SQL-Befehl zum Löschen wird zusammengesetzt, siehe Abbildung 8.31. Er bezieht sich nur auf den markierten Datensatz, da die zugehörige Personalnummer in der where-Klausel angegeben wurde.

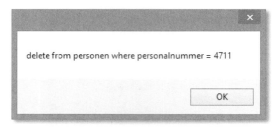

Abbildung 8.31 Kontrolle des delete-Befehls

- Der SQL-Befehl wird gesendet. Im Erfolgsfall wird ausgegeben, dass ein Datensatz gelöscht werden konnte.
- Die Verbindung wird wieder geschlossen.
- Alle noch vorhandenen Datensätze – ohne den soeben gelöschten Datensatz – werden im Listenfeld neu angezeigt.

8.5.6 Datensatz suchen

select   Zur Suche nach einem bestimmten Datensatz muss zuvor im Feld NAME ein Suchtext eingegeben werden. Nach Betätigung des Buttons NAME SUCHEN werden alle Datensätze angezeigt, die den Suchtext an einer beliebigen Stelle im Feld NAME enthalten (siehe Abbildung 8.32).

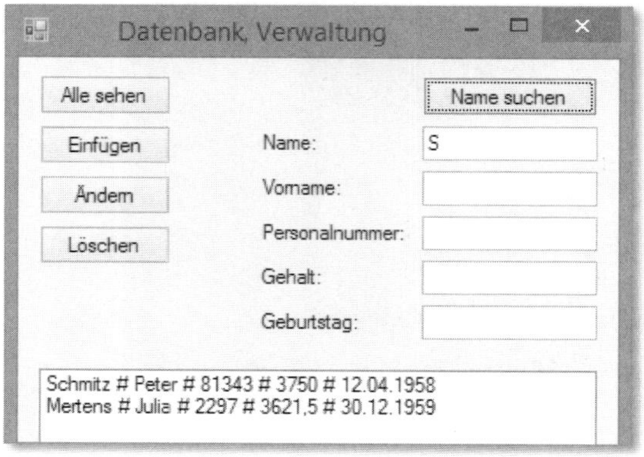

Abbildung 8.32 Suchen mit (Teil-)Name

Anschließend könnte der Benutzer z. B. einen der angezeigten Datensätze markieren, um ihn zu verändern oder zu löschen. Die Ereignismethode sieht wie folgt aus:

```
private void cmdNameSuchen_Click(...)
{
    try
    {
        con.Open();
        cmd.CommandText =
            "select * from personen where" +
            " name like '%" + txtName.Text + "%'";
        MessageBox.Show(cmd.CommandText);
        Ausgabe();
    }
    catch(Exception ex)
    {
        MessageBox.Show(ex.Message);
    }

    con.Close();
}
```

Listing 8.9 Projekt »DBVerwaltung«, Suchen im Feld »name«

Zur Erläuterung:

► Die Verbindung wird geöffnet.

► Der SQL-Befehl zum Suchen wird zusammengesetzt. Er beinhaltet den Namen, den der Benutzer im zugehörigen Textfeld eingegeben hat, in der where-Klausel. Die Prozentzeichen davor und dahinter sorgen dafür, dass alle Datensätze gefunden werden, die den Suchtext an einer beliebigen Stelle im Feld NAME enthalten (siehe Abbildung 8.33).

Suchen

► Es wird die Methode Ausgabe() aufgerufen. Diese sorgt – wie bei der Ausgabe aller Datensätze – für das Senden des SQL-Befehls und für das Empfangen und Anzeigen des Abfrageergebnisses.

► Die Verbindung wird wieder geschlossen.

Abbildung 8.33 Kontrolle des Suchbefehls

8.6 Abfragen über mehrere Tabellen

Es folgt ein Beispiel mit einer Datenbank, die mehrere Tabellen beinhaltet (Projekt *DBMehrereTabellen*). Es werden einige Besonderheiten erläutert, die sich bei Abfragen über mehrere Tabellen ergeben.

Das Beispiel basiert auf der Übung *Projektverwaltung*, siehe Abschnitt 8.1.4, »Übungen«, bzw. die dazugehörige Lösung. Das Datenbankmodell sehen Sie in Abbildung 8.34.

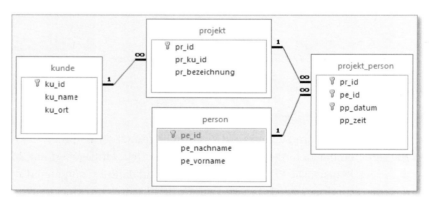

Abbildung 8.34 Datenbankmodell zu »Projektverwaltung«

Zur Erläuterung des Datenbankmodells:

Kunden
: ▶ Kunden werden mit Namen und Ort angegeben, Primärschlüssel ist die Kunden-ID.

Projekte
: ▶ Projekte werden mit Bezeichnung angegeben. Jedes Projekt ist einem Kunden zugeordnet. Primärschlüssel ist die Projekt-ID.

8.6 Abfragen über mehrere Tabellen

▶ Personen werden mit Nach- und Vornamen angegeben. Primärschlüssel ist die Personen-ID.

Personen

▶ Die Arbeitszeiten der Personen an den Projekten werden mit Datum und Zeit in Stunden angegeben. Primärschlüssel ist die Kombination aus Projekt-ID, Personen-ID und Datum.

Zeiten

Zum besseren Verständnis der Abfrageergebnisse folgen die Inhalte der Tabellen (siehe Abbildungen 8.35 bis 8.38):

kunde		
ku_id	ku_name	ku_ort
1	Schmidt	Köln
2	Weber	Frankfurt
3	Murchel	Dortmund

Abbildung 8.35 Inhalt der Tabelle »kunde«

projekt		
pr_id	pr_ku_id	pr_bezeichnung
1	1	Alexanderstrasse
2	1	Peterstraße
3	2	Jahnplatz
4	2	Lindenplatz
5	3	Nordbahnhof
6	3	Westbahnhof

Abbildung 8.36 Inhalt der Tabelle »projekt«

person		
pe_id	pe_nachname	pe_vorname
1	Mohr	Hans
2	Berger	Stefan
3	Suhren	Marion

Abbildung 8.37 Inhalt der Tabelle »person«

Zuerst die Abfrage *Alle Personen*, Ergebnis siehe Abbildung 8.39:

▶ Es wird für jede Person ein Datensatz ausgegeben.

▶ Personen werden mit Nachnamen und Vornamen entsprechend sortiert ausgegeben.

```
select * from person order by pe_nachname, pe_vorname
```

8 Datenbankanwendungen mit ADO.NET

pr_id	pe_id	pp_datum	pp_zeit
1	1	01.12.2013	3,5
1	3	01.12.2013	4
4	1	01.12.2013	3
4	2	01.12.2013	6,5
4	2	02.12.2013	7,3
4	3	01.12.2013	4

Abbildung 8.38 Inhalt der Tabelle »projekt_person«

```
Berger # Stefan #
Mohr # Hans #
Suhren # Marion #
```

Abbildung 8.39 Alle Personen

Abfrage *Anzahl der Kunden*, Ergebnis siehe Abbildung 8.40:

- **count()** ▸ Die Anzahl der Kunden wird mithilfe der SQL-Funktion count() ermittelt.
- **Anzahl berechnen** ▸ Das Ergebnisfeld, das die berechnete Anzahl beinhaltet, bekommt den (frei wählbaren) Namen count_ku_id.

    select count(ku_id) as count_ku_id from kunde

Abbildung 8.40 Anzahl der Kunden

Abfrage *Alle Kunden mit allen Projekten*, Ergebnis siehe Abbildung 8.41:

- Es wird für jedes Projekt ein Datensatz ausgegeben.
- In jedem Datensatz stehen die Daten des Projekts und des betreffenden Kunden.
- Die Anzeige ist nach Name, Ort und Bezeichnung sortiert.

    select * from kunde, projekt
        where ku_id = pr_ku_id
        order by ku_name, ku_ort, pr_bezeichnung

8.6   Abfragen über mehrere Tabellen

▸ In jedem Datensatz werden Inhalte aus zwei Tabellen angezeigt. Beide **Zwei Tabellen** Tabellennamen werden hinter from aufgeführt.

▸ Es werden nur Datensätze zusammengestellt, bei denen die Feldinhalte aus der Bedingung nach where übereinstimmen.

```
Murchel # Dortmund # Nordbahnhof #
Murchel # Dortmund # Westbahnhof #
Schmidt # Köln # Alexanderstrasse #
Schmidt # Köln # Peterstraße #
Weber # Frankfurt # Jahnplatz #
Weber # Frankfurt # Lindenplatz #
```

Abbildung 8.41 Alle Kunden mit allen Projekten

Abfrage *Alle Personen mit allen Projektzeiten*, Ergebnis siehe Abbildung 8.42:

▸ Es wird für jede eingetragene Arbeitszeit ein Datensatz ausgegeben.

▸ In jedem Datensatz stehen die Daten der Arbeitszeit, des betreffenden **Drei Tabellen** Projekts und des betreffenden Kunden.

▸ Die Ausgabe ist nach Nachname, Bezeichnung und Datum sortiert.

```
select * from projekt, projekt_person, person
    where projekt.pr_id = projekt_person.pr_id
    and projekt_person.pe_id = person.pe_id
    order by pe_nachname, pr_bezeichnung, pp_datum
```

▸ In jedem Datensatz werden Inhalte aus drei Tabellen angezeigt. Alle drei Tabellennamen werden hinter from aufgeführt.

▸ Es werden nur Datensätze zusammengestellt, bei denen die Feldinhalte aus den beiden Bedingungen nach where übereinstimmen.

▸ Die beiden Feldnamen pr_id und pe_id kommen jeweils in zwei Tabellen vor. Daher muss jeweils der Tabellenname (mit nachfolgendem Punkt) zusätzlich angegeben werden. Ansonsten wären die Feldnamen in der SQL-Anweisung nicht eindeutig.

```
Berger # Lindenplatz # 01.02.2013 00:00:00 #
Berger # Lindenplatz # 02.02.2013 00:00:00 #
Mohr # Alexanderstrasse # 01.02.2013 00:00:00 #
Mohr # Lindenplatz # 01.02.2013 00:00:00 #
Suhren # Alexanderstrasse # 01.02.2013 00:00:00 #
Suhren # Lindenplatz # 01.02.2013 00:00:00 #
```

Abbildung 8.42 Alle Personen mit allen Projektzeiten

411

8 Datenbankanwendungen mit ADO.NET

Summe berechnen

Abfrage *Alle Personen mit Zeitsumme*, Ergebnis siehe Abbildung 8.43:

▶ Es wird für jede Person ein Datensatz ausgegeben.

▶ Es werden alle Personen, denen mindestens eine Arbeitszeit zugeordnet ist, ausgegeben.

sum()

▶ Es wird die Summe der Arbeitszeiten pro Person mithilfe der SQL-Funktion sum() berechnet.

▶ Die Ausgabe ist nach Nachname sortiert.

```
select pe_nachname, sum(pp_zeit) as sum_pp_zeit
    from person, projekt_person
    where person.pe_id = projekt_person.pe_id
    group by person.pe_id, pe_nachname
    order by pe_nachname
```

▶ Der Anweisungsteil sum ... as bewirkt, dass die SQL-Funktion sum() angewendet wird.

group by

▶ Es werden alle Einträge im Feld pp_zeit aufsummiert, nach denen gruppiert wurde. Die Gruppierung wird mithilfe von group by durchgeführt.

Gruppieren

▶ Es wird nach den Feldern pe_id und pe_nachname der Tabelle person gruppiert, es werden also alle Arbeitszeiten einer Person summiert. Streng genommen hätte es gereicht, nach pe_id zu gruppieren, da dadurch bereits alle Personen voneinander unterschieden werden. Allerdings soll das Feld pe_nachname ausgegeben werden, daher muss es ebenfalls Teil der Gruppierungsfunktion sein.

▶ Das Ergebnisfeld, das die berechnete Summe beinhaltet, bekommt den (frei wählbaren) Namen sum_pp_zeit.

```
Berger # 13,8000001907349 #
Mohr # 6,5 #
Suhren # 8 #
```

Abbildung 8.43 Alle Personen mit Zeitsumme

Abfrage *Alle Projekte mit allen Personenzeiten*, Ergebnis siehe Abbildung 8.44:

▶ Es handelt sich um den gleichen Zusammenhang wie in der Abfrage *Alle Personen mit allen Projektzeiten*.

▶ Die Ausgabe ist nur anders sortiert: nach Bezeichnung, Nachname und Datum.

```
select * from projekt, projekt_person, person
   where projekt.pr_id = projekt_person.pr_id
   and projekt_person.pe_id = person.pe_id
   order by pr_bezeichnung, pe_nachname, pp_datum
```

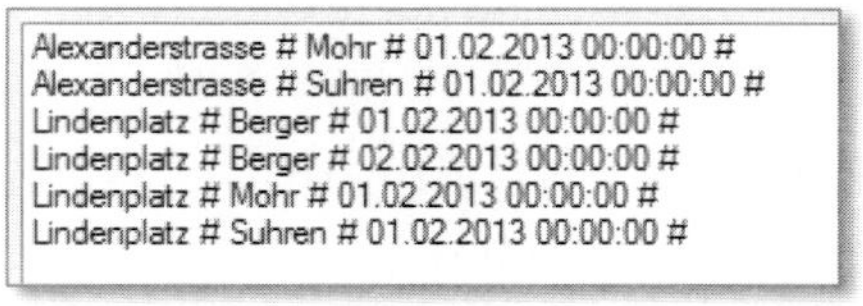

```
Alexanderstrasse # Mohr # 01.02.2013 00:00:00 #
Alexanderstrasse # Suhren # 01.02.2013 00:00:00 #
Lindenplatz # Berger # 01.02.2013 00:00:00 #
Lindenplatz # Berger # 02.02.2013 00:00:00 #
Lindenplatz # Mohr # 01.02.2013 00:00:00 #
Lindenplatz # Suhren # 01.02.2013 00:00:00 #
```

Abbildung 8.44 Alle Projekte mit allen Personenzeiten

Abfrage *Alle Projekte mit Zeitsumme*, Ergebnis siehe Abbildung 8.45:

▶ Es handelt sich um einen ähnlichen Zusammenhang wie der in der Abfrage *Alle Personen mit Zeitsumme*.

▶ Es wird nach Projekt statt nach Person gruppiert und entsprechend sortiert.

```
select pr_bezeichnung, sum(pp_zeit) as sum_pp_zeit
   from projekt, projekt_person
   where projekt.pr_id = projekt_person.pr_id
   group by projekt.pr_id, pr_bezeichnung
   order by pr_bezeichnung
```

```
Alexanderstrasse # 7,5 #
Lindenplatz # 20,8000001907349 #
```

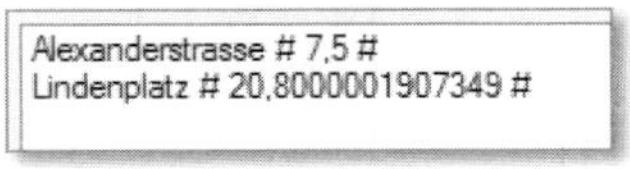

Abbildung 8.45 Alle Projekte mit Zeitsumme

8.7 Verbindung zu MySQL

Bei MySQL handelt es sich um ein weit verbreitetes SQL-basiertes Datenbanksystem. Es würde den Rahmen dieses Buchs sprengen, die Installation des MySQL-Servers und die Erstellung einer Datenbank mit einer Tabelle zu erläutern. Im Folgenden soll daher lediglich gezeigt werden, wie Sie mit Visual C# auf eine vorhandene MySQL-Datenbank zugreifen. Es wird davon ausgegangen, dass der MySQL-Datenbankserver läuft.

MySQL-Server

8 Datenbankanwendungen mit ADO.NET

8.7.1 .NET-Treiber

Connector/NET

Eine Schnittstelle zwischen Visual C# und MySQL bietet der Treiber Connector/NET. Die MSI-Installationsdatei kann auf der Internetseite von MySQL (*http://dev.mysql.de/downloads/connector/net*) heruntergeladen werden, befindet sich aber auch auf dem beiliegenden Datenträger. Der Treiber wird immer wieder aktualisiert, die derzeitige Version ist 6.7.4.

MSI-Datei

Die Installation mithilfe der entpackten MSI-Installationsdatei *mysql-connector-net-6.7.4.msi* verläuft in der Regel problemlos.

Verweis hinzufügen

Nach der Installation müssen Sie in dem Projekt, in dem der Treiber genutzt werden soll, einen Verweis auf die Bibliotheken des Treibers einrichten. Hierzu gehen Sie über den Menüpunkt PROJEKT • VERWEIS HINZUFÜGEN zum Dialogfeld VERWEIS-MANAGER und dort auf den Button DURCHSUCHEN. Sie finden die Datei *MySQLData.dll* im Verzeichnis *C:\Programme (x86)\MySQL\MySQL Connector NET 6.7.4\Assemblies\v4.5.*

Sollte die Datei *MySQLData.dll* nicht zu Ihrem aktuell genutzten .NET Framework passen, nehmen Sie die entsprechende Datei aus einem der Nachbarverzeichnisse *...\Assemblies\v4.0* oder *...\Assemblies\v2.0.*

Sie markieren die Datei *MySQLData.dll* und betätigen den Button HINZUFÜGEN. Anschließend markieren Sie den Verweis im Dialogfeld VERWEIS-MANAGER unter DURCHSUCHEN • AKTUELL, falls das noch nicht automatisch geschehen ist, und betätigen den Button OK. In der Verweisliste erscheint dann der Verweis auf MYSQL.DATA.

Der Ablauf eines Zugriffs erfolgt ähnlich wie für Access-Datenbanken. Nachfolgend werden nur die unterschiedlichen Befehlszeilen zum Aufbau der Verbindung erläutert. Das vollständige Beispiel finden Sie im Projekt *DBZugriffMySQL.*

```
using System;
using System.Windows.Forms;
using MySql.Data.MySqlClient;

namespace DBZugriffMySQL
{
    public partial class Form1 : Form
    {
        ...
```

8.7 Verbindung zu MySQL

```
private void cmdAlleSehen_Click(...)
{
    MySqlConnection con = new MySqlConnection();
    MySqlCommand cmd = new MySqlCommand();
    MySqlDataReader reader;
    DateTime geburtstag;

    con.ConnectionString =
        "Data Source=localhost;" +
        "Initial Catalog=firma;UID=root";
...
```

Listing 8.10 Projekt »DBZugriffMySQL«, Ausschnitt

Zur Erläuterung:

▶ Zunächst wird der Namespace MySql.Data.MySqlClient aus der Biblio-   **MySqlClient**
  thek MySQL.Data eingebunden.

▶ Die Objekte der Klassen MySqlConnection, MySqlCommand und MySqlData-
  Reader aus dem Namespace MySql.Data.MySqlClient entsprechen den
  Objekten der Klassen OleDbConnection, OleDbCommand und OleDbReader
  aus dem Namespace System.Data.OleDb.

▶ Die Verbindungszeichenkette besteht aus den Elementen: **ConnectionString**

  – Data Source=localhost für den MySQL-Server

  – Initial Catalog=firma für den Datenbanknamen

  – UID=root für den Benutzernamen

Die restlichen Abläufe können den Programmen mit den anderen Daten-
bankzugriffen entnommen werden.

Hinweis: Unter der Internetadresse *http://www.connectionstrings.com*   **Connection-Strings**
finden Sie Werte für die Eigenschaft ConnectionString für viele verschie-
dene Datenbanksysteme.

415

Kapitel 9
Internetanwendungen mit ASP.NET

Wenn man es stark vereinfacht ausdrücken möchte: ASP.NET mit C# ist die Anwendung von C# auf Internetseiten.

Die oben vorgeschlagene Vereinfachung ist natürlich unzulässig, lässt aber erkennen, dass sich vieles von dem, was mithilfe dieses Buchs schon erlernt wurde, auch bei der Erstellung von Internetanwendungen nutzen lässt.

Das Thema ASP.NET ist so umfangreich, dass es eigene Bücher füllt. In diesem Kapitel sollen daher nur die wichtigsten Aspekte vermittelt werden:

- ▶ Grundlagen von Internetanwendungen
- ▶ Nutzung einer lokalen Entwicklungs- und Testumgebung
- ▶ Aufbau von dynamischen Internetanwendungen mit Server- und Clientelementen
- ▶ Senden und Auswerten von Formulardaten
- ▶ lesender und schreibender Zugriff auf eine Internetdatenbank

9.1 Grundlagen von Internetanwendungen

Eine Internetanwendung wird mithilfe eines Browsers (Internet Explorer, Firefox, …) aufgerufen. Nach Eingabe einer Adresse wird die gewünschte Startseite von einem Webserver angefordert und erscheint im Browser.

> Browser

9.1.1 Statische Internetanwendungen

Der einfachste Typ einer solchen Anwendung besteht aus statischen Internetseiten, die mithilfe von Hyperlinks miteinander verbunden sind. Statisch bedeutet, dass sich die Inhalte nicht aufgrund von Benutzeraktionen verändern. Diese Seiten werden mithilfe der Markierungssprache *HTML* erstellt.

> HTML

CSS

Zur Formatierung von Internetseiten kommt *CSS* zum Einsatz. CSS steht für *Cascading Style Sheets*. Hierbei handelt es sich um einander ergänzende Formatvorlagen, die dazu dienen, Internetseiten ein einheitliches Aussehen zu geben. Das ist z. B. bei Unternehmenspräsentationen besonders wichtig. Außerdem können mithilfe von CSS weitergehende Formatierungen als in HTML durchgeführt werden.

9.1.2 Dynamische Internetanwendungen

Dynamische Internetanwendungen können sich aufgrund von Aktionen des Benutzers verändern. Hier kommen Programmiersprachen ins Spiel. Man muss dabei zwischen *clientseitiger* Programmierung und *serverseitiger* Programmierung unterscheiden.

Ein Beispiel für clientseitige Programmierung: Wenn der Benutzer die Maus über ein Bild auf einer Internetseite bewegt, dann wird das Bild gegen ein anderes Bild getauscht. Ein solcher Rollover-Effekt kann z. B. mit der clientseitigen Programmiersprache JavaScript erstellt werden.

JavaScript

Clientseitig bedeutet, dass das gesamte Programm, das HTML-Code und JavaScript-Code beinhaltet, beim Aufruf der Seite auf den Rechner des Benutzers geladen wurde. Bewegt er die Maus über das Bild, ist das ein Ereignis. Dazu gibt es, ähnlich wie in C#, eine Ereignismethode. Es wird ein JavaScript-Programm aufgerufen, das sich bereits auf seinem Rechner befindet. Für diesen Ablauf ist keine weitere Kommunikation über das Internet mit dem Webserver notwendig.

ASP, Java, PHP, Perl

Ein Beispiel für serverseitige Programmierung: Wenn der Benutzer auf der Internetseite einer Suchmaschine einen Suchbegriff eingibt und den Senden-Button betätigt, erscheint eine Seite mit Suchergebnissen. Ein solches Programm kann mit serverseitiger Programmierung erstellt werden, z. B. mit C# unter ASP.NET oder mit Java, PHP oder Perl.

Serverseitig bedeutet, dass das gesamte Programm, das HTML-Code und C#-Code beinhaltet, beim Aufruf der Seite zunächst auf dem Server abläuft. Der C#-Code generiert wiederum HTML-Code. Das Ergebnis, das nur noch aus HTML-Code besteht, wird auf den Rechner des Benutzers geladen. Zur Verarbeitung des Suchbegriffs und zur Erzeugung der Seite mit den Suchergebnissen ist diesmal eine weitere Kommunikation über das Internet mit dem Webserver notwendig.

9.1.3 Vorteile von ASP.NET

Reale Internetseiten enthalten häufig sowohl serverseitig verarbeiteten Code als auch HTML-Code, CSS-Code und JavaScript-Code. Sie wären also gezwungen, mehrere Sprachen zu erlernen und ihren Einsatz sinnvoll miteinander zu kombinieren.

Hier bietet die Erstellung von Seiten mithilfe von ASP.NET folgende Vorteile:

- ▶ Es sind nur einfache HTML-Kenntnisse notwendig.
- ▶ Die vorhandenen Kenntnisse in C# (oder einer anderen .NET-Sprache) können genutzt werden.

C#

- ▶ CSS-Code und JavaScript-Code werden automatisch generiert. Weder das eine noch das andere muss erlernt werden.
- ▶ Dem Programmierer steht das .NET Framework mit seinen Klassen zur Verfügung, das ihm z. B. den gewohnten Zugriff auf Datenbanken ermöglicht, die auf dem Webserver liegen.

Die erforderlichen einfachen HTML-Kenntnisse lernen Sie in diesem Kapitel ganz nebenbei bei der Erstellung der Programme für ASP.NET.

9.2 Ein lokaler Webserver

Dynamische Internetanwendungen, die unter ASP.NET erstellt wurden, laufen nur mithilfe von Webservern, die mit dem .NET Framework zusammenarbeiten können. Während der Entwicklung einer solchen Anwendung wird zum Testen ein lokaler Webserver benötigt. Sie möchten sicherlich nicht jede Seite, die Sie programmieren, nach jeder Änderung ins Internet hochladen und dann erst testen.

Testumgebung

Eine Lösung bietet das Produkt *IIS* von Microsoft. IIS steht für *Internet Information Services* und bezeichnet eine umfangreiche Sammlung von Funktionen zur Veröffentlichung von Dokumenten im Internet über verschiedene Protokolle. Die IIS beinhalten u. a. einen lokalen Webserver.

Eine Alternative bietet Visual Studio Express 2013 für das Web: Es beinhaltet einen lokalen Entwicklungswebserver, den *ASP.NET Development Server*. Dieser wird automatisch beim Start einer Webanwendung aufgerufen. Er wird im vorliegenden Kapitel genutzt.

Development Server

9 Internetanwendungen mit ASP.NET

Für die Entwicklung der Programme in diesem Kapitel müssen Sie Visual Studio Express 2013 für das Web installieren, das auf dem Datenträger zum Buch enthalten ist.

9.2.1 Eine erste Internetanwendung

ASP.NET Web-Anwendung

Anhand eines ersten statischen Beispiels soll das Erstellen und Ausführen einer Internetanwendung erläutert werden. Zunächst rufen Sie in Visual C# wie gewohnt den Menüpunkt DATEI · NEUES PROJEKT · INSTALLIERT · VORLAGEN auf. Wählen Sie dann das Template ASP.NET WEB-ANWENDUNG aus der Kategorie VISUAL C# · INTERNET aus. In das Feld NAME geben Sie den Projektnamen ein, hier *WebHalloWelt*. Im Dialogfeld NEUES ASP.NET-PROJEKT wählen Sie EMPTY aus, damit Sie eine leere Projektvorlage erhalten, und betätigen den Button PROJEKT ERSTELLEN.

index.htm

Nun muss der Anwendung eine Datei hinzugefügt werden, die später im Browser angezeigt wird. Dazu markieren Sie im PROJEKTMAPPEN-EXPLORER das Projekt. Anschließend rufen Sie über das Kontextmenü den Menüpunkt HINZUFÜGEN · NEUES ELEMENT auf und wählen in der Kategorie INSTALLIERT · VISUAL C# · INTERNET das Template HTML-SEITE aus. Die Datei soll den Namen *index.htm* haben.

In der Datei *index.htm* wird der nachfolgende Code ergänzt und gespeichert. Dabei werden Sie feststellen, dass beim Eingeben einige Elemente automatisch erstellt bzw. ergänzt werden.

```
<!DOCTYPE html>
<html xmlns="http://www.w3.org/1999/xhtml">
<head>
    <title>WebHalloWelt</title>
</head>
<body>
    Hallo Welt
</body>
</html>
```

Listing 9.1 Projekt »WebHalloWelt«, Datei index.htm

Das ist eine rein statische, unveränderliche Internetanwendung – nur in HTML, noch ohne C#. Sie hätten sie natürlich auch ohne die Entwicklungsumgebung entwickeln können.

Zum Betrachten des Ergebnisses starten Sie die Anwendung wie gewohnt über das Menü DEBUGGEN • DEBUGGING STARTEN (oder die Funktionstaste F5 bzw. über den grünen Pfeil). Dadurch wird der Entwicklungswebserver aufgerufen, und es erscheint nach kurzer Zeit Ihr Standardbrowser mit der Ausgabe (siehe Abbildung 9.1).

Ergebnis ansehen

Abbildung 9.1 Ausgabe im Browser

Die Adresse *http://localhost:xxxx/index.htm* in der Adressleiste des Browsers setzt sich zusammen aus:

http://localhost

- *http*: dem Namen des Übertragungsprotokolls
- *localhost*: dem Namen des lokalen Webservers
- *xxxx*: einer vom lokalen Webserver gewählten Portnummer
- *index.htm*: dem Namen der Datei mit dem HTML-Code

Wenn Sie Änderungen im Code vornehmen und die Datei speichern, reicht es aus, die Browserseite zu aktualisieren, um das neue Ergebnis zu sehen. Die Anwendung muss dazu nicht beendet werden.

Möchten Sie die Anwendung beenden, wird das wie gewohnt von der Entwicklungsumgebung aus durchgeführt über das Menü DEBUGGEN • DEBUGGING BEENDEN (oder über das blaue Quadrat in der Symbolleiste). Alternativ können Sie auch den Browser schließen. Falls Sie nicht den Internet Explorer nutzen, müssen Sie beides einzeln durchführen.

Anwendung beenden

HTML-Dateien bestehen aus Text und HTML-Markierungen. Diese Markierungen sind meist Container, d. h., sie bestehen aus einer Start- und einer Endmarkierung:

- Zu Beginn der Datei *index.htm* wird festgehalten, dass es sich um ein HTML-Dokument nach dem genannten W3C-Standard handelt.

html

- Im Container `<html>` ... `</html>` steht der gesamte HTML-Code.
- Zwischen `<head>` und `</head>` stehen der Titel und Informationen über das Dokument.

head

title
- Der Container <title> ... </title> beinhaltet den Titel, der in der Titelleiste des Browsers angezeigt wird.

body
- Im Container <body> ... </body> steht der Code für die Inhalte, die im Browserfenster angezeigt werden.

9.3 Eine erste ASP.NET-Anwendung

Der Code der ersten dynamisch generierten ASP.NET-Anwendung erscheint zunächst etwas umfangreich und verwirrend – besonders im Vergleich zum Ausgabeergebnis. Er enthält aber viele wichtige Elemente, die auch in den nachfolgenden Programmen vorkommen werden. Abbildung 9.2 zeigt die Ausgabe.

Abbildung 9.2 Dynamisch generierte Ausgabe

default.aspx
Zur Erstellung: Wie im vorigen Abschnitt wird eine neue leere ASP.NET Web-Anwendung mit dem Namen *WebErstes* erzeugt. Dem Projekt wird wiederum eine HTML-Seite aus der Kategorie Internet, diesmal mit dem Namen *default.aspx*, hinzugefügt. Das ist die Standardstartdatei innerhalb des Verzeichnisses einer ASP.NET-Anwendung. Es folgt der Code dieser Datei:

```
<html>
<head>
    <title>WebErstes</title>
    <%@ page language="C#" %>
    <script runat="server">
    void page_load()
    {
        int x, y, z;
        x = 5;
        y = 12;
```

```
        z = x + y;
        ergebnis.InnerText = "Ergebnis: " + z;
    }
    </script>
</head>
<body>
    <p id="ergebnis" runat="server"></p>
</body>
</html>
```

Listing 9.2 Projekt »WebErstes«, Datei default.aspx

Zur Erläuterung des C#-Blocks:

▶ Der C#-Block beginnt nach dem Dokumenttitel. Mithilfe der soge-   **@ page**
nannten Page-Direktive wird dem lokalen Webserver mitgeteilt, dass
die Sprache C# verwendet werden soll. ASP.NET kann auch mit anderen Sprachen aus dem Visual Studio arbeiten.

▶ Der nächste Container `<script runat="Server"> ... </script>` beinhaltet
den C#-Code.

▶ `runat="Server"` bewirkt, dass der Code auf dem Server ausgeführt wird.   **runat**
Nur dann kann die Seite erfolgreich generiert werden.

▶ Innerhalb des Blocks mit dem C#-Code befinden Sie sich schon innerhalb einer Klassendefinition. Die vorliegende Klasse ist von der Klasse
Page abgeleitet. Jede Internetseite ist ein Objekt dieser Klasse. Es können
klassenweit gültige Variablen deklariert und Methoden geschrieben werden, wie wir es bereits bei C# getan haben.

▶ Die Methode `page_load()` wird immer dann durchlaufen, wenn die Seite   **page_load()**
geladen wird. Sie entspricht der Methode `Form1_Load()` bei einer Windows-Anwendung, wie wir sie bisher geschrieben haben. In der Methode
werden die Starteinstellungen für die Seite vorgenommen.

▶ Innerhalb der `page_load`-Methode wird serverseitig eine Berechnung
mithilfe von drei Variablen durchgeführt. Das Ergebnis wird als Eigenschaft des Elements ergebnis festgelegt, das erst weiter unten im Body
des Dokuments aufgeführt wird. Es handelt sich um die Eigenschaft
InnerText, diese steht für den Inhalt eines HTML-Elements.

9 Internetanwendungen mit ASP.NET

Zur Erläuterung des HTML-Containers:

▶ Die Container `html` und `body` sind schon bekannt.

id ▶ Innerhalb von `body` steht ein `p`-Container. Damit wird ein eigener Absatz gebildet. Über `id="ergebnis"` erhält der Absatz eine eindeutige ID. Diese ID und `runat="Server"` werden benötigt, damit der Absatz von C# aus mit Inhalt gefüllt und gegebenenfalls formatiert werden kann.

HTML-Code Wie bereits am Anfang erwähnt, wird durch ASP.NET HTML-Code generiert und mit dem vorhandenen HTML-Code verbunden. Das Ergebnis ist reiner HTML-Code, der vom Webserver zum Benutzer gesandt wird.

Wenn Sie sich den Quelltext beim Benutzer im Browser anschauen (im Internet Explorer über das Kontextmenü und QUELLCODE ANZEIGEN), dann sehen Sie innerhalb des Absatzes nur noch Folgendes:

```
...
<body>
    <p id="ergebnis">Ergebnis: 17</p>
</body>
...
```

Listing 9.3 Projekt »WebErstes«, Browser, Quellcodeansicht

Die Anwendung kann wie die anderen Internetanwendungen aus Visual Studio heraus nach Markierung der Datei *default.aspx* mithilfe der Taste [F5] gestartet werden.

9.3.1 Fehlerhafte Programmierung

Fehlermeldungen Ein weiterer Vorteil von ASP.NET kommt bei Programmierfehlern zum Tragen. Im Codefenster der Entwicklungsumgebung wird bereits auf Fehler in C# und fehlerhaftes HTML aufmerksam gemacht. Im Browser wird anschließend eine detaillierte Fehlermeldung angezeigt mit Zeilennummer und optischer Hervorhebung.

In Abbildung 9.3 sehen Sie das Ergebnis, wenn die Deklaration der drei Variablen nicht vorgenommen wurde.

Zeilennummer Da die Zeile mit der Deklaration auskommentiert wurde, ist die Variable x unbekannt. Eine Fehlermeldung mit Datei und Zeilennummer wird ausgegeben.

424

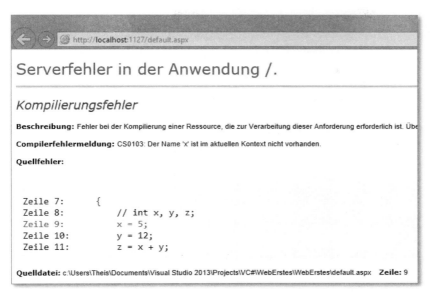

Abbildung 9.3 Fehleranzeige

9.4 Formatierung von Internetseiten

Mithilfe von HTML und CSS kann eine Internetseite formatiert werden. Hierzu wären allerdings weitergehende Kenntnisse erforderlich. Mithilfe von Serversteuerelementen können Sie dagegen einfach die weitreichenden Möglichkeiten von C# zur Formatierung nutzen. Die Formatierung wird mithilfe der .NET-Klassen erzeugt. Als Ergebnis erscheinen HTML-Code und CSS-Code im Quelltext des Browsers.

CSS-Code

Es folgt der Code der Seite *default.aspx* in der Webanwendung mit dem Namen *WebFormatierung*:

```
<html>
<head>
    <title>WebFormatierung</title>
    <%@ page language="C#" %>
    <script runat="server">
    void page_load()
    {
        int x, y, z;
        x = 5;
```

```
            y = 12;
            z = x + y;
            ergebnis.Text = "Ergebnis: " + z ;
            ergebnis.Font.Size = 24;
            ergebnis.Font.Bold = true;
            ergebnis.Font.Underline = true;
        }
        </script>
    </head>

    <body>
        <asp:Label id="ergebnis" runat="server" />
    </body>
</html>
```

Listing 9.4 Projekt »WebFormatierung«, Datei default.aspx

Zur Erläuterung:

- Bei dem Element ergebnis im body handelt es sich jetzt um ein serverseitiges Steuerelement, ein einfaches Label.

Formatierung
- Dieses Label können Sie auf dem Server formatieren. Es wurden die Formatierungen *Schriftgröße 24*, *Fettschrift* und *Unterstrichen* gewählt (siehe Abbildung 9.4).

Abbildung 9.4 Formatierung per CSS

Im Quelltext sehen Sie, dass das CSS-Element `<span style="...">` ... `</style>` automatisch generiert wurde, ohne dass CSS-Kenntnisse erforderlich waren:

```
<html>
<head>
    <title>WebFormatierung</title>
</head>
<body>
```

```
    <span id="ergebnis" style="font-size:24pt;
      font-weight:bold;text-decoration:underline;">
      Ergebnis: 17</span>
</body>
...
</html>
```

Listing 9.5 Projekt »WebFormatierung«, Browser, Quellcodeansicht

9.5 Senden und Auswerten von Formulardaten

Für eine Kommunikation mit dem Webserver werden, wie bei einer Suchmaschine, Eingabeformulare mit Eingabe- und Auswahlelementen benötigt.

Im nachfolgenden Programm kann der Benutzer zwei Zahlen eingeben. Diese werden zum Webserver gesendet und dort addiert. Das Ergebnis wird wieder zurück zum Browser des Benutzers geschickt.

Kommunikation

Zunächst erscheint das leere Eingabeformular (siehe Abbildung 9.5).

Abbildung 9.5 Formular, vor dem Füllen und Absenden

Nach der Eingabe und dem Absenden erscheint das Ergebnis, gezeigt in Abbildung 9.6.

Es folgt der Code der Seite *default.aspx* in der Webanwendung mit dem Namen *WebFormular*:

```
<html>
<head>
    <title>WebFormular</title>
```

9 Internetanwendungen mit ASP.NET

```csharp
<%@ page language="C#" %>
<script runat="server">
void page_load()
{
    double z1, z2, z;

    if(IsPostBack)
    {
        try
        {
            z1 = Convert.ToDouble(zahl1.Value);
        }
        catch
        {
            z1 = 0;
        }

        try
        {
            z2 = Convert.ToDouble(zahl2.Value);
        }
        catch
        {
            z2 = 0;
        }

        z = z1 + z2;
        ergebnis.Text = "Ergebnis: " + z;
    }
}
</script>
</head>

<body>
    <p>Addieren</p>
    <form id="Form1" runat="server">
        <p><input runat="server" id="zahl1" /> Zahl 1</p>
        <p><input runat="server" id="zahl2" /> Zahl 2</p>
        <p><input id="Submit1" runat="server"
            type="submit" value="Senden" /></p>
```

9.5   Senden und Auswerten von Formulardaten

```
    </form>
    <p><asp:Label id="ergebnis" runat="server" /></p>
</body>
</html>
```

Listing 9.6 Projekt »WebFormular«, Datei default.aspx

Abbildung 9.6 Formular, nach Empfang des Ergebnisses

Zur Erläuterung des C#-Blocks:

▶ Die Methode page_load() enthält eine Verzweigung. Mithilfe der Eigen-   **IsPostBack**
schaftsmethode IsPostBack der Klasse Page wird entschieden, ob die
Seite zum ersten Mal aufgerufen wird oder ob sie sich selbst aufruft,
nachdem der Benutzer sie mit Eingabedaten gesendet hat.

▶ Die Elemente zahl1 und zahl2 repräsentieren die beiden Eingabefelder   **Value**
für die beiden Zahlen, die addiert werden sollen. Die Eigenschaftsmethode Value liefert die eingegebene Zeichenkette. Sie wird mit der
Methode ToDouble() in eine Double-Zahl verwandelt.

▶ Das Element ergebnis ist ein Label, in dem das Ergebnis der Berechnung
ausgegeben wird.

Zur Erläuterung des HTML-Containers:

▶ Nach der Überschrift folgt der Container <form> ... </form>. Innerhalb   **form**
eines solchen Containers werden die Formularelemente notiert. Nur die
Eingabedaten in diesen Formularelementen werden zum Webserver
gesendet.

▶ Das Formularelement <input type="text"> erzeugt ein Textfeld zur Ein-   **input**
gabe.

429

submit
- Das Formularelement <input type="submit"> erzeugt einen Senden-Button. In der Eigenschaft value wird die Aufschrift für den Senden-Button notiert.

Anmerkung: Programmierer mit HTML-Kenntnissen erkennen im generierten HTML-Quellcode noch versteckte Formularelemente (<input type="hidden" />) und div-Container. Da der Code aber automatisch generiert wird, muss der Programmierer die Inhalte nicht mehr kennen. Es reichen C#-Kenntnisse und elementare HTML-Kenntnisse aus.

9.6 Weitere Formularelemente

Formularelemente

Im nachfolgenden Programm werden einige weitere typische Formularelemente vorgestellt: eine Auswahlliste, eine CheckBox und zwei RadioButtons. Der Benutzer wählt Einträge aus bzw. markiert diese und sendet das Formular zum Webserver. Dort werden die Inhalte des Formulars empfangen und verarbeitet.

Zunächst erscheint das Eingabeformular. Nach dem Ausfüllen bzw. Auswählen und dem Absenden erscheint das Ergebnis (siehe Abbildung 9.7).

Abbildung 9.7 Formular mit verschiedenen Elementen

Es folgt der Code der Seite *default.aspx* in der Webanwendung mit dem Namen *WebFormularElemente*:

9.6 Weitere Formularelemente

```html
<html>
<head>
    <title>WebFormularElemente</title>
    <%@ page language="C#" %>
    <script runat="server">
    void page_load()
    {
        if(IsPostBack)
        {
            ausgabe.Text =
                "Wir bieten ein Hotel in "
                + ziel.Value;

            if(allinc.Checked)
                ausgabe.Text +=
                    "<br />All Inclusive";

            if(bett2.Checked)
                ausgabe.Text +=
                    "<br />Mit 2 Betten";
            else
                ausgabe.Text +=
                    "<br />Mit 3 Betten";
        }
    }
    </script>
</head>

<body>
    <p>Ihr Reiseziel:</p>
    <form id="Form1" runat="server">
        <p><select id="ziel" runat="server">
            <option value="Barcelona">Spanien</option>
            <option value="Grenoble" selected="selected">
                Frankreich</option>
            <option value="Genf">Schweiz</option>
            <option value="Graz">Österreich</option>
        </select></p>
        <p><input id="allinc" runat="server"
            type="checkbox" />All Inclusive</p>
```

431

9   Internetanwendungen mit ASP.NET

```
        <p><input type="radio" name="bett" id="bett2"
              runat="server" checked="True" />2-Bett<br />
          <input type="radio" name="bett" id="bett3"
              runat="server" />3-Bett</p>
        <p><input id="Submit1" runat="server"
              type="submit" value="Senden" /></p>
        <p><asp:Label id="ausgabe" runat="server" /></p>
      </form>
      </body>
</html>
```

Listing 9.7 Projekt »WebFormularElemente«, Datei default.aspx

Zur Erläuterung des C#-Blocks:

▶ Das Element `ziel` repräsentiert die Auswahlliste. Die Eigenschaftsmethode `Value` liefert den Wert der ausgewählten Option.

▶ Das Element `allinc` steht für die CheckBox. Die Eigenschaftsmethode `Checked` liefert, je nachdem, ob die CheckBox markiert wurde oder nicht, `true` bzw. `false`.

▶ Die beiden RadioButtons haben die IDs `bett2` und `bett3`. Da sie im HTML-Code miteinander gekoppelt sind (siehe dort), kann nur eine der beiden Möglichkeiten gewählt werden.

▶ Das Element `ausgabe` ist ein Label, in dem die Auswahl angezeigt wird.

Zur Erläuterung des HTML-Containers:

form
▶ Innerhalb des Containers `<form> ... </form>` werden die Formularelemente notiert.

select, option
▶ Der Container `<select> ... </select>` kennzeichnet eine Auswahlliste. Die einzelnen Optionen für den Benutzer stehen jeweils im Container `<option> ... </option>`. Die zweite Option wird mithilfe von `selected="selected"` zum Standard, falls der Benutzer keine Option auswählt.

▶ Bei den Optionen muss man zwischen angezeigtem Text und Wert (= `Value`) der Option unterscheiden. Nur der Wert wird gesendet.

checkbox
▶ Das HTML-Element `<input type="checkbox" ... />` steht für die Check-Box.

radio
▶ Die beiden RadioButtons werden mithilfe von `<input type="radio" ... />` erzeugt. Da im Attribut `name` der gleiche Wert steht (`bett`), sind die beiden RadioButtons miteinander gekoppelt. Der erste RadioButton wird mit-

hilfe von checked="True" zum Standard, falls der Benutzer keinen Radio-Button auswählt.

Hinweis: In HTML müsste es eigentlich checked="checked" heißen, das wird aber von der Entwicklungsumgebung als Fehler gemeldet.

9.7 Ein Kalenderelement

Ein Kalender dient im Folgenden als Beispiel für eines der vielen vorgefertigten Serversteuerelemente. Dem Benutzer wird der aktuelle Monat angezeigt, der aktuelle Tag und die Wochenendtage sind besonders hervorgehoben. Wählt der Benutzer einen Tag aus, wird ihm das jeweilige Datum angezeigt. Das ist nur ein kleiner Ausschnitt aus den umfangreichen Möglichkeiten eines Serversteuerelements.

Auswahl eines Datums

In diesem Fall ist auch keine Übermittlung zum Webserver notwendig. Alle Eigenschaften des Serversteuerelements werden bei Aufruf der Seite übermittelt. Das Serversteuerelement steht zwar in einem Formular, aber das dient nur dazu, die getroffene Auswahl des Benutzers an JavaScript, also an ein Clientprogramm, zu übermitteln. Daher ist es auch nicht notwendig, eine page_load-Methode zu erstellen. Die Funktionalität wird nicht zum Zeitpunkt des Ladens der Seite, sondern erst nach der Auswahl eines Tages benötigt.

Ohne page_load()

Zunächst erscheint der Kalender, nach der Auswahl erscheint das Ergebnis (siehe Abbildung 9.8).

Abbildung 9.8 Kalenderelement

9 Internetanwendungen mit ASP.NET

Es folgt der Code der Seite *default.aspx* in der Webanwendung mit dem Namen *WebFormularKalender*:

```
<html>
<head>
    <title>WebFormularKalender</title>
    <%@ page language="C#" %>
    <script runat="server">
    void auswahl(object sender, EventArgs e)
    {
        DateTime dt = new DateTime();
        dt = kalender.SelectedDate;
        ausgabe.Text =
            kalender.SelectedDate.
            ToShortDateString();
    }
    </script>
</head>

<body>
    Kalender:
    <form id="Form1" runat="server">
        <asp:Calendar id="kalender" runat="server"
            OnSelectionChanged="auswahl">
            <TodayDayStyle BackColor="Red"
                ForeColor="Yellow"></TodayDayStyle>
            <WeekendDayStyle BackColor="Yellow"
                ForeColor="Red"></WeekendDayStyle>
        </asp:Calendar>
    </form>
    <p><asp:Label id="ausgabe" runat="server" /></p>
</body>
</html>
```

Listing 9.8 Projekt »WebFormularKalender«, Datei default.aspx

Zur Erläuterung des C#-Blocks:

► Die Methode auswahl() wird aufgerufen, sobald der Benutzer die Auswahl gewechselt (OnSelectionChanged), also einen Tag ausgewählt hat.

Calendar ► Das Element kalender vom Typ Calendar repräsentiert den Kalender. Die Eigenschaft SelectedDate beinhaltet den ausgewählten Tag im Datumsformat. Zur Anzeige wird dieses Datum mit der Methode `ToShortDate-String()` in eine Zeichenkette umgewandelt.

▶ Das Element `ausgabe` ist ein Label, in dem die Auswahl angezeigt wird.

Zur Erläuterung des HTML-Containers:

▶ Innerhalb des Containers `<form>` ... `</form>` werden die Formularelemente notiert.

▶ Der Container `<asp:Calendar>` ... `</asp:Calendar>` kennzeichnet den Kalender.

▶ Das Element `OnSelectionChanged` sorgt dafür, dass bei einer Auswahl des Benutzers die Funktion `auswahl()` aufgerufen wird.

▶ Die Container `TodayDayStyle` und `WeekendDayStyle` dienen der Formatierung des Kalenders.

OnSelection-Changed

9.8 ASP.NET und ADO.NET

Eine Internetanwendung kann auch leicht mit einer Datenbankanwendung verbunden werden. Im nachfolgenden Programm werden die Inhalte einer Datenbank, die sich auf dem Webserver befindet, auf einer Internetseite dargestellt.

Internetdatenbank

Der Zugriff auf die Datenbank läuft auf die gleiche Weise ab, wie bereits in Kapitel 8, »Datenbankanwendungen mit ADO.NET«, beschrieben. Das Ergebnis der SQL-Abfrage müssen Sie nur noch mit einem geeigneten Serversteuerelement verbinden.

Der Kommunikationsweg sieht jetzt wie folgt aus:

Kommunikation

▶ Der Benutzer fordert über seinen Browser die Internetseite beim Webserver durch Eingabe der Adresse an.

▶ Auf dem Webserver wird eine Abfrage an die Datenbank generiert.

▶ Die Datenbank bzw. der Datenbankserver sendet das Abfrageergebnis an den Webserver zurück.

▶ Auf dem Webserver wird das Abfrageergebnis passend für eine Internetseite formatiert und zum Rechner des Benutzers gesendet.

▶ Die Datentabelle wird im Browser des Benutzers angezeigt.

Abbildung 9.9 zeigt das Ergebnis.

435

9 Internetanwendungen mit ASP.NET

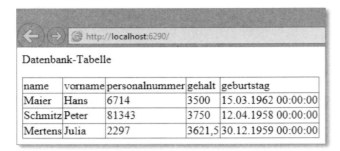

Abbildung 9.9 Zugriff auf Datenbank auf dem Server

Es folgt der Code der Seite *default.aspx* in der Webanwendung mit dem Namen *WebDatenbankAuswahl*:

```
<html>
<head>
    <title>WebDatenbankAuswahl</title>

    <%@ page language="C#" %>
    <%@ import namespace="System.Data.OleDb" %>
    <script runat="server">
    void page_load()
    {
        OleDbConnection con = new OleDbConnection();
        OleDbCommand cmd = new OleDbCommand();
        OleDbDataReader reader;

        con.ConnectionString =
            "Provider=Microsoft.ACE.OLEDB.12.0;" +
            "Data Source=C:\\Temp\\firma.accdb";
        cmc.Connection = con;
        cmc.CommandText = "select * from personen";

        try
        {
            con.Open();
            reader = cmd.ExecuteReader();
            grid.DataSource = reader;
            DataBind();
            reader.Close();
        }
```

```
        catch(Exception ex)
        {
            ausgabe.Font.Bold = true;
            ausgabe.Text = ex.Message;
        }

        con.Close();
    }
    </script>
</head>

<body>
    <p>Datenbanktabelle</p>
    <asp:DataGrid id="grid" runat="server" />
    <p><asp:Label id="ausgabe" runat="server" /></p>
</body>
</html>
```

Listing 9.9 Projekt »WebDatenbankAuswahl«, Datei default.aspx

Zur Erläuterung der Compiler-Direktiven:

▶ Nach der Page-Direktive folgt die Direktive zum Import des Namens-   **System.Data. OleDb**
  raums `System.Data.OleDb`.

▶ Dadurch werden die Klassen zur Verfügung gestellt, die für den Zugriff   **OleDb**
  auf eine OleDb-Datenbank, wie z.B. eine Access-Datenbank, benötigt
  werden.

Zur Erläuterung des C#-Blocks:

▶ Die Objekte für die Datenbankverbindung, den SQL-Befehl und den Reader für das Abfrageergebnis werden so initialisiert und benutzt, wie es
  bereits in Kapitel 8, »Datenbankanwendungen mit ADO.NET«, beschrieben wurde.

▶ Soll die Access-Datei *firma.accdb* später im Internet im selben Verzeich-   **Verzeichniswahl**
  nis liegen wie die Datei *default.aspx*, muss es im `ConnectionString` nur
  `Data Source=firma.accdb` heißen. Während der Entwicklung können Sie
  wie im obigen Beispiel die Datei *firma.accdb* in ein lokales Verzeichnis
  legen.

9 Internetanwendungen mit ASP.NET

▶ Auch in diesem Programm ist aufgrund der Fehleranfälligkeit des Vorgangs eine Ausnahmebehandlung notwendig.

DataGrid

▶ Das Serversteuerelement `grid` vom Typ `DataGrid` repräsentiert die Ausgabetabelle.

▶ Der Eigenschaft `DataSource` dieses Elements wird das Abfrageergebnis zugewiesen. Die Methode `DataBind()` sorgt für die Verbindung des Elements mit der Datenquelle.

▶ Das Element `ausgabe` ist ein Label, in dem ein möglicher Fehler angezeigt wird.

Zur Erläuterung des HTML-Containers:

▶ Hier stehen nur noch die Überschrift und zwei Serversteuerelemente – den Rest übernimmt C#.

9.9 Datenbank im Internet ändern

Als Beispiel einer Datenbankänderung im Internet soll im folgenden Beispiel ein Datensatz zu einer Tabelle hinzugefügt werden. Das Hinzufügen mithilfe des SQL-Befehls `insert` wurde in Kapitel 8, »Datenbankanwendungen mit ADO.NET«, bereits beschrieben.

In diesem Programm werden die folgenden Aktivitäten miteinander kombiniert:

▶ Senden und Auswerten von Formulardaten

▶ Kontrolle der Benutzereingaben

▶ Ausnahmebehandlung

▶ ASP.NET und ADO.NET (Zugriff auf eine Datenbank)

Anzeige und Eintrag

Im oberen Teil werden zunächst die vorhandenen Tabellendaten angezeigt. Im unteren Teil können Sie die Daten eines neuen Datensatzes eintragen. Nach Eingabe eines Datensatzes ohne Personalnummer und dem Absenden sieht das Ergebnis aus wie das in Abbildung 9.10.

Nach Eingabe eines Datensatzes mit einer Personalnummer, die bereits in der Tabelle vorkommt, sieht das Ergebnis aus wie das in Abbildung 9.11.

9.9 Datenbank im Internet ändern

Abbildung 9.10 Datensatz ohne Personalnummer

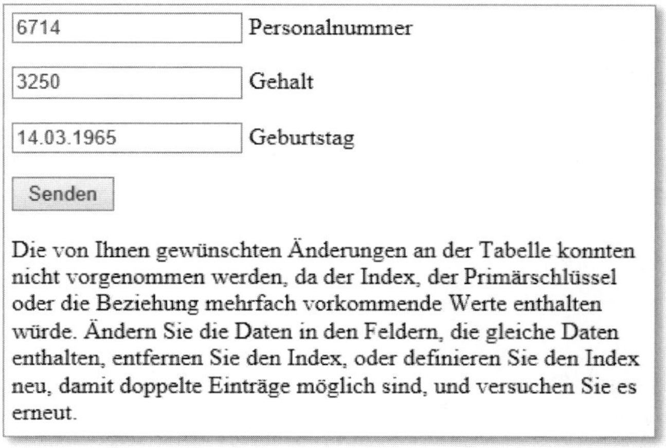

Abbildung 9.11 Doppelter Wert

Nach Eingabe eines Datensatzes mit einer Personalnummer, die noch nicht vorkommt, aber mit einem ungültigen Datum, erscheint ebenfalls eine Fehlermeldung, zu sehen in Abbildung 9.12).

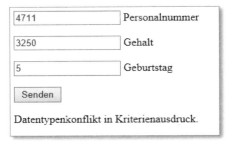

Abbildung 9.12 Ungültiger Wert

Nach Eingabe eines gültigen Datensatzes sieht das Ergebnis aus wie das in Abbildung 9.13.

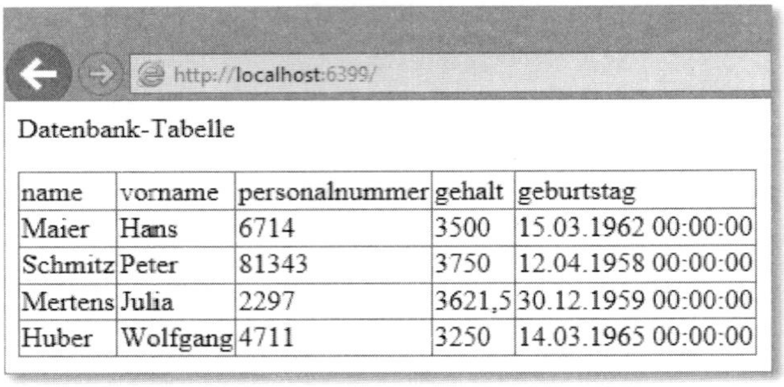

name	vorname	personalnummer	gehalt	geburtstag
Maier	Hans	6714	3500	15.03.1962 00:00:00
Schmitz	Peter	81343	3750	12.04.1958 00:00:00
Mertens	Julia	2297	3621,5	30.12.1959 00:00:00
Huber	Wolfgang	4711	3250	14.03.1965 00:00:00

Abbildung 9.13 Gültiger neuer Datensatz wurde eingefügt

Es folgt der Code der Seite *default.aspx* in der Webanwendung mit dem Namen *WebDatenbankAktion*:

```
<html>
<head>
    <title>WebDatenbankAktion</title>

    <%@ page language="C#" %>
    <%@ import namespace="System.Data.OleDb" %>
    <script runat="server">
    void page_load()
    {
        OleDbConnection con = new OleDbConnection();
        OleDbCommand cmd = new OleDbCommand();
        OleDbDataReader reader;
        int anzahl;
```

9.9 Datenbank im Internet ändern

```
con.ConnectionString =
    "Provider=Microsoft.ACE.OLEDB.12.0;" +
    "Data Source=C:\\Temp\\firma.accdb";
cmd.Connection = con;
if(IsPostBack)
{
    try
    {
        con.Open();
        cmd.CommandText =
            "insert into personen " +
            "(name, vorname, personalnummer, " +
            "gehalt, geburtstag) " +
            "values ('" +
            txtName.Value + "', '" +
            txtVorname.Value + "', " +
            txtPersonalnummer.Value + ", " +
            txtGehalt.Value.Replace(",", ".") +
            ", '" + txtGeburtstag.Value + "')";
        // ausgabe.Text = cmd.CommandText;
        anzahl = cmd.ExecuteNonQuery();
        if(anzahl > 0)
            ausgabe.Text =
                "Es wurde ein Datensatz eingefügt";
    }
    catch(Exception ex)
    {
        ausgabe.Text = ex.Message;
    }
    con.Close();
}
cmd.CommandText = "select * from personen";
try
{
    con.Open();
    reader = cmd.ExecuteReader();
    grid.DataSource = reader;
    DataBind();
    reader.Close();
}
```

441

9 Internetanwendungen mit ASP.NET

```
        catch(Exception ex)
        {
            ausgabe.Text = ex.Message;
        }
        con.Close();
    }
    </script>
</head>
<body>
    <p>Datenbanktabelle</p>
    <asp:DataGrid id="grid" runat="server" />
    <form id="Form1" runat="server">
        <p><input type="text" runat="server"
            id="txtName" /> Name</p>
        <p><input type="text" runat="server"
            id="txtVorname" /> Vorname</p>
        <p><input type="text" runat="server"
            id="txtPersonalnummer" /> Personalnummer</p>
        <p><input type="text" runat="server"
            id="txtGehalt" /> Gehalt</p>
        <p><input type="text" runat="server"
            id="txtGeburtstag" /> Geburtstag</p>
        <p><input id="Submit1" type="submit"
            runat="server" value="Senden" />
    </form>
    <p><asp:Label id="ausgabe" runat="server" /></p>
</body>
</html>
```

Listing 9.10 Projekt »WebDatenbankAktion«, Datei default.aspx

Zur Erläuterung des C#-Blocks:

▶ Die Objekte für die Datenbankverbindung, den SQL-Befehl und den Reader für das Abfrageergebnis werden initialisiert.

▶ Es kommt noch eine Variable zur Speicherung der Anzahl der geänderten Datensätze hinzu.

▶ Der Inhalt der ersten if-Verzweigung wird nur ausgeführt, wenn der Benutzer das Formular senden möchte, und nicht, wenn er die Seite zum ersten Mal aufruft.

442

> 9.9 Datenbank im Internet ändern

- Es beginnt eine Ausnahmebehandlung. Diese ist besonders wegen der vielen möglichen Fehler bei der Benutzereingabe erforderlich.

  try/catch

- Der SQL-Befehl zum Einfügen eines Datensatzes wird mithilfe der Inhalte aus den Textfeldern des Formulars zusammengesetzt.

- Während der Entwicklung kann es nicht schaden, den Befehl zunächst zur Kontrolle auszugeben, statt ihn zu senden. Falls der SQL-Befehl als richtig erkannt wird, kann diese Anweisung wieder auskommentiert werden.

- Der SQL-Befehl zum Einfügen eines Datensatzes wird gesendet. Im Erfolgsfall wird ausgegeben, dass ein Datensatz hinzugefügt wurde.

- Innerhalb der Verzweigung mit if(IsPostBack) wird der SQL-Befehl zum Anzeigen aller Datensätze erstellt.

  IsPostBack

- Der Inhalt der Datenbanktabelle, einschließlich des neuen Datensatzes, wird mithilfe des Serversteuerelements vom Typ DataGrid ausgegeben.

- In diesem Programm wird die Verbindung eventuell zweimal geöffnet und wieder geschlossen, je nachdem, ob der Benutzer die Seite zum ersten Mal aufruft oder das Formular gesendet hat.

Zur Erläuterung des HTML-Containers:

- Hier befindet sich hinter der Überschrift und dem Serversteuerelement vom Typ DataGrid das Eingabeformular.

- Das Eingabeformular beinhaltet fünf Textfelder für die Werte der fünf Felder eines neuen Datensatzes.

- Das unterste Label dient zur Ausgabe der Erfolgsmeldung oder der Fehlermeldungen bei der Ausnahmebehandlung.

Kapitel 10
Zeichnen mit GDI+

Nach der Bearbeitung dieses Kapitels werden Sie in der Lage sein, Zeichnungen, Grafiken und externe Bilddokumente in Ihrer Windows-Anwendung darzustellen.

Im Folgenden lernen Sie Elemente der Bibliothek GDI+ sowie die Einbettung von Zeichnungselementen in Ihre Windows-Anwendung kennen.

10.1 Grundlagen von GDI+

Die Bibliothek GDI+ umfasst eine Reihe von Klassen, die es ermöglichen, Zeichnungen anzufertigen. Auf vielen Steuerelementen einer Windows-Anwendung kann gezeichnet werden, z. B. auf dem Formular selbst oder auf einer PictureBox.

Sie benötigen den Zugriff auf das Graphics-Objekt des Steuerelements. Eine sehr einfache Zugriffsmöglichkeit bietet die Methode CreateGraphics(). Außerdem wird meist ein Stift (Pen) oder ein Pinsel (Brush) benötigt.

CreateGraphics()

Beim Zeichnen der grafischen Objekte können Sie z. B. die Dicke des Stifts bestimmen, die Farbe von Stift oder Pinsel sowie Art, Ort und Größe der Objekte. Soll die Zeichnung auch Text enthalten, können Sie z. B. Schriftart, Schriftgröße, Schriftfarbe und Ort festlegen. Bilder fügen Sie mithilfe des Image-Objekts ein.

10.2 Linie, Rechteck, Polygon und Ellipse zeichnen

Das erste Beispielprogramm (Projekt *ZeichnenGrundformen*) enthält folgende Möglichkeiten:

▶ Zeichnen einer Linie
▶ Zeichnen eines leeren oder gefüllten Rechtecks

- Zeichnen eines leeren oder gefüllten Polygons
- Zeichnen einer leeren oder gefüllten Ellipse
- Ändern der Stiftdicke
- Ändern der Stiftfarbe
- Löschen der gesamten Zeichnung

Das entstandene *Kunstwerk* könnte damit so aussehen wie das in Abbildung 10.1.

Abbildung 10.1 Erste geometrische Objekte

10.2.1 Grundeinstellungen

Zunächst müssen Sie einige Grundeinstellungen treffen:

```
using System;
using System.Drawing;
using System.Windows.Forms;

namespace ZeichnenGrundformen
{
    public partial class Form1 : Form
    {
        ...
        Graphics z;
        Pen stift = new Pen(Color.Red, 2);
```

10.2 Linie, Rechteck, Polygon und Ellipse zeichnen

```
SolidBrush pinsel = new SolidBrush(Color.Red);

private void Form1_Load(...)
{
    z = CreateGraphics();

    lstFarbe.Items.Add("Rot");
    lstFarbe.Items.Add("Grün");
    lstFarbe.Items.Add("Blau");
    lstFarbe.SelectedIndex = 0;
}
...
```

Listing 10.1 Projekt »ZeichnenGrundformen«, Einstellungen

Zur Erläuterung:

▶ Den Namensraum System.Drawing müssen Sie, wie bei Positions- oder Größenänderungen von Steuerelementen, einbinden.

System.Drawing

▶ Die Methode CreateGraphics() liefert einen Verweis auf das Graphics-Objekt des Formulars. Sie können nun im gesamten Formular mithilfe der Variablen z auf die Zeichenfläche des Formulars zugreifen.

▶ Diese sehr einfache Methode hat allerdings den Nachteil, dass die Zeichnung teilweise oder ganz gelöscht wird, sobald z. B. eine andere Anwendung über dem Formular eingeblendet wird. Eine andere Methode wird am Ende dieses Abschnitts vorgestellt.

▶ Es wird ein Zeichenstift zum Zeichnen von Linien und nicht gefüllten Objekten in der Farbe Rot und der Dicke 2 festgelegt. Dieser steht nun im gesamten Formular über das Objekt stift der Klasse Pen zur Verfügung.

Pen

▶ Ein einfacher Pinsel zum Füllen von Objekten wird ebenfalls in der Farbe Rot festgelegt. Dieser steht nun im gesamten Formular über das Objekt pinsel der Klasse SolidBrush zur Verfügung.

SolidBrush

▶ Ein Listenfeld ermöglicht einen Farbwechsel für Stift und Pinsel. Dieses Listenfeld wird zu Beginn des Programms mit drei Farben gefüllt.

10.2.2 Linie

Zum Zeichnen einer Linie verwenden Sie die Methode DrawLine(). Die Ereignismethode:

DrawLine()

447

```
private void cmdLinie_Click(...)
{
    z.DrawLine(stift, 100, 40, 100, 60);
}
```

Listing 10.2 Projekt »ZeichnenGrundformen«, Linie

Zur Erläuterung:

▶ Die Methode DrawLine() erfordert in jedem Fall einen Zeichenstift.

▶ Anschließend werden die Start- und Endkoordinaten der Linie angegeben, entweder als Einzelkoordinaten (x,y) oder als Objekte der Klasse Point.

10.2.3 Rechteck

DrawRectangle(), FillRectangle()

Die Methoden DrawRectangle() und FillRectangle() erzeugen ungefüllte bzw. gefüllte Rechtecke. Sind beide Seiten des Rechtecks gleich lang, handelt es sich bekanntlich um ein Quadrat:

```
private void cmdRechteck_Click(...)
{
    if (chkFüllen.Checked)
    {
        z.FillRectangle(pinsel, 10, 10, 180, 180);
        chkFüllen.Checked = false;
    }
    else
        z.DrawRectangle(stift, 10, 10, 180, 180);
}
```

Listing 10.3 Projekt »ZeichnenGrundformen«, Rechteck

Zur Erläuterung:

▶ Der Benutzer kann über das Kontrollkästchen chkFüllen festlegen, ob es sich um ein gefülltes oder um ein leeres Rechteck handeln soll.

▶ Das gefüllte Rechteck benötigt einen Pinsel, das leere Rechteck einen Zeichenstift.

10.2 Linie, Rechteck, Polygon und Ellipse zeichnen

▶ Anschließend gibt man entweder vier Werte für die x- und y-Koordinaten der oberen linken Ecke sowie für die Breite und Höhe des Rechtecks oder ein Objekt der Klasse `Rectangle` an.

Rechteck-koordinaten

▶ Falls der Benutzer das gefüllte Rechteck gewählt hat, wird das Kontrollkästchen für das nächste Objekt wieder zurückgesetzt.

10.2.4 Polygon

Polygone sind Vielecke und bestehen aus einem Linienzug, der nacheinander alle Ecken einschließt. Die Methoden `DrawPolygon()` und `FillPolygon()` erzeugen einen geschlossenen Polygonzug, der ungefüllt bzw. gefüllt ist.

DrawPolygon(), FillPolygon()

Falls der Benutzer das gefüllte Polygon gewählt hat, wird das Kontrollkästchen für das nächste Objekt wieder zurückgesetzt.

```
private void cmdPolygon_Click(...)
{
    Point[] point_feld =
            {new Point(90, 80),
             new Point(110, 80),
             new Point(100, 120)};

    if (chkFüllen.Checked)
    {
        z.FillPolygon(pinsel, point_feld);
        chkFüllen.Checked = false;
    }
    else
        z.DrawPolygon(stift, point_feld);
}
```

Listing 10.4 Projekt »ZeichnenGrundformen«, Polygon

Zur Erläuterung:

▶ Ebenso wie das Rechteck kann auch das Polygon gefüllt (mithilfe eines Pinsels) oder ungefüllt (mithilfe eines Zeichenstifts) erzeugt werden.

▶ Als zweiter Parameter wird ein Feld von Objekten der Klasse `Point` benötigt. Die Anzahl der Elemente dieses Felds bestimmt die Anzahl der Ecken des Polygons.

Point-Objekte

449

10 Zeichnen mit GDI+

▶ Zwischen zwei Punkten, die in dem Feld aufeinanderfolgen, wird eine Linie gezogen. Vom letzten Punkt aus wird zuletzt noch eine Linie zum ersten Punkt gezogen.

10.2.5 Ellipse

DrawEllipse(), FillEllipse()

Die Methoden `DrawEllipse()` und `FillEllipse()` erzeugen ungefüllte bzw. gefüllte Ellipsen innerhalb eines umgebenden Rechtecks. Sind beide Seiten des umgebenden Rechtecks gleich lang, erhält man einen Kreis. Die Ereignismethode:

```
private void cmdEllipse_Click(...)
{
    if (chkFüllen.Checked)
    {
        z.FillEllipse(pinsel, 10, 10, 180, 180);
        chkFüllen.Checked = false;
    }
    else
        z.DrawEllipse(stift, 10, 10, 180, 180);
}
```

Listing 10.5 Projekt »ZeichnenGrundformen«, Ellipse

Zur Erläuterung:

Umgebendes Rechteck

▶ Der Aufbau der Ellipse entspricht dem Aufbau eines Rechtecks, das diese Ellipse umgibt.

10.2.6 Dicke und Farbe ändern, Zeichnung löschen

Hilfsroutinen

Einige Hilfsroutinen vervollständigen unser kleines Zeichenprogramm:

```
private void numPenWidth_ValueChanged(...)
{
    stift.Width = (float) numPenWidth.Value;
}

private void lstFarbe_SelectedIndexChanged(...)
{
    Color[] color_feld =
        { Color.Red, Color.Green, Color.Blue };
```

450

```
    stift.Color =
        color_feld[lstFarbe.SelectedIndex];
    pinsel.Color =
        color_feld[lstFarbe.SelectedIndex];
}

private void cmdClear_Click(...)
{
    z.Clear(BackColor);
}
```

Listing 10.6 Projekt »ZeichnenGrundformen«, Ändern, Löschen

Zur Erläuterung:

▶ Die Eigenschaft Width bestimmt die Dicke des Zeichenstifts. Das Zahlenauswahlfeld liefert eine Variable vom Typ decimal, die mithilfe des Casts
(float) in eine float-Variable für die Stiftdicke umgewandelt wird.

▶ Die Eigenschaft Color bestimmt die Farbe des Zeichenstifts und des Pin-   **Color**
sels. Der Index des ausgewählten Elements im Listenfeld wird bei einer
Änderung unmittelbar übernommen, um das zugehörige Element des
Felds color_feld zu bestimmen. Das Feld color_feld ist ein Feld von
Objekten der Struktur Color.

▶ Die Methode Clear() dient zum Löschen der Zeichenfläche. Eigentlich   **Clear()**
handelt es sich um ein Auffüllen mit einer Einheitsfarbe. Hier wird die
normale Hintergrundfarbe des Formulars zum Auffüllen genommen.

10.3   Text schreiben

Texte werden mithilfe eines Pinsels und eines Font-Objekts auf die Zeichenfläche geschrieben. Das Beispielprogramm (Projekt *ZeichnenText*) beinhaltet folgende Möglichkeiten (siehe auch Abbildung 10.2):

▶ Schreiben eines eingegebenen Texts

▶ Ändern der Schriftart

▶ Ändern der Schriftgröße

▶ Ändern der Schriftfarbe

▶ Löschen der gesamten Zeichnung

10 Zeichnen mit GDI+

Abbildung 10.2 Text in Zeichnung

Das gesamte Programm:

```
public partial class Form1 : Form
{
    ...
    Graphics z;
    Font f = new Font("Arial", 16);
    SolidBrush pinsel = new SolidBrush(Color.Red);

    private void Form1_Load(...)
    {
        z = CreateGraphics();

        lstSchriftart.Items.Add("Arial");
        lstSchriftart.Items.Add("Courier New");
        lstSchriftart.Items.Add("Symbol");
        lstSchriftart.SelectedIndex = 0;

        lstFarbe.Items.Add("Rot");
        lstFarbe.Items.Add("Grün");
        lstFarbe.Items.Add("Blau");
        lstFarbe.SelectedIndex = 0;
    }
```

10.3   Text schreiben

```
private void cmdAnzeigen_Click(...)
{
    z.DrawString(txtE.Text, f, pinsel, 20, 20);
}

private void lstSchriftart_SelectedIndexChanged(...)
{
    f = new Font(lstSchriftart.Text, f.Size);
}

private void numSchriftgröße_ValueChanged(...)
{
    f = new Font(f.FontFamily,
        (float) numSchriftgröße.Value);
}

private void lstFarbe_SelectedIndexChanged(...)
{
    Color[] color_feld =
        {Color.Red, Color.Green, Color.Blue};
    pinsel.Color =
        color_feld[lstFarbe.SelectedIndex];
}

private void cmdClear_Click(...)
{
    z.Clear(BackColor);
}
}
```

Listing 10.7 Projekt »ZeichnenText«

Zur Erläuterung:

▶ Die Zeichenfläche und ein Pinsel zum Schreiben von Text auf die Zeichenfläche werden klassenweit gültig bereitgestellt.

▶ Das Schriftformat für den Text wird im Objekt f der Klasse Font zur Verfügung gestellt.   Font

▶ Zu Beginn des Programms werden die beiden Listen für Schriftart und Farbe gefüllt.

453

DrawString()
- Die Methode `DrawString()` dient zum Schreiben des Texts. Sie benötigt den Text, ein Schriftformat, einen Pinsel und einen Ort zum Schreiben.
- Bei einem Wechsel der Auswahl im ersten Listenfeld wird eine neue Schriftart eingestellt.
- Bei einem Wechsel der Zahl im Zahlenauswahlfeld wird eine neue Schriftgröße eingestellt. Es findet eine Umwandlung von `decimal` zu `float` statt.
- Ein Wechsel der Farbe im zweiten Listenfeld führt zu einer Änderung der Schriftfarbe.

10.4 Bilder darstellen

Image Zum Darstellen eines Bilds auf einer Zeichenfläche benötigen Sie die Klasse `Image`. Die statische Methode `FromFile()` dieser Klasse lädt ein Bild aus einer Datei und stellt es zur Darstellung bereit. Die Bildeigenschaften stehen ebenfalls zur Verfügung. Die Zeichenmethode `DrawImage()` zeichnet das Bild schließlich auf die Zeichenfläche.

OpenFileDialog Im nachfolgenden Programm wird mithilfe des Standarddialogfelds `OpenFileDialog` eine Bilddatei ausgewählt. Diese wird geladen, und das Bild wird dargestellt (siehe Abbildung 10.3).

Abbildung 10.3 Bild aus Datei »namibia.gif«

10.4　Bilder darstellen

Der Programmcode für das Projekt *ZeichnenBild* lautet:

```
private void cmdAuswahl_Click(...)
{
    Graphics z = CreateGraphics();
    Font df = new Font("Verdana", 11);
    SolidBrush pinsel = new SolidBrush(Color.Black);

    OpenFileDialog ofd = new OpenFileDialog();
    Image bild;

    z.Clear(BackColor);

    ofd.InitialDirectory = "C:\\Temp";
    ofd.Title = "Bitte eine Bilddatei wählen";
    ofd.Filter =
        "Bild-Dateien (*.jpg; *.gif)|*.jpg; *.gif";

    if (ofd.ShowDialog() == DialogResult.OK)
    {
        bild = Image.FromFile(ofd.FileName);
        z.DrawImage(bild, 20, 40);
        z.DrawString("Breite: " + bild.Width +
            ", Höhe: " + bild.Height,
            df, pinsel, 20, 20);
    }
    else
        MessageBox.Show("Keine Bilddatei ausgewählt");
}
```

Listing 10.8 Projekt »ZeichnenBild«

Zur Erläuterung:

▶ Da es sich nur um eine einzelne Ereignismethode handelt, werden diesmal alle Variablen und Objekte nur lokal deklariert.

▶ Die Zeichenfläche wird wieder über die Variable z bereitgestellt.

▶ Die Schriftart und der Pinsel werden zur Ausgabe von Eigenschaften des geladenen Bilds benötigt.

▶ Mithilfe eines Standarddialogfelds werden die Bilddateien mit den Endungen *.jpg* und *.gif* im Ordner *C:\Temp* aufgelistet.

455

10 Zeichnen mit GDI+

> ► Der Benutzer sucht eine Bilddatei in diesem oder einem anderen Verzeichnis aus. Der Name dieser Datei steht in der Eigenschaft FileName des Dialogfelds.

FromFile()

> ► Die statische Methode FromFile() der Klasse Image lädt das Bild und liefert einen Verweis, über den auf das Bild zugegriffen werden kann.

DrawImage()

> ► Die Methode DrawImage() stellt das Bild dar. Eine der zahlreichen Überladungen dieser Methode benötigt die x- und y-Koordinaten der Stelle, an der sich die obere linke Ecke des Bilds befinden soll.

> ► Bricht der Benutzer die Bildauswahl ab, wird das in einer Meldung ausgegeben.

10.5 Dauerhaft zeichnen

Die bisher vorgestellte Methode hat den Nachteil, dass die Zeichnung teilweise oder ganz gelöscht wird, sobald z. B. eine andere Anwendung über dem Formular eingeblendet wird.

Paint-Ereignis

Eine andere Methode arbeitet mit dem Paint-Ereignis des Formulars. Dieses Ereignis wird jedes Mal aufgerufen, wenn das Formular auf dem Bildschirm neu gezeichnet werden muss.

Im nachfolgenden Programm (Projekt *ZeichnenDauerhaft*) werden einige Elemente der vorgestellten Programme auf diese Weise gezeichnet (siehe Abbildung 10.4).

Der zugehörige Code:

```
private void Form1_Paint(
    object sender, PaintEventArgs e)
{
    Graphics z;
    Pen stift = new Pen(Color.Red, 2);
    Font f = new Font("Arial", 16);
    SolidBrush pinsel = new SolidBrush(Color.Red);
    Image bild;
    string filename;

    /* Holt Grafikobjekt zum Zeichnen */
    z = e.Graphics;
```

10.5 Dauerhaft zeichnen

Abbildung 10.4 Drei dauerhafte Zeichnungselemente

```
    /* Rechteck, Text */
    z.DrawRectangle(stift, 20, 20, 30, 60);
    z.DrawString("Hallo", f, pinsel, 70, 20);

    /* Bild */
    filename = "namibia.gif";
    if (File.Exists(filename))
    {
        bild = Image.FromFile(filename);
        z.DrawImage(bild, 70, 70);
    }
    else
        MessageBox.Show("Datei nicht vorhanden");
}
```

Listing 10.9 Projekt »ZeichnenDauerhaft«

Zur Erläuterung:

- Es wird die Klasse File benötigt, daher müssen Sie in diesem Projekt den Namensraum System.IO einbinden.
- Das Objekt e der Klasse PaintEventArgs liefert Daten für das Paint-Ereignis. **PaintEventArgs**
- Eine der Eigenschaftsmethoden des Objekts e ist Graphics. Sie liefert das Grafikobjekt zum Zeichnen.

- Mithilfe dieses Objekts werden nacheinander ein Rechteck, ein Text und ein Bild aus einer Datei auf dem Formular gezeichnet.
- Zur Vereinfachung liegt die Bilddatei *namibia.gif* im Projektunterverzeichnis *bin\Debug*.

10.6 Zeichnen einer Funktion

Zum Abschluss dieses Kapitels sollen im Projekt *ZeichnenFunktion* die Verläufe von zwei mathematischen Funktionen gezeichnet werden. Es handelt sich um die Sinus- und die Kosinusfunktion, deren Verläufe von 0 bis 360 Grad gezeichnet werden (siehe Abbildung 10.5).

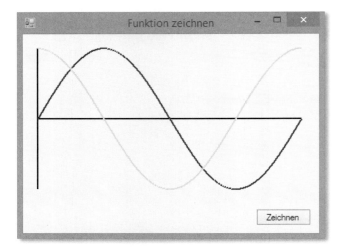

Abbildung 10.5 Projekt »ZeichnenFunktion«

Zunächst der Code zum Button ZEICHNEN:

```
private void cmdZeichnen_Click(...)
{
    Graphics z = CreateGraphics();
    Pen stift;
    Point start, ende;

    stift = new Pen(Color.Black, 2);
    z.DrawLine(stift,
        new Point(20, 120), new Point(380, 120));
```

10.6 Zeichnen einer Funktion

```
z.DrawLine(stift,
    new Point(20, 220), new Point(20, 20));

stift = new Pen(Color.Blue, 2);
start = new Point(20, 120);
for(int i=1; i<=360; i++)
{
    ende = new Point(20 + i, 120 -
        (int) (Math.Sin(i * Math.PI / 180) * 100) );
    z.DrawLine(stift, start, ende);
    start = ende;
}

stift = new Pen(Color.LightGray, 2);
start = new Point(20, 20);
for(int i=1; i<=360; i++)
{
    ende = new Point(20 + i, 120 -
        (int)(Math.Cos(i * Math.PI / 180) * 100));
    z.DrawLine(stift, start, ende);
    start = ende;
}
}
```

Listing 10.10 Projekt »ZeichnenFunktion«

Zur Erläuterung:

▶ Jede Funktionskurve besteht aus kurzen geraden Linienstücken mit einem Start- und einem Endpunkt. Diese Punkte sind vom Typ Point.

▶ Für die Achsen wird ein schwarzer Stift mit Stärke 2 gewählt. Die x-Achse wird in der Mitte der Zeichnung von links nach rechts gezogen. Die y-Achse wird am linken Rand der Zeichnung von unten nach oben gezogen.

▶ Für die Sinuskurve wird ein blauer Stift mit Stärke 2 gewählt. Der Startpunkt des ersten Linienstücks liegt mathematisch bei x=0 und y=sin(0)=0. Der y-Wert wird mit dem Skalierungsfaktor 100 malgenommen. Er muss dann von 120 abgezogen werden, da y in der Zeichnung von oben nach unten gemessen wird und der Nullpunkt für y in der Zeichnung bei 120 liegt. Es ergeben sich x=20 und y=120.

▶ Die x-Koordinate des Endpunkts des ersten Linienstücks ergibt sich durch den Winkel in Grad: 1. Dazu muss der x-Versatz des Ursprungs addiert werden. Es ergibt sich also 21.

▶ Zur Berechnung der y-Koordinate des Endpunkts des ersten Linienstücks muss der Winkel zunächst von Grad in Bogenmaß umgerechnet werden, also mal der mathematischen Konstante PI durch 180. Die Sinusfunktion ergibt einen Wert zwischen 0 und 1. Auch dieser y-Wert muss mal 100 genommen und von 120 abgezogen werden, siehe oben.

▶ Zur Erzeugung eines Objekts vom Typ Point werden zwei ganze Zahlen benötigt. Daher wird der berechnete Wert mit dem Cast (int) entsprechend umgewandelt.

▶ Es wird dann eine Linie vom Startpunkt zum berechneten Endpunkt gezogen. Der Endpunkt wird anschließend zum Startpunkt für das nächste Linienstück und so weiter.

▶ Für die Kosinuskurve wird ein hellgrauer Stift mit Stärke 2 gewählt. Der Startpunkt des ersten Linienstücks liegt mathematisch bei x=0 und y=cos(0)=1. Auch dieser y-Wert muss mal 100 genommen und von 120 abgezogen werden. Es ergeben sich x=20 und y=20.

▶ Die einzelnen Linienstücke werden wie bei der Sinuskurve erstellt.

Kapitel 11
Beispielprojekte

Als weiterführende Übungsaufgaben werden in diesem Kapitel zwei lauf-
fähige Beispielprojekte vorgeführt. Haben Sie den geschilderten Aufbau
verstanden, können Sie später eigene Verbesserungen oder Erweiterungen
einbringen.

Bei den beiden Beispielprojekten handelt es sich zum einen um das bekannte Tetris-Spiel und zum anderen um einen Vokabeltrainer.

11.1 Spielprogramm Tetris

Im Folgenden wird das bekannte Spielprogramm Tetris in einer vereinfachten, nachvollziehbaren Version für Visual C# realisiert und erläutert. Das Programm beinhaltet:

- ein zweidimensionales Feld
- einen Timer
- einen Zufallsgenerator
- die Erzeugung und Löschung von Steuerelementen zur Laufzeit
- die Zuordnung von Ereignismethoden zu Steuerelementen, die erst zur Laufzeit erzeugt werden

Abbildung 11.1 zeigt die Benutzeroberfläche des Programms.

11.1.1 Spielablauf

Nach Programmstart fällt ein Steuerelement vom Typ Panel in einer von acht möglichen Farben so weit herunter, bis es auf den Rand des Spielfelds oder auf ein anderes Panel trifft. Es kann mithilfe der drei Buttons »Links« (LI), »Rechts« (RE) und »Drop« (DR) bewegt werden. »Drop« bewirkt ein sofortiges Absenken des Panels auf die unterste mögliche Position.

Panel fällt herunter

11 Beispielprojekte

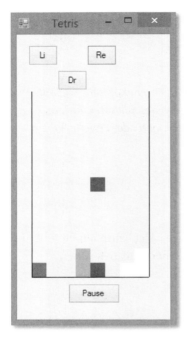

Abbildung 11.1 Tetris

Nächstes Level — Befinden sich drei gleichfarbige Panels untereinander oder nebeneinander, verschwinden sie. Panels, die sich eventuell darüber befinden, rutschen nach. Anschließend wird die Fallgeschwindigkeit der Panels erhöht. Das bedeutet, die Schwierigkeitsstufe wird gesteigert, man gelangt zum nächsten Level.

Ende — Sobald ein Panel nur noch in der obersten Zeile platziert werden kann, ist das Spiel zu Ende. Ziel des Spiels ist es, so viele Panels wie möglich zu platzieren. Mit dem Button PAUSE kann das Spiel unterbrochen werden, eine erneute Betätigung des Buttons lässt das Spiel weiterlaufen.

11.1.2 Programmbeschreibung

Hilfsfeld — Der Kasten, in dem sich die fallenden Panels befinden, ist 8 Spalten breit und 13 Zeilen hoch. Als Hilfskonstruktion steht das zweidimensionale Feld F mit 10 Spalten und 15 Zeilen zur Verfügung, in dem jedes existierende Panel mit seiner laufenden Nummer vermerkt ist.

Ze/Sp	0	1	2	3	4	5	6	7	8	9
1	−2	−1	−1	−1	−1	−1	−1	−1	−1	−2
2	−2	−1	−1	−1	−1	−1	−1	−1	−1	−2
3	−2	−1	−1	−1	−1	−1	−1	−1	−1	−2
4	−2	−1	−1	−1	−1	−1	−1	−1	−1	−2
5	−2	−1	−1	−1	−1	−1	−1	−1	−1	−2
6	−2	−1	−1	−1	−1	−1	−1	−1	−1	−2
7	−2	−1	−1	−1	−1	−1	−1	−1	−1	−2
8	−2	−1	−1	−1	−1	−1	−1	−1	−1	−2
9	−2	−1	−1	−1	−1	−1	−1	−1	−1	−2
10	−2	−1	−1	−1	−1	−1	−1	−1	−1	−2
11	−2	−1	−1	−1	11	−1	−1	−1	−1	−2
12	−2	−1	−1	−1	3	8	9	−1	−1	−2
13	−2	−1	0	10	2	4	5	−1	−1	−2
14	−2	−2	−2	−2	−2	−2	−2	−2	−2	−2

Tabelle 11.1 Spielfeld

Im Beispiel in Tabelle 11.1 wird der Inhalt des Felds F nach den Panels 0 bis 11, also nach zwölf gefallenen Panels angezeigt. Die Panels 1, 6 und 7 hatten die gleiche Farbe, standen über- oder nebeneinander und sind deshalb schon verschwunden. Die Randelemente werden zu Spielbeginn mit dem Wert der Konstanten Rand=−2 besetzt. Alle Elemente des Felds F, die kein Panel enthalten, also leer sind, haben den Wert der Konstanten Leer=−1.

11.1.3 Steuerelemente

Es gibt zu Beginn des Programms folgende Steuerelemente:

▶ vier Buttons für links (LI), rechts (RE), Drop (DR) und PAUSE

▶ drei Panels als Begrenzungslinien des Spielfelds

Timer ▶ einen Timer, der das aktuelle Panel automatisch weiter fallen lässt (Start-wert für das Zeitintervall: 500 ms)

Im Verlauf des Programms werden weitere Steuerelemente vom Typ Panel hinzugefügt bzw. wieder entfernt.

11.1.4 Initialisierung des Programms

Sie müssen die Namensräume System.Collections (für eine ArrayList) und System.Drawing (für Positionsänderungen von Steuerelementen) einbinden.

Zu Beginn des Programms werden die klassenweit gültigen Variablen und Konstanten vereinbart, und die Form1_Load-Methode wird durchlaufen:

```
public partial class Form1 : Form
{
    ...
    /* Incex des aktuellen Panels */
    int Px;

    /* Gesamtes Spielfeld inkl. Randfeldern */
    int[,] F = new int[15, 10];

    /* Zeile und Spalte des aktuellen Panels */
    int PZ, PS;

    /* Schwierigkeitsstufe */
    int Stufe;

    /* Eine zunächst leere Liste von Spiel-Panels */
    ArrayList PL = new ArrayList();

    /* Ein Feld von Farben für die Panels */
    Color[] FarbenFeld = {Color.Red,
        Color.Yellow, Color.Green, Color.Blue,
        Color.Cyan, Color.Magenta, Color.Black,
        Color.White};

    /* Konstanten für Status eines Feldpunkts */
    const int Leer = -1;
    const int Rand = -2;
```

11.1   Spielprogramm Tetris

```
/* Zufallsgenerator erzeugen und initialisieren */
Random r = new Random();

private void Form1_Load(...)
{
    int Z, S;

    /* Größe und Ort einstellen */
    this.Size = new Size(225, 440);
    cmdLinks.Size = new Size(40, 28);
    cmdLinks.Location = new Point(16, 15);
    cmdRechts.Size = new Size(40, 28);
    cmdRechts.Location = new Point(96, 15);
    cmdUnten.Size = new Size(40, 28);
    cmdUnten.Location = new Point(56, 50);
    panLinks.Size = new Size(1, 260);
    panLinks.Location = new Point(20, 80);
    panRechts.Size = new Size(1, 260);
    panRechts.Location = new Point(180, 80);
    panUnten.Size = new Size(160, 1);
    panUnten.Location = new Point(20, 340);
    cmdPause.Size = new Size(70, 28);
    cmdPause.Location = new Point(70, 350);

    /* Feld besetzen */
    for (Z=1; Z<14; Z++)
    {
        F[Z, 0] = Rand;
        for (S=1; S<9; S++)
            F[Z, S] = Leer;
        F[Z, 9] = Rand;
    }

    for (S=0; S<10; S++)
        F[14, S] = Rand;

    /* Initialisierung */
    Stufe = 1;
```

```
        NächstesPanel();
    }
...
```

Listing 11.1 Projekt »Tetris«, Variablen, Konstanten, Start

Zur Erläuterung der klassenweit gültigen Variablen und Konstanten:

▶ Die laufende Nummer (der Index) des aktuell fallenden Panels wird in der Variablen PX festgehalten.

Hilfsfeld

▶ Das gesamte Spielfeld, das in Abschnitt 11.1.2, »Programmbeschreibung«, schematisch dargestellt wurde, wird im zweidimensionalen Feld F gespeichert.

▶ Die Variablen PZ und PS beinhalten die Zeilen- und Spaltenposition des aktuell fallenden Panels innerhalb des Spielfelds.

Level

▶ Die Variable Stufe kennzeichnet den Schwierigkeitsgrad des Spiels. Jedes Mal, wenn drei Panels, die untereinander- oder nebeneinanderlagen, gelöscht wurden, wird die Stufe um 1 erhöht. Das sorgt für ein kürzeres Timer-Intervall, die Panels werden schneller.

Liste von Panels

▶ PL ist eine ArrayList von Steuerelementen vom Typ Panel. ArrayLists können beliebige Objekte enthalten. Das können Variablen, Objekte eigener Klassen oder, wie hier, Steuerelemente, also Objekte vorhandener Klassen, sein. Zu Beginn ist die ArrayList leer.

▶ Das Feld FarbenFeld enthält insgesamt acht Farben. Die Farben der Panels werden per Zufallsgenerator ermittelt.

▶ Die Konstanten Leer und Rand werden erzeugt. Die Namen der Konstanten sind im Programm leichter lesbar als die Werte –1 bzw. –2.

▶ Für die Farbauswahl wird der Zufallsgenerator bereitgestellt.

Zur Erläuterung der Form1_Load-Methode:

▶ Zunächst werden zur Sicherheit Größe und Ort der beteiligten Steuerelemente noch einmal per Code eingestellt.

▶ Die Elemente des oben beschriebenen Hilfsfelds F werden mit Leer bzw. Rand besetzt.

▶ Die Schwierigkeitsstufe wird auf 1 gesetzt.

Erstes Panel

▶ Es wird die Methode NächstesPanel() aufgerufen. Sie ist in diesem Fall für die Erzeugung des ersten fallenden Panels zuständig.

11.1.5 Erzeugen eines neuen Panels

Die Methode NächstesPanel() dient der Erzeugung eines neuen fallenden Panels. Das geschieht zu Beginn des Spiels und nachdem ein Panel auf dem unteren Rand des Spielfelds oder auf einem anderen Panel zum Stehen gekommen ist. Der Code lautet:

```
private void NächstesPanel()
{
    int Farbe;
    Panel p = new Panel();

    /* Neues Panel zur ArrayList hinzufügen */
    PL.Add(p);

    /* Neues Panel platzieren */
    p.Location = new Point(100, 80);
    p.Size = new Size(20, 20);

    /* Farbauswahl für neues Panel */
    Farbe = r.Next(0,8);
    p.BackColor = FarbenFeld[Farbe];

    /* Neues Panel zum Formular hinzufügen */
    Controls.Add(p);

    /* Index für späteren Zugriff ermitteln */
    PX = PL.Count - 1;

    /* Aktuelle Zeile, Spalte */
    PZ = 1;
    PS = 5;
}
```

Listing 11.2 Projekt »Tetris«, Methode NächstesPanel

Zur Erläuterung:

► Es wird ein Objekt vom Typ Panel neu erzeugt.

► Damit darauf auch außerhalb der Methode zugegriffen werden kann, wird ein Verweis auf dieses Panel mithilfe der Methode Add() der Array-List PL hinzugefügt.

Neues Listen-element

11 Beispielprojekte

▶ Es werden die Eigenschaften *Ort, Größe* und *Farbe* des neuen Panels bestimmt.

Neues Steuer-element

▶ Das Panel wird mithilfe der Methode `Add()` der Collection `Controls` hinzugefügt. Das ist eine Liste der Steuerelemente des Formulars. Dadurch wird das Panel sichtbar.

▶ Seine laufende Nummer (der Index) wird mithilfe der Eigenschaft `Count` ermittelt. Diese Nummer wird für den späteren Zugriff benötigt.

▶ Die Variablen `PZ` und `PS`, die die Position des aktuell fallenden Panels im Spielfeld `F` angeben, werden gesetzt.

11.1.6 Der Zeitgeber

In regelmäßigen Zeitabständen wird das Timer-Ereignis erzeugt und damit die Ereignismethode `timT_Tick()` aufgerufen. Diese sorgt dafür, dass sich das aktuelle Panel nach unten bewegt, falls das noch möglich ist:

```
private void timT_Tick(...)
{
    /* Falls es nicht mehr weitergeht */
    if (F[PZ + 1, PS] != Leer)
    {
        /* Oberste Zeile erreicht */
        if (PZ == 1)
        {
            timT.Enabled = false;
            MessageBox.Show("Das war's");
            return;
        }

        F[PZ, PS] = PX;        // Belegen
        AllePrüfen();
        NächstesPanel();
    }
    else
    {
        /* Falls es noch weitergeht */
        Panel p = (Panel) PL[PX];
        p.Top = p.Top + 20;
```

468

```
        PZ = PZ + 1;
    }
}
```

Listing 11.3 Projekt »Tetris«, Zeitgeber

Zur Erläuterung:

▶ Zunächst wird geprüft, ob sich unterhalb des aktuellen Panels noch ein freies Feld befindet.

▶ Ist das nicht der Fall, hat das Panel seine Endposition erreicht.

▶ Befindet sich diese Endposition in der obersten Zeile, ist das Spiel zu Ende. Der Timer wird deaktiviert, anderenfalls würden weitere Panels erzeugt. Es erscheint eine Meldung, und die Methode wird unmittelbar beendet. Will der Spieler erneut beginnen, muss er das Programm beenden und neu starten.

Endposition

▶ Befindet sich die Endposition nicht in der obersten Zeile, wird die Panel-Nummer im Feld F mit der aktuellen Zeile und Spalte vermerkt. Das dient der Kennzeichnung eines belegten Feldelements.

▶ Die Methode AllePrüfen() wird aufgerufen (siehe unten), um festzustellen, ob es drei gleichfarbige Panels über- oder nebeneinander gibt. Anschließend wird das nächste Panel erzeugt.

Prüfen

▶ Befindet sich unterhalb des Panels noch ein freies Feld, kann das Panel weiter fallen. Seine Koordinaten und die aktuelle Zeilennummer werden verändert.

Weiter fallen

11.1.7 Panels löschen

Die Methode AllePrüfen() ist eine rekursive Methode, mit deren Hilfe festgestellt wird, ob es drei gleichfarbige Panels nebeneinander oder übereinander gibt. Ist das der Fall, werden diese Panels entfernt, und die darüberliegenden Panels rutschen nach.

Rekursive Methode

Möglicherweise befinden sich nun erneut drei gleichfarbige Panels nebeneinander oder übereinander, es muss also wiederum geprüft werden. Das geschieht so lange, bis keine drei gleichfarbigen Panels nebeneinander oder übereinander mehr gefunden werden.

Die Methode AllePrüfen() bedient sich intern der beiden Methoden Neben-Prüfen() und ÜberPrüfen():

```
private void AllePrüfen()
{
    int Z, S;
    bool Neben, Über;
    Neben = false;
    Über = false;

    /* Drei gleiche Panels nebeneinander ? */
    for(Z=13; Z>0; Z--)
    {
        for(S=1; S<7; S++)
        {
            Neben = NebenPrüfen(Z, S);
            if (Neben) break;
        }
        if (Neben) break;
    }

    /* Drei gleiche Panels übereinander ? */
    for(Z=13; Z>2; Z--)
    {
        for(S=1; S<9; S++)
        {
            Über = ÜberPrüfen(Z, S);
            if (Über) break;
        }
        if (Über) break;
    }

    if (Neben || Über)
    {
        /* Schneller */
        Stufe = Stufe + 1;
        timT.Interval = 5000 / (Stufe + 9);

        /* Eventuell kann jetzt noch eine Reihe
           entfernt werden */
        AllePrüfen();
    }
}
```

```csharp
/* Falls 3 Felder nebeneinander besetzt */
private bool NebenPrüfen(int Z, int S)
{
    int ZX, SX;
    bool ergebnis = false;

    if (F[Z, S] != Leer &&
            F[Z, S + 1] != Leer &&
            F[Z, S + 2] != Leer)
    {
        Panel p = (Panel) PL[F[Z, S]];
        Panel p1 = (Panel) PL[F[Z, S + 1]];
        Panel p2 = (Panel) PL[F[Z, S + 2]];

        /* Falls drei Farben gleich */
        if (p.BackColor == p1.BackColor &&
                p.BackColor == p2.BackColor)
        {

            for(SX=S; SX<S+3; SX++)
            {
                /* PL aus dem Formular löschen */
                Control c = (Control) PL[F[Z, SX]];
                Controls.Remove(c);
                /* Feld leeren */
                F[Z, SX] = Leer;

                /* Panels oberhalb des entladenen
                   Panels absenken */
                ZX = Z - 1;
                while (F[ZX, SX] != Leer)
                {
                    Panel px =
                        (Panel) PL[F[ZX, SX]];
                    px.Top = px.Top + 20;

                    /* Feld neu besetzen */
                    F[ZX + 1, SX] = F[ZX, SX];
                    F[ZX, SX] = Leer;
                    ZX = ZX - 1;
```

11 Beispielprojekte

```csharp
                    }

                }
                ergebnis = true;
            }
        }
        return ergebnis;
}

/* Falls drei Felder übereinander besetzt */
private bool ÜberPrüfen(int Z, int S)
{
    int ZX;
    bool ergebnis = false;

    if (F[Z, S] != Leer && F[Z - 1, S] != Leer &&
            F[Z - 2, S] != Leer)
    {
        Panel p = (Panel) PL[F[Z, S]];
        Panel p1 = (Panel) PL[F[Z - 1, S]];
        Panel p2 = (Panel) PL[F[Z - 2, S]];

        /* Falls drei Farben gleich */
        if (p.BackColor == p1.BackColor &&
                p.BackColor == p2.BackColor)
        {

            /* 3 Panels entladen */
            for (ZX=Z; ZX>Z-3; ZX--)
            {
                /* PL aus dem Formular löschen */
                Control c = (Control) PL[F[ZX, S]];
                Controls.Remove(c);
                /* Feld leeren */
                F[ZX, S] = Leer;
            }
            ergebnis = true;
        }
```

```
        }
        return ergebnis;
}
```

Listing 11.4 Projekt »Tetris«, Panels löschen

Zur Erläuterung:

▶ Die Variablen Neben und Über kennzeichnen die Tatsache, dass drei gleichfarbige Panels neben- oder übereinander gefunden wurden. Sie werden erst mal auf false gesetzt.

▶ Zunächst wird geprüft, ob sich drei gleichfarbige Panels nebeneinander befinden. Das geschieht, indem für jedes einzelne Feldelement in der Methode NebenPrüfen() geprüft wird, ob es selbst und seine beiden rechten Nachbarn mit einem Panel belegt sind und ob diese Panels gleichfarbig sind. Die Prüfung beginnt beim Panel unten links und setzt sich bis zum drittletzten Panel derselben Zeile fort. Anschließend werden die Panels in der Zeile darüber geprüft usw.

Nebeneinander

▶ Sobald eine Reihe gleichfarbiger Panels gefunden wurde, werden alle drei Panels mithilfe der Methode Remove() aus der Collection der Steuerelemente des Formulars gelöscht, d. h., sie verschwinden aus dem Formular. Ihre Position im Feld F wird mit –1 (= Leer) besetzt. Nun müssen noch alle Panels, die sich eventuell oberhalb der drei Panels befinden, um eine Position abgesenkt werden. Die Variable Neben wird auf true gesetzt. Die doppelte Schleife wird sofort verlassen.

Panels löschen

▶ Analog wird nun in der Methode ÜberPrüfen() geprüft, ob sich drei gleichfarbige Panels übereinander befinden. Ist das der Fall, werden sie aus der Collection der Steuerelemente des Formulars gelöscht. Ihre Positionen im Feld F werden mit –1 besetzt. Über den drei Panels können sich keine weiteren Panels befinden, die entfernt werden müssten.

Übereinander

▶ Wurde durch eine der beiden Prüfungen eine Reihe gefunden und entfernt, wird die Schwierigkeitsstufe erhöht und das Timer-Intervall verkürzt. Nun muss geprüft werden, ob sich durch das Nachrutschen von Panels wiederum ein Bild mit drei gleichfarbigen Panels über- oder nebeneinander ergeben hat. Die Methode AllePrüfen() ruft sich also so lange selbst auf (rekursive Methode), bis keine Reihe mehr gefunden wird.

Rekursiv

11 Beispielprojekte

11.1.8 Panels seitlich bewegen

Mithilfe der beiden Ereignismethoden cmdLinks_Click() und cmdRechts_
Click() werden die Panels nach links bzw. rechts bewegt, falls das möglich
ist:

```
private void cmdLinks_Click(...)
{
    if (F[PZ, PS - 1] == Leer)
    {
        Panel p = (Panel) PL[PX];
        p.Left = p.Left - 20;
        PS = PS - 1;
    }
}
private void cmdRechts_Click(...)
{
    if (F[PZ, PS + 1] == Leer)
    {
        Panel p = (Panel) PL[PX];
        p.Left = p.Left + 20;
        PS = PS + 1;
    }
}
```

Listing 11.5 Projekt »Tetris«, Panels seitlich bewegen

Zur Erläuterung:

Seitlich

▶ Es wird geprüft, ob sich links bzw. rechts vom aktuellen Panel ein freies
  Feldelement befindet. Ist das der Fall, wird das Panel nach links bzw.
  rechts verlegt, und die aktuelle Spaltennummer wird verändert.

11.1.9 Panels nach unten bewegen

Die Ereignismethode cmdUnten_Click() dient zur wiederholten Bewegung
der Panels nach unten, falls das möglich ist. Diese Bewegung wird so lange
durchgeführt, bis das Panel auf die Spielfeldbegrenzung oder auf ein anderes Panel stößt. Der Code lautet:

11.1 Spielprogramm Tetris

```
private void cmdUnten_Click(...)
{
    while (F[PZ + 1, PS] == Leer)
    {
        Panel p = (Panel) PL[PX];
        p.Top = p.Top + 20;
        PZ = PZ + 1;
    }
    F[PZ, PS] = PX;        // Belegen
    AllePrüfen();
    NächstesPanel();
}
```

Listing 11.6 Projekt »Tetris«, Panels nach unten bewegen

Zur Erläuterung:

▶ Es wird geprüft, ob sich unter dem aktuellen Panel ein freies Feldelement **Nach unten**
befindet. Ist das der Fall, wird das Panel nach unten verlegt, und die aktuelle Zeilennummer wird verändert. Das geschieht so lange, bis das Panel auf ein Hindernis stößt.

▶ Anschließend wird das betreffende Feldelement belegt. Es wird geprüft, ob nun eine neue Reihe von drei gleichfarbigen Panels existiert, und das nächste Panel wird erzeugt.

11.1.10 Pause

Abhängig vom aktuellen Zustand wird durch Betätigen des Buttons PAUSE **Spiel anhalten** in den Zustand *Pause* geschaltet oder wieder zurück:

```
private void cmdPause_Click(...)
{
    timT.Enabled = !timT.Enabled;
}
```

Listing 11.7 Projekt »Tetris«, Pause

Zur Erläuterung:

▶ Der Zustand des Timers wechselt zwischen Enabled = true und Enabled = false.

475

11.2 Lernprogramm Vokabeln

In diesem Abschnitt wird ein kleines, erweiterungsfähiges Vokabel-Lernprogramm (Projekt *Vokabeln*) vorgestellt. Es beinhaltet:

- eine Datenbank als Basis
- ein Hauptmenü
- die Nutzung einer ArrayList
- einen Zufallsgenerator
- eine Benutzerführung, abhängig vom Programmzustand
- Lesen einer Textdatei

11.2.1 Benutzung des Programms

Nach dem Start erscheint die Benutzeroberfläche (siehe Abbildung 11.2).

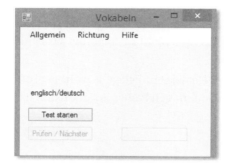

Abbildung 11.2 Projekt »Vokabeln«, Benutzeroberfläche

Hauptmenü Das Hauptmenü besteht aus:

- Menü ALLGEMEIN, dieses Menü besteht wiederum aus:
  - Menüpunkt TEST BEENDEN: vorzeitiger Testabbruch
  - Menüpunkt PROGRAMM BEENDEN
- Menü RICHTUNG: zur Auswahl und Anzeige der Richtung für Frage und Antwort
  - Menüpunkt DEUTSCH – ENGLISCH
  - Menüpunkt ENGLISCH – DEUTSCH (das ist die Voreinstellung)
  - Menüpunkt DEUTSCH – FRANZÖSISCH
  - Menüpunkt FRANZÖSISCH – DEUTSCH

- Menü HILFE
    - Menüpunkt ANLEITUNG: eine kurze Benutzeranleitung

Der Benutzer kann entweder die Richtung für Frage und Antwort wählen oder sofort einen Vokabeltest in der Voreinstellung ENGLISCH/DEUTSCH starten.

Nach der Betätigung des Buttons TEST STARTEN erscheint die erste Vokabel, der Button wird deaktiviert, und der Button PRÜFEN/NÄCHSTER wird aktiviert, wie in Abbildung 11.3 zu sehen.

Start

Abbildung 11.3 Test läuft, eine Vokabel erscheint

Nachdem der Benutzer eine Übersetzung eingegeben und den Button betätigt hat, wird seine Eingabe geprüft, und es erscheint ein Kommentar:

- Falls er die richtige Übersetzung eingegeben hat, wird diese Vokabel aus den Listen entfernt. Er wird in diesem Test nicht mehr danach gefragt.

Richtig

- Falls er nicht die richtige Übersetzung eingegeben hat, wird mit dem Kommentar die korrekte Übersetzung angezeigt, sodass der Benutzer sie lernen kann (siehe Abbildung 11.4).

Falsch

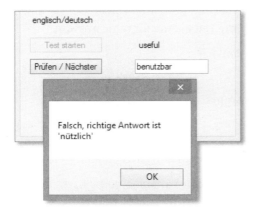

Abbildung 11.4 Falsche Antwort

Nächste Vokabel

Anschließend erscheint die nächste Vokabel. Diese wird aus der Liste der noch vorhandenen Vokabeln ausgewählt. Enthalten die Listen keine Vokabeln mehr, weil alle Vokabeln einmal richtig übersetzt wurden, ist der Test beendet. Der Button TEST STARTEN wird wieder aktiviert, und der Button PRÜFEN/NÄCHSTER wird deaktiviert.

Der Benutzer kann eine andere Richtung wählen und wiederum einen Test beginnen.

11.2.2 Erweiterung des Programms

Dieses Programm kann als Basis für ein größeres Projekt dienen. Es gibt viele Möglichkeiten zur Erweiterung des Programms:

▶ Der Benutzer soll die Möglichkeit zur Eingabe weiterer Vokabeln haben.

▶ Der Entwickler fügt weitere Sprachen und Richtungen für Frage und Antwort hinzu.

▶ Der Benutzer kann die Testauswahl auf eine bestimmte Anzahl an Vokabeln begrenzen.

▶ Der Entwickler kann die Vokabeln in Kategorien unterteilen.

▶ Der Benutzer kann Tests nur noch mit Fragen aus einer (oder mehreren) Kategorien machen.

▶ Es kann zu einer Frage mehrere richtige Antworten geben.

▶ Der Entwickler kann das Programm als ASP.NET-Anwendung internetfähig machen.

▶ Der Entwickler fügt eine Zeitsteuerung per Timer hinzu. Der Benutzer hat dann nur noch eine bestimmte Zeitspanne für seine Antwort.

Viele andere Erweiterungen sind denkbar.

11.2.3 Initialisierung des Programms

Es müssen die Namensräume System.Collections (für Objekte der Klasse ArrayList), System.Data.OleDb (für den Zugriff auf eine Access-Datenbank) und System.IO (für den Zugriff auf eine Textdatei) eingebunden werden.

Zu Beginn werden die klassenweit gültigen Variablen vereinbart, und die Form1_Load-Methode wird durchlaufen:

11.2 Lernprogramm Vokabeln

```
public partial class Form1 : Form
{
    ...
    /* Liste der Fragen */
    ArrayList frage = new ArrayList();

    /* Liste der Antworten */
    ArrayList antwort = new ArrayList();

    /* Zufallszahl für ein Element der beiden Listen */
    int zufallszahl;

    /* Richtung der Vokabelabfrage */
    int richtung;

    /* Erzeugen und Initialisieren
       des Zufallsgenerators */
    Random r = new Random();
    private void Form1_Load(...)
    {
        /* Startrichtung Englisch – Deutsch */
        richtung = 2;
    }
...
```

Listing 11.8 Projekt »Vokabeln«, Initialisierung

Zur Erläuterung:

▶ Die beiden Listen frage und antwort beinhalten im weiteren Verlauf des Programms die Fragen und zugehörigen Antworten je nach gewählter Testrichtung. Die Zusammengehörigkeit von Frage und Antwort ergibt sich daraus, dass die beiden zusammengehörigen Elemente der beiden Listen mit dem gleichen Index angesprochen werden.

Zwei Listen

▶ Der jeweils aktuelle Index wird im weiteren Verlauf des Programms per Zufallsgenerator bestimmt und in der Variablen zufallszahl gespeichert.

Zufallsgenerator

▶ Die Richtung für Frage und Antwort kann der Benutzer über das Benutzermenü auswählen.

479

11 Beispielprojekte

▶ Für die Auswahl der Frage wird der Zufallsgenerator bereitgestellt.

▶ Falls der Benutzer keine andere Richtung für Frage und Antwort auswählt, wird mit der Richtung Englisch – Deutsch begonnen.

11.2.4 Ein Test beginnt

Nachdem der Benutzer den Button START betätigt hat, beginnt der Test. Der Code der zugehörigen Ereignismethode lautet:

```
private void cmdStart_Click(...)
{
    OleDbConnection con = new OleDbConnection();
    OleDbCommand cmd = new OleDbCommand();
    OleDbDataReader reader;

    con.ConnectionString =
        "Provider=Microsoft.ACE.OLEDB.12.0;" +
        "Data Source=C:\\Temp\\lernen.accdb";

    cmd.Connection = con;
    cmd.CommandText = "select * from vokabel";

    frage.Clear();
    antwort.Clear();

    try
    {
        con.Open();
        reader = cmd.ExecuteReader();

        /* Speicherung in den Listen gemäß
           der ausgewählten Richtung */
        while (reader.Read())
        {
            if (richtung == 1 || richtung == 3)
                frage.Add(reader["deutsch"]);
            else if (richtung == 2)
                frage.Add(reader["englisch"]);
            else
                frage.Add(reader["französisch"]);
```

480

```
        if (richtung == 2 || richtung == 4)
            antwort.Add(reader["deutsch"]);
        else if (richtung == 1)
            antwort.Add(reader["englisch"]);
        else
            antwort.Add(reader["französisch"]);
    }

    reader.Close();
    con.Close();

    /* Buttons und Menü (de)aktivieren */
    cmdStart.Enabled = false;
    cmdPrüfen.Enabled = true;
    mnuRichtung.Enabled = false;
    txtAntwort.Enabled = true;

    /* Erste Vokabel erscheint */
    Nächste_Vokabel();
    }

    catch(Exception ex)
    {
        MessageBox.Show(ex.Message);
    }
}
```

Listing 11.9 Projekt »Vokabeln«, Testbeginn

Zur Erläuterung:

▶ Eine Verbindung zur Access-Datenbank *C:\Temp\lernen.accdb* wird geöffnet.

Datenbank

▶ Es wird eine Auswahlabfrage gesendet, die alle Datensätze der Tabelle vokabel anfordert.

▶ Die zurückgegebenen Datensätze werden einem OleDbReader übergeben. Beim Auslesen des Readers werden die beiden Listen frage und antwort mithilfe der Methode Add() mit den Inhalten der jeweiligen Felder

OleDbReader

11 Beispielprojekte

gefüllt, abhängig von der jeweils eingestellten Richtung für Frage und Antwort.

Button deaktivieren

▶ Der Button TEST STARTEN und das Menü für die Richtung werden deaktiviert, damit sie nicht versehentlich während eines Tests bedient werden können.

▶ Der Button PRÜFEN/NÄCHSTER und das Eingabetextfeld werden aktiviert, damit der Benutzer seine Antwort eingeben und prüfen lassen kann.

Nächste Vokabel

▶ Die Methode Nächste_Vokabel() dient dem Aufruf einer zufällig ausgewählten Vokabel aus der Liste frage.

11.2.5 Zwei Hilfsmethoden

Die beiden Hilfsmethoden Nächste_Vokabel() und Test_Init() werden von verschiedenen Stellen des Programms aufgerufen:

```
private void Nächste_Vokabel()
{
    /* Falls keine Vokabel mehr in der Liste: Ende */
    if (frage.Count < 1)
    {
        MessageBox.Show(
            "Gratuliere! Alles geschafft");
        Test_Init();
    }

    /* Falls noch Vokabeln in der Liste: Nächste */
    else
    {
        zufallszahl = r.Next(0, frage.Count);
        lblFrage.Text = "" + frage[zufallszahl];
        txtAntwort.Text = "";
    }
}

private void Test_Init()
{
    /* Buttons und Menü (de)aktivieren */
    cmdStart.Enabled = true;
```

```
cmdPrüfen.Enabled = false;
mnuRichtung.Enabled = true;
txtAntwort.Enabled = false;

/* Felder leeren */
lblFrage.Text = "";
txtAntwort.Text = "";
}
```

Listing 11.10 Projekt »Vokabeln«, Hilfsmethoden

Zur Erläuterung der Methode `Nächste_Vokabel()`:

▶ Bei einer richtigen Antwort werden Frage und Antwort aus der jeweiligen Liste gelöscht. Daher sind die Listen nach einiger Zeit leer. Mithilfe der Eigenschaft `Count` wird das geprüft.

▶ Sind die Listen leer, erscheint eine Erfolgsmeldung über den bestandenen Test. Der Startzustand der Benutzeroberfläche wird wiederhergestellt.

Test bestanden

▶ Sind die Listen noch nicht leer, wird eine Zufallszahl ermittelt. Der zugehörige Begriff wird eingeblendet, und das Eingabefeld wird gelöscht.

Zur Erläuterung der Methode `Test_Init()`:

▶ Die Methode dient zum Wiederherstellen des Startzustands der Benutzeroberfläche.

▶ Der Button TEST STARTEN und das Menü für die Richtung werden aktiviert, damit ein Test gestartet bzw. eine neue Richtung gewählt werden kann.

Buttons (de)aktivieren

▶ Der Button PRÜFEN/NÄCHSTER und das Eingabetextfeld werden deaktiviert, damit sie nicht versehentlich außerhalb eines Tests bedient werden können.

▶ Alte Einträge werden aus den Feldern für Frage und Antwort gelöscht.

11.2.6 Die Antwort prüfen

Nachdem der Benutzer den Button PRÜFEN/NÄCHSTER betätigt hat, wird die eingegebene Antwort überprüft. Der Code der zugehörigen Ereignismethode lautet wie folgt:

```csharp
private void cmdPrüfen_Click(...)
{
    /* Falls richtig beantwortet:
       Vokabel aus Liste nehmen */
    if (txtAntwort.Text == (string) antwort[zufallszahl])
    {
        MessageBox.Show("Richtig", "Vokabel");
        frage.RemoveAt(zufallszahl);
        antwort.RemoveAt(zufallszahl);
    }

    /* Falls falsch beantwortet:
       richtige Antwort nennen */
    else
        MessageBox.Show("Falsch, richtige Antwort" +
            " ist\n'" + antwort[zufallszahl] +
            "'", "Vokabel");

    /* Nächste Vokabel erscheint */
    Nächste_Vokabel();
}
```

Listing 11.11 Projekt »Vokabeln«, Eingabe prüfen

Zur Erläuterung:

Richtige Antwort

▶ Steht im Texteingabefeld dasselbe wie in dem Element der Liste antwort, das zum Element der Liste frage gehört, war die Antwort korrekt.

▶ Für den erfolgreichen Vergleich ist eine Konvertierung notwendig. In der ArrayList steht der Verweis auf ein Objekt aus dem Datenbankreader. Dieser Verweis muss in einen Verweis auf eine Zeichenkette umgewandelt werden.

Elemente löschen

▶ Bei einer richtigen Antwort erscheint eine Erfolgsmeldung. Frage und Antwort werden mithilfe der Methode RemoveAt() aus ihren jeweiligen Listen gelöscht, sodass die Listen irgendwann leer sind.

Falsche Antwort

▶ Bei einer falschen Antwort erfolgt eine Meldung, die auch die richtige Übersetzung beinhaltet. Frage und Antwort werden nicht gelöscht. Auf diese Weise kann die gleiche Frage später erneut gestellt werden.

▶ Es wird die nächste Frage gestellt, und die beschriebene Methode beginnt von vorn.

11.2.7 Das Benutzermenü

In insgesamt sieben kurzen Ereignismethoden und mithilfe einer Hilfsmethode wird die Bedienung des Benutzermenüs realisiert:

```csharp
private void mnuEndeTest_Click(...)
{
    /* Abbruch mit Rückfrage */
    if (MessageBox.Show(
            "Test wirklich abbrechen?",
            "Vokabel",
            MessageBoxButtons.YesNo) ==
            DialogResult.Yes)
        Test_Init();
}


private void mnuEndeProgramm_Click(...)
{
    /* Beenden mit Rückfrage */
    if (MessageBox.Show(
            "Programm wirklich beenden?",
            "Vokabel",
            MessageBoxButtons.YesNo) ==
            DialogResult.Yes)
        Close();
}


private void mnuDE_Click(...)
{
    /* Richtung wird geändert */
    richtung = 1;
    Check_False();
    mnuDE.Checked = true;
    lblRichtung.Text = "deutsch/englisch";
}
private void mnuED_Click(...)
{
    richtung = 2;
    Check_False();
    mnuED.Checked = true;
    lblRichtung.Text = "englisch/deutsch";
```

11 Beispielprojekte

```csharp
}

private void mnuDF_Click(...)
{
    richtung = 3;
    Check_False();
    mnuDF.Checked = true;
    lblRichtung.Text = "deutsch/französisch";
}

private void mnuFD_Click(...)
{
    richtung = 4;
    Check_False();
    mnuFD.Checked = true;
    lblRichtung.Text = "französisch/deutsch";
}

private void Check_False()
{
    mnuDE.Checked = false;
    mnuED.Checked = false;
    mnuDF.Checked = false;
    mnuFD.Checked = false;
}

private void mnuAnleitung_Click(...)
{
    FileStream fs;
    StreamReader sr;
    string dateiname = "hilfe.txt";
    string ausgabe;
    if (!File.Exists(dateiname))
    {
        MessageBox.Show("Die Datei " +
            dateiname + " existiert nicht");
        return;
    }

    fs = new FileStream(dateiname, FileMode.Open);
```

```
sr = new StreamReader(fs);

ausgabe = "";
while (sr.Peek() != -1)
    ausgabe += sr.ReadLine() + "\n";
sr.Close();

MessageBox.Show(ausgabe);
}
```

Listing 11.12 Projekt »Vokabeln«, Benutzermenü

Zur Erläuterung:

▶ Im Hauptmenü ALLGEMEIN besteht die Möglichkeit, einen Test abzubre-   Beenden
chen bzw. das Programm zu beenden. Zur Sicherheit wird in beiden Fällen noch einmal eine Rückfrage gestellt, damit kein Test versehentlich
abgebrochen wird.

▶ Im Hauptmenü RICHTUNG können insgesamt vier Ereignismethoden   Sprachen wählen
zur Auswahl der Richtung von Frage und Antwort aufgerufen werden.

  – Es wird jeweils die klassenweit gültige Variable richtung auf einen
    neuen Wert gesetzt. Beim nächsten Start eines Tests werden dann die
    entsprechenden Inhalte aus der Datenbank in den beiden Listen frage
    und antwort gespeichert.

  – Anschließend wird dafür gesorgt, dass nur die soeben ausgewählte
    Richtung im Benutzermenü mit einem Häkchen versehen ist.

▶ Im Hauptmenü HILFE wird über den Menüpunkt ANLEITUNG eine   Anleitung
kleine Benutzeranleitung eingeblendet. Dabei wird der Text der Anleitung aus einer Datei gelesen. Die Existenz der Datei wird zuvor geprüft.

Kapitel 12
Windows Presentation Foundation

Lernen Sie, mit der WPF zu arbeiten, einer gänzlich neu entwickelten Klassenbibliothek zur GUI-Gestaltung mit vielen Multimedia-Komponenten.

WPF steht für *Windows Presentation Foundation*. Es handelt sich dabei um eine in 2006 gänzlich neu eingeführte Bibliothek von Klassen, die zur Gestaltung von Oberflächen und zur Integration von Multimedia-Komponenten und Animationen dient. Sie vereint die Vorteile von DirectX, Windows Forms, Adobe Flash, HTML und CSS.

WPF

Anwendungen im Stil der Windows Store-Apps, die man nur für Windows 8 bzw. Windows 8.1 erstellen kann, basieren auf der WPF. Daher ist das Verständnis für den Aufbau von WPF-Anwendungen Voraussetzung für die Erstellung und Veränderung von Windows Store-Apps.

Windows Store-Apps

Die WPF ermöglicht eine verbesserte Gestaltung von Oberflächen. Layout, 3D-Grafiken, Sprachintegration, Animation, Datenzugriff und vieles mehr basieren auf einer einheitlichen Technik. Der Benutzer kann außerdem die Bedienung dieser Oberflächen schnell und intuitiv erlernen.

WPF-Anwendungen können neben den klassischen Medien Maus, Tastatur und Bildschirm auch auf Touchscreen und Digitalisierbrett zugreifen. Sie können über Sprache gesteuert werden und Sprachausgaben erzeugen.

Sie können Elemente aus Windows Forms in einer WPF-Anwendung unterbringen und umgekehrt. So können Sie die Vorzüge aus beiden Welten nutzen.

Die Oberfläche einer WPF-Anwendung wird mithilfe von XAML entworfen. XAML steht für *eXtensible Application Markup Language*. Es handelt sich dabei um eine XML-basierte Markierungssprache, die nicht nur in der WPF zum Einsatz kommt. Innerhalb von Visual Studio können Sie die Oberfläche gleichzeitig in zwei Ansichten sehen: im grafischen Entwurf und im XAML-Code.

XAML

Vorlage Bei Erzeugung eines neuen Projekts innerhalb von Visual Studio müssen Sie die Vorlage WPF-ANWENDUNG statt der Vorlage WINDOWS FORMS-ANWENDUNG auswählen.

Eine Anwendung kann ausschließlich aus XAML-Code oder ausschließlich aus Code in einer der Programmiersprachen bestehen, zum Beispiel Visual Basic oder Visual C#. Meist wird allerdings gemischt: Die Oberfläche wird in XAML entworfen, die Abläufe werden in einer Programmiersprache codiert. Jedoch sind die Übergänge fließend, es herrscht keine strenge Trennung wie in Windows Forms.

WPF-Buch Die gesamte Vielfalt der WPF kann hier nur ansatzweise in einigen Beispielen gezeigt werden. Mehr zum Thema in meinem Buch: Einstieg in WPF 4.5, Grundlagen und Praxis, ISBN 978-3-8362-1967-9, bei Galileo Press.

12.1 Layout

Die Oberfläche einer Anwendung wird über das Layout festgelegt, sie sollte stufenlos skalierbar sein und unterschiedlichen Umgebungen angepasst werden können. Im nachfolgenden Projekt *WPFLayoutKombi* sehen Sie zwei der zahlreichen Möglichkeiten der WPF. Es werden einige Buttons auf unterschiedliche Arten angeordnet (siehe Abbildung 12.1).

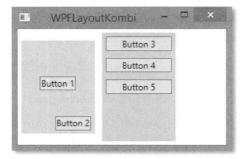

Abbildung 12.1 Projekt »WPFLayoutKombi«

MainWindow.xaml Nach der Erstellung eines neuen Projekts erscheint unter anderem das Hauptformular der Anwendung in der Datei *MainWindow.xaml* in zwei Ansichten:

► in der DESIGN-ANSICHT: als Oberfläche, zu der die Elemente aus dem WERKZEUGKASTEN hinzugefügt werden können, wie aus Windows Forms gewohnt

► in der CODE-ANSICHT: als XAML-Code, in dem die Elemente durch Codierung hinzugefügt werden können

Die Codezeilen für ein leeres Formular sind bereits vorhanden. Diese werden für unser Projekt in der CODE-ANSICHT ergänzt und angepasst:

```
<Window x:Class="WPFLayoutKombi.MainWindow"
    xmlns="http://..." xmlns:x="http://..."
    Title="WPFLayoutKombi" Height="200" Width="300">
  <StackPanel Orientation="Horizontal">
    <Canvas Width="100" Height="130" Margin="5"
        Background="LightGray">
      <Button x:Name="b1" Canvas.Top="50" Canvas.Left="25"
        Click="b1_Click">Button 1</Button>
      <Button x:Name="b2" Canvas.Bottom="5" Canvas.Right="5"
        Click="b2_Click">Button 2</Button>
    </Canvas>
    <StackPanel Width="100" Margin="5"
        Background="LightBlue"
        Button.Click="sp_Click">
      <Button x:Name="b3" Margin="5">Button 3</Button>
      <Button x:Name="b4" Margin="5">Button 4</Button>
      <Button x:Name="b5" Margin="5">Button 5</Button>
    </StackPanel>
  </StackPanel>
</Window>
```

Listing 12.1 Projekt »WPFLayoutKombi«, XAML-Code

XAML-Dokumente bestehen wie XML-Dokumente aus einer Hierarchie von Elementen mit Attributen. Das Hauptelement ist hier ein Fenster, das vom Typ Window abgeleitet ist. Der Name des abgeleiteten Typs wird über x:Class angegeben, hier MainWindow.

Window

Bereits bei Erstellung eines Projekts werden die wichtigsten Klassen der WPF mithilfe von zwei Namespaces (hier nur mit xmlns=http://... und xmlns:x=http://... angedeutet) automatisch zur Verfügung gestellt.

xmlns

12 Windows Presentation Foundation

Type Converter	Die XAML-Elemente haben verschiedene Eigenschaften, zum Beispiel `Title`, `Height` oder `Background`. `Title` ist vom Typ *Zeichenkette*, die Werte anderer Elemente werden gegebenenfalls mithilfe von *Type Convertern* umgewandelt, zum Beispiel in Zahlen, Farben oder boolesche Werte.
StackPanel	Ein Window darf genau ein Unterelement haben, hier ist es vom Typ *Stack-Panel*. Ein StackPanel ist ein Container mit einem »Stapel« von Unterelementen, hier einem `Canvas` und einem weiteren StackPanel. Mit dem Wert `Horizontal` für das Attribut `Orientation` wird dafür gesorgt, dass die Unterelemente nebeneinander gestapelt werden.
Canvas	Innerhalb eines Canvas können die Unterelemente absolut positioniert werden. Dieses Layout stellt einen Kompromiss innerhalb der WPF dar, da die Oberfläche so nicht mehr frei skalierbar ist. Der Canvas hat Breite, Höhe und Hintergrundfarbe. Über die Eigenschaft `Margin` stellen Sie den Abstand eines Elements zu seinem übergeordneten Element ein.
Ereignisprozedur	Eine Ereignisprozedur zu einem XAML-Element erzeugen Sie wie folgt:

- ▶ Markieren Sie das XAML-Element in der Design-Ansicht oder in der Code-Ansicht.
- ▶ Wechseln Sie im Eigenschaften-Fenster auf die Ansicht Ereignisse.
- ▶ Führen Sie bei dem betreffenden Ereignis einen Doppelklick aus.

Hat das Element im XAML-Code bereits einen Wert zum Bezeichner `x:Name`, heißt die Prozedur `Bezeichner_Ereignis()`, ansonsten heißt sie `Elementtyp_Ereignis()`, also zum Beispiel `b1_Click()` bzw. `Button_Click()`.

Attached Property	Die Position der Elemente innerhalb des Canvas wird über die Eigenschaften `Canvas.Top`, `Canvas.Left`, `Canvas.Bottom` und `Canvas.Right` eingestellt. Es handelt sich dabei um sogenannte *Attached Properties*. Das sind eigentlich Eigenschaften anderer Elementtypen (und zwar des Canvas), die aber hier (im Button-Element) benötigt werden.
Event Routing	Innerhalb des inneren StackPanels sind drei Buttons gestapelt, standardmäßig untereinander. Auch der Klick auf einen dieser Buttons führt zu einer Ereignisprozedur. Das liegt am sogenannten *Event Routing*: Falls bei einem Element zu dem ausgelösten Ereignis keine passende Prozedur registriert ist, wird das Ereignis zum übergeordneten Element weitergeleitet.
Attached Event	In diesem Fall findet sich im StackPanel das Event `Button.Click`. Es handelt sich dabei um ein sogenanntes *Attached Event*. Das sind eigentlich Ereig-

nisse anderer Elementtypen (und zwar des Button-Elements), die aber hier (im StackPanel) benötigt werden. Eine Prozedur zu einem *Attached Event* muss »von Hand« erzeugt werden.

Es folgt der Programmiercode aus der Datei *MainWindow.xaml.cs*:

```
private void b1_Click(object sender, RoutedEventArgs e)
{
  MessageBox.Show("b1");
}
private void b2_Click(object sender, RoutedEventArgs e)
{
  MessageBox.Show("b2");
}
private void sp_Click(object sender, RoutedEventArgs e)
{
  Button b = e.Source as Button;
  MessageBox.Show(b.Name);
}
```

Listing 12.2 Projekt »WPFLayoutKombi«, Programmiercode

Es werden jeweils die Namen der geklickten Buttons ausgegeben. Im Fall der Buttons innerhalb des StackPanels muss zunächst der Auslöser ermittelt werden, das Objekt sender verweist auf das StackPanel. Die Eigenschaft Source des Objekts e verweist dagegen auf den tatsächlich auslösenden Button.

12.2   Steuerelemente

Der WERKZEUGKASTEN bietet für die WPF zahlreiche Steuerelemente, wenn auch noch nicht ganz so viele wie für Windows Forms. Im nachfolgenden Projekt *WPFSteuerelemente* werden einige Möglichkeiten gezeigt (siehe Abbildung 12.2).

Zunächst der XAML-Code:

```
<Window x:Class="WPFSteuerelemente.MainWindow"
    xmlns="..." xmlns:x="..."
    Title="WPFSteuerelemente" Height="200" Width="300">
  <StackPanel>
```

```xml
<WrapPanel>
  <Label Margin="5">Beschriftung: </Label>
  <CheckBox x:Name="cb" Margin="10" Checked="cb_Checked"
    Unchecked="cb_Unchecked" >CheckBox</CheckBox>
  <TextBox x:Name="tb" Width="150"
    Margin="5">Das ist ein Text</TextBox>
  <Button Margin="5"
    Click="bu_Click">markierter Text</Button>
</WrapPanel>
<ListBox x:Name="lb" Margin="5" SelectionMode="Multiple"
    SelectionChanged="lb_SelectionChanged">
  <ListBoxItem>Frankreich</ListBoxItem>
  <ListBoxItem
    Selector.IsSelected="True">Spanien</ListBoxItem>
  <ListBoxItem
    Selector.IsSelected="True">Italien</ListBoxItem>
</ListBox>
<Slider x:Name="sl" Margin="5" TickFrequency="1"
    TickPlacement="BottomRight" IsSnapToTickEnabled="True"
    ValueChanged="sl_ValueChanged" />
  </StackPanel>
</Window>
```

Listing 12.3 Projekt »WPFSteuerelemente«, XAML-Code

Abbildung 12.2 Projekt »WPFSteuerelemente«

WrapPanel   Innerhalb eines StackPanels gibt es insgesamt drei Elemente: ein WrapPanel, eine ListBox zur Auswahl von mehreren Einträgen und einen Slider zur Auswahl eines Zahlenwerts. Innerhalb eines WrapPanels werden die Elemente nebeneinander aufgereiht. Ist nicht genügend Platz, wird in der nächsten Reihe fortgefahren. Beachten Sie die Anordnung auch einmal nach einer manuellen Vergrößerung oder Verkleinerung des Fensters.

Das WrapPanel beinhaltet vier Elemente: ein Label zur Beschriftung, eine CheckBox zum Markieren, eine TextBox für die Eingabe und einen Button. Die Ereignisse Checked und Unchecked der CheckBox (Setzen und Löschen der Markierung) führen zu unterschiedlichen Prozeduren.

CheckBox, TextBox

Die Eigenschaft SelectionMode einer ListBox bietet unter anderem den Wert Multiple. Das führt dazu, dass jeder Klick auf einen Eintrag dessen Auswahlzustand umschaltet. Die Attached Property IsSelected des Typs Selector kann zur Vorauswahl eines Eintrags genutzt werden. Das Ereignis SelectionChanged tritt ein, sobald sich die Auswahl innerhalb der ListBox ändert.

ListBox

Die Eigenschaften Minimum und Maximum eines Sliders haben als Standard die Werte 0 und 10. Die Eigenschaften TickFrequency und TickPlacement legen die Häufigkeit und den Ort der Ticks, also der kleinen Markierungsstriche am Slider, fest. Falls die boolesche Eigenschaft IsSnapToTickEnabled auf True gestellt wird, können nur die Werte der Ticks erreicht werden. Das Ereignis ValueChanged tritt ein, sobald sich der Wert des Sliders ändert.

Slider

Es folgt der Programmcode:

```
private void cb_Checked(object sender, RoutedEventArgs e)
{ MessageBox.Show("eingeschaltet"); }
private void cb_Unchecked(object sender, RoutedEventArgs e)
{ MessageBox.Show("ausgeschaltet"); }
private void bu_Click(object sender, RoutedEventArgs e)
{ MessageBox.Show(tb.Text + " / " + tb.SelectedText); }

private void lb_SelectionChanged(object sender,
    SelectionChangedEventArgs e)
{
  if (IsLoaded)
  {
    String ausgabe = "";
    foreach (ListBoxItem lbi in lb.SelectedItems)
      ausgabe += lbi.Content + " ";
    MessageBox.Show(ausgabe);
  }
}
```

```
private void sl_ValueChanged(object sender,
    RoutedPropertyChangedEventArgs<double> e)
{ if(IsLoaded) MessageBox.Show(sl.Value + ""); }
```

Listing 12.4 Projekt »WPFSteuerelemente«, Programmcode

IsLoaded   Die Eigenschaft `IsLoaded` eines `Window`-Objekts liefert die Information, ob die Oberfläche schon vollständig geladen wurde. Erst dann wollen wir eine Reaktion sehen, wenn sich zum Beispiel die Auswahl der ListBox oder der Wert des Sliders ändern.

ListBoxItem   Die Eigenschaft `Text` beinhaltet den gesamten Text einer TextBox, `SelectedText` nur den aktuell markierten Text. Die einzelnen Einträge einer ListBox sind vom Typ `ListBoxItem` und stehen in der Auflistung `Items`. Die Eigenschaft `Content` beinhaltet den Text eines Eintrags.

12.3 Frame-Anwendung

Navigation   Im Projekt *WPFNavigationFrame* kann sich der Benutzer zwei verschiedene Seiten in beliebiger Reihenfolge anzeigen lassen.

Ablauf

Nach dem Start erscheint nur die Steuerung (siehe Abbildung 12.3).

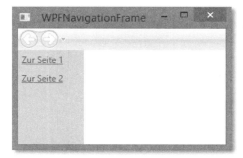

Abbildung 12.3 Steuerung

Von hier aus kann der Benutzer die beiden Seiten über Hyperlinks erreichen. Als Beispiel sehen Sie in Abbildung 12.4 die Seite 2.

12.3 Frame-Anwendung

Abbildung 12.4 Anzeige von Seite 2

Die Klasse NavigationWindow (siehe unten) stellt eine browserähnliche Navigation mit Vorwärts- und Rückwärts-Buttons und einer History zur Verfügung. Für die Anwendung benötigen Sie die fünf XAML-Dateien *MainWindow.xaml*, *Aufbau.xaml*, *Steuerung.xaml*, *Seite1.xaml* und *Seite2.xaml*, jeweils mit Programmcodedatei (siehe Abbildung 12.5).

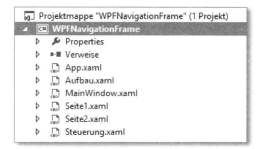

Abbildung 12.5 Projektdateien

Navigationsdatei

Zunächst der Aufbau der Navigation in der Datei *MainWindow.xaml*:

```
<NavigationWindow x:Class="WPFNavigationFrame.MainWindow"
    xmlns="http://..." xmlns:x="http://..."
    Title="WPFNavigationFrame" Height="200" Width="300"
    Source="Aufbau.xaml" />
```

Listing 12.5 Projekt »WPFNavigationFrame«, MainWindow.xaml

Es wird eine Standard-WPF-Anwendung erzeugt. Allerdings wird das Hauptelement vom Typ Window auf den Typ NavigationWindow geändert. Die Eigen-

NavigationWindow

497

schaft Source verweist auf den URI der ersten Seite, die nach dem Start im NavigationWindow angezeigt wird. Der Titel der Anwendung wird hier mithilfe der Eigenschaft Title festgelegt.

In der Datei *MainWindow.xaml.cs* muss die Klasse MainWindow ebenfalls von der Klasse NavigationWindow und nicht von der Klasse Window abgeleitet werden.

Page Alle weiteren Seiten sind vom Typ Page. Einzelne Pages fügen Sie über den Menüpunkt PROJEKT • SEITE HINZUFÜGEN hinzu.

Aufbauseite

Es folgt das Layout der Aufbauseite in der Datei *Aufbau.xaml*:

```
<Page x:Class="WPFNavigationFrame.Aufbau"
    xmlns="http://..." xmlns:x="http://...">
  <Grid>
    <Grid.ColumnDefinitions>
      <ColumnDefinition Width="90" />
      <ColumnDefinition />
    </Grid.ColumnDefinitions>
    <Frame Grid.Row="0" Grid.Column="0"
       Source="Steuerung.xaml" />
    <Frame x:Name="fr" Grid.Row="0" Grid.Column="1" />
  </Grid>
</Page>
```

Listing 12.6 Projekt »WPFNavigationFrame«, Aufbau.xaml

Grid Innerhalb eines Layouts vom Typ Grid wird eine Seite aufgeteilt wie eine Tabelle, nämlich in Zeilen (engl. *Rows*) und Spalten (engl. *Columns*). Die Nummerierung der Zeilen und Spalten beginnt bei 0.

Hier sind es zwei Spalten, eine davon mit fester Breite. In beiden Spalten wird ein Steuerelement der Klasse Frame erzeugt. Die Eigenschaft Source des linken Frames verweist auf den URI der Page, die links angezeigt wird.

Der rechte Frame bekommt einen Namen, damit er später als Ziel für die Navigation dienen kann. Zunächst wird im rechten Frame noch keine Seite angezeigt.

Steuerungsseite

Es folgt der Code der Steuerungsseite in der Datei *Steuerung.xaml*:

```xaml
<Page x:Class="WPFNavigationFrame.Steuerung"
    xmlns="http://..." xmlns:x="http://..."
    Background="LightGray">
  <StackPanel Grid.Row="0" Grid.Column="0">
    <TextBlock Margin="5">
      <Hyperlink NavigateUri="Seite1.xaml"
        TargetName="fr">Zur Seite 1</Hyperlink>
    </TextBlock>
    <TextBlock Margin="5">
      <Hyperlink NavigateUri="Seite2.xaml"
        TargetName="fr">Zur Seite 2</Hyperlink>
    </TextBlock>
  </StackPanel>
</Page>
```

Listing 12.7 Projekt »WPFNavigationFrame«, Steuerung.xaml

Die Eigenschaft `NavigateUri` der beiden Hyperlink-Objekte verweist auf den URI der Seiten, die nach der Betätigung angezeigt werden sollen. Ein Hyperlink-Objekt muss innerhalb eines umgebenden Steuerelements stehen.

Hyperlink

Mithilfe der Eigenschaft `TargetName` wird festgelegt, dass die Seiten im rechten Frame erscheinen. In *Seite1.xaml* und *Seite2.xaml* steht jeweils eine einfache Page ohne besondere Elemente. Als Beispiel wird *Seite2.xaml* gezeigt:

```xaml
<Page x:Class="WPFNavigationFrame.Seite2"
    xmlns="..." xmlns:x="..." Background="DarkGray">
  <Label Foreground="White">Seite 2</Label>
</Page>
```

Listing 12.8 Projekt »WPFNavigationFrame«, Seite2.xaml

12.4 Zweidimensionale Grafik

Es gibt verschiedene Möglichkeiten, mithilfe der WPF zweidimensionale Grafiken zu erstellen. Eine davon bedient sich der Klasse `PathGeometry`. Eine solche *Pfadgeometrie* besteht aus einer einzelnen Figur (Typ `PathFigure`) oder aus einer Auflistung von Figuren (Typ `PathFigureCollection`). Eine

Pfadgeometrie

Figur wiederum besteht aus einem einzelnen Segment oder aus einer Auflistung von Segmenten (Typ `PathSegmentCollection`). Es gibt verschiedene Arten von Segmenten:

- einfache Segmente wie Linie (Typ `LineSegment`), Bogen (Typ `ArcSegment`) und Gruppen von Linien (Typ `PolyLineSegment`)
- quadratische oder kubische Bézierkurven der Typen `QuadraticBezierSegment` und `BezierSegment`
- Gruppen von quadratischen oder kubischen Bézierkurven der Typen `PolyQuadraticBezierSegment` und `PolyBezierSegment`

Bézierkurven werden im CAD-Bereich verwendet. Sie lassen sich mithilfe weniger Parameter aus (relativ) einfachen mathematischen Formeln erstellen.

Nachfolgend wird im Projekt *WPFGeometriePfad* ein Beispiel für eine Pfadgeometrie dargestellt (siehe Abbildung 12.6). Sie besteht aus zwei Figuren mit jeweils zwei Segmenten.

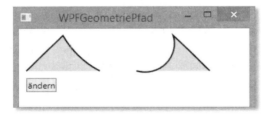

Abbildung 12.6 Pfadgeometrie

Der XAML-Code:

```
<Canvas x:Name="cv">
  <Path x:Name="pt" Fill="LightGray"
      Stroke="Black" StrokeThickness="2">
    <Path.Data>
      <PathGeometry>
        <PathFigureCollection>
          <PathFigure IsFilled="True" StartPoint="10,60">
            <PathSegmentCollection>
              <LineSegment Point="60,10" />
              <ArcSegment Point="110,60" Size="120,120" />
            </PathSegmentCollection>
```

```
        </PathFigure>
        <PathFigure IsFilled="True" StartPoint="160,60">
          <PathSegmentCollection>
            <ArcSegment Point="210,10" Size="40,40" />
            <LineSegment Point="260,60" />
          </PathSegmentCollection>
        </PathFigure>
      </PathFigureCollection>
    </PathGeometry>
  </Path.Data>
</Path>
<Button Canvas.Top="70" Canvas.Left="10"
  Click="aendern">ändern</Button>
</Canvas>
```

Listing 12.9 Projekt »WPFGeometriePfad«, XAML-Code

Füllfarbe, Umrissfarbe und Umrissdicke sind Eigenschaften des umgebenden Elements Path. Die Eigenschaft Data beinhaltet eine Instanz der Klasse PathGeometry, diese wiederum in der Eigenschaft Figures (vom Typ PathFigureCollection) die Auflistung der Figuren.

Path, Data

Die Umrisslinie einer Figur startet bei den Koordinaten, die durch die Eigenschaft StartPoint vom Typ Point gegeben werden. Sie durchläuft die einzelnen Segmente in der Auflistung Segments (vom Typ PathSegmentCollection). Sie wird geschlossen, wenn die boolesche Eigenschaft IsClosed den Wert True hat. Die im umgebenden Element definierte Füllung wird dargestellt, wenn die boolesche Eigenschaft IsFilled den Wert True hat, das ist der Standard.

Umriss

Die Segmente sind im vorliegenden Fall vom Typ LineSegment und ArcSegment. Diese haben gemeinsame Eigenschaften: Die Umrisslinie läuft in jedem Segment zu den Koordinaten, die durch die Eigenschaft Point vom Typ Point gegeben werden. Die im umgebenden Element definierte Umrisslinie wird dargestellt, wenn die boolesche Eigenschaft IsStroked den Wert True hat, das ist der Standard.

Line, Arc

Size vom Typ Size ist dagegen nur eine Eigenschaft eines ArcSegment. Damit wird die Größe der Ellipse bestimmt, die den Bogenradius festlegt: je größer der Radius, desto flacher die Kurve (siehe Abbildung 12.6).

12 Windows Presentation Foundation

Die Methode zum Ändern einer Pfadgeometrie:

```
private void aendern(...)
{
  PathGeometry pg = pt.Data as PathGeometry;
  ArcSegment asg = pg.Figures[1].Segments[0] as ArcSegment;
  asg.Size = new Size(asg.Size.Width + 5,
    asg.Size.Height + 5);
}
```

Listing 12.10 Projekt »WPFGeometriePfad«, Programmcode

Es wird der Bogenradius des ersten Segments der zweiten Figur vergrößert.

12.5   Dreidimensionale Grafik

3D-Körper   Zum Verständnis von dreidimensionalen Grafiken in WPF-Anwendungen ist ein wenig Theorie nicht zu umgehen. In diesem Abschnitt wird erläutert, wie ein *3D-Körper* auf die zwei Dimensionen eines Bildschirms oder eines Buchs abgebildet wird, sodass die dritte Dimension für den Betrachter erkennbar wird.

Koordinaten   Im Projekt *WPFDreiDWuerfel* wird ein Würfel im dreidimensionalen Raum dargestellt. Die Kantenlänge des Würfels ist 2, das Zentrum des Würfels ist der Nullpunkt des Koordinatensystems. Das Koordinatensystem hat eine x-Achse von links nach rechts, eine y-Achse von unten nach oben und eine z-Achse, die »hinter dem Bildschirm« beginnt und auf den Betrachter zuläuft.

Der Betrachter sieht die drei vorderen Seiten des Würfels, wie in Abbildung 12.7 gezeigt. Die Seiten des Würfels sind jeweils aus zwei Dreiecken aufgebaut. Dreiecke sind die Grundelemente zur Erstellung von 3D-Körpern in der WPF. Der Betrachter kann sich den Würfel per Tastendruck auch von hinten anschauen ([V] = vorne, [H] = hinten).

Media3D   Bei allen Projekten, in denen 3D-Körper erzeugt werden, ist der Namespace `System.Windows.Media.Media3D` für die Steuerung per Programmcode zusätzlich notwendig.

502

12.5 Dreidimensionale Grafik

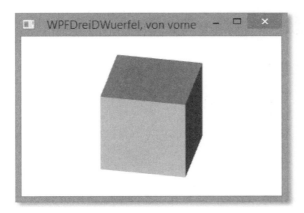

Abbildung 12.7 Drei Seiten eines Würfels

Der Aufbau im XAML-Code:

```
<Window ... KeyDown="Window_KeyDown">
  <Viewport3D>
    <Viewport3D.Camera>
      <OrthographicCamera x:Name="oc" Position="1,3,5"
        LookDirection="-1,-3,-5" Width="6"/>
    </Viewport3D.Camera>

    <Viewport3D.Children>
      <ModelVisual3D>
        <ModelVisual3D.Content>
          <DirectionalLight x:Name="dl" Color="White"
            Direction="-1,-3,-5" />
        </ModelVisual3D.Content>
      </ModelVisual3D>

      <ModelVisual3D>
        <ModelVisual3D.Content>
          <GeometryModel3D>

            <GeometryModel3D.Material>
              <DiffuseMaterial Brush="LightGray" />
            </GeometryModel3D.Material>

            <GeometryModel3D.BackMaterial>
```

12 Windows Presentation Foundation

```
            <DiffuseMaterial Brush="Red" />
          </GeometryModel3D.BackMaterial>

          <GeometryModel3D.Geometry>
            <MeshGeometry3D Positions=
              "-1,1,1 -1,-1,1 1,-1,1 1,1,1
               1,1,1 1,-1,1 1,-1,-1 1,1,-1
               -1,1,-1 -1,1,1 1,1,1 1,1,-1"
              TriangleIndices="0,1,2 2,3,0
                               4,5,6 6,7,4
                               8,9,10 10,11,8"/>
          </GeometryModel3D.Geometry>

        </GeometryModel3D>
      </ModelVisual3D.Content>
    </ModelVisual3D>
  </Viewport3D.Children>
  </Viewport3D>
</Window>
```

Listing 12.11 Projekt »WPFDreiDWuerfel«, XAML-Code

Falls innerhalb des Fensters eine Taste heruntergedrückt wird, reagiert darauf die Ereignismethode `Window_KeyDown`.

Kamera Zunächst muss eine Kamera aufgestellt werden, mit deren Hilfe die 3D-Körper gesehen werden. Dabei sind die Position und die Blickrichtung wichtig. In diesem Projekt »schwebt« die Kamera an der Position 1,3,5, also schräg rechts oben vor der Blattebene. Die Blickrichtung (`LookDirection`) wird mit –1,–3,–5 angegeben. Die Kamera blickt also zum gegenüberliegenden Punkt hinter der Blattebene durch den Nullpunkt hindurch. Der Würfel selbst liegt um den Nullpunkt herum, also kann der Betrachter ihn sehen. Innerhalb des Projekts können Position und Blickrichtung per Tastendruck geändert werden.

Licht Es wird ein gerichtetes Licht vom Typ `DirectionalLight` verwendet. Es strahlt aus einer bestimmten Richtung, die mithilfe der Eigenschaft `Direction` vom Typ `Vector3D` angegeben wird. Hier wurde die gleiche Richtung wie die Blickrichtung genommen. Die drei sichtbaren Seiten des Würfels werden von diesem Licht aus unterschiedlichen Winkeln beleuchtet, daher erscheinen sie für den Betrachter in verschiedenen Farbtönen. Die Farbe

504

12.5   Dreidimensionale Grafik

des Lichts ist Weiß (Eigenschaft Color), das ist das Licht mit der höchsten Intensität.

Das Material für die Vorderseite ist diffus und hellgrau. Über die Eigenschaft BackMaterial wird eine rote Farbe für die Rückseite gewählt. Der Betrachter kann den 3D-Körper somit auch von hinten sehen.

Material

Die Form wird über ein Objekt des Typs MeshGeometry3D bestimmt. Darin stehen die Dreiecke, aus denen eine dreidimensionale Form aufgebaut wird. Wichtige Eigenschaften sind:

MeshGeometry3D

▶ Positions, vom Typ Point3DCollection, beinhaltet eine Auflistung von Point3D-Objekten, also Punkten im dreidimensionalen Raum. Jedes Point3D-Objekt besteht aus einer Gruppe von drei double-Zahlen für die x-, y- und z-Koordinate des Punkts. Wie in einer Auflistung üblich, sind die Elemente nummeriert, beginnend bei 0. Diese Nummern werden benötigt für die Eigenschaft TriangleIndices.

▶ TriangleIndices, vom Typ Int32Collection, besteht aus Gruppen von drei ganzen Zahlen. Eine Gruppe ergibt ein Dreieck. Die drei ganzen Zahlen geben an, welche Point3D-Objekte der Auflistung Positions für das Dreieck verwendet werden.

Die Auflistung der Point3D-Objekte für die Eigenschaft Positions umfasst in diesem Projekt zwölf Elemente. Aus diesen Elementen werden mithilfe der Eigenschaft TriangleIndices sechs Dreiecke gebildet. Der Umlaufsinn jedes Dreiecks wurde so gewählt, dass der Betrachter alle Vorderseiten sieht. Jeweils zwei Dreiecke bilden eine der drei sichtbaren Seiten des Würfels. Im Einzelnen sind das:

Dreiecke

▶ die hellgraue vordere Seite, Indizes 0 (links oben), 1 (links unten), 2 (rechts unten) und 2, 3 (rechts oben), 0

▶ die schwarze rechte Seite, Indizes 4 (vorne oben), 5 (vorne unten), 6 (hinten unten) und 6, 7 (hinten oben), 4

▶ die dunkelgraue obere Seite, Indizes 8 (links hinten), 9 (links vorne), 10 (rechts vorne) und 10, 11 (rechts hinten), 8

Die Ereignismethode:

```
private void Window_KeyDown(object sender, KeyEventArgs e)
{
  if (e.Key == Key.V)
  {
```

12 Windows Presentation Foundation

```
      oc.Position = new Point3D(1, 3, 5);
      oc.LookDirection = new Vector3D(-1, -3, -5);
      dl.Direction = new Vector3D(-1, -3, -5);
      Title = "DreiDWürfel, von vorne";
   }
   else if (e.Key == Key.H)
   {
      oc.Position = new Point3D(-1, -3, -5);
      oc.LookDirection = new Vector3D(1, 3, 5);
      dl.Direction = new Vector3D(1, 3, 5);
      Title = "DreiDWürfel, von hinten";
   }
}
```

Listing 12.12 Projekt »WPFDreiDWuerfel«, Programmcode

Key

Die Eigenschaft Key liefert das Element der Enumeration Key zu der betätigten Taste. Nach dem Betätigen einer der beiden Tasten V oder H werden die Position und die Blickrichtung der orthografischen Kamera und die Richtung des gerichteten Lichts geändert.

12.6 Animation

Storyboard, Trigger

Das nachfolgende Projekt *WPFAnimDreiDRotation* zeigt eine Kombination aus verschiedenen Elementen. Das sind: die *Animation* einer dreidimensionalen *Rotationstransformation*, ein *Storyboard* als Ressource und einen *Event Trigger*.

Eine Transformation ist die Veränderung eines 3D-Körpers, zum Beispiel eine Verschiebung, Größenänderung oder Drehung. Ein Storyboard (dt. Drehbuch) beinhaltet den Ablauf einer Animation. Eine Ressource entspricht einem Werkzeug, das einer Anwendung zur Verfügung steht. Ein Event Trigger kann bei einem bestimmten Ereignis eine Animation starten.

Rotation

Mit der Rotationstransformation dreht sich der bereits bekannte Würfel nacheinander um drei verschiedene Achsen, sobald das Fenster geladen wird: In den ersten zehn Sekunden von 0 auf 180 Grad um die x-Achse und wieder zurück auf 0 Grad, in den nächsten Sekunden ebenso um die y-Achse, dann ebenso zehn Sekunden um die z-Achse. Dieser Ablauf wird endlos fortgesetzt.

506

Zunächst der Würfel mit Event Trigger und Transformation in XAML:

```
<Window ...>
  <Window.Resources>
    <Storyboard x:Key="sbres" ...> ... </Storyboard>
  </Window.Resources>
  <Window.Triggers>
    <EventTrigger RoutedEvent="Loaded">
      <BeginStoryboard Storyboard=
        "{StaticResource sbres}" />
    </EventTrigger>
  </Window.Triggers>

  <Viewport3D>
    <Viewport3D.Camera> ... [Kamera]
    <Viewport3D.Children>
      <ModelVisual3D> ... [Licht]

      <ModelVisual3D>
        <ModelVisual3D.Content>
          <GeometryModel3D>
            <GeometryModel3D.Geometry ... [Geometrie] >
            <GeometryModel3D.Material ... [Material vorne] >
            <GeometryModel3D.BackMaterial ... [hinten]>

            <GeometryModel3D.Transform>
              <RotateTransform3D x:Name="rt3d" >
                <RotateTransform3D.Rotation>
                  <AxisAngleRotation3D />
                </RotateTransform3D.Rotation>
              </RotateTransform3D>
            </GeometryModel3D.Transform>
          </GeometryModel3D>
        </ModelVisual3D.Content>
      </ModelVisual3D>
    </Viewport3D.Children>
  </Viewport3D>
</Window>
```

Listing 12.13 Projekt »WPFAnim3DRotation«, XAML-Code, Teil 1

12   Windows Presentation Foundation

Loaded

Die Ressource hat als Bezeichnung den Schlüssel sbres. Der Event Trigger reagiert, sobald das Ereignis Loaded des Fensters eingetreten ist, und startet das Storyboard aus der Ressource sbres.

Axis, Angle

Es folgt der bekannte Aufbau von Szene und Würfel – mit Kamera, Licht, Geometrie und Material. Als neues Element von GeometryModel3D folgt die Transformation. Die Art der Transformation (hier: RotateTransform3D) ist das Zielelement der Animation (TargetName). Die Art der Rotation (hier: AxisAngleRotation) ist die Zieleigenschaft der Animation (TargetProperty). Es werden hier noch keine Werte für die Drehachse (Axis) oder den Drehwinkel (Angle) eingetragen, diese folgen erst im Storyboard.

Nun zum Storyboard innerhalb der Ressource:

```
<Window.Resources>
  <Storyboard x:Key="sbres" RepeatBehavior="Forever">
    <Rotation3DAnimation Storyboard.TargetName="rt3d"
        Storyboard.TargetProperty="Rotation"
        Duration="0:0:5" AutoReverse="True">
      <Rotation3DAnimation.From>
        <AxisAngleRotation3D Axis="1,0,0" Angle="0" />
      </Rotation3DAnimation.From>
      <Rotation3DAnimation.To>
        <AxisAngleRotation3D Axis="1,0,0" Angle="180" />
      </Rotation3DAnimation.To>
    </Rotation3DAnimation>

    <Rotation3DAnimation Storyboard.TargetName="rt3d"
        Storyboard.TargetProperty="Rotation"
        Duration="0:0:5" BeginTime="0:0:10"
        AutoReverse="True">
      <Rotation3DAnimation.From>
        <AxisAngleRotation3D Axis="0,1,0" Angle="0" />
      </Rotation3DAnimation.From>
      <Rotation3DAnimation.To>
        <AxisAngleRotation3D Axis="0,1,0" Angle="180" />
      </Rotation3DAnimation.To>
    </Rotation3DAnimation>

    <Rotation3DAnimation Storyboard.TargetName="rt3d"
        Storyboard.TargetProperty="Rotation"
```

```
        Duration="0:0:5" BeginTime="0:0:20"
        AutoReverse="True">
      <Rotation3DAnimation.From>
        <AxisAngleRotation3D Axis="0,0,1" Angle="0" />
      </Rotation3DAnimation.From>
      <Rotation3DAnimation.To>
        <AxisAngleRotation3D Axis="0,0,1" Angle="180" />
      </Rotation3DAnimation.To>
    </Rotation3DAnimation>
  </Storyboard>
</Window.Resources>
```

Listing 12.14 Projekt »WPFAnim3DRotation«, XAML-Code, Teil 2

Das gesamte Storyboard wird aufgrund des Werts `Forever` für die Eigenschaft `RepeatBehavior` endlos wiederholt.

Jede der drei Animationen vom Typ `Rotation3DAnimation` hat als Zielelement (`TargetName`) die Art der Transformation und als Zieleigenschaft (`TargetProperty`) die Art der Rotation. Jede dauert 5 Sekunden und wird dann wieder rückgängig gemacht – macht zehn Sekunden. Jede verläuft vom Winkel 0 Grad bis zum Winkel 180 Grad (Animationseigenschaften `From` und `To`).

Ziel der Animation

Die drei Animationen unterscheiden sich in der Drehachse: Erst ist es die x-, dann die y-, dann die z-Achse. Außerdem starten sie dank der unterschiedlichen Werte der Eigenschaft `BeginTime` zeitversetzt, im Ergebnis also nacheinander. Die Werte werden im Format `hh:mm:ss` angegeben.

Zeitversetzt

12.7   WPF und Windows Forms

Sie können die Vorteile der WPF nutzen, ohne all Ihre Windows Forms-Anwendungen vollständig neu zu programmieren. Es ist leicht möglich, WPF-Elemente in eine Windows Forms-Anwendung einzubetten.

Andersherum gibt es in der WPF noch nicht alle Elemente, die Sie aus Windows Forms kennen. Sie können aber eine WPF-Anwendung mit Elementen aus Windows Forms erweitern.

12.7.1 Windows Forms in WPF

Verweise hinzufügen

In diesem Abschnitt wird ein Steuerelement aus Windows Forms in ein Projekt vom Typ WPF-Anwendung eingesetzt. Zur Arbeit mit Windows Forms müssen Sie dem WPF-Projekt einen Verweis auf System.Windows.Forms aus dem Bereich Assemblys • Framework hinzufügen. Daraus muss der gleichnamige Namespace im XAML-Code zur Verfügung gestellt werden. Außerdem wird aus dem Bereich Assemblys • Framework ein Verweis auf WindowsFormsIntegration für die Nutzung im Programmcode benötigt.

WindowsFormsHost

Anschließend können Sie im XAML-Code ein WPF-Element des Typs WindowsFormsHost einsetzen. Dabei handelt es sich um einen Container für Windows Forms-Elemente. Die Eigenschaft Child enthält ein Steuerelement aus Windows Forms.

Im nachfolgenden WPF-Projekt *WPFFormsInside* werden zwei Buttons dargestellt: ein WPF-Button und ein Windows Forms-Button (siehe Abbildung 12.8).

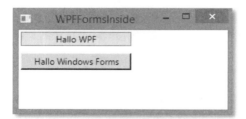

Abbildung 12.8 Windows Forms-Button in WPF-Anwendung

Der XAML-Code:

```
<Window x:Class=... xmlns="http://..." xmlns:x="http://..."
    xmlns:wfalt="clr-namespace:System.Windows.Forms;
    assembly=System.Windows.Forms" ...>
  <Canvas>
    <Button Width="150" Margin="3" Click="WPF_Click">
      Hallo WPF</Button>
    <WindowsFormsHost x:Name="wfh" Canvas.Top="30"
        Width="150" Height="23" Margin="3"
        Background="LightGray" Foreground="Black">
      <wfalt:Button Click="WFO_Click"
        Text="Hallo Windows Forms" />
```

```
    </WindowsFormsHost>
  </Canvas>
</Window>
```

Listing 12.15 Projekt »WPFFormsInside«, XAML-Code

Der Namespace System.Windows.Forms aus der gleichnamigen .NET-Komponente bekommt hier den lokalen Namen wfalt. Damit ist es möglich, einen Windows Forms-Button mit seinen spezifischen Eigenschaften (zum Beispiel Text) zu erzeugen. Die Click-Ereignisse der beiden Buttons führen zu folgenden Ereignismethoden:

```
private void WPF_Click(object sender, RoutedEventArgs e)
{ MessageBox.Show("Hallo WPF"); }
private void WFO_Click(object sender, EventArgs e)
{ MessageBox.Show(wfh.Child.Text); }
```

Listing 12.16 Projekt »WPFFormsInside«, Programmcode

Die Eigenschaft Child des WindowsFormsHost beinhaltet den Windows Forms-Button. Dessen Eigenschaft Text wird ausgegeben.

12.7.2 WPF in Windows Forms

In diesem Abschnitt werden Steuerelemente aus der WPF in einem Projekt vom Typ WINDOWS FORMS-ANWENDUNG eingesetzt. Zur Arbeit mit der WPF müssen Sie dem jeweiligen Windows Forms-Projekt folgende Verweise aus dem Bereich ASSEMBLYS · FRAMEWORK hinzufügen: PresentationCore, PresentationFramework, WindowsBase, WindowsFormsIntegration und System.Xaml.

Verweise hinzufügen

In einer Windows Forms-Anwendung kann ein Steuerelement vom Typ ElementHost ein WPF-Element vom Typ UIElement enthalten. Das kann ein Steuerelement oder auch ein Layoutobjekt sein.

ElementHost

Im nachfolgenden Projekt *WPFInForms* werden ein Windows Forms-Button, ein WPF-Button und ein WPF-Expander mit drei WPF-TextBlock-Objekten eingesetzt (siehe Abbildung 12.9). Expander- und TextBlock-Objekte stehen bekanntlich unter Windows Forms ohne die WPF nicht zur Verfügung.

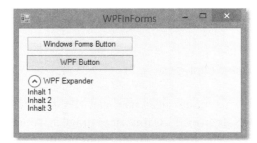

Abbildung 12.9 Windows Forms-Anwendung mit WPF-Elementen

WPF-Interoperabilität

Es wird ein neues Projekt vom Typ WINDOWS FORMS-ANWENDUNG erzeugt. Das Formular bekommt die Größe 350 × 200. Anschließend werden aus dem WERKZEUGKASTEN ein Button und zwei Steuerelemente vom Typ ElementHost aus der Kategorie WPF-INTEROPERABILITÄT hinzugefügt. Der Button bekommt den Namen WFO_Button und die Größe 160 × 23. Die beiden ElementHost-Objekte bekommen die Namen ehost1 und ehost2 und die Größen 160 × 23 und 160 × 80. Das Ergebnis sehen Sie in Abbildung 12.10 im Entwurfsmodus.

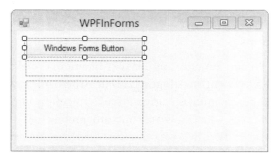

Abbildung 12.10 Windows Forms-Anwendung im Entwurf

Es folgt der Code zum Formular in der Datei *Form1.cs*:

```
using System;
using System.Windows;
using System.Windows.Forms;
using System.Windows.Controls;

namespace WPFInForms
{
  public partial class Form1 : Form
```

```
{
  public Form1()
  {
    InitializeComponent();

    System.Windows.Controls.Button nb =
      new System.Windows.Controls.Button();
    nb.Content = "WPF Button";
    nb.Click += new RoutedEventHandler(nb_Click);
    ehost1.Child = nb;

    StackPanel sp = new StackPanel();
    for (int i = 1; i <= 3; i++)
    {
      TextBlock tb = new TextBlock();
      tb.Text = "Inhalt " + i;
      sp.Children.Add(tb);
    }
    Expander ep = new Expander();
    ep.Header = "WPF Expander";
    ep.Content = sp;
    ehost2.Child = ep;
  }

  private void nb_Click(object sender,
      System.Windows.RoutedEventArgs e)
  {
    System.Windows.Forms.MessageBox.Show((sender as
      System.Windows.Controls.Button).Content + "");
  }

  private void WFO_Button_Click(object sender,
      EventArgs e)
  {
    System.Windows.Forms.MessageBox.Show(
      "Windows Forms Button");
  }
  }
}
```

Listing 12.17 Projekt »WPFInForms«, Programmcode

12   Windows Presentation Foundation

Namespace-Konflikte

Einige Klassennamen müssen mit dem vollständigen Namen des jeweiligen Namespace angegeben werden. Ansonsten besteht ein Konflikt aufgrund der gleichen Klassennamen aus verschiedenen Namespaces.

Es wird ein WPF-Button erzeugt. Dem Button werden ein EventHandler und eine Ereignismethode zugeordnet. Der Button wird der Eigenschaft `Child` des ersten `ElementHost`-Objekts zugeordnet.

Außerdem wird ein StackPanel mit drei `TextBlock`-Objekten erzeugt. Dieses StackPanel wird der Inhalt eines `Expander`-Objekts. Das `Expander`-Objekt wird der Eigenschaft `Child` des zweiten `ElementHost`-Objekts zugeordnet.

Kapitel 13
Windows Store-Apps für Windows 8.1

Entwickeln Sie Windows Store-Apps für Windows 8.1 mithilfe von Visual Studio 2013 und WPF.

Die Standardoberfläche unter Windows 8 vereinheitlicht und erleichtert die Bedienung für die verschiedenen Endgeräte, zum Beispiel PCs mit und ohne Touchscreen, Tablet-PCs und Windows Phones.

PC, Tablet, Phone

Anwendungen, die speziell für die Standardoberfläche von Windows 8 bzw. Windows 8.1 entwickelt werden, heißen kurz *Windows Store-Apps*. Das Visual Studio 2013 bietet nur unter Windows 8.1 die Möglichkeit, Windows Store-Apps für Windows 8 bzw. Windows 8.1 zu erstellen. Sie können auch nur unter den betreffenden Windows-Versionen gestartet werden. Sie werden mithilfe der WPF (*Windows Presentation Foundation*) entwickelt.

Windows Store-Apps

13

Nach dem Start von Windows 8 bzw. Windows 8.1 erscheint der Startbildschirm mit der Standardoberfläche, auf der die wichtigsten Apps als Kacheln angeordnet sind. Über die App DESKTOP können Sie zum herkömmlichen Desktop wechseln. Sie können mithilfe der Tastenkombination [Win]+[C] eine Leiste einblenden, über die Sie wieder zum Startbildschirm gelangen. Mit der Tastenkombination [Win]+[I] rufen Sie die Leiste EINSTELLUNGEN auf, in der Sie unter anderem die Möglichkeit zum Ausschalten des Rechners finden.

Windows 8 bedienen

Nach der Installation der Version *Visual Studio Express 2013 für Windows* (siehe Abschnitt A.1, »Installation der Express-Versionen von Visual Studio 2013«) muss noch eine (kostenfreie) Entwicklerlizenz angefordert werden.

13.1 Projektvorlagen für Windows Store-Apps

Nach der Installation von Visual Studio Express 2013 für Windows unter Windows 8.1 stehen Ihnen zusätzliche Apps zur Verfügung, unter anderem

515

das WINDOWS APP CERT KIT, mit dem Sie Ihre Apps von Microsoft prüfen lassen können (siehe Abbildung 13.1).

Abbildung 13.1 Startbildschirm, u. a. mit Windows App Cert Kit

Nach dem Start von Visual Studio Express 2013 können Sie wie gewohnt über den Menüpunkt DATEI • NEUES PROJEKT eine neue Anwendung erstellen. Es erscheinen vier Projektvorlagen, die aufgrund ihres Aufbaus speziell für Windows Store-Apps geeignet sind (siehe Abbildung 13.2):

Blank
- LEERE APP: Ein Projekt, das nur aus einer einzelnen Seite besteht. Es gibt keine Steuerelemente und kein besonderes Layout. Sie wird auch als *Blank App* bezeichnet.

- HUB-APP: Diese Vorlage entspricht der Beschreibung nach der nachfolgenden Raster-App, ist aber zumindest in der Preview-Version nicht lauffähig. Sie wird daher hier nicht weiter behandelt.

Grid
- RASTER-APP: Ein Projekt, das aus drei Seiten besteht. Eine Reihe von Elementen (Items) ist in Gruppen angeordnet. Sie können sich auf den drei Seiten Folgendes ansehen: alle Gruppen, die Details einer einzelnen Gruppe oder die Details eines einzelnen Elements. Sie wird auch als *Grid App* bezeichnet.

- SPLIT APP: Ein Projekt, das aus zwei Seiten besteht. Wiederum ist eine Reihe von Elementen in Gruppen angeordnet. Sie können sich auf den beiden Seiten Folgendes ansehen: alle Gruppen oder eine geteilte Seite. Auf der geteilten Seite sehen Sie links die Details zu einer einzelnen Gruppe und rechts die Details zum ausgewählten Element innerhalb der Gruppe. Sie wird auch als *Geteilte App* bezeichnet.

Split

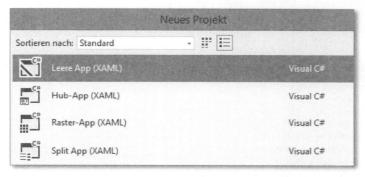

Abbildung 13.2 Projektvorlagen für Windows Store-Apps

Mithilfe dieser Projektvorlagen können Sie Anwendungen für Windows 8.1 mit dem typischen Aufbau einer App entwickeln. Sie beinhalten unter anderem die passenden Styles zur Gestaltung des Aussehens und des Verhaltens von Layout- und Steuerelementen.

In den ersten Projekten dieses Kapitels wird zum Kennenlernen einiger einfacher Möglichkeiten die Projektvorlage BLANK verwendet.

13.2 Projektvorlage Blank

Als Erstes wird ein neues Projekt mit dem Namen *MAProjektvorlageBlank* aus der Projektvorlage BLANK erstellt. Sie können das Projekt wie gewohnt über die Taste [F5] unmittelbar erstellen und aufrufen. Es erscheint zunächst zur Überbrückung ein Splashscreen und anschließend die App selbst. Sie bietet nur einen schwarzen Bildschirm.

Starten

Apps werden normalerweise nicht beendet, sondern nur in den Hintergrund verschoben. Sie können daher schnell wieder im Vordergrund erscheinen, insbesondere bei richtiger Verwaltung des Arbeitsspeichers. Zur Entwicklungszeit sollten sie allerdings vollständig beendet werden.

Beenden

Dazu wechseln Sie über die Tastenkombination [Alt] + [⇆] wieder zu Visual Studio 2013. Dort können Sie die App beenden – wie gewohnt über den Menüpunkt DEBUGGEN • DEBUGGEN BEENDEN bzw. die Tastenkombination [⇧] + [F5].

In der Abbildung 13.3 sehen Sie den PROJEKTMAPPEN-EXPLORER.

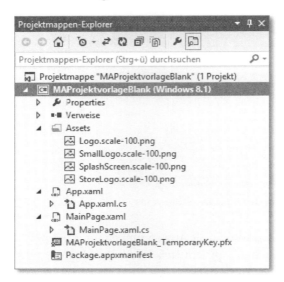

Abbildung 13.3 Projekt »MAProjektvorlageBlank«, Dateien

MainPage Die Hauptseite (und einzige Seite) der App steht in *MainPage.xaml*. Die Seiten einer Windows Store-App sind Objekte der Klasse `MainPage`, die von der Klasse `Page` abgeleitet ist:

```
<Page x:Class="MAProjektvorlageBlank.MainPage"
    xmlns="http:// ... >
  <Grid Background = "{StaticResource
    ApplicationPageBackgroundThemeBrush}">
  </Grid>
</Page>
```

Listing 13.1 Projekt »MAProjektvorlageBlank«, XAML-Code

In dieser einfachen Projektvorlage befindet sich, neben einer Reihe von XML-Namespaces, nur ein `Grid`-Layout ohne Inhalt.

13.3 Steuerelemente

Das Projekt *MASteuerelemente* in diesem Abschnitt basiert ebenfalls auf der Projektvorlage BLANK. Es werden einige Layout- und Steuerelemente innerhalb einer Windows Store-App gezeigt. Sie kennen diese Elemente bereits aus Kapitel 12, »Windows Presentation Foundation«. Ohne die Nutzung der Stile für Windows Store-Apps sehen sie ungewohnt aus (siehe Abbildung 13.4), funktionieren aber genauso.

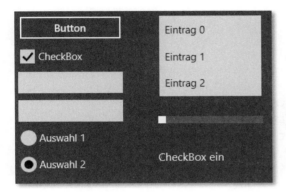

Abbildung 13.4 Projekt »MASteuerelemente«

Links sehen Sie einen Button, eine CheckBox, eine PasswordBox, eine TextBox und zwei RadioButton. Rechts schließen sich eine ListBox, ein Slider und ein TextBlock an. Die Bedienung der Elemente führt zu Ereignisprozeduren. Darin wiederum werden Ausgaben im TextBlock erzeugt. Zunächst der Code in der Datei *MainPage.xaml*:

```
<Page x:Class="MASteuerelemente.MainPage" ... >
  <Grid Background="{StaticResource
      ApplicationPageBackgroundThemeBrush}" >
    <Grid.ColumnDefinitions>
      <ColumnDefinition Width="200" />
      <ColumnDefinition Width="*" />
    </Grid.ColumnDefinitions>

    <StackPanel Grid.Column="0">
      <Button Click="bu_Click" Width="150"
        Margin="5">Button</Button>
      <CheckBox Checked="cb_Checked" Unchecked=
        "cb_Unchecked" Margin="5">CheckBox</CheckBox>
```

```
    <PasswordBox x:Name="pb" LostFocus="pb_LostFocus"
      HorizontalAlignment="Left" Width="150" Margin="5" />
    <TextBox x:Name="tx" LostFocus="tx_LostFocus"
      HorizontalAlignment="Left" Width="150" Margin="5" />
    <RadioButton Click="rb1_Click"
      Margin="5">Auswahl 1</RadioButton>
    <RadioButton Click="rb2_Click"
      Margin="5">Auswahl 2</RadioButton>
  </StackPanel>

  <StackPanel Grid.Column="1">
    <ListBox x:Name="lb"
        SelectionChanged="lb_SelectionChanged"
        HorizontalAlignment="Left" Width="150" Margin="5">
      <ListBoxItem>Eintrag 0</ListBoxItem>
      <ListBoxItem>Eintrag 1</ListBoxItem>
      <ListBoxItem>Eintrag 2</ListBoxItem>
    </ListBox>
    <Slider x:Name="sl" ValueChanged="sl_ValueChanged"
      HorizontalAlignment="Left" Maximum="10"
      Width="150" Margin="5" />
    <TextBlock x:Name="tk" FontSize="16"
      Margin="5">TextBlock</TextBlock>
  </StackPanel>
 </Grid>
</Page>
```

Listing 13.2 Projekt »MASteuerelemente«, Datei XAML-Code

Die Seite besteht aus einem Grid mit zwei Spalten. Jede Spalte beinhaltet
ein StackPanel mit den Steuerelementen. Die Eigenschaften Width, Margin
und HorizontalAlignment dienen zur Angabe der Breite, des Außenab-
stands und der horizontalen Ausrichtung innerhalb des umgebenden Elements.

Ereignisse   Die Ereignisse Click, Checked, Unchecked, LostFocus, SelectionChanged und
ValueChanged führen zu Ereignisprozeduren. Das Ereignis LostFocus bei der
PasswordBox und der TextBox tritt ein, sobald ein anderes Element nach Verlassen der jeweiligen Box aktiviert worden ist. Es folgen die Prozeduren zu
diesen Ereignissen in der Datei *MainPage.xaml.cs*:

```
private void bu_Click(object sender, RoutedEventArgs e)
{ tk.Text = "Button geklickt"; }
private void cb_Checked(object sender, RoutedEventArgs e)
{ tk.Text = "CheckBox ein"; }
private void cb_Unchecked(object sender, RoutedEventArgs e)
{ tk.Text = "CheckBox aus"; }
private void lb_SelectionChanged(object sender,
    SelectionChangedEventArgs e)
{ tk.Text = lb.SelectedIndex + ""; }
private void pb_LostFocus(object sender, RoutedEventArgs e)
{ tk.Text = pb.Password; }
private void rb1_Click(object sender, RoutedEventArgs e)
{ tk.Text = "Auswahl 1"; }
private void rb2_Click(object sender, RoutedEventArgs e)
{ tk.Text = "Auswahl 2"; }
private void sl_ValueChanged(object sender,
    RangeBaseValueChangedEventArgs e)
{ tk.Text = sl.Value + ""; }
private void tx_LostFocus(object sender, RoutedEventArgs e)
{ tk.Text = tx.Text; }
```

Listing 13.3 Projekt »MASteuerelemente«, Programmcode

In der TextBox wird jeweils der entsprechende Text zu den Ereignissen ausgegeben. Die ListBox liefert mit SelectedIndex die Nummer des ausgewählten Elements, der Slider mit Value den eingestellten Wert.

13.4 Seitenvorlagen für Windows Store-Apps

Windows Store-Apps bestehen normalerweise aus mehreren Seiten. Sie
können einem Projekt eine weitere Seite hinzufügen über den Menüpunkt
PROJEKT · NEUES ELEMENT HINZUFÜGEN. Sie sehen dann eine Reihe von
Seitenvorlagen (siehe Abbildung 13.5).

Sie haben hier die Auswahl aus insgesamt acht Möglichkeiten:

▶ LEERE SEITE: eine leere Seite.

▶ STANDARDSEITE: eine fast leere Seite mit Titelzeile und einem bei Bedarf
  sichtbaren Zurück-Button.

13 Windows Store-Apps für Windows 8.1

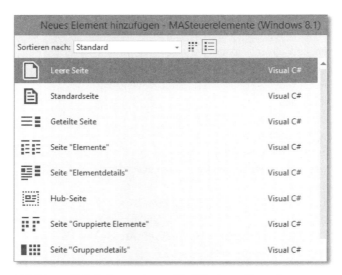

Abbildung 13.5 Seitenvorlagen für Windows Store-Apps

Split   Es folgen die beiden Seiten, aus denen die Projektvorlage SPLIT besteht:

- GETEILTE SEITE: eine geteilte Seite, links die Details zu einer einzelnen Gruppe und rechts die Details zum ausgewählten Element innerhalb der Gruppe.
- Seite "ELEMENTE": eine Seite mit einer Liste von Elementen.

Grid   Es folgen die Seiten, aus denen die Projektvorlage GRID besteht:

- Seite "ELEMENTDETAILS": eine Seite mit Details zu einem Element. Man kann von hier zum benachbarten Element wechseln.
- HUB-SEITE: wird wegen der genannten Probleme mit der Projektvorlage HUB nicht weiter behandelt.
- Seite "GRUPPIERTE ELEMENTE": eine Seite mit Elementen, die in Gruppen angeordnet sind.
- Seite "GRUPPENDETAILS": eine Seite mit den Elementen einer Gruppe.

13.5 Eine Reihe von Seiten

Navigation   Im nachfolgenden Projekt *MAReihe* sehen Sie, wie eine Navigation innerhalb einer Reihe von Seiten prinzipiell aufgebaut wird, wie es zum Beispiel in den Projektvorlagen GRID und SPLIT geschieht.

Das Projekt besteht aus insgesamt drei Seiten in den Dateien *MainPage.xaml*, *Seite2.xaml* und *Seite3.xaml*. Es gibt jeweils eine zugehörige Programmcodedatei (siehe PROJEKTMAPPEN-EXPLORER in Abbildung 13.6).

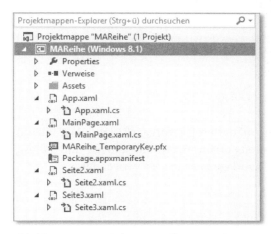

Abbildung 13.6 Projekt »MAReihe«, Dateien

Nach Start der App sieht man die Startseite (*MainPage.xaml*), zu finden in Abbildung 13.7.

Abbildung 13.7 Projekt »MAReihe«, Startseite

Von hier aus kann man auf die zweite Seite wechseln (siehe Abbildung 13.8).

Abbildung 13.8 Projekt »MAReihe«, Seite 2

Von der zweiten Seite kann man wieder zurück zur Startseite wechseln oder zu einer dritten Seite (siehe Abbildung 13.9).

Abbildung 13.9 Projekt »MAReihe«, Seite 3

Das Projekt basiert wiederum auf der Projektvorlage BLANK. Das Hinzufügen weiterer Seiten wurde bereits erläutert. Für die Seiten 2 und 3 dieses Projekts wird jeweils die Seitenvorlage LEERE SEITE verwendet.

Der XAML-Code der Startseite:

```
<Page x:Class="MAReihe.MainPage" ... >
  <Grid Background="{StaticResource
      ApplicationPageBackgroundThemeBrush}">
    <StackPanel HorizontalAlignment="Center">
      <TextBlock FontSize="24" HorizontalAlignment="Center"
        Margin="10">Das ist die Startseite</TextBlock>
      <Button Width="200" Height="50" HorizontalAlignment=
        "Center" Click="b2_Click">Zur Seite 2</Button>
    </StackPanel>
  </Grid>
</Page>
```

Listing 13.4 Projekt »MAReihe«, Datei MainPage.xaml

Nach der Überschrift folgt der Button, über den man zur nächsten Seite wechseln kann. Die zugehörige Ereignisprozedur:

```
private void b2_Click(object sender, RoutedEventArgs e)
{ Frame.Navigate(typeof (Seite2)); }
```

Listing 13.5 Projekt »MAReihe«, Datei MainPage.xaml.cs

Frame.Navigate()   Die Eigenschaft Frame der Seite ermöglicht die Navigation. Sie stellt wiederum ein Objekt dar. Die Methode Navigate() dieses Objekts erwartet die Klasse der Seite, zu der gewechselt werden soll. Die Klasse wird über typeof() bereitgestellt.

13.5   Eine Reihe von Seiten

Entsprechend sieht es auf den beiden anderen Seiten aus. Zunächst Seite 2:

```
<Page x:Class="MAReihe.Seite2" ... >
  <Grid Background="{StaticResource
      ApplicationPageBackgroundThemeBrush}">
    <StackPanel HorizontalAlignment="Center">
      <TextBlock FontSize="24" HorizontalAlignment="Center"
        Margin="10">Das ist Seite 2</TextBlock>
      <Button Width="200" Height="50" HorizontalAlignment=
        "Center" Click="bm_Click">
        Zurück zur Startseite</Button>
      <Button Width="200" Height="50" HorizontalAlignment=
        "Center" Click="b3_Click">Zur Seite 3</Button>
    </StackPanel>
  </Grid>
</Page>
```

Listing 13.6 Projekt »MAReihe«, Datei Seite2.xaml

Die Klasse Seite2 ist wie die Klasse jeder Seite von der Klasse Page abgeleitet. Hier gibt es zwei Buttons: ZURÜCK ZUR STARTSEITE und ZUR SEITE 3. Es folgt der Programmcode:

```
private void bm_Click(object sender, RoutedEventArgs e)
{ Frame.Navigate(typeof(MainPage)); }
private void b3_Click(object sender, RoutedEventArgs e)
{ Frame.Navigate(typeof(Seite3)); }
```

Listing 13.7 Projekt »MAReihe«, Datei Seite2.xaml.cs

Es werden die Seiten angefordert, die von der Klasse MainPage bzw. von der Klasse Seite3 sind. Zu guter Letzt die Seite 3:

```
<Page x:Class="MAReihe.Seite3" ... >
  <Grid Background="{StaticResource
      ApplicationPageBackgroundThemeBrush}">
    <StackPanel HorizontalAlignment="Center">
      <TextBlock FontSize="24" HorizontalAlignment="Center"
        Margin="10">Das ist Seite 3</TextBlock>
      <Button Width="200" Height="50" HorizontalAlignment=
        "Center" Click="b2_Click">Zurück zur Seite 2</Button>
```

```
        </StackPanel>
    </Grid>
</Page>
```

Listing 13.8 Projekt »MAReihe«, Datei Seite3.xaml

Es folgt der Programmcode:

```
private void b2_Click(object sender, RoutedEventArgs e)
{ Frame.Navigate(typeof(Seite2)); }
```

Listing 13.9 Projekt »MAReihe«, Datei Seite3.xaml.cs

13.6 Eine geteilte Seite

Navigation

In der Projektvorlage SPLIT gibt es die Seitenvorlage vom Typ GETEILTE SEITE. Dort kann links eines von mehreren Elementen ausgewählt werden, dessen Details jeweils rechts angezeigt werden. Im nachfolgenden Projekt *MAFrame* sehen Sie, wie eine solche Navigation prinzipiell aufbaut wird.

Das Projekt besteht aus insgesamt vier Seiten in den Dateien *Main-Page.xaml, Seite1.xaml, Seite2.xaml* und *Seite3.xaml*. Nach dem Start der App sieht man die Startseite (*MainPage.xaml*). Dort können Sie über die Buttons auf der linken Seite auswählen, welche Seite rechts angezeigt werden soll, zum Beispiel Seite 2 (siehe Abbildung 13.10).

Abbildung 13.10 Projekt »MAFrame«

Das Projekt basiert wiederum auf der Projektvorlage BLANK. Das Hinzufügen weiterer Seiten wurde bereits erläutert. Für die Seiten 1 bis 3 dieses Projekts wird jeweils die Seitenvorlage LEERE SEITE verwendet.

Der XAML-Code der Startseite:

```xaml
<Page x:Class="MAFrame.MainPage" ... >
  <Grid Background="{StaticResource
      ApplicationPageBackgroundThemeBrush}">
    <Grid.ColumnDefinitions>
      <ColumnDefinition Width="200" />
      <ColumnDefinition Width="*" />
    </Grid.ColumnDefinitions>

    <StackPanel Grid.Column="0" HorizontalAlignment="Left">
      <Button Click="b1_Click" Margin="10">
        Seite 1 anzeigen</Button>
      <Button Click="b2_Click" Margin="10">
        Seite 2 anzeigen</Button>
      <Button Click="b3_Click" Margin="10">
        Seite 3 anzeigen</Button>
    </StackPanel>

    <Frame x:Name="fr" Grid.Column="1" />
  </Grid>
</Page>
```

Listing 13.10 Projekt »MAFrame«, Datei MainPage.xaml

Die Teilung der Seite wird mithilfe eines Grid-Layouts erreicht. In der linken Spalte des Grids stehen die drei Buttons. In der rechten Spalte des Grids befindet sich nur ein Frame-Element inklusive Bezeichner, das die Navigation innerhalb dieser Spalte ermöglicht.

Frame.Navigate()

Es folgt der Programmcode:

```csharp
private void b1_Click(object sender, RoutedEventArgs e)
{ fr.Navigate(typeof(Seite1)); }
private void b2_Click(object sender, RoutedEventArgs e)
{ fr.Navigate(typeof(Seite2)); }
private void b3_Click(object sender, RoutedEventArgs e)
{ fr.Navigate(typeof(Seite3)); }
```

Listing 13.11 Projekt »MAFrame«, Datei MainPage.xaml.cs

Es wird mithilfe des bezeichneten Frame-Elements fr navigiert. Die neue Seite erscheint an der Stelle dieses Frame-Elements, also in der rechten Spalte des Grids.

Die Seiten 1 bis 3 sind sehr einfach aufgebaut. Als Beispiel folgt Seite 1:

```
<Page x:Class="MAFrame.Seite1" ... >
  <Grid Background="{StaticResource
      ApplicationPageBackgroundThemeBrush}">
    <StackPanel Margin="10">
      <TextBlock FontSize="24">Das ist Seite 1</TextBlock>
    </StackPanel>
  </Grid>
</Page>
```

Listing 13.12 Projekt »MAFrame«, Datei Seite.xaml

13.7 Seitenvorlage Standardseite

In diesem Abschnitt wird für die Entwicklung des Projekts *MASeitenvorlageStandard* die Hauptseite gegen eine Seite ausgetauscht, die nach der Seitenvorlage STANDARDSEITE erzeugt wird. Das ist eine fast leere Seite mit Titelzeile und einem bei Bedarf sichtbaren Zurück-Button. Sie stellt im Hintergrund die speziellen Styles der Windows Store-Apps zur Verfügung.

Mithilfe der Projektvorlage BLANK wird ein neues Projekt erzeugt. Sie markieren dann als Erstes im PROJEKTMAPPEN-EXPLORER die Datei *MainPage.xaml* und löschen sie. Die Programmcodedatei *MainPage.xaml.cs* wird dabei automatisch mitgelöscht. Anschließend rufen Sie den Menüpunkt PROJEKT • NEUES ELEMENT HINZUFÜGEN auf und wählen die Seitenvorlage STANDARDSEITE aus.

MainPage Die Datei nennen Sie *MainPage.xaml*. Sie müssen dann in den Anwendungsdateien keine Umbenennung vornehmen. Die Seite mit der Klasse MainPage wird von der Anwendung als Hauptseite erkannt. Anschließend müssen Sie durch Betätigung des Buttons JA bestätigen, dass dem Projekt noch weitere notwendige Dateien hinzugefügt werden.

Damit alle neu hinzugefügten Elemente miteinander verbunden werden, starten Sie nun am besten die Anwendung. Es erscheint, wie in Abbildung

13.11 gezeigt, der Schriftzug MYAPPLICATION im typischen Style der Windows Store-Apps.

Abbildung 13.11 Projekt »MASeitenvorlageStandard«, Originalstartseite

Diesen Text können Sie leicht gegen einen eigenen Text austauschen, zum Beispiel den Text MEINE WINDOWS STORE-APP. In der Datei *MainPage.xaml* wird im Bereich Page.Resources die entsprechende Zeichenkette der Seite als Ressource zur Verfügung gestellt.

Es sollen weitere Elemente innerhalb eines StackPanels hinzugefügt werden, sodass der Benutzer seinen Namen eingeben kann und anschließend mit diesem Namen begrüßt wird (siehe Abbildung 13.12).

Abbildung 13.12 Projekt »MASeitenvorlageStandard«, geänderte Startseite

Das StackPanel mit den Elementen fügen Sie in der Datei *MainPage.xaml* nach dem Aufbau des inneren Grids ein:

```
...
    <!-- Back button and page title -->
    <Grid>
      <Grid.ColumnDefinitions>
        <ColumnDefinition Width="Auto"/>
        <ColumnDefinition Width="*"/>
      </Grid.ColumnDefinitions>
      <Button x:Name="backButton" Click="GoBack"
        IsEnabled="{Binding Frame.CanGoBack,
```

529

```
      ElementName=pageRoot}"
      Style="{StaticResource BackButtonStyle}"/>
    <TextBlock x:Name="pageTitle" Grid.Column="1"
      Text="{StaticResource AppName}"
      Style="{StaticResource PageHeaderTextStyle}"/>
  </Grid>

  <StackPanel Grid.Row="1" Margin="150, 0, 0, 0">
    <TextBlock>Ihr Name</TextBlock>
    <StackPanel Orientation="Horizontal">
      <TextBox x:Name="eingabe" Width="300" />
      <Button Click="bu_Click">Sag Hallo</Button>
    </StackPanel>
    <TextBlock x:Name="ausgabe" />
  </StackPanel>

  </Grid>
</Page>
```

Listing 13.13 Projekt »MASeitenvorlageStandard«, Datei MainPage.xaml, Ausschnitt

Das StackPanel steht in Zeile 1 des äußeren Grids (Grid.Row = 1), mithilfe von Margin nach rechts verschoben. Es beinhaltet

▶ einen TextBlock als Überschrift,

▶ innerhalb eines inneren horizontalen StackPanel eine TextBox zur Eingabe und einen Button

▶ sowie einen TextBlock zur Ausgabe der Begrüßung.

Die Ereignisprozedur für den Button sieht wie folgt aus:

```
private void bu_Click(object sender, RoutedEventArgs e)
{ ausgabe.Text = "Hallo " + eingabe.Text; }
```

Listing 13.14 Projekt »MASeitenvorlageStandard«, Datei MainPage.xaml.cs

13.8   Projektvorlage Grid

In diesem Abschnitt wird das Projekt *MAProjektvorlageGrid* mithilfe der Projektvorlage GRID erzeugt. Es kommen wiederum die speziellen Styles für Windows Store-Apps zum Einsatz. Diese Projektvorlage eignet sich zur Anzeige von Elementen, die in verschiedenen Gruppen organisiert sind. Zu jedem Element können dann Detailinformationen angezeigt werden.

Zunächst die Anzeige des PROJEKTMAPPEN-EXPLORER in Abbildung 13.13.

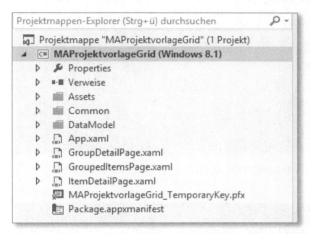

Abbildung 13.13 Projekt »MAProjektvorlageGrid«, Dateien

In der Projektvorlage wurden drei Seitenvorlagen genutzt:

- GRUPPIERTE ELEMENTE für die Datei *GroupedItemsPage.xaml*
- GRUPPENDETAILS für die Datei *GroupDetailPage.xaml*
- ELEMENTDETAILS für die Datei *ItemDetailPage.xaml*

Gruppierte Elemente

Gruppendetails

Elementdetails

Nach dem Start der Anwendung erscheinen zunächst die gruppierten Elemente. Man kann sich hier zum Beispiel mithilfe der Pfeiltasten nach rechts und links durch die verschiedenen Gruppen bewegen. In Abbildung 13.14 sehen Sie Element 1 aus Gruppe 2 sowie die Elemente 1 und 4 aus Gruppe 1. Die Elemente sind innerhalb jeder Gruppe durchnummeriert.

Nach der Auswahl eines Gruppenkopfs (hier: GROUP TITLE 2) werden die Details der betreffenden Gruppe angezeigt. In Abbildung 13.15 sehen Sie Gruppe 2: links einige Informationen zur Gruppe insgesamt, rechts die Elemente 1 und 2 dieser Gruppe. Über den Zurück-Button würde man wieder auf die vorherige Ansicht gelangen.

Abbildung 13.14 Projekt »MAProjektvorlageGrid«, Gruppierte Elemente

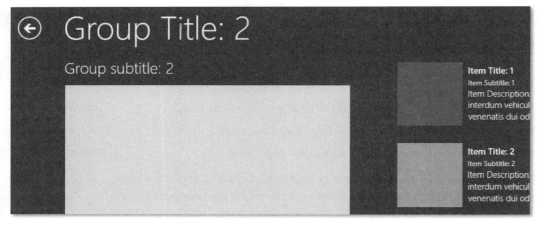

Abbildung 13.15 Projekt »MAProjektvorlageGrid«, Gruppendetails

Nach der Auswahl eines bestimmten Elements (hier: ITEM TITLE 2) werden die Details des betreffenden Elements angezeigt. In Abbildung 13.16 sehen Sie Element 2 aus Gruppe 2.

Abbildung 13.16 Projekt »MAProjektvorlageGrid«, Elementdetails

13.9 Projektvorlage Split

Die Projektvorlage SPLIT wird in diesem Abschnitt zur Erzeugung des Projekts *MAProjektvorlageSplit* genutzt. Auch diese Projektvorlage eignet sich zur Anzeige von Elementen, die in verschiedenen Gruppen organisiert sind. Zu jedem Element werden Detailinformationen angezeigt.

Zunächst die Anzeige des PROJEKTMAPPEN-EXPLORER in Abbildung 13.17.

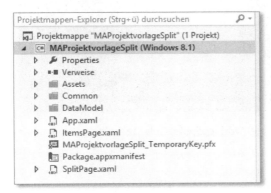

Abbildung 13.17 Projekt »MAProjektvorlageSplit«, Dateien

In der Projektvorlage wurden zwei Seitenvorlagen genutzt:

- die Seitenvorlage ELEMENTE für die Datei *ItemsPage.xaml*
- die Seitenvorlage GETEILTE SEITE für die Datei *SplitPage.xaml*

Nach dem Start der Anwendung erscheint zunächst die Seite ELEMENTE mit den verschiedenen Gruppen (siehe Abbildung 13.18).

Abbildung 13.18 Projekt »MAProjektvorlageSplit«, Elementansicht

Nach der Auswahl einer Gruppe wird eine GETEILTE SEITE mit den Inhalten der betreffenden Gruppe angezeigt. In Abbildung 13.19 sehen Sie den Inhalt einer Gruppe. Rechts sehen Sie die Details zum ausgewählten Element 1.

Abbildung 13.19 Projekt »MAProjektvorlageSplit«, Geteilte Seite

13.10 Prüfen einer App

App-Store   Vor der Veröffentlichung bzw. dem Verkauf einer App muss sie zunächst geprüft werden. Microsoft möchte nicht, dass in seinem App-Store Apps angeboten werden, die den Anforderungen nicht genügen, zum Beispiel bezüglich der Speicherverwaltung. Auf dem Startbildschirm von Windows 8.1 gibt es nach der Installation von Visual Studio 2013 für diese Prüfung die App WINDOWS APP CERT KIT, siehe auch Abbildung 13.1.

Release-Modus   Die Anwendungen wurden bisher im Debug-Modus erstellt. Auf diese Weise stehen während der Entwicklungszeit mehr Informationen zur Fehlerfindung zur Verfügung. Vor der Prüfung mit dem WINDOWS APP CERT KIT muss das jeweilige Projekt jedoch auf den Release-Modus umgestellt werden.

Konfigurations-Manager   Dazu öffnen Sie das Projekt in Visual Studio 2013 und rufen den Menüpunkt ERSTELLEN • KONFIGURATIONS-MANAGER auf. Im gleichnamigen Dialogfeld gibt es links oben die Auswahlliste KONFIGURATION DER AKTUELLEN PROJEKTMAPPE. Dort wählen Sie den Eintrag RELEASE aus (siehe Abbildung 13.20), hier am Beispiel des Projekts *MAProjektvorlageBlank*. Anschließend sollten Sie Ihre App einmal übersetzen und starten, damit bei der Prüfung die neue Konfiguration genutzt werden kann.

13.10 Prüfen einer App

Abbildung 13.20 Visual Studio, Konfigurations-Manager

Nun können Sie das Visual Studio 2013 wieder schließen und die App WINDOWS APP CERT KIT starten. Dort wählen Sie die Art der Überprüfung aus: Windows Store-App überprüfen. Anschließend können Sie die App markieren, die überprüft werden soll, und die Prüfung starten.

Sie sollten auswählen, dass alle Tests ausgeführt werden mit Ausnahme des Tests der App-Brandingvalidierung innerhalb des Tests der App-Manifestressourcen. Diesen Test wird Ihre App nicht überstehen, wenn Sie, wie bei einigen Beispielen in diesem Kapitel, die Standardbilder statt eigener Bilder verwendet haben.

Während der Prüfung wird die App mehrmals automatisch gestartet und beendet. Sie sollten in dieser Zeit nicht mit der App interagieren. Nach der Prüfung können Sie sich ein Prüfungsprotokoll in Form einer HTML-Seite speichern und ansehen. Dort steht (hoffentlich), dass Ihre App die Prüfung bestanden hat. Ansonsten stehen dort die Gründe, weshalb die App die Prüfung nicht bestanden hat, sodass Sie die App gezielt verbessern können.

Erfolg oder Fehler

Anhang A
Installation und technische Hinweise

Die Inhalte des Datenträgers zum Buch, die Installation der verschiedenen Express-Versionen von Visual Studio 2013, das Arbeiten mit Vorlagen und die Erstellung eines Installationsprogramms zur Weitergabe eigener Programme runden die Inhalte dieses Buchs ab.

A.1 Inhalt des Datenträgers zu diesem Buch

Auf dem Datenträger sind enthalten:

▶ Verzeichnis *datenbank*: Beispieldatenbank für Microsoft Access 2013 bis Microsoft Access 2007

▶ Verzeichnis *projekte*: Visual C#-Projekte zu den Beispiel- und Übungsaufgaben

▶ Verzeichnis *software/microsoft*: alle Visual Studio Express-Versionen und die *Microsoft Access Database Engine 2010 Redistributable*

▶ Verzeichnis *software/mysql*: ein Verbinder zu MySQL-Datenbanken

Im Downloadangebot, das der elektronischen Ausgabe des Buchs beigegeben ist, finden Sie ebenfalls alle Beispieldateien.

A.2 Installation der Express-Versionen von Visual Studio 2013

Auf dem Datenträger zu diesem Buch befinden sich im Verzeichnis */software/microsoft* die Dateien zur Installation der verschiedenen Express-Versionen von Visual Studio 2013.

Sie können Sie aber auch jeweils als ISO-Datei über die Seite *http://www.microsoft.com/visualstudio/deu* herunterladen. Die ISO-Datei können Sie entweder auf einen Datenträger brennen oder auf der Festplatte entpacken, zum Beispiel mithilfe von 7-Zip.

537

A Installation und technische Hinweise

Nach dem Aufruf der ausführbaren Installationsdatei werden Sie durch die Installation geleitet. Als wichtigste Komponenten werden die aktuelle Version des Microsoft .NET Framework und die jeweilige Express-Version von Visual Studio 2013 installiert.

Anschließend steht Ihnen Visual Studio 2013 im Startmenü zum Lernen, Testen und Programmieren zur Verfügung.

Nach der Installation der Produkte wird meist ein Dialogfeld eingeblendet. Von dort aus gelangt man zur (kostenfreien) Registrierung bei Microsoft. Außerdem können Sie die betreffende Seite jederzeit über das Menü HILFE · PRODUKT REGISTRIEREN innerhalb jeder Express-Version erreichen.

Auf der Seite können Sie nach Eingabe einiger persönlicher Daten ein Windows-Konto (früher: Windows Live ID) eröffnen. Nach erfolgreicher Kontoeröffnung wird entweder ein Fenster eingeblendet, in dem ein Registrierungsschlüssel angezeigt wird, oder es wird eine E-Mail an die angegebene Adresse gesandt, in der sich ein Registrierungsschlüssel befindet. Diesen Schlüssel kann man kopieren und im Dialogfeld eingeben.

Sollten Probleme während der Registrierung auftreten, kann das an der Browsereinstellung für Cookies liegen. Sie sollten festlegen, dass Cookies auch von Drittanbietern akzeptiert werden.

Nach der Installation der Version *Visual Studio Express 2013 für Windows* muss noch eine (ebenfalls kostenfreie) Entwicklerlizenz angefordert werden.

A.3 Arbeiten mit einer Formularvorlage

In diesem Abschnitt wird ein weiteres nützliches Feature der Entwicklungsumgebung für Visual C# beschrieben. Es wird häufig vorkommen, dass Sie neue Formulare mithilfe eines bereits vorhandenen Formulars aufbauen wollen. Zu diesem Zweck müssen Sie zunächst das ursprüngliche Formular als Vorlage speichern.

Vorlage exportieren

Wählen Sie hierzu in einem geöffneten Projekt den Menüpunkt DATEI · VORLAGE EXPORTIEREN. Anschließend hilft ein Assistent bei den nächsten Schritten. Im ersten Dialogfeld wird der Vorlagentyp ausgewählt, in diesem Fall der Typ *Symbolvorlage*.

Im zweiten Dialogfeld wird das Element ausgewählt, das als Vorlage exportiert werden soll, hier müssen Sie das Formular (*Form1.cs*) ankreuzen.

Im nächsten Dialogfeld sollen die Verweise angekreuzt werden, die beim Export der Vorlage mit eingeschlossen werden sollen. In diesem Fall ist das nicht nötig, es wird also nichts angekreuzt.

Im letzten Dialogfeld werden die Vorlagenoptionen ausgewählt, u. a. der Name der Vorlage. Es wird der Name des aktuellen Projekts vorgeschlagen, den Sie zur einfacheren späteren Zuordnung beibehalten sollten.

Die Vorlage wird in einer komprimierten Datei im Verzeichnis *C:\Users\ [Benutzername]\Documents\Visual Studio 2013\My Exported Templates* abgelegt.

Möchten Sie später ein Projekt auf Basis des vorhandenen Formulars aufbauen, erstellen Sie zunächst ein neues leeres Projekt. Anschließend entfernen Sie das Standardformular (*Form1.cs*), indem Sie es im Projektmappen-Explorer mit der rechten Maustaste auswählen und über das anschließende Kontextmenü löschen. | **Formular löschen**

Nun fügen Sie über den Menüpunkt Projekt • Neues Element hinzufügen die Vorlage ein. Die soeben erstellte Vorlage erscheint in der Kategorie Gemeinsame Elemente. Der Name der Vorlage (unten) wurde automatisch um eine Ziffer verlängert. Falls Sie das nicht möchten, können Sie den Namen ändern. | **Importieren**

Nach dem Hinzufügen des neuen Elements werden Sie gefragt, ob Sie dieser Vorlage vertrauen, da es sich ja auch um eine Onlinevorlage aus einer unbekannten Quelle handeln könnte. Nach der Zustimmung steht das Formular inklusive des Codes zur Erweiterung bzw. Veränderung zur Verfügung.

Das neu eingefügte Formular sollten Sie nun zum Startformular des Projekts machen. Dazu müssen Sie die Datei *Program.cs* des Projekts editieren. In der Methode Main() ersetzen Sie beim Aufruf der Methode Application.Run() den Namen der Formularklasse (bisher z. B. Form1) durch den Namen der Klasse des neu eingefügten Formulars. | **Startformular**

A   Installation und technische Hinweise

A.4   Arbeiten mit einer Projektvorlage

Möchten Sie nicht nur ein einzelnes Formular, sondern ein ganzes Projekt, das eventuell aus mehreren Formularen besteht, als Vorlage speichern, ist das auf ähnliche Art und Weise möglich.

Speichern   Gehen Sie wiederum über den Menüpunkt DATEI • VORLAGE exportieren. Im ersten Dialogfeld wählen Sie diesmal als Vorlagentyp *Projektvorlage* aus. Die Vorlage wird ebenso in einer komprimierten Datei im Verzeichnis *C:\Users\[Benutzername]\Documents\Visual Studio 2013\My Exported Templates* abgelegt.

Benutzen   Möchten Sie später ein Projekt auf Basis des vorhandenen Projekts aufbauen, gehen Sie zunächst wie gewohnt über den Menüpunkt DATEI • NEUES PROJEKT. Die soeben erstellte Vorlage erscheint in diesem Dialogfeld in der Hauptkategorie VISUAL C# in der Liste der Projekttypen. Der Name des Projekts entspricht dem Namen der Vorlage, um eine Ziffer verlängert. Sie können den Namen natürlich passend ändern.

A.5   Weitergabe eigener Windows-Programme

Nach dem Kompilieren eines Visual C#-Programms in eine *.exe*-Datei erhalten Sie ein eigenständiges Programm, das Sie unabhängig von der Entwicklungsumgebung ausführen können.

Das gilt aber nur für den eigenen Rechner und nicht für einen Rechner, auf dem z. B. kein .NET Framework installiert ist. Es muss also dafür gesorgt werden, dass die notwendige Umgebung auf dem Zielrechner existiert.

ClickOnce   Die einfachste Lösung für dieses Problem ist eine *ClickOnce*-Verteilung. Dabei werden alle benötigten Dateien zusammengestellt, und ein vollständiges und einfach zu bedienendes Installationsprogramm wird erzeugt.

Dieses Installationsprogramm wird dann auf dem Zielrechner ausgeführt. Je nach Art des Installationsprogramms wird die neue Windows-Anwendung im Windows-Startmenü eingetragen. Dem Benutzer wird es dann auch ermöglicht, die neue Windows-Anwendung bei Bedarf wieder über die Systemsteuerung zu deinstallieren.

A.5.1 Erstellung des Installationsprogramms

Die einzelnen Schritte der Erstellung:

▶ Sie öffnen das Projekt, das weitergegeben werden soll, z. B. *MeinErstes*, innerhalb der Entwicklungsumgebung.

▶ Sie rufen das Dialogfeld mit den Projekteigenschaften über den Menüpunkt PROJEKT • MEINERSTES-EIGENSCHAFTEN auf. Dort wechseln Sie in das Register VERÖFFENTLICHEN.

Veröffentlichen

▶ Für dieses Beispiel soll ein Installationsverzeichnis mit den notwendigen Dateien erstellt werden. Daher wird neben dem Feld SPEICHERORT DES VERÖFFENTLICHUNGSORDNERS ... das Dialogfeld geöffnet, und ein vorhandenes oder neues Verzeichnis wird ausgewählt, z. B. *C:\Temp\MeinErstes*.

Installations-verzeichnis

▶ Unter INSTALLATIONSMODUS UND -EINSTELLUNGEN wählen Sie DIE ANWENDUNG IST AUCH OFFLINE VERFÜGBAR ... Damit ist es später möglich, die Anwendung über das Startmenü aufzurufen.

Startmenü

▶ Im Dialogfeld ANWENDUNGSDATEIEN ist die *.exe*-Datei zu sehen.

▶ Im Dialogfeld ERFORDERLICHE KOMPONENTEN sind die Komponenten (z. B. das .NET Framework oder ein Windows Installer) bereits angekreuzt, die für diese Anwendung benötigt werden. Die Option ERFORDERLICHE KOMPONENTEN VON DER WEBSITE DES KOMPONENTENHERSTELLERS HERUNTERLADEN sorgt dafür, dass bei einer Installation der Anwendung das passende .NET Framework aus dem Internet geladen und installiert wird, falls notwendig.

▶ Die Nummer der Veröffentlichungsversion wird normalerweise automatisch mit jeder Veröffentlichung des gleichen Programms erhöht.

▶ Der Button JETZT VERÖFFENTLICHEN erstellt das Installationsprogramm im Installationsverzeichnis. Dieses kann dann (inklusive Unterverzeichnissen) auf ein geeignetes Transportmedium übertragen werden.

A.5.2 Ablauf einer Installation

Das Programm *setup.exe* wird vom Transportmedium gestartet. Auch hier gilt: Vor Aufruf sollten Sie alle Anwendungen schließen, die nicht unbedingt geöffnet sein müssen, um den Zugriff auf alle Dateien zu erleichtern. Die *.exe*-Datei läuft selbsttätig und erstellt einen Eintrag im Windows-Startmenü.

Setup-Datei

A.6 Konfigurationsdaten

Anwendung konfigurieren

Konfigurationsdaten und andere Einstellungsdaten einer Anwendung werden in einer XML-Datei mit dem Namen *App.config* dauerhaft gespeichert. Die Anwendung kann auf diese Daten zugreifen und sie benutzen. Der Vorteil: Die Daten können verändert werden, ohne die Anwendung erneut übersetzen zu müssen.

Ein Beispiel: Nehmen wir an, Ihre Anwendung benutzt eine Datenbank. Den Speicherort der Datenbank wollen Sie auf jedem Rechner, auf dem Ihre Anwendung eingesetzt wird, individuell einstellen, siehe auch das Projekt *Konfigurationsdaten*.

XML-Datei

Sollte die XML-Datei noch nicht vorhanden sein, müssen Sie sie zunächst dem Projekt hinzufügen:

▶ Markieren Sie im PROJEKTMAPPEN-EXPLORER das Projekt.

▶ Klicken Sie mit der rechten Maustaste, und wählen Sie HINZUFÜGEN · NEUES ELEMENT.

▶ Wählen Sie die Vorlage ANWENDUNGSKONFIGURATIONSDATEI aus.

▶ Behalten Sie den vorgeschlagenen Namen *App.config* unbedingt bei.

▶ Betätigen Sie den Button HINZUFÜGEN.

App.config

Es erscheint die Datei mit dem festgelegten Namen *App.config*. Sie sollten Sie z. B. wie folgt verändern:

```
<?xml version="1.0" encoding="utf-8" ?>
<configuration>
```

[... mögliche weitere Angaben ...]

```
  <appSettings>
    <add key="DBVerzeichnis" value="C:\Temp"/>
  </appSettings>
</configuration>
```

Listing A.1 Projekt »Konfigurationsdaten«, Datei App.config

appSettings

Es gibt in der Datei nun den Abschnitt für die Konfigurationsdaten mit dem festgelegten Namen appSettings. Darin wird dem Schlüssel DBVerzeichnis der Wert C:\Temp zugeordnet. Der Name (key) des Schlüssels kann frei gewählt werden, der Wert (value) des Schlüssels entspricht in unserem Beispiel dem gewünschten Verzeichnisnamen. Sie könnten der XML-Datei weitere Konfigurationsdaten hinzufügen, indem Sie weitere Zeilen erzeugen mit:

```
<add key=... value=...
```

Nun soll innerhalb einer Anwendung der Zugriff auf die Konfigurationsdaten ermöglicht werden. Im Projekt müssen Sie (neben dem Namespace System.Data.OleDb für die Verbindung zur Access-Datenbank) zwei weitere Namespaces mithilfe der using-Anweisung einbinden:

```
using System.Configuration;
using System.Collections.Specialized;
```

Der Zugriff auf die Konfigurationsdaten sieht dann z. B. wie folgt aus:

```
private void cmdAnzeigen_Click(
    object sender, EventArgs e)
{
    /* Konfigurationsdatei lesen */
    NameValueCollection appset =
        ConfigurationSettings.AppSettings;

    /* Verbindung einrichten */
    OleDbConnection con = new OleDbConnection();
    con.ConnectionString =
        "Provider=Microsoft.ACE.OLEDB.12.0;Data Source=" +
        appset["DBVerzeichnis"] + "\\firma.accdb";
        ...
```

Listing A.2 Projekt »Konfigurationsdaten«, Nutzung

Es wird der Verweis appset erzeugt. Das ist ein Verweis auf ein Objekt der Klasse NameValueCollection aus dem Namespace System.Collections.Specialized. In einem solchen Objekt können Sie eine Collection von Schlüssel-Wert-Paaren speichern.

NameValue-Collection

Dem Verweis appset wird der Wert der statischen Eigenschaft AppSettings der Klasse ConfigurationSettings aus dem Namespace System.Configuration zugewiesen. Dadurch werden alle Schlüssel-Wert-Paare aus dem Bereich appSettings der Konfigurationsdatei *App.config* zugreifbar. Beim Herstellen der Verbindung zur Datenbank wird das Element DBVerzeichnis

Configuration-Manager

aus der Collection gelesen. Angehängt wird der Dateiname *firma.accdb*, und schon haben Sie Zugriff auf die Datenbankdatei. Soll die Datenbankdatei in einem anderen Verzeichnis stehen, müssen Sie nur noch den Inhalt der XML-Datei *App.config* ändern und nicht die gesamte Anwendung.

Lassen Sie sich nicht durch eine eventuell auftretende Warnung bezüglich der Klasse ConfigurationSettings irritieren. Sie ist nicht zutreffend.

A.7   Datenbankzugriff unter der Vista-64-Bit-Version

Microsoft-Dokument

Unter der 64-Bit-Version von Vista gibt es verschiedene Probleme, u. a. mit dem geeigneten OleDb-Datenbankprovider, der zum Zugriff auf eine Access-Datenbank benötigt wird. Microsoft bietet dazu eine Abhilfe an, zu finden über den Punkt 1.44 des folgenden Dokuments:

http://msdn.microsoft.com/en-gb/vstudio/aa718685.aspx

32-Bit-Anwendung

Zusammengefasst steht dort, dass Sie Ihr Projekt als 32-Bit-Anwendung übersetzen müssen. Dazu gibt es in der Vollversion von Visual Studio 2013 eine Umstellmöglichkeit in den Eigenschaften des jeweiligen Projekts. Die Express-Version hat diese komfortable Möglichkeit nicht.

Stattdessen müssen Sie für jedes Projekt, das den OleDb-Datenbankprovider benötigt,

▶ im Projektverzeichnis die Datei mit der Endung *.csproj* mit einem Texteditor öffnen,

▶ in der ersten <PropertyGroup>-Sektion eine Zeile mit dem Text <PlatformTarget>x86</PlatformTarget> einfügen und

▶ die Datei mit Speichern schließen.

Anschließend wird das jeweilige Projekt beim nächsten Kompilieren als 32-Bit-Anwendung erstellt. Es kann nun auf den geeigneten OleDb-Datenbankprovider zugreifen. Eine ausführliche Beschreibung findet sich unter der oben angegebenen Internetadresse.

Anhang B
Lösungen der Übungsaufgaben

Die Bearbeitung der Beispiele, das Verständnis für ihren Aufbau sowie das selbständige Lösen der Übungen sind ein wichtiger Schritt beim Erlernen der Programmierung. In diesem Abschnitt finden Sie jeweils eine Lösungsmöglichkeit zu jeder Übung. Lassen Sie sich nicht irritieren, wenn Ihre Lösung anders aussieht. Es ist in erster Linie wichtig, dass das Ergebnis stimmt. Vielleicht bietet Ihnen die hier vorliegende Lösung aber auch einen Denkanstoß zur Verbesserung.

B.1 Lösung der Übungsaufgabe aus Kapitel 1

B.1.1 Lösung ÜName

```
using System;
using System.Drawing;
using System.Windows.Forms;

namespace ÜName
{
    public partial class Form1 : Form
    {
        public Form1()
        {
            InitializeComponent();
        }

        private void cmdMyName_Click(
            object sender, EventArgs e)
        {
            lblMyName.Text = "Claus Clever";
        }

        private void cmdEnde_Click(
            object sender, EventArgs e)
```

B   Lösungen der Übungsaufgaben

```csharp
        {
            Close();
        }
    }
}
```

B.2   Lösungen der Übungsaufgaben aus Kapitel 2

B.2.1   Lösung ÜDatentypen

```csharp
private void cmdAnzeigen_Click(...)
{
    string nachname, vorname,
        strasse, plz, ort;
    int alter;
    double gehalt;

    nachname = "Clever";
    vorname = "Claus";
    strasse = "Bergstraße 34";
    plz = "09445";
    ort = "Brunnstadt";
    alter = 32;
    gehalt = 2852.55;

    lblA.Text = "Adresse: " + "\n" + vorname +
        " " + nachname + "\n" + strasse +
        "\n" + plz + " " + ort + "\n" +
        "\n" + "Alter: " + alter +
        "\n" + "Gehalt: " + gehalt;
}
```

B.2.2   Lösung ÜGültigkeitsbereich

```csharp
public partial class Form1 : Form
{
    ...
    double x = 0.0;
```

B.2 Lösungen der Übungsaufgaben aus Kapitel 2

```
private void cmdAnzeigen1_Click(...)
{
    double y = 0.0;
    y = y + 0.1;
    x = x + 0.1;
    lblA.Text = "x: " + x + "\n" + "y: " + y;
}

private void cmdAnzeigen2_Click(...)
{
    double z = 0.0;
    z = z + 0.1;
    x = x + 0.1;
    lblA.Text = "x: " + x + "\n" + "z: " + z;
}
}
```

B.2.3 Lösung ÜRechenoperatoren

```
private void cmdAnzeigen1_Click(...)
{
    double x;
    x = 3 * -2.5 + 4 * 2;
    lblA.Text = "Ergebnis: " + x;
}

private void cmdAnzeigen2_Click(...)
{
    double x;
    x = 3 * (-2.5 + 4) * 2;
    lblA.Text = "Ergebnis: " + x;
}
```

B.2.4 Lösung ÜVergleichsoperatoren

```
private void cmdAnzeigen1_Click(...)
{
    bool p;
    p = 12 - 3 >= 4 * 2.5;
```

```
    lblA.Text = "Ergebnis: " + p;
}

private void cmdAnzeigen2_Click(...)
{
    bool p;
    p = "Maier" != "Mayer";
    lblA.Text = "Ergebnis: " + p;
}
```

B.2.5 Lösung ÜLogischeOperatoren

```
private void cmdAnzeigen1_Click(...)
{
    bool p;
    p = 4 > 3 && -4 > -3;
    lblA.Text = "Ergebnis: " + p;
}
private void cmdAnzeigen2_Click(...)
{
    bool p;
    p = 4 > 3 || -4 > -3;
    lblA.Text = "Ergebnis: " + p;
}
```

B.2.6 Lösung ÜOperatoren

1: false, 2: true, 3: true, 4: true, 5: true, 6: false, 7: true, 8: false

B.2.7 Lösung ÜPanelZeitgeber

```
private void cmdStart_Click(...)
{
    tim1.Enabled = true;
}

private void tim1_Tick(...)
{
    pan1.Location = new Point(
        pan1.Location.X - 5, pan1.Location.Y - 5);
```

```
    pan2.Location = new Point(
        pan2.Location.X + 5, pan2.Location.Y - 5);
    pan3.Location = new Point(
        pan3.Location.X - 5, pan3.Location.Y + 5);
    pan4.Location = new Point(
        pan4.Location.X + 5, pan4.Location.Y + 5);
}
```

B.2.8   Lösung ÜKran

Bezeichnungen:

▶ f: Fundament

▶ s: senkrechtes Hauptelement

▶ a: waagerechter Ausleger

▶ h: senkrechter Haken am Ausleger

```
private void cmdHakenAus_Click(...)
{
    h.Height = h.Height + 10;
}
private void cmdHakenEin_Click(...)
{
    h.Height = h.Height - 10;
}
private void cmdAuslegerAus_Click(...)
{
    a.Width = a.Width + 10;
    a.Location = new Point(
        a.Location.X - 10, a.Location.Y);
    h.Location = new Point(
        h.Location.X - 10, h.Location.Y);
}
private void cmdAuslegerEin_Click(...)
{
    a.Width = a.Width - 10;
    a.Location = new Point(
        a.Location.X + 10, a.Location.Y);
    h.Location = new Point(
        h.Location.X + 10, h.Location.Y);
}
```

```
private void cmdKranRechts_Click(...)
{
    f.Location = new Point(
        f.Location.X + 10, f.Location.Y);
    s.Lccation = new Point(
        s.Location.X + 10, s.Location.Y);
    a.Location = new Point(
        a.Location.X + 10, a.Location.Y);
    h.Location = new Point(
        h.Location.X + 10, h.Location.Y);
}
private void cmdKranLinks_Click(...)
{
    f.Location = new Point(
        f.Location.X - 10, f.Location.Y);
    s.Location = new Point(
        s.Location.X - 10, s.Location.Y);
    a.Location = new Point(
        a.Location.X - 10, a.Location.Y);
    h.Location = new Point(
        h.Location.X - 10, h.Location.Y);
}
private void cmdKranAus_Click(...)
{
    s.Height = s.Height + 10;
    s.Location = new Point(
        s.Location.X, s.Location.Y - 10);
    a.Location = new Point(
        a.Location.X, a.Location.Y - 10);
    h.Location = new Point(
        h.Location.X, h.Location.Y - 10);
}
private void cmdKranEin_Click(...)
{
    s.Height = s.Height - 10;
    s.Location = new Point(
        s.Location.X, s.Location.Y + 10);
    a.Location = new Point(
        a.Lccation.X, a.Location.Y + 10);
```

```
    h.Location = new Point(
        h.Location.X, h.Location.Y + 10);
}
```

B.2.9   Lösung ÜSteuerbetrag

```
private void cmdBerechnen_Click(...)
{
    double gehalt, steuersatz, steuerbetrag;
    gehalt = Convert.ToDouble(txtGehalt.Text);

    if (gehalt <= 12000)
        steuersatz = 12;
    else if (gehalt <= 20000)
        steuersatz = 15;
    else if (gehalt <= 30000)
        steuersatz = 20;
    else
        steuersatz = 25;

    steuerbetrag = gehalt * steuersatz / 100;
    lblSteuerbetrag.Text =
        "Steuerbetrag: " + steuerbetrag;
}
```

B.2.10   Lösung ÜKranVerzweigung

Bezeichnungen:

- ► f: Fundament
- ► s: senkrechtes Hauptelement
- ► a: waagerechter Ausleger
- ► h: senkrechter Haken am Ausleger

```
private void cmdHakenAus_Click(...)
{
    if (h.Location.Y + h.Height + 5 < f.Location.Y)
        h.Height = h.Height + 10;
}
```

B   Lösungen der Übungsaufgaben

```
private void cmdHakenEin_Click(...)
{
    if (h.Height > 15)
        h.Height = h.Height - 10;
}

private void cmdAuslegerAus_Click(...)
{
    if (a.Location.X > 15)
    {
        a.Width = a.Width + 10;
        a.Location = new Point(
            a.Location.X - 10, a.Location.Y);
        h.Location = new Point(
            h.Location.X - 10, h.Location.Y);
    }
}

private void cmdAuslegerEin_Click(...)
{
    if (a.Width > 30)
    {
        a.Width = a.Width - 10;
        a.Location = new Point(
            a.Location.X + 10, a.Location.Y);
        h.Location = new Point(
            h.Location.X + 10, h.Location.Y);
    }
}

private void cmdKranRechts_Click(...)
{
    if (f.Location.X < 215)
    {
        f.Location = new Point(
            f.Location.X + 10, f.Location.Y);
        s.Location = new Point(
            s.Location.X + 10, s.Location.Y);
        a._ocation = new Point(
            a.Location.X + 10, a.Location.Y);
```

```
        h.Location = new Point(
            h.Location.X + 10, h.Location.Y);
    }
}

private void cmdKranLinks_Click(...)
{
    if (f.Location.X > 15 && a.Location.X > 15)
    {
        f.Location = new Point(
            f.Location.X - 10, f.Location.Y);
        s.Location = new Point(
            s.Location.X - 10, s.Location.Y);
        a.Location = new Point(
            a.Location.X - 10, a.Location.Y);
        h.Location = new Point(
            h.Location.X - 10, h.Location.Y);
    }
}

private void cmdKranAus_Click(...)
{
    if (s.Location.Y > 15)
    {
        s.Height = s.Height + 10;
        s.Location = new Point(
            s.Location.X, s.Location.Y - 10);
        a.Location = new Point(
            a.Location.X, a.Location.Y - 10);
        h.Location = new Point(
            h.Location.X, h.Location.Y - 10);
    }
}
private void cmdKranEin_Click(...)
{
    if (h.Location.Y + h.Height + 5 < f.Location.Y)
    {
        s.Height = s.Height - 10;
        s.Location = new Point(
            s.Location.X, s.Location.Y + 10);
```

B Lösungen der Übungsaufgaben

```
        a.Location = new Point(
            a.Location.X, a.Location.Y + 10);
        h.Location = new Point(
            h.Location.X, h.Location.Y + 10);
    }
}
```

B.2.11   Lösung ÜKranOptionen

Bezeichnungen:

▸ f: Fundament

▸ s: senkrechtes Hauptelement

▸ a: waagerechter Ausleger

▸ h: senkrechter Haken am Ausleger

```
private void cmdStart_Click(...)
{
    tim1.Enabled = true;
}

private void cmdStop_Click(...)
{
    tim1.Enabled = false;
}

private void tim1_Tick(...)
{
    if (optHakenAus.Checked)
        if (h.Location.Y + h.Height + 5 <
                f.Location.Y)
            h.Height = h.Height + 10;
        else
            tim1.Enabled = false;

    else if (optHakenEin.Checked)
        if (h.Height > 15)
            h.Height = h.Height - 10;
        else
            tim1.Enabled = false;
```

```
else if (optAuslegerAus.Checked)
    if (a.Location.X > 15)
    {
        a.Width = a.Width + 10;
        a.Location = new Point(
            a.Location.X - 10, a.Location.Y);
        h.Location = new Point(
            h.Location.X - 10, h.Location.Y);
    }
    else
        tim1.Enabled = false;

else if (optAuslegerEin.Checked)
    if (a.Width > 25)
    {
        a.Width = a.Width - 10;
        a.Location = new Point(
            a.Location.X + 10, a.Location.Y);
        h.Location = new Point(
            h.Location.X + 10, h.Location.Y);
    }
    else
        tim1.Enabled = false;

else if (optKranRechts.Checked)
    if (f.Location.X < 215)
    {
        f.Location = new Point(
            f.Location.X + 10, f.Location.Y);
        s.Location = new Point(
            s.Location.X + 10, s.Location.Y);
        a.Location = new Point(
            a.Location.X + 10, a.Location.Y);
        h.Location = new Point(
            h.Location.X + 10, h.Location.Y);
    }
    else
        tim1.Enabled = false;

else if (optKranLinks.Checked)
```

```
            if (f.Location.X > 15 && a.Location.X > 15)
            {
                f.Location = new Point(
                    f.Location.X - 10, f.Location.Y);
                s.Location = new Point(
                    s.Location.X - 10, s.Location.Y);
                a.Location = new Point(
                    a.Location.X - 10, a.Location.Y);
                h.Location = new Point(
                    h.Location.X - 10, h.Location.Y);
            }
            else
                tim1.Enabled = false;

        else if (optKranAus.Checked)
            if (s.Location.Y > 15)
            {
                s.Height = s.Height + 10;
                s.Location = new Point(
                    s.Location.X, s.Location.Y - 10);
                a.Location = new Point(
                    a.Location.X, a.Location.Y - 10);
                h.Location = new Point(
                    h.Location.X, h.Location.Y - 10);
            }
            else
                tim1.Enabled = false;

        else if (optKranEin.Checked)
            if (h.Location.Y + h.Height + 5 <
                    f.Location.Y)
            {
                s.Height = s.Height - 10;
                s.Location = new Point(
                    s.Location.X, s.Location.Y + 10);
                a.Location = new Point(
                    a.Location.X, a.Location.Y + 10);
                h.Location = new Point(
                    h.Location.X, h.Location.Y + 10);
            }
```

```
        else
            tim1.Enabled = false;
}
```

B.2.12 Lösung ÜForSchleife, Teil 1

```
private void cmdSchleife1_Click(...)
{
    double d;
    lblA.Text = "";

    for (d = 35; d >= 20; d = d - 2.5)
        lblA.Text += d + "\n";
}
```

B.2.13 Lösung ÜForSchleife, Teil 2

```
private void cmdSchleife2_Click(...)
{
    int count = 0;
    double d, summe = 0.0, mw;
    lblA.Text = "";

    for (d = 35; d >= 20; d = d - 2.5)
    {
        lblA.Text += d + "\n";
        count = count + 1;
        summe = summe + d;
    }

    mw = summe / count;
    lblA.Text += "Summe: " + summe + "\n";
    lblA.Text += "Mittelwert: " + mw;
}
```

B.2.14 Lösung ÜHalbierung

```
private void cmdAnzeigen_Click(...)
{
    double d = Convert.ToDouble(txtEingabe.Text);
```

B   Lösungen der Übungsaufgaben

```
    while (d >= 0.001)
    {
        d = d / 2;
        lblA.Text += d + "\n";
    }
}
```

B.2.15   Lösung ÜZahlenraten

```
public partial class Form1 : Form
{
    ...
    Random r = new Random();
    int zahl = -1;

    private void cmdErzeugen_Click(...)
    {
        zahl = r.Next(1, 101);
    }

    private void cmdPrüfen_Click(...)
    {
        int eingabe;

        if (zahl == -1)
            lblA.Text = "Zuerst eine Zahl erzeugen";
        else
        {
            eingabe = Convert.ToInt32(txtEingabe.Text);

            if (eingabe > zahl)
                lblA.Text = "Die Zahl " + eingabe +
                    " ist zu groß";
            else if (eingabe < zahl)
                lblA.Text = "Die Zahl " + eingabe +
                    " ist zu klein";
            else
                lblA.Text = eingabe +
```

B.2   Lösungen der Übungsaufgaben aus Kapitel 2

```
                " ist die richtige Zahl";
        }
    }
}
```

B.2.16   Lösung ÜSteuertabelle

```csharp
private void cmdAnzeigen_Click(...)
{
    double gehalt, steuersatz, steuerbetrag, netto;
    lblA.Text = "";
    for (gehalt = 5000; gehalt <= 35000;
            gehalt = gehalt + 3000)
    {
        if (gehalt <= 12000)
            steuersatz = 12;
        else if (gehalt <= 20000)
            steuersatz = 15;
        else if (gehalt <= 30000)
            steuersatz = 20;
        else
            steuersatz = 25;

        steuerbetrag = gehalt * steuersatz / 100;
        netto = gehalt - steuerbetrag;

        lblA.Text += gehalt + " €, " +
            steuersatz + " %, " +
            steuerbetrag + " €, " +
            netto + " €" + "\n";
    }
}
```

B.2.17   Lösung ÜListenfeld

```csharp
private void Form1_Load(...)
{
    lstLinks.Items.Add("Malta");
    lstLinks.Items.Add("Zypern");
    lstLinks.Items.Add("Slowenien");
```

559

```
        lstLinks.Items.Add("Estland");
        lstLinks.Items.Add("Rumänien");

        lstRechts.Items.Add("Belgien");
        lstRechts.Items.Add("Spanien");
        lstRechts.Items.Add("Italien");
        lstRechts.Items.Add("Portugal");
        lstRechts.Items.Add("Dänemark");
    }
    private void cmdRechts_Click(...)
    {
        int i;
        for (i = 0; i < lstLinks.SelectedItems.Count; i++)
            lstRechts.Items.Add(
                lstLinks.SelectedItems[i]);
        for (i = lstLinks.SelectedItems.Count - 1;
                i>=0; i--)
            lstLinks.Items.RemoveAt(
                lstLinks.SelectedIndices[i]);
    }
    private void cmdLinks_Click(...)
    {
        int i;
        for (i = 0; i < lstRechts.SelectedItems.Count; i++)
            lstLinks.Items.Add(
                lstRechts.SelectedItems[i]);
        for (i = lstRechts.SelectedItems.Count - 1;
                i>=0; i--)
            lstRechts.Items.RemoveAt(
                lstRechts.SelectedIndices[i]);
    }
```

B.3   Lösungen der Übungsaufgaben aus Kapitel 4

B.3.1   Lösung ÜEnabled

```
private void Form1_Load(...)
{
    lstLand.Items.Add("Liechtenstein");
    lstLand.Items.Add("Malta");
```

B.3 Lösungen der Übungsaufgaben aus Kapitel 4

```csharp
    lstLand.Items.Add("Andorra");
    lstLand.Items.Add("San Marino");
    lstLand.Items.Add("Monaco");
}

private void lstLand_SelectedIndexChanged(...)
{
    if (lstLand.SelectedItems.Count > 0)
        cmdLöschen.Enabled = true;
    else
        cmdLöschen.Enabled = false;
}

private void cmdLöschen_Click(...)
{
    lstLand.Items.RemoveAt(
        lstLand.SelectedIndex);
}
```

B.3.2 Lösung ÜDatenfeldEindimensional

```csharp
public partial class Form1 : Form
{
    ...
    Random r = new Random();

    private void cmdMinima_Click(...)
    {
        int[] a = new int[10];
        int MinWert, i;

        /* Feld füllen */
        lstZahl.Items.Clear();
        for(i=0; i<a.Length; i++)
        {
            a[i] = r.Next(20, 31);
            lstZahl.Items.Add(a[i]);
        }

        MinWert = a[0];
        for(i=0; i<a.Length; i++)
```

```
            if (a[i] < MinWert)
                MinWert = a[i];

        lblA.Text = "Minimum: " + MinWert +
            ", an Position:" + "\n";
        for(i=0; i<a.Length; i++)
            if (a[i] == MinWert)
                lblA.Text += i + "\n";
    }
}
```

B.3.3 Lösung ÜDatenfeldMehrdimensional

```
public partial class Form1 : Form
{
    ...
    Random r = new Random();

    private void cmdAnzeigen_Click(...)
    {
        irt [,,] c = new int[6, 3, 4];
        int i, j, k, MinWert;

        lblFeld.Text = "";
        for(i=0; i<=c.GetUpperBound(0); i++)
        {
            for(j=0; j<=c.GetUpperBound(1); j++)
            {
                lblFeld.Text += "( ";
                for(k=0; k<=c.GetUpperBound(2); k++)
                {
                    c[i,j,k] = r.Next(20, 31);
                    lblFeld.Text += c[i,j,k] + " ";
                }
                lblFeld.Text += ") ";
            }
            lblFeld.Text += "\n";
        }

        MinWert = c[0,0,0];
        for(i=0; i<=c.GetUpperBound(0); i++)
```

B.3   Lösungen der Übungsaufgaben aus Kapitel 4

```
            for(j=0; j<=c.GetUpperBound(1); j++)
                for(k=0; k<=c.GetUpperBound(2); k++)
                    if (c[i,j,k] < MinWert)
                        MinWert = c[i,j,k];

        lblA.Text = "Minimum: " + MinWert +
            ", an Position:" + "\n";
        for(i=0; i<=c.GetUpperBound(0); i++)
            for(j=0; j<=c.GetUpperBound(1); j++)
                for(k=0; k<=c.GetUpperBound(2); k++)
                    if (c[i,j,k] == MinWert)
                        lblA.Text += "Zeile " + i +
                            ", Gruppe " + j +
                            ", Element " + k + "\n";
    }
}
```

B.3.4   Lösung ÜMethoden, Teil 1

```
private void cmdMittelwert1_Click(...)
{
    double[] a = { 3, 9.3, -7.2 };
    lblA.Text = "Ergebnis: " + mittelwert(a);
}


private void cmdMittelwert2_Click(...)
{
    double[] b = { -5, 6.2, 8.5, -5, 9 };
    lblB.Text = "Ergebnis: " + mittelwert(b);
}


private double mittelwert(double[] x)
{
    int i;
    double wert = 0;

    for (i = 0; i < x.Length; i++)
        wert += x[i];
    wert /= x.Length;
    return wert;
}
```

563

B   Lösungen der Übungsaufgaben

B.3.5   Lösung ÜMethoden, Teil 2

```
private void cmdFelder_Click(...)
{
    int i;
    double[] a = { 3, 9.3, -7.2 };
    double[] b = { -5, 6.2, 8.5, -5, 9 };
    double[] c;

    vereinigen(a, b, out c);
    lblA.Text = "";
    for (i = 0; i < c.Length; i++)
        lblA.Text += c[i] + " ";

    vereinigen(b, a, out c);
    lblB.Text = "";
    for (i = 0; i < c.Length; i++)
        lblB.Text += c[i] + " ";
}

private void vereinigen(double[] x,
    double[] y, out double[] z)
{
    int i;
    z = new double[x.Length + y.Length];

    for (i = 0; i < x.Length; i++)
        z[i] = x[i];
    for (i = 0; i < y.Length; i++)
        z[i + x.Length] = y[i];
}
```

B.4   Lösungen der Übungsaufgaben aus Kapitel 8

B.4.1   Lösung zur Übung Projektverwaltung

Primärschlüssel   Primärschlüssel der Tabelle `projekt_person` ist die Kombination aus Projekt-ID, Personen-ID und Datum. Damit ist gewährleistet, dass ein Mitarbeiter nur *einmal* Stunden, die er an einem bestimmten Tag für ein bestimmtes Projekt geleistet hat, einträgt. Ein solcher Primärschlüssel wird

564

erzeugt, indem Sie im Tabellenentwurf alle betreffenden Zeilen markieren und das Symbol PRIMÄRSCHLÜSSEL anklicken.

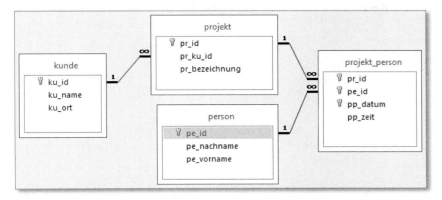

Abbildung B.1 Tabellen und Beziehungen in projektverwaltung.accdb

B.4.2 Lösung zur Übung Mietwagen

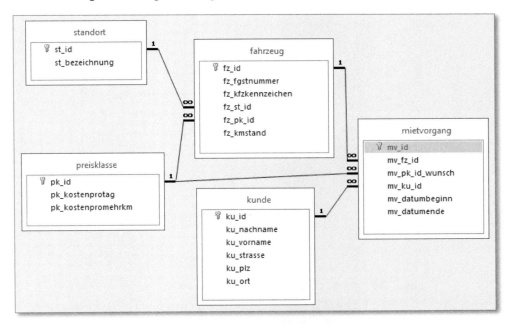

Abbildung B.2 Tabellen und Beziehungen in mietwagen.accdb

Index

!	55
-	52
--	52
\	144, 157
!=	54
#	188, 254
%	52, 389
%=	58
&	56, 137, 307
&&	55, 74
(int)	51, 72
*	52
*=	58
+	38, 52, 56
++	52
+=	58
\	151
/	52
/*	30
//	30
/=	58
<	54, 388
<=	54, 388
<>	388
-=	58
=	58, 388
==	54
>	54, 388
>=	54, 388
@	270
^	55, 76, 314
_	389
{ }	27
|	56, 314
||	55, 75
1:1-Relation	366
1:n-Relation	364, 367
3D-Körper	502
64-Bit-Version	380, 544

A

Abfrage	373
accdb	374

Access	372
2013	374
vor 2007, ConnectionString	384
Acos()	288
Add()	
ArrayList	162, 398, 467
Columns	345
Controls	468
Datum und Uhrzeit	258
Documents	297
Items	345
Listenfeld	102
Paragraphs	297
Series	348
SubItems	345
Tables	298
Worksheets	299
AddHours()	257
Addition	52
AddMilliseconds()	257
AddMinutes()	257
AddMonths()	257
AddSeconds()	257
AddXY(), Points	348
AddYears()	257
ADO.NET	361
Aktionsabfrage	384
Aktivierungsreihenfolge	135
Alt-Taste	137
and	388
Anführungszeichen	45
Angle, LabelStyle	349
Animation	506
Anweisung	28
im Block	71
mehrfach durchlaufen	92
Anwendung	
abbrechen	186
mehrsprachig	355
weitergeben	540
Anwendungskonfigurationsdatei	542
App.config	542
Append	265
appSettings	542

567

Index

ArcSegment	501
Arcus Kosinus	288
Arcus Sinus	288
Arcus Tangens	288
args	189
Argument	165
beliebig viele	176
benannt	175
optional	173
ArgumentOutOfRangeException	246
Array, Klasse	148, 158
ArrayList	160, 396, 466
füllen	398
leeren	398
as	236
Asin()	288
asp Calendar	435
asp Label	426
ASP.NET	417
Development Server	419
Programmierfehler	424
Atan()	288
Attached Event	492
Attached Property	492
AttributeCount, XmlTextReader	283
Aufzählung	49
Ausgabe	
Dialogfeld	328
formatieren	187
mehrzeilig	38
Auskommentierung	30
Austauschformat	242
Auswahlabfrage	382
Axis	349
AxisX, ChartArea	349
AxisY, ChartArea	349

B

BackColor	39
base	215
base()	218
Basisklasse	213
Methode erreichen	215
Bedingung	70
Befehlsschaltfläche	22
Bericht	373

Bezeichnungsfeld	22
Beziehung	361, 364
erstellen	377
Bézierkurve	500
Bild, in Zeichnung	454
Bildlaufleiste	65
Bitmap	346
body	422
Bookmarks, Document	298
bool	42
Border Style	24
Borders, Table	298
break	78, 93, 97
Breakpoint	126
Browser	417
Brush	445
Button	22
byte	42

C

Calendar	434
Canvas	492
Canvas.Left	492
Canvas.Top	492
Cascading Style Sheets	418
case	77
Cast	51, 72, 227, 236
catch	122
Ceiling()	288
Cell, Table	298
Cells	354
Worksheet	300
char	42, 240
Chart	346
ChartAreas, Chart	349
ChartImageFormat	350
ChartType, Series	348
CheckBox	81, 430, 495
Checked	81, 84
in Menü	309
CheckedChanged	81, 83
Child, WindowsFormsHost	510
class	192
Clear()	398, 451
Series	348
ClickOnce-Verteilung	540

Clone() 149, 224
Close() 29, 234, 265, 380
  Document 298
  Workbook 300
  XmlTextReader 283
  XmlTextWriter 281
Code
  Ansicht 26
  auskommentieren 30
  editieren 29
Code-Ansicht 491
Collection 468
Color 39, 340, 341, 451
ColorDialog 340
ColumnIndex 355
Columns 352
  ListView 345
COM-Anwendung 297
Combobox 111
CommandText 381
Common Controls 22
ConfigurationManager 543
Connection 381
ConnectionString 380, 384, 415, 437
Connector/NET 414
Console 183
Container 60, 421
ContextMenuStrip 314
continue 93, 97
Control 164
Controls 236, 468
  Add() 209
  Remove() 209
Convert
  ToDouble() 67
  ToInt32() 185, 327
Copies, PrinterSettings 304
Cos() 288
Count Items 103
count() 410
Create 265, 266
CreateGraphics() 445
cs-Datei 193
CSS 418
CSV-Datei 241
CurrentUICulture 358

D

Data Source 380, 415
DataBind() 438
DataGrid 438
DataGridView 350
DataGridViewCellEventArgs 355
DataGridViewColumnCollection 352
DataGridViewRowCollection 352
DataSource 438
Datei 263
  Änderungszeitpunkt 271
  Erzeugungszeitpunkt 271
  Information über 268, 271
  lesen 263
  öffnen 265
  öffnen, Dialog 335
  schließen 265
  speichern, Dialog 337
  Zugriffszeitpunkt 271
Daten, speichern 263
Datenbank 361
  Anzahl Datensätze 410
  Datensätze gruppieren 412
  erstellen 374
  Summe über Datensätze 412
  verknüpfte Abfrage 408
Datenbankdatei 373
Datenbanksystem 364
Datenfeld 143
  Dimensionsgröße 151
  durchsuchen 145, 149
  dynamisch verändern 157
  eindimensional 143
  initialisieren 154
  Klasse 148
  kopieren 149
  mehrdimensional 149
  nicht rechteckig 156
  Referenz auf 160
  sortieren 149
  übergeben 167
  Verweis auf 144
  verzweigt 156
Datenkapselung 193, 216
Datenpunkt 348
Datenreihe 348

Datensatz	363
ändern	391
auswählen	386
einfügen	392
löschen	392
sortieren	390
Datenträger zum Buch	537
Datentyp	42
benutzerdefiniert	227
DateTime	254
DateTimePicker	260
DateTimePickerFormat	260
Datum	254
berechnen	257
Bestandteil	255
Datum und Uhrzeit, eingeben	260
Day	255
DayOfWeek	51, 255
DayOfYear	255
Debug	124
beenden	68, 121
Debuggen, Konsolenanwendung	190
Debug-Modus	534
decimal	42, 72
DecimalPlaces	69
default	78
default.aspx	422
DefaultPageSettings, PrinterSettings	304
Deklaration, in Schleife	96
Delegate	207
delete	381
delete from	392
desc	390
Description	339
Design-Ansicht	491
Desktop	515
Detailtabelle	367
Dezimaltrennzeichen	400
Diagramm	346
DialogResult	329, 334
DialogResultOk	337
Directory	271
DivideByZeroException	120
Klasse	124
Division	52
do while	96
Documents, Application	297
Doppelklick	28

double	42
DrawEllipse()	450
DrawImage()	454
DrawLine()	448
DrawPolygon()	449
DrawRectangle()	448
DrawString()	454
Dreidimensionale Grafik	502
DropDown	111
DropDownList	111
DropDownStyle	111
Druck, Einstellungen	302
Drucken, Formular	300

E

E	288
Eigenschaft	192
ändern	20, 35
statisch	209
Eigenschaften-Fenster	20, 23, 86
Eigenschaftsmethode	196
Ein- und Ausgabe, nur Text	183
Eingabe	65
Dialogfeld	324
einer Zahl	184
Eingabeaufforderung	190
Eingabeformular	427
Einzelschrittverfahren	125
ElementHost	511
ElementPosition	349
Ellipse	450
else	70
Enabled	62, 132, 475
endofdoc, Textmarke	298
Enter	129
Entwicklerlizenz	515, 538
Entwicklung, eines Programms	115
Enumeration	49
Environment	340
Equals()	204
Ereignis	22, 25
Ansicht	86
mehrere	86
Ereigniskette	138
endlos	139
Ereignismethode, Verweis auf	207
Ereignisprozedur, erzeugen	492

Eulersche Zahl	288	foreach	163
Event Routing	492	Form	20
Event Trigger	506	*PrintForm*	302
Exception Handling	119	form	429
Exception, Klasse	122	Form_Activated	131
ExecuteNonQuery()	381, 386	Form_Load	102
ExecuteReader()	381	Format()	252
exe-Datei	31, 189	Format, DateTimePicker	260
Exists()	268, 271	FormatException	121
Exp()	288	*Klasse*	124
eXtensible Application Markup		Formatvorlage	418
Language	489	Formular	20, 373
		aktivieren	131
		anzeigen	234
F		*drucken*	300
		hinzufügen	232
F11-Taste	125	*löschen*	539
F5-Taste	30	*mehrere*	231
F9-Taste	126	*wird geladen*	102
false	45	Formularansicht	26
Farbe, wählen, Dialog	340	Formularbasierte Ressourcen	356
Fehler	116	Formularvorlage	538
logische	124	Fortschrittsbalken	322
Feld		Frame	496
Datenbank	363	*Navigate()*	524
siehe Datenfeld	143	*Page*	524, 527
Feldname	363	FromArgb()	39
f-Format	44	FromFile()	454
File	268, 271	*Bitmap*	346
FileMode	265	FromPage, PrinterSettings	304
FileNames	335	FullRowSelect, ListView	345
FileStream	263	Funktion	
FileSystemEntries()	271	*mathematische*	288
FillEllipse()	450	*zeichnen*	458
FillPolygon()	449		
FillRectangle()	448	**G**	
Filter	335		
firma.mdb	379	GDI+	445
Fixed Single	24	get-Accessor	197
float	42	GetCreationTime()	271
Floor()	288	GetCurrentDirectory()	271
FolderBrowserDialog	339	GetFiles()	271
Font	254, 310, 341	GetLastAccessTime()	271
Font.Style	314	GetLastWriteTime()	271
FontDialog	341	GetType()	205
FontFamily	313	GetUpperBound()	151
FontStyle.Bold	314	Gleich	54, 388
FontStyle.Italic	314	Gleichheitszeichen	29, 57
for	93		

Index

goto case	78
Grafik	499, 502
Graphics	445
Grid	498
Größer als	54, 388
group by	412
GroupBox	88
Gültigkeitsbereich	45, 167

H

Haltepunkt	126
entfernen	127
Hauptmenü	305, 476
head	421
Headertext	353
Height	35
Hilfslinien	33
Hilfstabelle	365
Hoch	288
Hour	255
HTML	417
html	421
HTML-Markierung	421
Hyperlink	499

I

ICloneable	224
id	424
if	70
IIS	419
Image	317, 346, 454
ImageList	346
Implementation	223
Imports	296, 301
Increment	69
Index	145
Datenbank	361, 365
eindeutig	365
index.htm	420
IndexOf()	149, 243
IndexOfAny()	243
IndexOutOfRangeException	145
Initial Catalog	415
InitialDirectory	335
InitializeComponent()	27
Inkonsistenz	363

input	429
InputBox()	324
insert	381
insert into	392
Insert()	106, 246
ArrayList	162
InsertParagraphAfter(), Range	297
InsideLineStyle, Borders	298
Installationsdatei	537
Installationsprogramm	540
Instanziierung	195
int	42
Integrität, referentielle	378
IntelliSense	117
Interaction	325
Interface	223, 224
Internet Information Services	419
Internetanwendung	417
Daten senden	427
dynamisch	418
erstellen	420
Internetdatenbank	435
ändern	438
Internetseite, formatieren	425
Interval	62, 324
is	206
IsLoaded	496
ISO-Datei	537
IsPostBack	429
Item, Bookmarks	298
Items	102
ListView	345
Iterator	164

J

Jahr	255
JavaScript	418

K

Kachel	515
Kalender	433
Kamera	504
Klammer	
geschweift	27, 71, 93
rund	59

572

Klasse	27	localhost	421
abgeleitet	213	Localizable	356
Definition	192	Location	35, 60
ermitteln	205, 206	Log()	288
statisches Element	209	Log10()	288
Klassenhierarchie	213	Logarithmus	288
Kleiner als	54, 388	Lokal	45
Kombinationsfeld	111	Lokalisierung	355
in Menü	307	long	42

Kommandozeile 190

M

Kommandozeilenparameter	188	m:n-Relation	367
Kommentarzeile	29	Main()	182
Konfigurationsdaten	542	MainPage	518, 528
Konfigurations-Manager	534	MainWindow.xaml	490
Konsolenanwendung	181	MainWindow.xaml.cs	493
Konstante	48	Margin	492
integriert	48	Markierungssprache	417
Konstruktor	198, 217	Mastertabelle	367
Kontextmenü	314	Material	505
Kontrollkästchen	81	Math	288
in Menü	307	MaxDate, DateTimePicker	262
Kontrollstruktur	70	Maximum	69, 145, 324
Koordinatensystem	502	MaxLength	65
Kosinus	288	MaxSize	341
Kreiszahl	288	Me	302
		Mehrfachauswahl	33, 77, 109

L

		Mehrfachvererbung	224
Label	22, 495	Mehrsprachigkeit	355
LabelStyle, Axis	349	Menü	305
Language	356	MenuStrip	305
LargeImageList, ListView	345	MeshGeometry3D	505
LastIndexOf()	243	Message	122
Laufbedingung	93	MessageBox	328
Laufzeitfehler	119	MessageBoxButtons	329
Layout	490	MessageBoxIcon	329
Legends, Chart	349	Methode	165, 192
Length	238	*gekapselt*	27
Licht	504	*mit Rückgabewert*	172
like	389	*ohne Ereignis*	91
LineSegment	501	*ohne Rückgabewert*	27
Linie	448	*statisch*	209
ListBox	102, 495	*überladen*	200
ListBoxItem	496	*verdecken*	215
Listenansicht, mit Bild	343	*verlassen*	165
Listenfeld	102	m-Format	44
ListView	343	Microsoft Access Database Engine	379
ListViewItem	345		

573

Index

Microsoft.ACE.OLEDB.12.0 ... 380
Microsoft.Interop.Excel ... 295
Microsoft.Interop.Word ... 295
Microsoft.Office.Interop.Word ... 296
Microsoft.VisualBasic.Power-
    Packs.Printing ... 301
Microsoft.VisualBasic.PowerPacks.Vs ... 300
Millisecond ... 255
Millisekunde ... 255
MinDate, DateTimePicker ... 262
Minimum ... 69, 145, 324
MinSize ... 341
Minute ... 255
Modal ... 234
Modularisierung ... 92, 165
Modulo ... 52
Monat ... 255
Month ... 255
MoveToNextAttribute(), XmlTextReader ... 283
MS Excel, Arbeitsmappe erstellen ... 299
MS Office ... 294
MS Word, Dokument erstellen ... 296
MultiExtended ... 109
MultiLine ... 65
Multiplikation ... 52
MultiSelect ... 335
MySQL ... 413
MySQL.Data ... 414
MySqlClient ... 415
MySqlCommand ... 415
MySqlConnection ... 415
MySqlDataReader ... 415

N

Nachkommastellen ... 44, 69
Name ... 23
Namenskonvention ... 23, 38
Namensraum ... 27
    importieren ... 296, 301
Namespace ... 27
NameValueCollection ... 543
Navigate(), Frame ... 524
NavigationWindow ... 497
NET-Treiber ... 414
new ... 37, 145, 195, 215
new line ... 38

Next() ... 97
NextDouble() ... 157
Nicht proportionale Schriftart ... 252
Nicht-Operator ... 55
NodeType, XmlTextReader ... 282
not ... 388
Now ... 254
NumericUpDown ... 68

O

object ... 42, 204, 221, 321
Objekt ... 195
    erzeugen ... 198
    identisch ... 204
    Verweis auf ... 144
Objekthierarchie, MS Office ... 294
Objektorientierung ... 191
Objektverweis ... 202
    dasselbe Objekt ... 202
    vergleichen ... 386
Oder-Operator ... 55
Öffnungsmodus ... 265
OleDb ... 381
OleDbCommand ... 381
OleDbConnection ... 380
OleDbReader ... 381
OnSelectionChanged ... 435
Open ... 265
Open() ... 380
OpenFileDialog ... 335
Operator ... 51
    für Berechnungen ... 52
    logisch ... 55, 388
    Priorität ... 58
    Rangfolge ... 58
    Vergleich ... 54
    Zuweisung ... 57
option ... 432
Optionsschaltfläche ... 83
    mehrere Gruppen ... 88
or ... 388
order by ... 390
out ... 167
OutsideLineStyle, Borders ... 298
override ... 221, 222

574

P

Page	423, 498, 518
Frame	524, 527
Page_Load	423
Page-Direktive	423
Paint-Ereignis	456
PaintEventArgs	457
Panel	60, 461
PaperSize, DefaultPageSettings	304
Paragraphs, Document	297
Parameter	165
beliebig viele	176
benannt	175
optional	173
params	176
partial	27
PasswordChar	65
Passwortabfrage	65
Path	501
PathFigure	499
PathGeometry	499
Peek()	265
Pen	445
Pfadangabe, relativ	270
Pfadgeometrie	499
PI	288
Pinsel	445
Farbe	451
Pixel	35
Platzhalter	389
Point	37, 449, 459
Points, Series	348
Polygon	449
Polymorphie	219
Position, Legends	349
Pow()	288
PresentationCore	511
PresentationFramework	511
Primärindex	365
Primärschlüssel, erstellen	376
Print()	
PrintForm	302
Printing	350
PrintAction, PrintForm	302
PrinterName, PrinterSettings	304
PrinterSettings, PrintForm	304
PrintForm	302

Printing, Chart	350
PrintingManager, Chart	350
PrintPreview(), Printing	350
private	27, 45
Program.cs	182
Programm	
beenden	30
starten	30
testen	31
Programmentwicklung	115
Programmierung	
clientseitig	418
ereignisgesteuert	138
serverseitig	418
ProgressBar	322
Projekt	
neu erzeugen	490
neues	19, 516
öffnen	32
schließen	31
speichern	25
Verweis hinzufügen	414
Projektmappen-Explorer	21
alles anzeigen	295
Projektressourcen	356
Projektvorlage	516, 540
Blank	517
Grid	530
Split	533
Properties Window	20
Property	197
protected	217
Provider	380
public	27, 46, 194, 216

Q

Quit(), Application	298, 300

R

RadioButton	83, 430
Random	97
Range, Document	297
Rangfolge	54
Read()	384
XmlTextReader	282
Reader	381

575

Index

ReadLine() 183, 265
Rechenoperator 52
Rechteck 448
Rectangle 449
Redundanz 363
ref 160, 167, 202
ReferenceEquals() 202, 321, 386
Referenztyp 202
Registrierung 538
Rekursion 178
Relation 364
   erstellen 377
Relational 361
Release-Modus 534
Remove() 248, 473
   ArrayList 162
RemoveAt() 106, 484
   ArrayList 162
Replace() 251, 400
Resize(), Array 158
Ressource 356, 506
resx-Datei 356
return 165
   mit Rückgabewert 172
Ringtausch 169
RootFolder 339
Rotationstransformation 506
Round() 288
RowIndex 355
Rows 352
Rückgabewert 172
runat 423
runden 288

S

SaveAs()
   Document 298
   Workbook 300
SaveFileDialog 337
SaveImage(), Chart 350
Schalter 81
Schleife 92
   Endlos- 96, 99
   geschachtelt 151
   mit Bedingung 96
   nächster Durchlauf 93
   verlassen 93

Schleifenvariable 93
Schnittstelle 223
Schrift 310
   auswählen 341
Schriftart 310
   nicht proportional 252
Schriftgröße 312
Schriftstil 313
Schrittweite 69
script 423
Scrollbalken 102
ScrollBars 65, 317
Second 255
Seiten, in Frames 496
Seitenvorlage 521
   Elementdetails 531
   Elemente 533
   Geteilte Seite 533
   Gruppendetails 531
   Gruppierte Elemente 531
   Standardseite 528
Sekundärindex 365
Sekunde 255
select 381, 383, 386, 432
SelectAll() 142
Selected, DataGridView 353
SelectedDate 434
SelectedIndex 103, 313
SelectedIndexChanged 105
SelectedIndices 110
SelectedItem 103
SelectedItems 110
SelectedPath 339
SelectionMode 109, 111
Semikolon 241
sender 321
Separator 307
Series, Chart 348
SeriesChartType 348
Serversteuerelement 425, 433
set-Accessor 197
SetCurrentDirectory() 271
Setup-Datei 537
short 42
Show() 328
ShowColor 341
ShowDialog() 234, 334
ShowNewFolderButton 339

Simple	111
Sin()	288
Sinus	288
Size	35, 37, 311
Slider	495
sln-Datei	32
SmallImageList, ListView	345
SolidBrush	447
Solution Explorer	21
Sort()	149
SpecialFolder	340
Spin-Button	262
Splashscreen	517
Split()	241
SQL	381
typische Fehler	393
Sqrt()	288
StackPanel	492
Startausdruck	93
Startbildschirm	515
Startformular	539
Startmethode	182
Startparameter	188
Startzustand	24
static	211
Statusleiste	322
StatusStrip	322
Steuerelement	493
Abstand einstellen	34
aktivieren	62, 132
ausrichten	33
auswählen	22
Collection von	236
einfügen	22
Größe	35
Hintergrundfarbe	39
Kontextmenü	314
kopieren	34
Liste von	468
markieren	33
Position	35, 60
sichtbar	132
zur Laufzeit erzeugen	207, 461
zur Laufzeit löschen	461, 473
Stift	445
Dicke	451
Farbe	451
Storyboard	506

StreamReader	263
StreamWriter	265
Strg + C	186
Strg + F5	183
String	237
string	42
struct	228
Structured Query Language	381
Struktur	42, 227
Stunde	255
Style	311, 313
SubItems, ListViewItem	345
submit	430
Substring()	250
Subtract()	260
Subtraktion	52
sum()	412
Summe berechnen	98
SupportsColor, PrinterSettings	304
switch	77
Symbolleiste	317
Syntaxfehler	117
System.Collections	160
System.Collections.Specialized	543
System.Data.OleDb	381, 437
System.Drawing	464
System.Drawing.Printing	301
System.Globalization	358
System.IO	263, 264, 478
System.Resources	360
System.Text	281
System.Threading	358
System.Xaml	511
System.Xml	281
Systemton	330, 333, 334

T

Tabelle	373
darstellen	350
Tabellenausgabe	252
Tabellenentwurf	375
TabIndex	136
Tables, Document	298
Tablet-PC	515
TabStop	136
Tag der Woche	255
Tag des Jahres	255

577

Tag des Monats	255	try		122
Tan()	289	Typ ermitteln	205, 206	
Tangens	289	Type Converter		492
Tastaturbedienung	135	typeof		205
Tasten-Key	506	typeof()		524

U

Teilzeichenkette	250	
Template	538, 540	
Tetris	461	
Text	24, 65, 239	

Übergabe	
Ausgabeparameter	167
per Referenz	167, 202
per Wert	166
Überladen	200
Überschreiben	222
Überwachungsfenster	127
Uhrzeit	254, 255
berechnen	257
UID	415
Umwandlung	
in ganze Zahl	327
in Zahl	67
Und-Operator	55
Ungleich	54, 388
Unterformular	231
Untermenü	305
Unterstrich (Platzhalter)	389
update	381, 386, 391
Up-Down-Button	262
using	27, 264, 381

in Zeichnung	453
mehrzeilig	65
Range	297
umwandeln	67
verketten	56
TextBox	495
TextBox in Menü	307
TextChanged	134, 247, 313
Textfeld	65
alles auswählen	142
Änderung	134
kopieren	65
koppeln	141
this	194, 234
TimeOfDay	255
Timer	62, 323, 461
TimeSpan	257, 258
Title (C#)	335
title (HTML)	422
TitleAlignment, Axis	349
Today	254
TodayDayStyle	435
ToDouble()	67
ToInt32()	185, 327
Toolbox	20
ToolStrip	317
ToPage, PrinterSettings	304
ToShortDateString()	398, 435
ToString()	221
Touchscreen	515
Transformation	506
Trennzeichen	241
Trim()	240
TrimEnd()	240
TrimStart()	240
true	45
Truncate()	289

V

Value	69, 324, 354, 429
DateTimePicker	262
value	197
ValueChanged	69
DateTimePicker	262
values	392
Variable	41
ausblenden	46
Gültigkeitsbereich	41
Kontrolle	127
Name	41
öffentlich	46
Startwert	47
Verbindung, Datenbank	380
Vererbung	213
Vergleichsoperator	388

Verknüpfung	364
erstellen	377
Verweis	195
auf Ereignismethode	207
hinzufügen	295, 300
reparieren	301
umwandeln	236
Verweistyp	167
Verzeichnis	
Datei- und Verzeichnisliste	271
Dateiliste	271
ermitteln	271
Existenz	271
Information über	271
setzen	271
wählen, Dialog	339
wechseln	276
Verzweigung	70
Vieleck	449
Vielgestaltigkeit	219
View, ListView	343
virtual	220
Visible	132
Application	297, 299
Vista	380, 544
void	27
Vokabel-Lernprogramm	476
Vorlage, WPF-Anwendung	490

W

Wahrheitswert	83
WdLineStyle	298
WdWindowState	297
Webserver	418
lokaler	419
WeekendDayStyle	435
Werkzeugkasten	20
Wertebereich	44
Werttyp	167, 202
Struktur	227
where	387
while	96
Width	35, 451
Window	491
Windows 7	18
Windows 8	18, 489, 515
Windows 8.1	18, 489

Windows App Cert Kit	534
Windows Forms in WPF	510
Windows Live ID	538
Windows Phone	515
Windows Presentation Foundation	489
Windows Store-App	515
beenden	517
Navigation	522, 526
prüfen	534
WindowsBase	511
WindowsFormsHost	510
WindowsFormsIntegration	511
Windows-Konto	538
WindowState, Application	297, 299
Wochentag	255
Worksheets, Application	299
WPF	489
WPF in Windows Forms	511
WPF-Buch	490
WrapPanel	494
Write()	183, 267
WriteAttributeString(), XmlTextWriter	281
WriteEndElement(), XmlTextWriter	281
WriteLine()	183, 187, 267
WriteStartDocument(), XmlTextWriter	281
WriteStartElement(), XmlTextWriter	281
Wurzel	288

X

X (Location)	35
x:Class	491
x:Name	492
XAML	489
mit Programmiercode	490
XlWindowState	299
XML-Datei	278, 542
XML-Knoten	279
XmlNodeType	282
xmlns	491
XmlTextReader	282
XmlTextWriter	281

Y

| Y (Location) | 35 |
| Year | 255 |

579

Z

Zahlenauswahlfeld 68, 247
Zeichen, prüfen 265
Zeichenkette 42, 237
   durchsuchen 243
   einfügen 246
   ersetzen 251
   Index 240
   Länge 238
   löschen 248
   mit Backslash 269
   Teilzeichenkette 250
   trimmen 240

Zeichenkette (Forts.)
   zerlegen 241
Zeichnen 445
   dauerhaft 456
Zeichnung, löschen 451
Zeile, lesen 265
Zeilenumbruch 38
   Regeln 32
Zeit 254
Zeitgeber 62
Zeitintervall 258
Zufallsgenerator 97, 145, 461, 476
Zuweisung 28
Zweidimensionale Grafik 499

- Von den Grundlagen der neuen Windows Runtime (WinRT) bis zur Veröffentlichung der App im Windows Store

- GUI-Gestaltung mit XAML, Einsatz von Styles und Templates, 2D-Grafiken, Animationen, Sensor-Unterstützung von Tablets u.v.m.

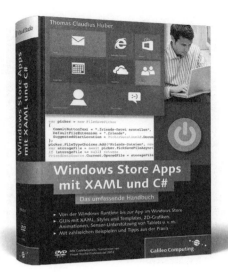

Thomas Claudius Huber

Windows Store Apps mit XAML und C#
Das umfassende Handbuch

Machen Sie Ihre Idee zur App! Als Programmierer mit Erfahrung in C# und .NET lernen Sie in diesem Buch alles, was Sie zur Entwicklung von Windows Store Apps auf Basis der neuen Windows Runtime und zur Veröffentlichung im Windows Store wissen müssen. Alle Grundlagen wie z. B. die Funktionsweise der WinRT, XAML oder Controls sowie fortgeschrittene Techniken wie Styles, Templates, Data-Binding oder Steuerung von Hardware und Sensoren werden mit zahlreichen Praxisbeispielen und Beispiel-Apps leicht verständlich illustriert.

1.146 S., 2013, mit DVD, 49,90 Euro
ISBN 978-3-8362-1968-6
www.galileocomputing.de/3196

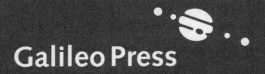

- Spracheinführung, Objektorientierung, Programmiertechniken

- Windows-Programmierung mit der Windows Presentation Foundation

- Inkl. LINQ, Task Parallel Library (TPL), ADO.NET und Entity Framework

Andreas Kühnel

Visual C# 2012
Das umfassende Handbuch

Der ideale Begleiter für Ihre tägliche Arbeit mit Visual C# 2012! In diesem Buch finden Sie geballtes C#-Wissen: von den Sprachgrundlagen und der Objektorientierung über Klassendesign, LINQ und Multithreading bis zur Oberflächenentwicklung mit WPF und zur Datenbankanbindung mit ADO.NET und Entity Framework. Typische Praxisbeispiele helfen Ihnen jeweils bei der Umsetzung.

1.402 S., 6. Auflage 2013, mit DVD, 49,90 Euro
ISBN 978-3-8362-1997-6
www.galileocomputing.de/3243

Alles für Entwickler: www.galileocomputing.de

- Alle Phasen in der Praxis: vom Entwurf bis zum Deployment

- Best Practices, echte Fallbeispiele, Technologie-empfehlungen

- Inkl. Einführung in Windows 8 und WinRT, WCF und die Workflow Foundation

Matthias Geirhos

Professionell entwickeln mit Visual C# 2012

Das Praxisbuch

Sie beherrschen C#, möchten aber gerne noch effizienter entwickeln? In diesem Buch finden Sie eine Vielzahl an Dos & Don'ts, mit denen Sie alle Phasen Ihres Projekts sicher meistern: OOA & OOD, GUIs, TPL und Multithreading, Code Smells, WCF, ADO.NET, Workflow Foundation, Unit Tests, Softwarepflege, Deployment u.v.m.

1.142 S., 2. Auflage 2013, mit CD, 49,90 Euro
ISBN 978-3-8362-1954-9
www.galileocomputing.de/3175

Galileo Press

- Professionelle GUI-Entwicklung mit der WPF

- Aktuell zu .NET 4.5 und Visual Studio 2012

- Inkl. Einführung in XAML, 2D- und 3D-Grafiken, Multimedia, Animationen u.v.m.

Thomas Claudius Huber

Windows Presentation Foundation 4.5
Das umfassende Handbuch

Geballtes Wissen zum Grafik-Framework von .NET! Ob Grundlagen, XAML, GUI-Entwicklung, Datenbindung, Animationen, Multimedia oder Migration - hier finden Sie auf jede Frage eine Antwort! Grundkenntnisse in C# vorausgesetzt, ist dieses Buch sowohl zum Einstieg als auch als Nachschlagewerk optimal geeignet.

1.244 S., 3. Auflage 2013, mit DVD und Referenzkarte, 49,90 Euro
ISBN 978-3-8362-1956-3
www.galileocomputing.de/3179

Immer gut informiert: Bestellen Sie unseren Newsletter!